D1718554

Im Fadenkreuz: Pädophile

Der Fall München 2003
Versuch einer Analyse

Herausgegeben von
Werner Wildgartner

IM FADENKREUZ:
Pädophile

Der Fall München 2003
Versuch einer Analyse

Herausgegeben von
Werner Wildgartner

Projekte-
Verlag
Cornelius

Impressum

1. Auflage
© Projekte-Verlag Cornelius GmbH, Eisleben und Halle 2014
www.projekte-verlag.de
Mitglied im Börsenverein des Deutschen Buchhandels

Titelbild: © styleuneed - Fotolia.com
Satz und Druck: Buchfabrik Halle · www.buchfabrik-halle.de

ISBN 978-3-95486-449-2
Preis: 24,95 Euro

Als die Nazis die Kommunisten holten, habe ich geschwiegen;
ich war ja kein Kommunist.
Als sie die Sozialdemokraten einsperrten, habe ich geschwiegen;
ich war ja kein Sozialdemokrat.
Als sie die Gewerkschafter holten, habe ich geschwiegen;
ich war ja kein Gewerkschafter.
Als sie die Juden holten, habe ich geschwiegen,
ich war ja kein Jude.
Als sie mich holten, gab es keinen mehr, der protestieren konnte

Martin Niemöller

Inhalt

Teil II: Im Netzwerk krimineller Vereinigungen
– § 129 Abs.1 StGB –
Ein Ermittlungstheater in 2 Akten von Mario Netten

Vorwort

München, 30. Oktober 2003. Großeinsatz der Münchner Polizei. Mit Rammböcken und Waffen im Anschlag dringen Beamte in neunzehn Wohnungen in München und Umgebung ein. Die Angetroffenen werden zu Boden gedrückt und fixiert. Zwölf Personen werden in Untersuchungshaft genommen. Die meisten kommen erst Monate später wieder frei. Tagelang bestimmt das Geschehen bundesweit die Schlagzeilen der Medien: „Großer Schlag gegen Kinderporno-Ring"[1] oder „Erfolgreicher Schlag gegen Kinderschänder"[2] titeln sogar als seriös geltende Nachrichtenblätter. Der „Stern" hat bereits am Tag des Großeinsatzes den ersten Teil[3] einer zweiteiligen Artikelserie in den Regalen liegen. Das ZDF kann fünf Tage später mit einer Fernsehreportage[4] aufwarten. Der Aufruhr ist groß. Deutschland erlebt einen der größten Sexskandale des Jahres.

In München haben sich – so Polizei und Medien in trauter Gemeinsamkeit – Pädophile „unter dem Deckmantel einer Selbsthilfegruppe" getroffen, um „Kinderpornografie zu tauschen" und um „sich Kinder zum sexuellen Missbrauch zuzuführen".

Auslöser des Skandals war der Stern- und ZDF-Reporter Manfred Karremann. Er hat, nach eigenen Angaben, ein Jahr lang in der sogenannten Pädophilen-Szene verdeckt recherchiert. Er gab sich als Pädophiler aus. Unter anderem in Berlin – und auch in München. Dort lernte er Pädophile kennen und gewann ihr Vertrauen. Darunter eine Person, die er in die *Pädo-Selbsthilfe- und Emanzipationsgruppe München* mitnahm, sowie auch einige Personen, die mit der Gruppe nichts zu tun

---

[1] Süddeutsche Zeitung vom 03.11.2003
[2] Passauer Neue Presse vom 01.11.2003
[3] „Unter Kinderschändern", Stern, Ausgabe vom 30.10.2003
[4] „Am helllichtenTag", ZDF Sendereihe „37°" am 04.11.2003

11

hatten. Karremann war nicht nur verdeckt ermittelnder Journalist. Er bot sich der Münchner Polizei als Informant an und wurde von ihr als Vertrauensperson geführt. Ein Journalist und Polizeispitzel in Personalunion.

Auf Grund der Informationen von Manfred Karremann ermittelte die Münchner Polizei verstärkt gegen die *Pädo-Selbsthilfe- und Emanzipationsgruppe München* und ließ später einen eigenen Verdeckten Ermittler die Gruppe im Oktober besuchen. Die Informationen und die kurzfristige Ankündigung der Reportage Karremanns führten Ende Oktober überstürzt zu dem Großeinsatz.

Soweit zu dem, was der Bürger aus den Systemmedien erfährt, von denen er sich informiert fühlt. Der Skandal könnte hier nun zu Ende sein. Die ins Fadenkreuz geratenen Pädophilen sind von den Medien bereits als Schuldige überführt und verurteilt worden, noch bevor sie den Haftrichter gesehen haben. Eine weitere Recherche scheint sich zu erübrigen. Der Skandal könnte sich in die lange Liste anderer Sexskandale einreihen, von deren Ergebnissen man nach den Schlagzeilen über *Ermittlungen* nichts mehr gehört hat.

So ist es aber nicht. Denn der Autor dieser Zeilen hat selbst zwei Jahre bis 2003 in der *Pädo-Selbsthilfe- und Emanzipationsgruppe München* recherchiert und sie regelmäßig besucht. Wo die Ermittlungsbehörden einen „Kinderporno-Ring" behauptet haben, fanden Emanzipationsgespräche statt. Wo sie einen „Kindersex-Ring" ausgemacht haben wollen, haben sich Pädophile in Not, die mit ihrer sexuellen Orientierung nicht klar kamen, vertrauensvoll an andere Menschen gewandt. Die Treffen der Gruppe waren für jeden offen, ihre Termine veröffentlicht, und nicht-pädophile Menschen waren ausdrücklich eingeladen. Die Selbsthilfegruppe bestand seit vierundzwanzig Jahren und war der Polizei ausweislich einer „Fernsehreportage"[5] und einer Reihe aktenkundiger Schriftwechsel zwischen dem

---

[5] „Ein Kinderschänder packt aus", RTL II vom 15.02.2000

Verantwortlichen der Gruppe und bayerischen Justiz- und Ministerialbehörden seit Jahren bekannt. Und angesichts der Versuche, die Selbsthilfegruppe in ein kriminelles Licht zu rücken, verhielt diese sich nicht nur legal, sondern über-legal, um ihrer Selbsthilfearbeit sinnvoll nachgehen zu können und um den einzelnen Betroffenen ein Leben ohne Strafverfolgung zu ermöglichen. Präventionsarbeit für Pädophile im Dienste des Kinderschutzes. Eine Arbeit, die der Gesellschaft nützt. Ein solches Engagement mit Strafverfolgung zu überziehen ist nicht nur kontraproduktiv, sondern entbehrt auch jeder Berechtigung. Es sei denn, die Behörden wollten – statt konkreter Straftaten – eine bestimmte sexuelle Orientierung als solche ins Fadenkreuz nehmen. Eifrig unterstützt von zeitgeisthuldigenden Journalisten[6].

Es stellt sich die Frage, wie es in einer Gesellschaft des 21. Jahrhunderts, die sich auf Aufklärung und Rechtsstaatlichkeit beruft, zu solch einem juristischen Amoklauf kommen konnte. Hat Manfred Karremann als Spitzel der Polizei Falsches ausgesagt, indem er Straftaten erfunden hat? Warum wurde er dann deshalb nicht strafrechtlich verfolgt? Und warum wurde Karremann, der nachweislich mit Hilfe zweier Personen, die nicht der Selbsthilfegruppe zuzuordnen waren, in den Besitz von Kinderpornografie gelangte und sie monatelang in Besitz hatte, deshalb nicht sofort und konsequent verfolgt? Selbst wenn Manfred Karremann als Spitzel der Polizei tatsächlich Straftaten gesehen haben sollte, warum hat er das in seiner „Sensationsreportage" verschwiegen? Oder hat Manfred Karremann – ebenso wie der polizeiinterne Verdeckte Ermittler gut drei Wochen vor dem Amoklauf – der Polizei gegenüber nur angegeben, dass die Selbsthilfegruppe nichts anderes war als eine legitime und legale Selbsthilfegruppe? Warum wies Manfred Karremann dann in seinen späteren Artikeln und in seinem Buch zu diesem Thema nicht – wie es jedem anständigen, um Objektivität bemühten

---

[6] ebd.

Journalisten zukäme – darauf hin, dass die Verfolgung der Gruppe als „kriminelle Vereinigung" illegitim war? Und welche Rolle haben die Ermittlungsbehörden bei alledem gespielt? Haben sie *„besonnen, ruhig und sauber ermittelt", „auch wenn der öffentliche Druck (…) groß"* war? Schließlich bezeichnete dies die damalige bayerische Justizministerin Dr. Beate Merk in anderer Sache für das *„Wichtigste"* (vgl. Punkt 4.5). Wie hat sich die Justiz verhalten? Wie die Politik?

Diesen Fragen will dieses Buch nachgehen. Es will es aber nicht allein bei diesen Fragen belassen. Im Teil I beschreibt es auch den gesellschaftlichen Kontext, in dem eine solche Justizkatastrophe überhaupt erst möglich werden kann. Es untersucht, ob die Medien in einer freiheitlich demokratischen Grundordnung ihrer Aufgabe, gesellschaftliche und politische Irrwege zu korrigieren, nachkommen oder vielmehr zu deren Hauptverursachern gehören.

Teil I enthält, eingebettet in einen Rahmen aus allgemeinsoziologischer und themenbezogener Betrachtung in den Kapiteln 1, 6 und 7, den Hauptteil in den Kapiteln 2 bis 4. Diese dokumentieren anhand der Aktenlage die Erfindung eines „Kinderschänder-Rings" durch die Münchner Polizei und die zuständige Staatsanwaltschaft. Sie dokumentieren, wie sich der Verdacht, die Selbsthilfegruppe sei eine „kriminelle Vereinigung" gewesen, durch einen Beschluss des Bayerischen Obersten Landesgerichts in Luft auflöste. Und sie dokumentieren und werten die Maßnahmen bis hin zum Einschreiten des Bayerischen Staatsministeriums des Innern, um diesen Beschluss mittels eines nachgeschobenen stummen Geheimzeugen zu unterlaufen – einer zweiten, nach Jahren erstmals mit Bedeutung und Aktenexistenz versehenen „Vertrauensperson", deren Aussagen und Identität geheim zu bleiben hätten (Sperrerklärung nach § 196 der Strafprozessordnung – StPO).

Ein Politikum ersten Ranges, von dem niemand aus den Medien erfuhr.

Kapitel 5 gibt die Schilderungen einiger Betroffener wieder. Sie entstammen zum Teil transkribierten und geglätteten Wortprotokollen oder wurden schriftlich übermittelt.

Im Teil II wird das Thema des Buches aus künstlerischer Perspektive in Form eines Lesedramas beleuchtet.

Alle Mitarbeiter und Autoren der Buchbeiträge sind dem Herausgeber namentlich bekannt.

Das vorliegende Buch will den Leser in eine Welt führen, die dort beginnt, wo seine ihm bekannte Welt der unvollendeten Schlagzeilen aufhört.

Sebastian Anders
Januar 2014

Zum Einstieg:
Was bedeutet „kriminelle Vereinigung"?

Werner Wildgartner

Nach Artikel 19 des Grundgesetzes der Bundesrepublik Deutschland dürfen Grundrechte – z. B. das Recht auf Wahrung des Brief-, Post- und Fernmeldegeheimnisses (Art. 10 GG) – nur in Ausnahmefällen auf Antrag der Strafverfolgungsbehörden eingeschränkt werden. Solche Ausnahmefälle sind bei Straftaten der Schwerkriminalität gegeben, die in § 100a der Strafprozessordnung (StPO) als „Katalogstraftaten" einzeln genannt sind. Zu diesen gehört auch die „Bildung krimineller Vereinigungen" (§ 129 Abs. 1 des Strafgesetzbuches – StGB).

Entsprechende, das Grundgesetz einschränkende Ermittlungsmaßnahmen bedürfen einer richterlichen Anordnung, vor der der Richter die Begründetheit der Anträge der Strafverfolgungsbehörden und damit alle Verdachtsvoraussetzungen zu prüfen hat.

1. Katalogstraftat:
„Bildung krimineller Vereinigungen" (§ 129 Abs.1 StGB)

Eine „kriminelle Vereinigung" ist nach § 129 des Strafgesetzbuchs eine Vereinigung, die folgende Voraussetzungen **zugleich** erfüllt:

a) eine Mindestzahl von **drei Mitgliedern,**
b) eine **hierarchische Struktur** und
c) eine **kriminelle Zweckbestimmung.**

Voraussetzung dafür, den Ausnahmetatbestand der „Bildung krimineller Vereinigungen" anzunehmen, ist ein **hinreichender Tatverdacht.**

Bezogen auf den diesem Buch zugrunde liegenden Fall präzisiert das Bayerische Oberste Landesgericht am 18.10.2004:

„Eine Vereinigung im Sinn des § 129 Abs. 1 StGB ist ein (…) auf Dauer angelegter organisatorischer Zusammenschluss von mindestens drei Personen, die bei Unterordnung des Willens des Einzelnen unter den Willen der Gesamtheit gemeinsame (kriminelle) Zwecke verfolgen oder gemeinsame (kriminelle) Tätigkeiten entfalten und unter sich derart in Verbindung stehen, dass sie sich (…) als einheitlicher Verband fühlen. "

2. Die Praxis

Eine auch in anderen Bereichen auftretende Gefahr ist, dass die nur als Ausnahmen gedachten Einschränkungen der Grundrechte schleichend zur Regel werden. Wenn Ermittlungsrichter ihrer Kontroll- und Prüfungspflicht nicht im geforderten Maße nachkommen und dennoch den Anträgen der Staatsanwaltschaft stattgeben, haben die Ermittler freie Hand: Sie können dann nach Gutdünken Lauschangriffe oder Ausspähungen mit besonderen für Observationszwecke bestimmten technischen Mitteln gegen eine bestimmte Person durchführen, deren Strafverfolgung sie – aus welchen Gründen auch immer – wünschen.

Bei dem Vorwurf der *„Bildung krimineller Vereinigungen"* bedarf es nicht einmal eines zureichenden Anhaltspunkts für eine Straftat der Zielperson. Es genügt z. B., dass die Zielperson einen Verdächtigen lediglich kennt (*„Kontaktkriminalität"*).

Ein Verdacht auf *„Bildung krimineller Vereinigungen"* eröffnet den Ermittlungsbehörden neben der Ausspähung von Zielpersonen weitere Befugnisse, zu denen beispielsweise die Erleichterung der Begründung von Haftbefehlen durch die grundsätzliche Annahme einer *„Verdunkelungsgefahr"* zählt:

„Als Mitglied der kriminellen Vereinigung wird der Beschuldigte mit hoher Wahrscheinlichkeit auf andere Mitglieder oder sonstige Zeugen einwirken, wie dies den Zielen der Vereinigung entspricht." (Ermittlungsrichter: Haftbefehle Anfang November 2003)

Gerade ein Verdacht auf *„Bildung krimineller Vereinigungen"* erleichtert es der Staatsanwaltschaft, mit ihren Anträgen entsprechende Anordnungen von Ermittlungsrichtern zu erwirken. Denn sobald sich Ermittlungen gleichzeitig gegen eine Vielzahl von Personen richten, kann die Sorgfalt der Einzelfallprüfung leiden. Es ist nicht schwer, die „Mitgliedschaft" in einer „Gruppe" zu behaupten – insbesondere angesichts moderner sozialer Netzwerke.

Erfüllt ein Ermittlungsrichter bei der Prüfung der staatsanwaltschaftlichen Anträge seine Aufgaben nicht akribisch und in vollem Umfang, gerät Strafverfolgung zur Willkürmaßnahme.

Eigentlich sollte der Bürger durch den Straftatbestand *„Verfolgung Unschuldiger"* (§ 344 StGB) vor solchen Übergriffen geschützt sein. Diese Strafvorschrift scheint jedoch im Laufe der Zeit stumpf bis unwirksam geworden zu sein, ähnlich dem Straftatbestand *„Rechtsbeugung"* (§ 336 StGB). Heute wagt es kaum ein Rechtsanwalt – als *„Organ der Rechtspflege"* – Verfolgungsmaßnahmen nach § 129 StGB zu beanstanden.

Der Leser mag nach der Lektüre des Buches selbst einschätzen, in welchem Ausmaß der Rechtsstaat schon heute durch die Aushöhlung der Grundrechte real bedroht ist.

TEIL I

KRIEG GEGEN DAS PHANTOM

1. Normalitäts- und Sauberkeitswahn
(Friedrich Thälert)

1.1 Einfach gestrickt: „Mia san Mia"

Seit alters definieren sich menschliche Gruppierungen aus einem unverwechselbaren und Identität stiftenden Wir-Gefühl und aus intern anerkannten Normen des Verhaltens. „Mia san Mia" – „Wir sind wir". Das heißt: „Sie", die anderen, sind anders und haben keinen Platz in unserer Gemeinschaft.

Ausgehend von der Rudelbildung wilder Säugetierarten organisiert sich auch der Mensch primär in Familien („die Familie ist heilig"). Im Laufe der Geschichte wurden seine Verbände größer: der Clan, die Dorfgemeinschaft, staatliche Zusammenschlüsse. Die Identität stiftenden Kriterien wurden von Biologischem – den Blutsbanden, Stammes- und Rasseverwandtschaften – sehr rasch auf Ideologisches ausgedehnt wie Glaubens-, Moral-, Weltanschauungs- oder Sprachgemeinschaften. Das vollzieht sich zwar in subtileren und oft auch unbeständigeren Verbindungen, bestimmt aber das jeweils herrschende spezifische Wir-Gefühl nicht weniger als biologische Zusammengehörigkeiten.

So kommt es zu Überlagerungen und Neudefinierungen. Beispielsweise können Angehörige verschiedener Ethnien eigene Wertegemeinschaften bilden, man kann seine Zugehörigkeit zu anderen Verbänden höher gewichten als die zur Familie, sexuelle Orientierungen können neue Identitäten stiften, und Interessengemeinschaften Staatsgrenzen überwinden.

Dadurch, dass sich solche „Wahlverwandtschaften" aus der Erkenntnis einer globalen Schicksalsgemeinschaft immer weiter ausdehnten, wurde ihr jeweiliges Zusammengehörigkeitsbewusstsein diffuser: Die „anderen", die man zur eigenen Abgrenzung braucht, waren nicht mehr eindeutig bestimmbar. Das heimelige Sicherheitsgefühl, das die Kleingruppe gewährt, kam zunehmend abhanden.

So erleben wir gegenwärtig, im Zeitalter der Globalisierung, einen Effekt, der geradewegs in die Vergangenheit zurückzuführen scheint:

Die wachsende Unübersichtlichkeit der Gruppierungen, die unentwirrbare Verflechtung von Interessen und das daraus entspringende Abnehmen des Identität stiftenden Wir- und Heimatgefühls in überschaubarem Rahmen entfalten eine unheilvolle Wirkung. Sie erzeugen die Restauration von Nationalismen und religiösen wie moralischen Fundamentalismen. Dadurch scheint wieder Klarheit zu entstehen. Klare Fronten gegen „Multi-Kulti", Bereinigen des Selbstbildes, Beseitigen von störenden Flecken der Andersartigkeit, Abgrenzen, Ausgrenzen, Ausweisen, Abschieben, „Wegsperren für immer", Wiederherstellung des Paradieses der Reinheit (das es allerdings nie gab), kurz: Säuberung von Schmutz und Schund, von Abschaum, Gesindel, Verrätern.

Die Sehnsucht des Menschen nach der alten, unverwechselbaren Heimat ist offenbar so stark, dass er zunehmend bereit ist, die über Jahrhunderte mühsam errungenen Fortschritte des Humanismus unbedacht über Bord zu kippen: Null-Toleranz und Krieg werden wieder Mode, und wenn kein Feind da ist, muss man einen solchen aufbauen: „Wenn wir nicht zusammenstehen, schlucken uns die anderen" – die Angst vor dem Verlust der eigenen Identität macht bedenken- und skrupellos, lässt Toleranz als „Humanitätsduselei" diffamieren.

Gefühlsgesteuerte Verhaltensweisen waren dem Menschen eigentlich nie wesensfremd. Solange dabei die Ratio nicht gänzlich ausgeschaltet wird, ist dies auch nicht übermäßig beängstigend. Aber: Nachdenken ist stets zeitaufwändig und mühsam – dagegen sorgen irrationale „Wir-Gemeinschaften" mit ihrem Kuschelfaktor für unmittelbare Beglückung und Schutz. Menschen waren und sind anfällig für den Rückfall in hirnlose Barbarei, wenn sich die gemeinschaftsbildenden Kriterien vor allem auf einem Gefühlskonglomerat gründen, welches sich einer kritischen Hinterfragung entzieht: dem „gesunden Volksempfinden".

An dessen Anfang steht das Bedürfnis nach Sicherheit, gepaart mit der Angst vor Unsicherheit. Diese ist die Bündelung verschiedener Ängste, zu denen z. B. die Angst zählt, nicht dazuzugehören, die Angst vor dem Fremden, die Angst vor den unbekannten Seiten der eigenen Seele.

Den Ängsten kann nur begegnet werden, wenn die Bedrohung konkret benannt wird. Sie wird dadurch sicht- und bekämpfbar, am besten in Form einer bestimmten Personengruppe, oder besser noch: als konkrete Person. Die Angst weicht zunächst, wenn die Bedrohungsquelle eliminiert, der Sündenbock geschlachtet ist. Aber sie wird sofort durch eine neue Angst ersetzt, die eines neuen Sündenbocks bedarf. Denn Sündenböcke scheinen den offenbar notwendigen Kitt zum Fortbestand der Gesellschaft zu bilden – ein Phänomen, das sich wie ein (feuer)roter Faden durch die Kulturgeschichte zieht:

Im Mittelalter fühlte sich die Kirche in ihrem Machtmonopol bedroht und erfand die „Ketzer". Über Generationen suchte die Inquisition, eine kirchliche Behörde aus dem innersten Machtzirkel von Papst und Kardinälen, diese „Pest" durch brutalste Repression auszubrennen.

Später büßten „Hexen" ihren vermeintlichen Teufelspakt auf dem Scheiterhaufen.

Im letzten Jahrhundert sah man die arische Herrenrasse durch Juden, „Zigeuner" und politisch Andersdenkende verunreinigt, und wieder sollten Flammen die „Endlösung" herbeiführen. Und nicht zuletzt landeten unter eifriger Mithilfe sauberer Mitbürger „entartete Kunst" und „Schundliteratur" im Feuer.

Das Fremde, das Nicht-Konforme, die nicht gewünschte Art, das „Entartete", das Schmutzige und Unreine stehen als Ursache für alles, wovor sich die Gesellschaft fürchten zu müssen meint.

Dagegen werden die *reine* Lehre, die *reine* Rasse, die *reine* Kunst, die *reine* Moral in Stellung gebracht … der Reinheitswahn scheint nicht zu stoppen und erfreut sich mit ausufernden Fundamentalismen wachsender Beliebtheit.

Auch Homosexuelle wurden als „abartig" und als Volksschädlinge diffamiert, gejagt, gekennzeichnet und vernichtet. Und sie werden es in einem Großteil der Welt selbst heute noch – nicht nur, aber besonders auch aus vorgeschobenen, religiös begründeten Motiven. Und dies, vielleicht weniger ausgeprägt, auch im vermeintlich „aufgeklärten" Abendland: Zwar hat die katholische Kirche, die homosexuelle Handlungen nach wie vor als *strafwürdig* brandmarkt, bezüglich einer staatlich sanktionierten *Strafbarkeit* nichts mehr zu melden, und die Macht über die Sexualmoral ihrer Schäfchen ist – abgesehen von Teilen der dritten Welt – doch recht begrenzt. Aber sie scheut sich nicht, kircheninterne Strafmaßnahmen gegen bekennende Homosexuelle zu verhängen, beispielsweise durch Kündigen von Beschäftigungsverträgen in kircheneigenen Institutionen.

Und wenn auch Homosexualität wenigstens im säkularen europäischen Bereich offiziell nicht mehr kriminalisiert ist, wird von verbildeten Jugendbanden und Neonazis verstärkt wieder zur Hetzjagd geblasen: *„Schwule klatschen"* nennt man das. Und sie handeln mit der wohlwollenden Zustimmung eines breiten geistigen Proletariats.

1.2 Einfach gemacht: Sündenbock

Dennoch sind die Homosexuellen, z. B. mit gesetzlichen Regelungen zur „Schwulenehe", inzwischen mehr oder weniger in der etablierten Gesellschaft angekommen. Sie haben offene Fürsprecher auch in der Politik.

Ganz anders solche Menschen, die nach derzeitiger Definition als Pädophile angesehen werden. Sie stellen heute wohl die geeignetsten aller denkbaren Sündenböcke dar, ohne jegliche Lobby, schlecht beleumundet, im sprachlich abwertenden

Vokabular stets präsent und – wegen der emotionalen Aufladung des Themas vor dem Hintergrund auch berechtigter Besorgtheit – ohne jede Möglichkeit zur Verteidigung.

Es gehört nachgerade zur *political correctness*, in der Empörung über diesen „moralischen Abschaum" mit den Wölfen zu heulen. Pädophile als „tickende Zeitbomben", als „Abartige", die „lebenslang weggesperrt" gehörten, und es kursieren Fantasiedunkelziffern von „jährlich 300.000 Kindern als Opfer sexueller Gewalt Pädophiler" allein in Deutschland.

Zwar ist man sich in den ernstzunehmenden Teilen der Sexualwissenschaft einig, dass diese emotionalen Vorurteile den pädophilen Menschen als Gesamtheit – gelinde gesagt – nicht gerecht werden. Allein, was vermögen Erkenntnisse, die den Elfenbeinturm der Wissenschaft kaum verlassen, in einer von den Medien auf Sensationskonsum fixierten und angstgesteuerten Öffentlichkeit?

Stattdessen kennzeichnet ein beängstigender Mangel an begrifflicher Redlichkeit die aktuelle öffentliche Missbrauchs-Debatte. In ihr verfällt mit der gedanklichen Differenzierung auch die Sprache:

Wie in einem Rausch begrifflicher Verrohung wird „pädophil" mit „kriminell" gleichgesetzt. Pädophil zu sein bedeute, ein brutaler „Missbraucher", ein „Kinderschänder", eine „Sexbestie" zu sein, die „Kinderseelen morde".

An runden Missbrauchspräventionstischen wird dem Volkszorn gehuldigt – nahezu unwidersprochen, denn die **unabhängige Sexualwissenschaft** wird regelmäßig kaum zu solchen Veranstaltungen beigezogen. Sie meldet sich auch – wohl aus Angst, die Einforderung einer differenzierteren Sicht würde ihr als *political incorrectness* angekreidet – selten genug aus eigenem Antrieb zu Wort. Die Boulevardpresse und Sensationsmagazine vieler TV-Sender drücken die Debatte auf primitives Niveau, und selbst sonst als seriös geltende Medien machen mit bei der neuen Hexenjagd.

In die Landschaft dieser Empörungs- und Ereiferungsorgie passt die mittlerweile zur Mode gewordene neue Lust am Strafen. Es ist geradezu *in* – und dies nicht nur in marktschreierischen Medienformaten –, ständig nach weiteren Strafverschärfungen zu rufen. Politiker bedienen diese mit großem Skandalgetöse vorgetragenen Forderungen prompt oder suchen sie in populistischer Weise gelegentlich noch zu übertreffen. In kaum einem anderen Bereich ist das Wissen so gering, die Anmaßung von Sachkunde so verbreitet und die Möglichkeit einer „Profilierung" so wohlfeil. Das Entscheidungstempo im „Kampf gegen die Pädophilie" ist entsprechend atemberaubend.

Über unsere Volksvertreter, die quasi im Jahres-Takt die entsprechenden Gesetze verschärfen, schreibt *Ortwin Passon*, Mitarbeiter der Bundes-AG „Prävention gegen sexuelle Gewalt" der DLRG-Jugend in Bad Nenndorf und ehrenamtlicher Richter am Sozialgericht Potsdam:

„Zwar stellt Kürschners Volkshandbuch zu den Biographien der Abgeordneten fest, dass sie völlig unbeleckt von sexualwissenschaftlichen Sach- und Fachkenntnissen sind, dennoch verzichten die Unbedarften generös auf die Kompetenz der renommierten Deutschen Gesellschaft für Sexualforschung (DGfS). Das ist ungefähr so, als pfiffen die Parteien bei der Gesetzgebung im Sozialrecht auf die Meinung der Sozialverbände VdK und SoVD."
(O. Passon: www.schlips.org/schlips3/archivtext/2003/
Blockwarte im Sexualstrafrecht.htm)

Und über die derzeitige gesellschaftliche Polemik zu „Pädophilie" und „sexuellem Missbrauch" steht in *DIE WELT* vom 16.3.2010 zu lesen:

„Die Frankfurter Sexualwissenschaftlerin Sophinette Becker hat die derzeitige gesellschaftliche Debatte über sexuellen Missbrauch als verlogen bezeichnet. (...) Becker hob ferner hervor, dass die

‚strukturierten' oder ‚echten' Pädophilen nur einen sehr kleinen Teil der Erwachsenen ausmachen, die sich an Kindern vergehen. Mehr als 95 Prozent der ‚Missbraucher' seien ‚normal veranlagt'. Sie seien psychosexuell nicht auf Kinder fixiert und auch nicht an einer Beziehung mit ihnen interessiert (…) Die ‚Begehrensstruktur' der Betroffenen [sc.: der ‚echten' Pädophilen] *könne auch therapeutisch nicht verändert werden.* **Allenfalls könne man sie kontrollieren, was manche allein schafften;** *andere bräuchten eine Einrichtung wie das Forschungsprojekt der Berliner Charité. (…)."*

[Hervorhebung u. Anm. durch den Verf.]

Meike Fries schreibt in *ZEIT-Online – Gesundheit –* vom 6.5.2010 über das Berliner Charité-Therapieprojekt:

„Der Sexualmediziner Klaus Beier leitet das Projekt ‚Kein Täter werden' am Institut für Sexualmedizin der Berliner Charité. (…) Pädophilie definiert er im Video-Interview mit ZEIT-Online als ‚eine medizinische Diagnose für Menschen, die eine sexuelle Ansprechbarkeit für den kindlichen Körper aufweisen'. Davon unbedingt zu unterscheiden sei der Begriff Pädosexualität. Pädophilie beschreibt eine Fantasie-Ebene, von Pädosexualität spricht man, wenn es zu sexuellen Handlungen an Kindern kommt. Pädophilen gehe es aber nicht nur um die sexuelle Ebene. (…) Die pädophile Neigung bleibe das ganze Leben über bestehen. Beier und seine Kollegen zielen mit ihrem Therapieangebot darauf, dass Betroffene lernen, ihr Verhalten zu kontrollieren. (…) **Ein großes Problem sei allerdings die gesellschaftliche Ächtung Pädophiler,** *sagt Beier.* **Die sexuelle Präferenz als solche dürfe kein Anlass zur Ächtung sein, sondern erst das fremdschädigende Verhalten.** *(…)"*

[Hervorhebung durch den Verf.]

In anderen Worten:

Es sei für einen Pädophilen zwar keine Änderung im Sinne einer Löschung oder Umkehrung der sexuellen Präferenz möglich, wohl aber das Akzeptieren des eigenen So-Seins bei gleichzeitiger sexueller Abstinenz gegenüber Kindern – ein Bemühen, das aber dadurch konterkariert werde, wenn die pädophile Veranlagung als solche stigmatisiert werde (vgl. Punkt 2.). Die gegenwärtige anti-pädophile Polemik tut aber genau das. Und sie trägt geradezu wahnhafte Züge. Vergewaltigungen und Kindermorde werden pauschal „pädophilen Tätern" in die Schuhe geschoben und dazu missbraucht, Pädophilie als solche zu diskreditieren.

Denn die Öffentlichkeit braucht einfache Denkmuster, wo entrüstete Gutmenschen sich gegenseitig ihrer eigenen moralischen Integrität versichern können.

„Circenses" sind gefragt; und man ist sich sicher, auf der richtigen Seite der Balustrade zu sitzen.

1.3 Einfach gelöst: Rechte-Erosion

Brot und (Schau-)Spiele – das ist ein altbewährtes, wenn auch vordemokratisches Rezept zur Absicherung der kollektiven Ordnung. Sicher gilt auch: Je weniger Brot, desto mehr Schauspiele muss die Obrigkeit bieten, um Frustration und Murren der Untertanen in Bahnen zu lenken, die ihr nicht schaden.

Und die „Spiele" sind umso attraktiver, wenn sie den Ekel über pädophilen Schmuddelkram mit der Angst vor Terrorismus und organisierter Kriminalität verquicken. „Kinderschänderring" und „Kinderpornoring" erzeugen das gleiche Schaudern wie „Mafia" oder „Al Qaida" und werden – sogar von Politikern der höchsten Ebene – in einem Atemzug mit diesen genannt.

Die Medien lieben solche Begriffe: „Ringe", „Netze" und „kriminelle Vereinigungen" garantieren die Sensation. Schlagworte bringen Quote und Schlagzeilen fördern den Absatz. Da hat man nun das Böse versammelt, auf das man mit dem Finger zeigen kann, den ganzen widerlichen Sumpf, den austrocknen zu müssen sich alle Welt einig ist.

Auch die Arena für den zu führenden Kampf stellen Medien bereit. Sie gebärden sich als Polizisten, Ankläger, Richter und Scharfrichter zugleich. Obendrein machen sich Behörden und Richter mit ihnen gemein. Seitdem solche Medien den mittelalterlichen Pranger ersetzt haben und zu einem Teil der Exekutive geworden sind statt sie zu kontrollieren, seitdem medial vermittelte, dem „gesunden Volksempfinden" huldigende Vorverurteilungen Richtern als Handlungsmaxime dienen, und seitdem medial vermittelter Fantasiehorror den Gesetzgeber erfolgreich zu ständigen Strafverschärfungen (ver-)führt, kann von einer effektiven Gewaltenteilung in unserem Staat kaum mehr die Rede sein.

So werden die Erosion der Gewaltenteilung, eines der Fundamente des Rechtsstaats, sowie der Abbau der Menschenrechte stetig vorangetrieben. Dieser Entwicklung leisten nicht nur neue gesetzliche Bestimmungen (in: PolizeiAufgabenGesetz und StrafProzessOrdnung) Vorschub, sondern in beängstigendem Maß – wie es den Anschein hat – auch die Staatsorgane selbst, indem sie zunehmend einengende Vorschriften eben dieser Bestimmungen missachten (vgl. die Kapitel 3., 4. und 6.).

Es zeichnet sich ab, dass das bislang geltende Sühneprinzip (das Strafgesetz hat die Ahndung begangener Straftaten sicherzustellen) zunehmend von einem Präventionsdenken untergraben wird, das einem ausufernden Sicherheitswahn entspringt: Die Strafverfolgung habe dafür zu sorgen, dass potentielle Straftäter bereits vor Begehung einer Straftat aus dem Verkehr gezogen werden.

So scheint immer weniger die Straftat selbst, als vielmehr die (vermeintliche) Gesinnung oder das Gefühlsspektrum eines potentiellen Straftäters Gegenstand der Sanktion zu werden. Bei Bekanntwerden pädophiler Neigungen sind z. B. schon heute bestimmte Lebenswege de facto verschlossen (vgl. Punkt 6.4). Und es fehlt nicht mehr viel, bis in einem solchen Fall ein Dasein in Freiheit völlig aberkannt wird.

Ist eine Straftat geschehen – dies gilt vor allem bei Sexualdelikten –, kann der Täter weder als Beschuldigter noch als Verurteilter mit etwas anderem als der schärfsten Behandlung und lebenslanger Registrierung rechnen – zunehmend auch schon bei erstmaliger Straffälligkeit. Unter dem Druck einer angstgesteuerten Öffentlichkeit, die den Anspruch auf absolute Sicherheit erhebt, werden Hafterleichterungen regelmäßig verweigert. Im Wiederholungsfall gehen forensische Gutachter immer öfter den für sie risikofreien Weg und fordern Sicherungsverwahrung, indem sie einem Delinquenten nach Strafende eine „Gefährlichkeit für die Allgemeinheit" bescheinigen. Denn unter dem herrschenden Druck öffentlicher Beobachtung, und um für eine etwaige allzu optimistische Fehlprognose später nicht selbst gegeißelt zu werden, geben viele Forensiker einer Absicherung durch lieber allzu negative Gutachten den Vorzug.

Bei begründeten Befürchtungen ist es gewiss sinnvoll, den sicheren Weg zu wählen und die Menschenrechte einzelner dem Allgemeinwohl unterzuordnen. Aber ab wann sind Zweifel völlig ausgeschlossen?

Dies betrifft auch den Maßregelvollzug, aus dem es kaum jemals mehr einen Weg zurück in die Freiheit gibt:

„Aus meiner Sicht ist es extrem schwer, wieder entlassen zu werden. Also das ist wirklich so, dass ganz viele Faktoren zusammenspielen müssen, und dass es m. E. viel zu schwierig ist, wieder entlassen zu werden."

(Rechtsanwältin Ursula Knecht, Münster, in:
ARD „PANORAMA Die Reporter", Februar 2010)

„Die Einweisungen in Deutschland haben sich in den letzten drei-ßig Jahren verdoppelt, die Zahl der Taten nicht. Aber die Angst ist stetig gewachsen."

(unterlegter Text in:
ARD „PANORAMA Die Reporter", Februar 2010)

Entlassenen Sexualstraftätern, gegen die keine Sicherungsver-wahrung verhängt werden kann, wird in Bayern im allgemeinen eine fünfjährige Führungsaufsicht auferlegt mit den Auflagen eines Bewährungshelfers, einer Therapiepflicht bei der „Facham-bulanz für entlassene Sexualstraftäter" sowie einer „Nachsorge" unter kriminalpolizeilicher Aufsicht (HEADS: Abteilung für die „Haftentlassenen-Auskunftsdatei für Sexualstraftäter", K-Fach-dezernat 1 München, K 15). Ein Verstoß gegen eine der Aufla-gen wird mit bis zu drei Jahren Haft geahndet.

Im Übrigen bleibt ein Eintrag im Bundeszentralregister zwan-zig Jahre bestehen.

Ob die psychologische Fachkunde und das Fingerspitzenge-fühl der Kriminalpolizei einer Resozialisation unter ihrer eige-nen Zuständigkeit eher abträglich als zuträglich sind, mag jeder selbst einschätzen.

Der erste Schritt in diese Richtung war – schon vor Jahren – die **Übertragung präventiver Aufgaben an die Polizei.**

Diese Idee, die zunächst zwar vernünftig klingt, darf in einem Rechtsstaat dennoch nicht Platz greifen. Die Erfahrun-gen mit den Gräueln der „Hexen"-verfolgung und der Nazizeit sowie mit den zahllosen polizeistaatlichen Systemen in Ver-gangenheit und Gegenwart stehen dagegen. Und angesichts der Anziehungskraft der schier unbegrenzten Möglichkeiten moderner Überwachungstechnik wird die Zukunft auch unser noch-demokratisches Gemeinwesen dem Präventionsstaat beschleunigt näher bringen. Steht der Polizeistaat schon vor der Tür?

Nachhaltige Prävention ist jedoch kaum mit staatlichen Zwangsmaßnahmen zu erreichen. Gedankenaustausch und Selbstreflexion auf freiwilliger Basis, beispielsweise in Selbsthilfegruppen, bieten eine deutlich höhere Chance, strafwürdigem Verhalten einzelner entgegenzuwirken.

2. Pädophile Selbsthilfe
(Autorenteam)

„Pädophilie" ist die Bezeichnung einer ganzheitlichen und damit auch erotisch-sexuellen Orientierung auf (vor-)pubertäre junge Menschen.

Im Gegensatz zu einem weit verbreiteten Irrtum bezeichnet dieses Wort keine Tat, und erst recht keine Straftat. Ein „pädophiler" Mensch ist also per se kein Verbrecher oder „Kinderschänder", sondern eine Person mit Neigungen, die sich allerdings von den bewussten Neigungen der Mehrheit der Bevölkerung unterscheiden und daher beargwöhnt und diskriminiert werden.

Für ein friedliches Zusammenleben ist von entscheidender Bedeutung, diese Unterschiede nicht als „Kluft" oder gar als Kriegsgrund wahrzunehmen, sondern als Zeichen der Vielfalt zu verstehen sowie als Aufforderung, Strategien zur Überwindung der „Kluft" in den Köpfen und Herzen zu entwickeln. Dabei sind Verletztheiten bei allen Beteiligten ernst zu nehmen und der rechte Maßstab nicht aus den Augen zu verlieren.

Nur so kann ein offener, ideologiefreier Diskurs entstehen, was strafwürdig sein soll und was nicht.

2.1 Allgemein

Gerade unter dem Gesichtspunkt einer vortherapeutischen Prävention gewinnen die Existenz und die Arbeit pädophiler Selbsthilfegruppen besondere Bedeutung. Deshalb ist es wichtig, dass man sie nicht aus populistischen oder sonstigen Gründen behindert, isoliert oder zerstört.

Jeder, der Kinder auch unter Einbeziehung sexueller Impulse lieben kann, lebt im Spannungsfeld zwischen seinen ihm natürlich erscheinenden Gefühlen und dem gesellschaftlich erwarteten Sexualverhalten.

Viele sind allein schon wegen ihrer erotischen Fantasien oder sexuellen Wünsche verunsichert. Da Pädophilie abgelehnt und bekämpft wird, fühlen die Betroffenen sich ausgegrenzt und sind dadurch in der Regel psychisch belastet. Nur von psychisch stabilen Menschen jedoch ist zu erwarten, dass sie auch in Grenzsituationen überlegt und verantwortungsbewusst handeln können. Hieraus gewinnt die pädophile Selbsthilfe ihre zentrale Bedeutung.

Da die sexuelle Grundorientierung des Menschen ein nicht austauschbares Element seiner Persönlichkeit ist, stehen im Mittelpunkt der pädophilen Selbsthilfe ethische Reflexion und die psychische Stabilisierung Pädophiler.

Erstes Ziel der Selbsthilfe ist die selbstbewusste Persönlichkeit, die die eigene erotisch/sexuelle Orientierung erkennt und akzeptiert und mit dieser geglückt und straffrei leben kann: der psychisch und sozial integrierte Pädophile, oder kurz: der „strukturierte Pädophile".

„Der Klient wird Selbstbeherrschung gewinnen, was bedeutet, dass die unkontrollierten, aggressiven und möglicherweise gefährlichen sexuellen Akte durch unschädlichere und kontrollierte Akte ersetzt werden."

(Dr. Agner Fog, „Sexuelle Abweichung und Therapie",
Übers. a. d. Engl. v. M. W.-Bayer, 1997, Original: „Paraphilias
and Therapy", Nordisk Sexologi 1992, 10, S. 236–242)

Gruppenteilnehmer suchen Hilfe durch Aussprache sowie Kontakte zu gleich oder ähnlich Empfindenden. Einige verarbeiten Erfahrungen mit gesellschaftlicher Ausgrenzung, Polizeiermittlungen oder Haftstrafen. Andere kommen nach mehr oder weniger gelungenen Therapien. Jüngere Pädophile sind in der Regel auf Suche nach Orientierung für ihren Lebensweg.

Im vergleichenden Gespräch können sich unangemessene Selbsteinschätzungen klären und einrenken. Der Einzelne lernt zu erkennen, ob er wirklich ein so genannter „Kernpädophiler" ist, dessen sexuelle Präferenz also ausschließlich auf Kinder gerichtet ist, oder ob er auch mit anderen sexuellen Registern ein erfülltes Leben führen kann.

Weiter lernt er im vergleichenden Gespräch die unterschiedlichen Auswirkungen verschieden gearteter Abhängigkeiten in Beziehungen zu Kindern kennen: primäre Abhängigkeiten (Erziehungsberechtigte-Kind)//sekundäre Abhängigkeiten (z. B.: Lehrer-Schüler)//Freundschaftsverhältnisse (und hierin wiederum die Bandbreite von „klammernd" bis „völlige Autonomie gewährend").

Er erfährt, dass es in Beziehungen zu Kindern auch stets eine Wechselseitigkeit in den Abhängigkeiten gibt, und welche Folgerungen für das eigene Verhalten daraus zu ziehen sind.

Ein solches Gesprächsforum ist einer der wenigen Orte, wo Betroffene mit anderen ohne Angst vor Ablehnung und Repression ihre Neigungen und Nöte teilen können und erkennen, dass sie damit nicht allein sind. Durch die Stärkung seines Selbstbewusstseins eröffnet sich dem Teilnehmer die Chance, sich in der sozialen Realität zu stabilisieren. Denn nur im Gespräch auf Augenhöhe erfährt er das Feedback, das er vorbehaltlos zu akzeptieren vermag. Dabei können erfahrene Teilnehmer als positive Vorbilder für weniger erfahrene dienen.

„Es ist nicht möglich, die sexuelle Orientierung eines Menschen grundlegend zu ändern, aber es ist möglich, das Syndrom der isolierten Minderheit zu heilen."

(Dr. Agner Fog, a.a.O.)

Das übliche Konzept, die besonderen sexuellen Gefühle des Pädophilen seinem Ich zu entfremden und Konformität durch Strafandrohung und Repression zu erzwingen, entfaltet in der Regel keine positive Wirkung, weil es gegen inneren Widerstand geschieht und unberechenbaren Reaktionen Vorschub leistet. Auch Zwangstherapien (z. B. als gerichtliche Auflage) führen aufgrund fehlender Vertraulichkeit eher zum Nachplappern erwünschter Reuefloskeln als zu nachhaltiger Selbsterkenntnis. Von dem Irrweg der siebziger und achtziger Jahre, durch chirurgische oder andere medizinische Maßnahmen die Persönlichkeit zu verändern, soll hier gar nicht gesprochen werden.

Kompetente pädophile Selbsthilfe hingegen arbeitet stets auf der Basis von Repressionsfreiheit (dies bedeutet keineswegs Rechtsfreiheit), Freiwilligkeit und Vertrauen und hat daher eine hohe Chance, stabilisierend und „entneurotisierend" zu wirken.

Mit der Stabilisierung des Pädophilen und der Förderung seiner ethischen Bewusstheit setzt sich die Selbsthilfearbeit gleichzeitig das Ziel, den Respekt vor der Persönlichkeit des Kindes zu fördern. Pädophile Selbsthilfe, die sich diesem Ziel widmet, stellt daher auch einen wichtigen Beitrag zum Kinderschutz dar.

So spielen in Pädo-Selbsthilfegruppen ethische Fragen zu den Beziehungen zwischen Kindern, Jugendlichen und Erwachsenen stets eine wichtige Rolle.

Im Zentrum stehen dabei die Verantwortung des Erwachsenen im Umgang mit Kindern, mit den alters- und sozialbedingten gegenseitigen Abhängigkeiten, die Sensibilisierung hinsichtlich versteckter psychischer Gewalt sowie die Frage nach den Möglichkeiten wirklicher Einvernehmlichkeit bei pädosexuellen Kontakten. Entwicklungspsychologische Informationen oder die Übung, sich in das Denken und Empfinden von anderen, insbesondere von Kindern, hineinzuversetzen, sollen helfen, diese und ihre Wünsche angemessen zu verstehen. Die Gruppenteilnehmer bekommen die Chance, ihr Verhalten zu reflektieren und gegebenenfalls zu ändern, was Kindern, mit denen manche von ihnen (in der Regel soziale, nicht-sexuelle) Kontakte haben, zugute kommt.

„Jeder Mensch, der am Syndrom der isolierten Minderheit leidet, sollte dazu ermutigt werden, ein Mitglied solcher Organisationen zu werden und deren Publikationen zu beziehen."

(Dr. Agner Fog, a.a.O.)

2.2 Die Pädo-Selbsthilfe- und Emanzipationsgruppe München

In München gab es ab etwa 1978 eine *pädophile Emanzipationsgruppe*. Sie existierte fast ohne Unterbrechung bis zu ihrer Zerschlagung am 30.10.2003.

Wie kam es zu dieser Gruppe?

1974 erklärte das Bundesverfassungsgericht den damals noch bestehenden § 175 des StGB für verfassungskonform. Männer seien mit diesem Strafrechtsparagraphen gegenüber Frauen nicht diskriminiert, weil die (nach § 175 strafbaren) sexuellen Kontakte von Männern zu Jugendlichen qualitativ anders seien als die (nicht strafbaren) sexuellen Kontakte von Frauen zu Jugendlichen.

Wie konnte das Bundesverfassungsgericht so entscheiden? Anscheinend hatte es nicht genügend aufklärende Informationen zur Verfügung. Deshalb fanden sich einige über diese Entscheidung erzürnte Bürger zusammen, um solche Informationen in einem „Knabenliebe-Archiv" zu sammeln – als Grundlagenmaterial für Wissenschaft und Aufklärung. Etwa 1976 entstand aus dieser Kleingruppe ein Gesprächskreis, der sich ca. 1978 einen Namen gab: *„Pädo-Emanzipationsgruppe"*.

Emanzipation – das bedeutete konkret Abfassung von Leserbriefen, Stellungnahmen und Grundsatzpapieren oder auch Briefwechsel mit Inhaftierten.

Im Laufe der Jahre schob sich der Aspekt der Selbsthilfe mit Erfahrungsaustausch, ethischer Reflexion und Selbstfindungsgesprächen in den Vordergrund. Entsprechend diesem erweiterten Selbstverständnis nannte sich die Gruppe bald *„Pädo-Selbsthilfe- und Emanzipationsgruppe München"*. Sie wurde für etliche zu einem Rückhalt, der sie existentiell aufatmen ließ. Und bestimmt verhalf sie etlichen zu einem gesetzeskonformen Leben ohne Strafverfolgung – und das ohne teure Aktivitäten von Universitäts-Instituten.

Anfangs traf sich die Gruppe in Privatwohnungen. Als das zu unpraktisch wurde, fand die Gruppe gastfreundliche Aufnahme im „Verein für sexuelle Gleichberechtigung" (VSG e.V.), dem damals bedeutendsten Münchner Schwulenverein. Organisatorisch schloss sich die Gruppe der „Deutschen Studien- und Arbeitsgemeinschaft Pädophilie" (DSAP e.V.) an. Beide Vereine existieren heute nicht mehr.

Auch die *Pädo-Selbsthilfe- und Emanzipationsgruppe München* verlief sich vorübergehend, da ihre aktiven Mitmacher anderweitig, etwa in der Friedensbewegung, engagiert waren. Nach relativ kurzer Zeit aber wurde die Gruppe von Betroffenen, denen der Gedankenaustausch unter ihresgleichen zunehmend fehlte, neu gegründet. Die Zusammenkünfte wurden als offene Treffen wiederum beim VSG e.V. (bis zu dessen Auflösung) angesiedelt – und bald fanden sich auch die früheren Teilnehmer und Mitmacher wieder ein. Verstärkt kamen nun auch Besucher aus ganz Süddeutschland, Österreich und der Schweiz. Es waren zumeist Männer (selten auch Frauen) unterschiedlichen Alters, die sich selbst als pädophil verstanden oder mit Pädophilen zu tun hatten (z. B. als Angehörige), oder die – sehr selten – sich für das Thema aus anderen Gründen interessierten.

Die Gruppe hatte, nicht zuletzt aufgrund ihrer Offenheit, nie Schwierigkeiten mit Außenstehenden. Zeitweise trat sie mit ihrem Anliegen offen bei Schwulendemonstrationen mit auf. Sie hatte zwar gelegentlich Briefwechsel mit Polizei und Staatsanwaltschaft, wurde aber bis 2003 nie strafrechtlich belangt, da sie von Anfang an streng legal arbeitete. Polizei und Staatsanwaltschaft waren sogar ausdrücklich dazu eingeladen, sich von der Gruppe persönlich ein Bild zu machen – leider ohne große Resonanz. Nur wenige Male kamen inkognito einige Polizei- und zumindest ein Verfassungsschutz-Spitzel – ohne Folgen. Seltene (Vor-)Ermittlungen wurden stets eingestellt. Auch die seit Mitte der neunziger Jahre bestehende Internetpräsenz der Gruppe, wie ihre Homepage „paedo.de", konnte nie beanstandet werden. Ein

Vierteljahrhundert blieb die Gruppe in der bayerischen Landeshauptstadt unangefochten.

Nach Abschaffung des § 175 StGB und der dadurch möglichen und vollzogenen Selbstauflösung des VSG e.V. traf sich die Gruppe (etwa ein Dutzend Personen) zuletzt monatlich in einem untergemieteten, auch von anderen Vereinen genutzten Raum eines überregionalen gemeinnützigen Vereins. Auch dort waren die Treffen jederzeit für jedermann, auch für Unangemeldete, offen.

Ein Spendenkörbchen, in das die Teilnehmer nach eigenem Gutdünken etwas gaben, diente zur Deckung der Mietkosten für den Versammlungsraum.

Bis zuletzt arbeitete die Gruppe teilstrukturiert und gesprächsorientiert. Illegale Aktivitäten wie (Adressen-)Vermittlung von Kindern und Mitbringen, Herzeigen oder Austausch von pornographischen Schriften und Materialien wurden nicht toleriert. Die Münchner Gastgeber waren für den ordnungsgemäßen Verlauf verantwortlich, wobei die aktuell präsente Gruppe in ihrer Zusammensetzung personell und zahlenmäßig jeweils unterschiedlich war. Es handelte sich um eine informelle Gruppe, an der man teilnahm; eine Mitgliedschaft gab es nicht. Einige erschienen nur einmal, andere sporadisch, wieder andere mehr oder weniger regelmäßig. Es gab auch jahrelanges Engagement Einzelner.

Bei den Treffen stellte sich jeder Teilnehmer zunächst mit dem Vornamen und einer kurzen Selbstbeschreibung vor und nannte das konkrete Anliegen, das ihn zur Gruppe führte.

Fallweise wurde anschließend die im gruppeneigenen Postfach eingegangene Korrespondenz durchgesehen.

Die Gesprächsthemen entsprachen den oft schwierigen Problemen von Personen, die einer verfemten Minderheit angehören oder als Angehörige mit diesen Personen eng verbunden sind: sie kreisten um projizierte und reale Bedürfnisse, Ersatz- und Überlebensstrategien – wie Verleugnung, Verdrängung,

Vermeidung, Beschränkung, Sublimierung u. ä. –, Einsamkeit, Selbstaggression, Aggression.

Man tauschte sich über die jeweiligen Biographien aus, informierte sich über Gesetze und sprach über die Möglichkeit und den Sinn von Therapien.

Es wurden auch aktuell-politische und organisatorische Fragen sowie die Öffentlichkeitsarbeit der Gruppe besprochen.

Insgesamt war man bestrebt, in der Gesellschaft eine differenziertere Sicht der Sexualität zu fördern und zu einer fairen Diskussion beizutragen.

Zur Veranschaulichung der Gruppentreffen folgt als praktisches Beispiel eine fiktive Unterhaltung zwischen Gruppenbesuchern – prototypisch für Themenwahl, Rededuktus und Gesprächskultur.

2.3 Intermezzo: Gruppenabend – ein fiktives Gespräch

[Ein neuer Besucher ist zum Gruppenabend erschienen. Die anderen Teilnehmer kennen sich offenbar schon. Er stellt sich vor:]

- Ich bin der Erwin. So ohne Weiteres habe ich mich heute nicht hergetraut. Ich weiß ja nicht, was hier so alles passiert. Ihr macht zwar alle einen ganz netten Eindruck. Aber ich will erst mal lieber zuhören …
- Das kann ich gut verstehen. Wenn du das Bedürfnis hast, etwas zu sagen, dann tu's. Wenn nicht, dann nicht – kein Problem. Übrigens: wenn du Angst hast, irgendetwas von dir preiszugeben, kannst du es ja auch so formulieren, als würdest du von einer dir bekannten anderen Person erzählen.
- Ich hab' da auch großes Verständnis. Als ich mir erstmals – vor ungefähr fünfzehn Jahren – eingestanden habe, dass ich pädophil bin, habe ich mich noch lange nicht in die Gruppe hier getraut. Dazu braucht es wohl einen großen Leidensdruck.

Bei mir war das die wachsende Vereinsamung. Aber dass ich mich schließlich dazu aufraffte, war ein ganz wichtiger Schritt in meinem Leben.

- Allerdings! Für mich war es auch erst mal das Wichtigste, dass ich hier Leute traf, denen es auch so ging wie mir, die genau so empfinden wie ich: nämlich dass einem das Herz aufgeht, wenn einem ein toller Junge über den Weg läuft. Ein unternehmungslustiger, sportlicher Junge, der außerdem noch freundlich ist. Und hier traf ich ähnlich Empfindende, die solche Zärtlichkeitsgefühle nicht durch den Dreck gezogen wissen wollen, vonwegen Sex-Bestien und so …

- Bei mir war das ähnlich. Ich wusste von meiner Orientierung, konnte aber mit keinem Menschen darüber sprechen. Bei so viel Ekel und Abscheu gegenüber Pädophilen. Ich konnte mich doch nicht einmal meinem besten Freund anvertrauen. Am Ende wäre ich ganz ohne Freunde dagestanden. Erst durchs Internet bin ich auf die Gruppe und andere Foren gestoßen. So kam ich hierher. Und jetzt ist mir natürlich das persönliche Kennen in der Gruppe noch weit wichtiger als die Internetkontakte. Bei denen weiß man ja nie, wer dahintersteckt … Hätte ich die Gruppe nicht gefunden, hätte ich meine Isolation wohl kaum überwunden. Ich wäre wahrscheinlich eingegangen oder hätte etwas Dummes angestellt.

- Das mit der Isolation finde ich interessant. Ich hatte eine Psychotherapie begonnen, was mir anfangs ein bisschen Erleichterung brachte. Aber auf der ersten Arztrechnung stand als Diagnose „sexuelle Perversion". Dass der also auf einem offen zugänglichen Papier behauptet, dass ich pervers sei, hat mich schockiert. Und es war aus mit meinem Vertrauen in Therapeuten.

- Und hat dir dann der Besuch der Gruppe hier mehr gebracht?

- Ja und nein. Auf der einen Seite konnte ich erstmals akzeptieren, dass ich pädophil bin. Ich kann mich jetzt bejahen, sozusagen ganzheitlich. Ich bekämpfe meine Veranlagung eben nicht mehr, als wäre sie ein kranker Teil von mir.

- Aber?
- Auf der anderen Seite musste ich einsehen: hier stehen sich zwei Welten nahezu unvereinbar gegenüber, die wohl nie zusammenfinden werden. Wie soll ich mich je in einer Gesellschaft zu Hause fühlen können, die den Begriff „pädophil" beliebig durch „pädokriminell" ersetzt ... Ich bin nicht kriminell! Wenn man anderen zu erklären versucht – sofern man überhaupt noch mit Leuten aus der anderen, aus der sogenannten normalen Welt darüber zu sprechen wagt –, dass Pädophilie nicht gleich ausgelebter Sex mit Kindern bedeuten muss und umgekehrt, wird man sofort in eine bestimmte Ecke gestellt. Du wirst einfach als Kinderficker-Sympathisant oder als Missbrauchs-Verharmloser abgestempelt. Und zwar ohne auf das Argument selbst einzugehen. Das macht mich traurig. Und da frage ich mich, *wer* da eigentlich krank ist.
- Ja, auch ich bin nicht krank, aber die Situation macht mich krank. Ihr kennt mich ja: Mit meiner besonderen Vorliebe für knabenhafte Mädchen stieß ich nur auf Unverständnis. Ich zweifelte massiv an mir selbst. War ich verrückt – oder waren es die anderen?
- Genau das ist die Frage. Als ich die Gruppe noch nicht kannte, hielt ich mich tatsächlich für verrückt! Ich hatte immer Angst, dass ich eines Tages ausrasten und ein Mädchen vergewaltigen würde. So als ob es in meinem Kopf klick macht und ich auf einmal fremdgesteuert durch die Gegend laufe ...
- Ich finde es gut, dass sich hier in der Gruppe vieles wieder zurechtrückt, was ansonsten ein Eigenleben führen müsste und vielleicht sogar in ein Chaos führen würde. Ich war seinerzeit zum Beispiel vor allem davon überrascht, wie viel hier über ethisch korrekten Umgang mit Kindern gesprochen wird. Dabei war ich anfangs nur gekommen, weil ich irrtümlich geglaubt hatte, hier an Sex-Bildchen von Jungs

ranzukommen. Aber ich habe dann im Lauf der Zeit gesehen, wie das alles wirklich zusammenhängt. Da sind andere Dinge für mich wichtiger geworden. Ich habe viel über mich selbst nachgedacht. Und gelernt: das kann ich wohl von mir sagen. Aber wenn ich das irgendwem klarmachen wollte – der würde mir nie glauben. Die Leute sind von ihren Vorurteilen nicht abzubringen.

- … ja eben, die Vorurteile! „Tickende Zeitbomben" sind höchstens die, die nicht in eine solche Gruppe kommen! Seitdem ich hier bin und offen über alles reden kann, ohne mich schämen zu müssen, und ohne gleich mit dem Zeigefinger gedroht zu bekommen, bin ich mir sicher – und alle könnten sich sicher sein, wenn sie nur wollten: Ich bin keine „Zeitbombe", wie mir meine Therapeutin andichtete.
- So redet nicht nur deine Therapeutin, das behaupten ja alle Leute einfach so, und zwar von uns allen!
- Wenn die mal hierher in die Gruppe kämen, um uns wirklich kennen zu lernen … unsere Termine und unsere Offenheit für alle sind doch jedem Interessierten aus Annoncen und vom Internet bekannt. Und da frage ich mich: warum kommt nie ein „Normalo", oder wenigstens Leute, die beruflich mit dem Thema zu tun haben: Psychologen, Sozialarbeiter, und so weiter?
- Weil sie die gleiche Scheu haben, wie sie jeder von uns hatte. Weil sie sich vielleicht ekeln. Uns verabscheuen. Weil sie uns gar nicht kennen lernen wollen. Oder vielleicht meinen, unsereinen zur Genüge zu kennen. Vom Studium oder aus der Berufspraxis. Oder weil sie meinen, aus den Medien längst genug zu wissen. Wir sind *„Monster"*! Was braucht es da noch mehr Information …?
- Das stimmt im Großen und Ganzen. Aber ich erinnere mich: vor Jahren kam jemand ein paar Mal zu unseren Treffen, ein Lehrer, der als Junge eine Beziehung mit einem Erwachsenen hatte. Wisst ihr noch? Er hat uns erzählt, dass er sich bei ihm

immer wohlgefühlt hat, und wie viel er ihm verdankt. Bei all dem, was er bei ihm gelernt hat und mit ihm an Erfahrung machen durfte. Übrigens war er selbst nie Pädo, sondern glücklich verheiratet. Und in die Gruppe kam er, weil der Alte gestorben war. Vermutlich wollte er durch ein paar Besuche hier irgendwie an seinen geliebten Mentor erinnert werden – ich habe seine Motivation nicht so ganz verstanden. Aber ihr wisst doch auch noch, wie das geendet hat? Er war durch sein offenes Reden bei uns wohl ein bisschen unvorsichtig geworden und hatte gewagt, diese Dinge in der Öffentlichkeit zu äußern, mit dem Ergebnis, dass er als Missbrauchs-Verharmloser zunächst in den Medien niedergemacht wurde und dann seine Unterrichtserlaubnis verlor.

- Kein Wunder, dass sich unsere ehemaligen jungen Freunde kaum zu Wort melden. Und dann wird behauptet, es gäbe keine, die mit ihren Beziehungen zu Männern positive Erfahrungen gemacht hätten! Mein Junge von damals zum Beispiel, mit dem ich zwischen seinem dreizehnten und sechzehnten Lebensjahr eine Beziehung hatte: er ist seitdem und bis heute, wo er ein fünfzigjähriger Familienvater ist, mein bester Freund. Aber er vermied und vermeidet es peinlich, mit anderen darüber zu reden. Dass er sich nicht ausgenutzt fühlte, wenn es gelegentlich erotisch wurde, sondern im Gegenteil … das würde ihm keiner glauben, meint er – leider zu Recht!

- Ja, so erfährt von solchen gelungenen Beispielen niemand – weil man sich in der Öffentlichkeit nicht positiv über Pädophile oder deren sexuelle Beziehungen mit Kindern äußern kann. Es sei denn, man wollte Anfeindungen, Telefonterror, Vandalismus an der Wohnung in Kauf nehmen, und was es sonst noch so alles an Nachstellungen und Gemeinheiten gibt. Und eben auch, weil niemand einen ehrlichen, offenen Gedankenaustausch mit uns sucht.

- Man redet eben nur *über* und nicht *mit* uns!

- Dabei würden auch den „Normalos", wie du sie genannt hast, unsere Gespräche gut tun: über die Möglichkeit oder die Schwierigkeit, wirkliches Einverständnis im Umgang mit Kindern zu gewährleisten. Über die Voraussetzungen dafür, und die Grenzen und Hindernisse dabei. Darüber, ob die Fähigkeit zur Selbstbestimmung in Dingen, deren „Tragweite" sich eigentlich nur auf die Lust des Augenblicks beschränkt, wirklich erst Erwachsenen zugesprochen werden kann.
- Aber ich bitte dich, denk doch mal an mögliche Gefahren, wie AIDS, – das kann doch ein Kind nicht überblicken? Wenn es nur um die spontane und folgenlose Lust am Sex geht, o.k. Aber da steht doch mehr auf dem Spiel!
- Das meinte ich auch nicht. Deswegen will ich ja die *sexuelle Selbstbestimmung* ausdrücklich auf objektiv unschädliche Bereiche eingegrenzt wissen. Aber sie ganz und gar auszuhebeln, wie das die geltenden Gesetze tun, ist ungeheuerlich! Immerhin steht die *sexuelle Selbstbestimmung* in der Überschrift zum entsprechenden Abschnitt im Strafgesetzbuch! Als Leitbegriff!
- Und dass der da so drinsteht, finde ich sehr wichtig. Mir geht es schlicht darum, dass jedem Kind das Recht, zu einer an sich unschädlichen Handlung *„Ja"* zu sagen, genauso zugestanden werden muss wie das Recht, *„Nein"* zu sagen. Wenn ein *„Nein"* respektiert werden soll, ist ein *„Ja"* genauso zu respektieren. Das eine kann ohne das andere nicht sein.
- Richtig! Und in wie vielen Lebensbereichen sonst werden die Kinder ständig und unbeanstandet fremdbestimmt! In der Schule. Bei der Erziehung überhaupt. Und hier? Hier tut man so, als würde man den Kindern ein Selbstbestimmungsrecht geben. Und schärft ihnen dabei immer nur das Neinsagen ein. Weil ein *„Ja"* angeblich die Seele zerstöre und das Kind ein Leben lang traumatisiere!
- Wenn eine Beziehung respekt- und liebevoll gestaltet wird, frage ich mich schon, wie ein *„Ja"* Schaden anrichten soll.

Also, wenn die sexuelle Selbstbestimmung des Kindes gewährleistet ist? Ich meine kein „Blanko-*Ja*", sondern eine Zustimmung, die das Kind in jedem Augenblick des Zusammenseins widerrufen kann. Nach Lust und Laune. Und wo so ein Widerruf bedingungslos respektiert wird.

- Moment mal! Macht es euch nicht so einfach! Man muss bedenken, dass es Kinder geben kann, die nie gelernt haben, ihre eigenen Wünsche geltend zu machen. Die lassen doch einfach alles mit sich geschehen, ohne sich zu beschweren. Und wenn die dann intime Nähe gelegentlich oder prinzipiell nicht mögen und sich nicht trauen, das zu sagen, was dann? Ein fehlendes „*Nein*" bedeutet nicht automatisch ein „*Ja*"!

- Das stimmt wohl.

- Es gibt aber noch ein Problem, mit dem ich nicht klar komme. Selbst wenn man in einer Beziehung keine Angst zu haben braucht, dass der Junge sich nicht traut, seine Wünsche offen zu äußern, besteht da trotzdem eine große Gefahr: nämlich wenn die Beziehung an die Öffentlichkeit kommt. Das bedeutet dann einen Riesenschaden für den Jungen. Diese Peinlichkeit! Dass Eltern, Therapeuten, Polizisten, Staatsanwälte oder andere, selbsternannte Missbrauchs-Aufdeckerinnen in seinem privatesten Bereich herumwühlen, in ihn dringen, und immer mehr aus ihm herausquetschen wollen, oft stundenlang, tagelang, bis er schließlich zusammenklappt und sagt, was die hören wollen und ihm in den Mund zu legen versuchen! Und wie dann all das in der Presse breitgelatscht wird! Kein Junge übersteht das unversehrt.

- Ja, und erst recht bei einem Mädchen! Stell dir mal plastisch vor, was mit ihm passiert, wenn man es mit allen Mitteln der Überredung und Manipulation zur forensischen gynäkologischen Untersuchung schleppt! Das nennt man dann Kinderschutz.

- Ich kenne einen Fall, da hat ein Therapeut einem Jungen über ein Jahr eingeredet, dass dessen Freund ihm seine Zuneigung nur vorgetäuscht hätte, um mit ihm Sex zu haben, und dass der das mit vielen Kindern so mache. Der Junge glaubte das am Ende, kam sich natürlich ausgenutzt und verraten vor – mit allen Konsequenzen daraus, polizeilich und juristisch. Bis hin zur Katastrophe.

- Und trotzdem geht es noch schlimmer: es gibt genug Fälle, wo Aufdeckerinnen Kindern schlimme sexuelle Erfahrungen eingeredet haben, obwohl die nicht stattfanden. Das hat sich aber erst herausgestellt, nachdem die vermeintlichen Opfer durch die ganzen juristischen Prozeduren bereits traumatisiert waren.

- Das heißt, dass sie Kindern genau das angetan haben, was sie Pädophilen oder Kindervergewaltigern vorwerfen.

- Übrigens, wieso redest du immer wieder von Aufdecker*innen*? Hast du was gegen Frauen?

- Das nicht. Aber ich habe einfach die Schnauze voll von der Ungleichbehandlung von Männern und Frauen, was den Umgang mit Kindern angeht. Da muss ich immer an eine Beobachtung denken, die ich vor zwei Jahren an einem belebten FKK-Strand machte: Ich sah eine Mutter auf ihrer Decke liegen, und auf ihrem Bauch rittlings und ihr zugewandt saß ein vielleicht achtjähriger Junge mit einem Steifen. Und den brachte sie mit ihren Fingern zum Zappeln, so als würde sie mit allen zehn Fingern nacheinander die Saite einer Harfe zum Vibrieren bringen! Der Junge quiekte vor Vergnügen! Und manche schauten belustigt zu, manche schauten auch weg, aber niemand kam auf die Idee, die Polizei zu rufen. Zum Glück, wie ich finde, denn was ist da Schlimmes dabei? Ein lustiger, lustvoller Umgang in purem Einvernehmen. Aber eine Frau darf eben so was: Mutterliebe. Stellt euch mal vor, ich, als Mann, hätte mich so verhalten …

- Da wärst du längstens eine halbe Stunde später von einem Kripo-Kommando in Handschellen abgeführt worden, das ist sicher!

- Auch mir fiel dieser Mangel an Gleichberechtigung schon auf: Nicht nur, wenn sie selbst tun, was man Männern ankreiden würde, sondern auch dann, wenn sie Männern was andichten, um Profit für sich daraus zu ziehen. Ihr wisst schon: die vielen Fälle von Missbrauch mit dem Missbrauch, die vor einiger Zeit durch die Presse gingen, ehe plötzlich niemand mehr darüber sprach: die haben ja auch gezeigt, wie leicht sich Frauen an den Männern rächen können, wenn sie die Missbrauchskeule schwingen.
- Meiner Ansicht nach sind Männer aber auch nicht besser. Viele hassen alles sexuell Andersartige. Die Behauptung, Kinder würden durch sexuelle Erlebnisse generell geschädigt, ist oft nur eine Verbrämung schlichter Hassgefühle – vielleicht eifersuchtsbedingt – seitens von Männern …
- Das gilt doch auch für Frauen. Bei denen kommt dann zur Eifersucht vielleicht noch der sogenannte Mutterinstinkt dazu.
- Das wird mir nun aber entschieden zu psychologisch. Zu spekulativ. Ich hatte vorhin ein ethisches Dilemma aufgeworfen: die große Gefahr für den jungen Partner. Wenn es zur Katastrophe kommt, wenn eine Beziehung auffliegt – und sei sie auch noch so sehr von Respekt und Einvernehmlichkeit geprägt: Wer trägt dann die Verantwortung dafür?
- Ich sage: die Hysterie ist verantwortlich – oder besser: die, die sie schüren.
- Das meine ich auch. Dieses Angst schürende Gerede über unsägliches Leid und lebenslange Traumatisierungen! Da werden die schlimmsten und widerlichsten Beispiele genommen, breitgewalzt und als repräsentativ für pädophile Täter hingestellt. Als wären alle so. Und dann die ständig beschworenen horrenden Missbrauchszahlen! Da wird immer nur die Polizeistatistik zitiert, die in Wahrheit nicht die tatsächlichen Missbrauchszahlen wiedergibt, sondern vielmehr die Anzahl aller Verdächtigungen. Nur bei einem Teil davon ist aber an der Beschuldigung etwas dran. Trotzdem geistern diese

irrwitzigen Zahlen durch den Blätterwald und werden dann noch ums zehn- oder hundertfache übertrieben. Und dann werden sie der Bevölkerung, die um ihre Kinder bangt, als hochgerechnete wirkliche Fallzahl verkauft: als Dunkelziffer, die dann natürlich in die Hunderttausende geht und geradezu Panik auslösen muss.

• Das ist mir jetzt wieder zu gesellschaftspolitisch. Ich habe doch eine konkrete Frage gestellt, die ich gerne besprochen haben möchte. Also: Wer trägt die persönliche Verantwortung, wenn es in einer noch so rücksichtsvollen Pädo-Beziehung durch Einmischung zur Katastrophe kommt? Der Pädo hätte die Gefahr doch einschätzen können! Wir wissen doch, wie leicht es zur Katastrophe kommen kann! Dürfen wir dann das Risiko überhaupt eingehen? Haben wir da nicht Verantwortung für unsere jüngeren Partner?

[Schweigen]

• Echt ein Dilemma!
• Also: wenn mein Sohn an meinem Körper manchmal auf Entdeckung geht, dann versuche ich, auch wenn die Gefühle dabei noch so schön sind, genau aus dem genannten Grund auf das Erwidern dieser Berührungen zu verzichten. Also von mir aus passiert dann grundsätzlich nichts Sexuelles. Ich bin einfach nur glücklich, dass mir mein Kind so nahe ist.
• Aber du weißt schon, dass es, juristisch gesehen, bereits „sexueller Missbrauch" ist, wenn du zulässt, dass das Kind dich körperlich erforscht?! Da wanderst du auf einem schmalen Grat! Und wenn das deine Frau mitkriegt, kann sie dich jederzeit damit erpressen, eben: der Missbrauch mit dem Missbrauch …
• Da kann ich dich erst mal beruhigen: meine Frau war noch viel unvorsichtiger, was körperliche Nähe angeht. Da könnte ich, wenn ich wollte, ganz andere Dinge auftischen. Aber ich

will nicht. Und sie will es auch nicht. Schon wegen des Kindes. Schließlich hätte sie es bei unserer Scheidung ausnutzen können, hat es aber nicht getan. Wenigstens in dem Punkt sind wir uns völlig einig.

- Da hast du Glück gehabt!

- Ja, und ich habe noch mehr Glück: Als – zumindest am Wochenende – aktiver Vater habe ich auch oft Kontakt mit anderen Kindern, Freunden meines Sohnes, darunter nicht wenige, die mich offenbar als ihresgleichen akzeptieren, als Spielkameraden. Das gibt mir ein wundervolles Gefühl, das mich tief bewegt und befriedigt. Und wenn ich mir das recht überlege, brauche ich im Grunde nicht mehr.

- Du hast leicht reden. Das Glück möchte ich erst mal haben, ganz zwanglos die Nähe von Kindern genießen zu können, und ich kann gut nachvollziehen, dass du nicht mehr brauchst. Auch ich brauche keine eigenen realen sexuellen Erlebnisse. Meine Bedürfnisse auf dem Gebiet kann ich mit Bildern und Filmen, und zwar hauptsächlich mit Jungs, die selbst was untereinander machen, befriedigen – ich meine lustvollen Sex, der ihnen offenkundig Spaß macht, keinen Missbrauch – mehr brauche ich nicht.

- Aber da bewegst du dich auf gefährlichem Terrain. Du weißt doch hoffentlich, dass es nach dem Gesetz bereits ein „sexueller Missbrauch" ist, wenn zwei Kinder miteinander rumfummeln – und sei es noch so einvernehmlich. Da ist dann jeder der beiden zugleich „Täter" und „Opfer". Und die Darstellung von „sexuellem Missbrauch" ist automatisch Kinderpornographie. Und du weißt auch hoffentlich, dass allein schon das Anschauen, also der – auch nur kurzzeitige – Besitz solcher Darstellungen als *sich Verschaffen von Kinderpornographie"* neuerdings rigoros verfolgt wird. Dir kann doch die Medienhysterie zu diesem Thema nicht entgangen sein? Und noch einmal: dabei ist es juristisch völlig egal, ob die kindlichen Darsteller gern oder ungern mitmachen …

- Aber ich habe vor siebzehn Jahren eine Therapie gemacht, die mir genau diese Ersatzstrategie der Bilder und Filme nahegebracht hat, eben um auf reale Erlebnisse verzichten zu können und nicht mehr „übergriffig" zu werden. Und gerade das wurde ja als Erfolg der Therapie gewertet!
- Die Zeiten sind leider vorbei! Die Paragraphen 'zigfach verschärft …
- Bei der ganzen Hysterie um Kinderpornographie geht's ja gar nicht um Kinder, sondern das Thema wird von Politikern emotionalisiert und hochgepuscht. Und zwar vor allem, um den Ausbau des Überwachungsstaates voranzutreiben. Internetüberwachung, Hausdurchsuchungen, und so.
- Ja, als weitere Möglichkeit, um uns für unsere „Perversion" bestrafen zu können – allein für unsere sexuelle Orientierung!
- Damit diejenigen von uns, die sexuell abstinent leben, auch noch drankommen!
- Also, was mich schockiert, ist die völlig falsche Darstellung von Kinderpornographie in den Medien. Es wird so getan, als sei Kinderpornographie stets die Darstellung sexueller Gewalt an Kindern.
- Ich habe schon viel Kinderpornographie gesehen, darunter auch Gewaltdarstellungen, aber die waren bei dem, was mir unterkam, die seltene Ausnahme.
- Das soll ich glauben? Wo man so viel über immer grausamere Missbräuche und immer jüngere und wehrlosere Opfer hört?
- So ist es aber überhaupt nicht, wenigstens bei den meisten Kinderpornos, die ich kenne. Da sieht man eindeutig, dass die Kinder Spaß dabei haben. Bei manchen anderen Darstellungen wird das nicht so deutlich, oder man kann es schlecht einschätzen. Und dann gibt es auch noch Darstellungen, bei denen man sieht, dass die Kinder zwar eindeutig kein Interesse an den Aktionen haben, jedoch nicht gezwungen werden, zumindest nicht sichtbar. Diese und die wenigen Kinderpornos, die übrig bleiben, wo man direkte

Gewaltanwendung an Kindern sieht – allerdings wirklich schlimme, teilweise unerträgliche Szenen –, die bestimmen dann das gängige, aber eben einseitige Bild in der Öffentlichkeit.

- Natürlich! Sensation verkauft sich am besten!
- Aber im Grunde profitieren nicht nur die Medien, sondern auch die Ermittlungsbehörden von der Hysterie. Mir kommt es schon beinahe so vor, als würde ihre Hauptaufgabe nicht mehr darin bestehen, Straftaten aufzudecken, beziehungsweise objektiv über Kriminalität zu berichten, sondern Hysterie zu schüren zur Durchsetzung von noch mehr Repression! Beziehungsweise – im Medienbereich – zum Geschäftemachen! Und ihre durch Ängste völlig überdrehte Phantasie macht die Leute zu Permanent-Denunzianten, die überall Gespenster sehen und laufend irgendwelche Verdächtigungen generieren!
- Kannst du das mal eindeutschen?
- Im Moment fällt mir leider wieder nur ein Fremdwort ein, das wirklich kurz und bündig ausdrückt, was ich meine: Präventionshysterie …
- Also ich möchte mal gerne zum Thema zurückkommen, das sich so ein bisschen herauskristallisiert hat: Besitz von Kinderpornographie. Und da muss ich sagen, dass ich zwar gegen seine Kriminalisierung bin. Aber ich selbst bin vom Pornokonsum abgekommen: Ich brauche keine Kinderpornographie mehr. Die bringt mir nicht wirklich was. Wenn ich so etwas anschaue, bin ich nachher immer nur noch trauriger, weil's nicht wahr ist.
- Und dann brauchst du ein echtes Erlebnis, um nicht traurig zu sein?
- Was heißt hier Erlebnis? Mir genügt es schon, die räumliche Nähe von Kindern zu spüren, zu hören, was sie sagen, zu sehen, wie sie sich bewegen … so wie das unser Kollege vorhin auch gesagt hat.

- Ihr habt das, euch genügt das – andere haben aber so ein Glück nicht. Wenn man nicht gerade Vater ist, bedeutet das Suchen nach Nähe mit Kindern ein gewaltiges Risiko. Mit so einem Verhalten erregst du in unserer hypersensibilisierten Öffentlichkeit sofort Argwohn. Und an Denunzianten fehlt's auch nicht. Also lässt man's bleiben und sperrt sich zu Hause ein. Wenn nicht mal mehr das Anschauen von Bildern erlaubt ist, weil die Leute es als Kinderpornographie abqualifizieren … Wohlgemerkt: schon allein der Besitz gilt als Straftat!
- Der Besitz erhöht doch die Nachfrage. Und damit die Zahl der Missbräuche!
- So ein Unsinn! Ich habe uralte Heftchen, die ich seit dreißig Jahren unter Verschluss halte. Und nun soll die Tatsache, dass ich sie nicht wegschmeiße, die Nachfrage erhöhen, und die Anzahl der Missbräuche?
- Da hast du bezüglich alter Bilder natürlich völlig recht. Und auch bezüglich neuer Bilder würde ich doch mindestens einfordern, dass allenfalls der Erwerb als „Tat" bezeichnet werden könnte. Die „Tat" des Erwerbens ist wenigstens zeitlich bestimmbar und könnte auch verjähren. Besitz aber kann nie verjähren, weil ein Besitz eben keine Tat mit einem bestimmten Tatzeitpunkt sein kann.
- Nicht verjährbar! Wie sonst nur Mord! Das habe ich mir noch gar nie so richtig klargemacht …
- Wenn ich mir's so überlege: ein unglaublich infamer Trick, den Besitz zu einer Straftat zu erklären: Feststellen von Tatbestandsmerkmalen und Tatumständen unnötig und sowieso unmöglich. Und verjährt nie. Und ist nicht objektiv justiziabel. Denn was ist schon Pornographie? Da hat die Polizei leichtes Spiel!
- Und nur bei einem Erwerb könnte ja auch geklärt werden, ob wirklich Geld geflossen ist. Ihr wisst schon: der riesige Markt für Kinderpornographie, wo Milliardengeschäfte auf Kosten wehrloser Kinder getätigt werden.

- Das ist ja auch so ein Mythos. Das würde ja vielleicht stimmen, wenn hier die Marktgesetze gelten würden, wenn Produzenten oder Händler einen finanziellen Vorteil davon hätten. Und genau das ist nicht der Fall. Mit Kinderpornographie verdient eigentlich niemand, solange sie digital in beliebiger Anzahl ohne Qualitätsverlust kopiert werden kann.
- UNICEF meint aber, mit Kinderpornographie würde weltweit genauso viel Geld wie mit Drogen- und Waffengeschäften umgesetzt?!
- Dabei müsste doch jeder, der sich wirklich informiert, sehen, dass nahezu alle Aufnahmen, die als Kinderpornographie kursieren, mit schlechter technischer Ausstattung privat hergestellt wurden. Das waren Leute, die sowieso schon mit den Kindern sexuell zugange waren – so problematisch das auch sein kann –, die sie dann so quasi nebenbei aufgenommen haben. Und diese Bilder sind dann zu einem „besten Freund" gelangt, und so weiter, bis sie irgendwann im Netz landeten. Damit ist jeder kommerzielle Aspekt raus.
- Überhaupt gibt es praktisch keine kommerzielle Produktion oder Verbreitung von Kinderpornographie!
- Moment mal, da irrst du dich gewaltig. Das Geschäft so mancher Website-Betreiber in Südamerika, wo man für Mitgliedschaften beträchtliche Geldbeträge zahlen muss, kann man doch nicht ignorieren!
- Richtig! Und auch sonst gibt es ja etliche kommerzielle Seiten im Internet, wie *Ukrainian Lolitas* oder *Home Angels*, wo man sich Kinderpornographie gegen Bezahlung herunterladen kann.
- Hast du diese Seiten schon mal gesehen? Ich schon, und habe übrigens nichts dafür bezahlt, sondern sie kostenlos von jemand bekommen. Und da möchte ich mal wissen, was daran Kinderpornographie sein soll ... Das sind alles nur Bilder mit Posen wie bei Modeaufnahmen, nur eben halb oder

ganz nackt und sehr erotisch durch wechselnde Verhüllungen, aber meilenweit von sexuellem Missbrauch entfernt!

- Das ist doch wirklichkeitsfremd! Natürlich gibt es da sicher ästhetisch schöne Fotos, aber doch auch andere, wo es schon richtig zur Sache geht. Das kommt mir alles irgendwie verharmlosend vor.

- Wir sollten uns mal einigen, worüber wir reden. Ich habe noch nie solche Bilder gesehen – weder welche von der einen, noch welche von der anderen Sorte. Und der eine sagt dies, der andere das, aber keiner redet vom Selben, scheint mir. Dabei wäre es doch extrem wichtig zu wissen, um was für Bilder es da eigentlich geht.

- Da wirst du Pech haben. Kaum einer weiß wirklich, worum es da geht. Und eine offene Diskussion darüber ist bei einem Besitzverbot nicht möglich.

- Man müsste sich doch darauf einigen können, dass zumindest die Herstellung von Bildern verboten ist, die durch Missbrauch entstanden sind: nämlich dadurch, dass man die jungen Darsteller gezwungen hat, vor dem Fotografen erotisch und nackt zu posieren.

- Soweit ich weiß, haben etliche Hersteller in Zeitungsannoncen junge Fotomodelle gesucht. Daraufhin haben sich viele Eltern mit ihren Töchtern gemeldet und alle waren mit erotischen Aufnahmen einverstanden. Von Zwang war da keine Spur. Die Mädchen haben offensichtlich gern mitgemacht, und das ist doch kein Missbrauch!

- Ja, aber bist du dir ganz sicher, dass die Eltern keinen Druck auf ihre Töchter ausgeübt haben? Zum Beispiel wegen der Gage, auf die sie scharf sind?

- Aber glaube mir, ich kann das an den Gesichtern sehen, ob was freiwillig ist oder nicht. Ob ihnen etwas Spaß macht oder nicht.

- Das mit dem Spaß darfst du aber in der Öffentlichkeit nicht sagen. Dafür wirst du heute an den Pranger gestellt! Verharmlosung von Missbrauch und Kinderpornographie wirft man dir dann vor.

- Bloß ist das kein Argument, sondern reiner Dogmatismus! Weil der Verharmlosungs-Vorwurf nicht inhaltlich argumentiert. Weil er nicht auf die Feststellung selbst eingeht, nämlich dass man nicht von „Missbrauch" reden kann, wenn allerseits Spaß im Spiel war. Mit diesem Verharmlosungs-Vorwurf wird jegliches Argumentieren unmöglich gemacht.
- Richtig! Und wie kann man in freier Erotik etwas Verwerfliches sehen, wo nichts gegen den freien Willen von wem auch immer geschieht? Ich kann das nun wirklich nicht. Auch nicht in ihrer Darstellung. Aber eines halte ich für nicht-akzeptabel: den Bruch der Intimsphäre der Kinder durch die Verbreitung von Bildern, auf denen sie identifizierbar sind und die ihnen so Schaden zufügen können.
- Ja, das wäre eine Grenze, ich würde sogar sagen, die absolute Grenze: Schädigung oder Demütigung.
- Und eine Grenze ist ja sowieso klar: nämlich die, wo es um die Darstellung von Verbrechen geht, um echte Opfer, mit den schrecklichen Bildern, von denen so viel die Rede ist, wo sexuelle Misshandlungen als Spektakel inszeniert werden …
- Damit wollen wir nichts zu tun haben und haben nichts zu tun.
- Und trotzdem hängt man uns das immer wieder an!

[Für das nächste Treffen wird das Thema „Kinderpornographie und Machtmissbrauch" beschlossen.]

- Aber warum nimmt niemand Anstoß an all den Katastrophen- und Sensationsfotos? Mit Bildern von echten Opfern? Beispielsweise von Verbrechen, Kriegen, Naturkatastrophen, Unfällen, Hungersnöten?
- Weil das höhere Gewalt ist und nichts mit Lust zu tun hat. Aber bleiben wir doch bei uns selbst: Soll die Tatsache, dass es Katastrophenvoyeurismus gibt, als Begründung dafür herhal-

ten, dass man auch anderen Schreckensszenarien ein Forum geben müsste? Auch wenn aus dieser einseitigen Toleranz – zugegeben – hübsch viel Doppelmoral aufscheint?

- Nein, so meine ich es nicht. Natürlich: wenn eine Geschmacklosigkeit populär ist, muss deshalb eine andere nicht zwangsläufig geduldet werden. Aber ich hinterfrage schon ein bisschen die Logik in der bestehenden Gesetzeslage.
- Ja, und da wird leider alles in einen Topf geworfen. Denn heute wird ja fast schon jedes normale Nacktfoto von Kindern als „Kinderpornographie" denunziert. Und das Neueste ist, dass auch entsprechende Zeichnungen aus der Phantasie als „Kinderpornographie" kriminalisiert werden. In solchen fiktiven Darstellungen kann man nun doch beim besten Willen keine „Opfer" ausmachen.
- Da sieht man doch, dass es bei den Antipornogesetzen im Grunde nicht um Opfer geht, sondern darum, eine Ideologie zu zementieren!
- Eben! Und weil es nach den Gesetzen sowieso egal ist, und nicht zwischen erzwungener, freier oder fiktiver Kinderpornographie unterschieden wird, werden in Wahrheit in gleicher Weise echte Misshandlungen bagatellisiert, wie man die Darstellung freier Handlungen oder Phantasieprodukte dramatisiert. Und zu Unrecht kriminalisiert.
- Und was ist das? Volksverdummung und Volksverhetzung. Und was entspringt daraus? Empörung und Betroffenheitsgeilheit, Kollektivwahn …
- Na ja, nun mal langsam! Wenn das so ist, muss man dagegen argumentieren. Ich glaube immer noch an die Macht der besseren Argumente, an die Vernunft!
- Unverbesserlicher Idealist!
- Aber, wenn wir nicht mehr argumentieren, haben wir doch schon verloren.
- Argumente brauchen ein Forum. Aber unsere Argumente werden verschwiegen! Wissenschaftler, Journalisten, Verleger,

Herausgeber, Autoren – wer traut sich denn in den Massenmedien Erkenntnisse zu äußern, die nicht dem Zeitgeist entsprechen? Die ihm nur Ärger einbringen, von Mobbing bis zum Ruin? Und Argumente nimmt man am wenigsten **uns** ab, die wir als Pädophile angeblich nur im Eigeninteresse sprechen und so von vornherein mit keinerlei wohlwollender Aufmerksamkeit rechnen können! Ja nicht einmal ehemalige junge Freunde von Pädophilen, die mit ihnen positive Erfahrungen gemacht haben, finden Gehör ...

- Tja, nur die, die am lautesten tönen, am meisten Zirkus veranstalten, die primitivsten Schlagworte plakatieren und am meisten Panik machen – die werden gehört. Und haben Erfolg: Gesetzesverschärfungen in Serie. Mit dem Ergebnis einer durch Misstrauen und Verdächtigungen, durch Unsicherheit und Ängste, durch Denunziantentum und Feigheit vergifteten Gesellschaft – wir können dabei nur ohnmächtig zusehen.

- Ja, aber wir müssen doch was tun ...!

3. Skandal
(Autorenteam)

3.1 Die Münchner Gruppe bis 2003: bekannt – geprüft – geduldet

Die seit jeher offenen Treffen der Gruppe waren durchaus auch von Undercover-Agenten der Kriminalpolizei besucht worden, die sich als Pädophile auf der Suche nach Kindern oder Kinderpornographie ausgaben. Da sie, wie jeder Besucher, der solche Bedürfnisse äußerte, mit ihrem Anliegen seitens der Gruppe immer auf Ablehnung stießen – ein besonders hartnäckiger *agent provocateur* wurde mit einem Hinauswurf und Hausverbot bedacht –, hielten sich diese „Amtsbesuche" in Grenzen. Sie waren im übrigen für die Polizei ohne strafrechtlichen Befund, und für die Selbsthilfegruppe folgenlos.

Die *Pädo-Selbsthilfe- und Emanzipationsgruppe München* war den Behörden seit vielen Jahren wohlbekannt. Davon zeugt beispielsweise ein reger Briefwechsel (aus den Jahren weit vor 2000) zwischen dem bis 2002 aktiven Moderator der Gruppe und dem Landgericht München I, dem Polizeipräsidium München sowie dem Bayerischen Staatsministerium des Innern, der dokumentiert und in den Akten der Gruppe archiviert wurde.

Ein weiteres Beispiel für die bis zum Jahr 2000 gewonnenen kriminalpolizeilichen Erkenntnisse über die Gruppe ist in einer Reportage des Senders RTL 2 *„Ein Kinderschänder packt aus"* belegt. Darin wurde am 15.2.2000 unter anderem auch über die *Pädo-Selbsthilfe- und Emanzipationsgruppe München* berichtet. Die Münchner Kriminalbeamtin Else Diesing, die Leiterin eines der zwei damals existenten Spezialkommissariate gegen Kinderpornographie in Deutschland, sagt dort:

„Also ich geh davon aus, dass diese Personen, die sich dort treffen, sicherlich Kontakte mit Kindern haben – Sexualkontakte haben – wir

gehen davon aus, aber, da muss ich mich wiederholen, das reicht halt nicht aus. Ich muss einfach mehr Beweismaterial haben."

Eine vielleicht ehrenrührige Vermutung. Aber hier ist auch nicht ansatzweise ein Verdacht zu erkennen, die Gruppe als solche sei eine „kriminelle Vereinigung".

Am 30. November und 1. Dezember 2002 gehen beim „Südost-Kurier" bzw. beim „Kreisbote Füssen" per E-Mail Kurz-Infos über Veranstaltungstermine der *Pädo-Selbsthilfe- und Emanzipationsgruppe München* ein, mit der Bitte um Inserierung.

Die Redaktionen beider Zeitungen setzen die Polizei über diese E-Mails in Kenntnis. Dies führt zunächst bei den lokalen Behörden zu Vorermittlungen gegen die Gruppe und deren Internet-Auftritt „paedo.de". Später werden auch übergeordnete Behörden in die Ermittlungen miteinbezogen.

Durch sie wird die Gruppe allerdings entlastet, sodass nie weiter von ihnen die Rede sein wird – abgesehen von einem lapidaren Satz im „Vorläufigen Ermittlungsbericht" (11. September 2003) der später mit der Gruppe befassten Sonderkommission „AG Ring" des Kommissariats 122 der Kriminalpolizeidirektion München 1:

„Eine Überprüfung der Internet-Seiten einschließlich der Links ergab keine Hinweise auf strafrechtlich relevante Inhalte." (S. 2)

Daran hat sich in der Folgezeit nichts geändert.

3.2 Gewaltenvereinigung: Polizei und Journalist

Wenn Journalisten, Vertreter der sogenannten „vierten Gewalt", sich anderen Staats-Gewalten andienen, verraten sie ihre eigentliche Aufgabe. Denn diese bestände darin, die Obrigkeit kritisch zu begleiten und zu kontrollieren, statt mit ihr unkritisch gemeinsame Sache zu machen.

Bedauerlicherweise zeigt die Erfahrung, dass besonders in populistisch aufgeheizten oder aufheizbaren Themenbereichen manche Vertreter dieser Zunft, vor allem Personen mit missionarischem Impuls – was Geschäftssinn nicht unbedingt ausschließt – der Verführung erliegen, sich als besonders staatstragend, edel oder moralisch hervorzutun und populistisch in einer Brühe aus Zeitgeist, Medien, Exekutive und Judikative mitzuschwimmen, „mit den Wölfen zu heulen".

Ein sich als investigativ gebender Journalist ist im vergangenen Jahrzehnt diesen Versuchungen in besonderer Weise verfallen:

Manfred Karremann, für Zeitschriften (*STERN*), für das Fernsehen (*ZDF*) und als Buchautor tätig, schleicht sich über neun Jahre hinweg bundesweit mit Tarnnamen in diverse pädophile Selbsthilfegruppen ein – darunter auch, erst ganz am Ende seiner „Recherchen", in die Münchner Pädo-Selbsthilfe- und Emanzipationsgruppe – und bringt es schließlich bis zur informellen und später, ausweislich der schriftlichen Vertraulichkeitszusicherung vom 20. August 2003, zur offiziellen Vertrauensperson der Kriminalpolizei in München. Eifrig sammelt er Informationen, einerseits, um sie an Polizei und Staatsanwaltschaft weiterzugeben, andererseits vor allem für seine Zeitschriften-, Fernseh- und Buchreportagen.

Am 30. Oktober 2003 ist es dann soweit. Im *STERN* („*Unter Kinderschändern*") verkauft er die publikumswirksamsten Teile seiner Stoffsammlung der Öffentlichkeit. Am 4. November 2003 sendet das *ZDF* im Rahmen der Magazinreihe „*37°*" seine Reportage: „*Am helllichten Tag*" zum selben Thema.

Am 24.1.2006 wird Kriminalhauptkommissar Z. vom EK ESKO (Nordrhein-Westfalen) rückblickend folgende Einschätzung dieses journalistischen Auftritts abgeben:

„Durch die Ankündigung einer zeitnahen Medienpräsentation seiner Rechercheergebnisse versetzte der o. g. Journalist [sc.: Karremann, Anm. d. Hrsg.] *die Strafverfolgungsbehörden in München vorzeitig in Zugzwang.*

(…) mussten repressive Maßnahmen gegen die (…) „Pädo-Selbsthilfe- und Emanzipationsgruppe München" im Hinblick auf

die bevorstehende Veröffentlichung im ZDF durchgeführt werden,
obwohl die Ermittlungen gerade erst begonnen hatten."
(Zwischenbericht des KHK Z. vom 24.1.2006)

Ein Journalist, selbst seit dem 20. August 2003 offizielle Vertrauensperson der Polizei, vermag den Münchner Strafverfolgungsbehörden das Heft des Handelns zu entreißen und sie „vorzeitig in Zugzwang" zu setzen – das Eingeständnis einer pervertierten Machtstruktur? – Und wie konnte es dazu kommen?

Januar 2003:
Der Journalist Manfred Karremann besucht unter seinem Tarnnamen *Bernhard Weigl* zum ersten Mal das monatliche Treffen der *Pädo-Selbsthilfe- und Emanzipationsgruppe München.* Dabei nimmt er Herrn G. – einen gruppenfremden Pädophilen, den er seit Jahresbeginn kennt, und der wegen eines bevorstehenden Berufungsverfahrens aktuell auf der Suche nach einem Rechtsanwalt ist – zur Gruppe mit, um ihm dort eine entsprechende Erkundigung zu ermöglichen.

Karremann bietet im ersten Halbjahr 2003 den Ermittlungsbehörden eine investigative Ausspähung der Münchner Gruppe an. Über Herrn G., der die Gruppentreffen nach seinem ersten Besuch im Januar 2003 nur noch einmal im Februar 2003 wahrnimmt, knüpft Karremann weitere private Kontakte ausschließlich mit gruppenfremden Personen. Dabei lernt er unter anderen Herrn D. kennen, der in keinerlei Verbindung zur Gruppe steht, und sucht einen intensiven Kontakt mit ihm anzubahnen.

ab Februar 2003:
Kriminalkommissar W. des Kommissariats 133 (K 133) dient Karremann als polizeilicher Ansprechpartner und Führungsbeamter sowie als Verbindungsmann zum K 122 und der späteren Sonderkommission *„AG Ring".* Die Staatsanwaltschaft wird

vom K 133 (Kriminalkommissar W.) über das K 122 laufend mit informellen Berichten Karremanns versorgt.

In einer schriftlichen Stellungnahme vom 7. Juni 2006, abgegeben in einem Folgeverfahren gegen einen Gruppenbesucher, wird Kriminalhauptkommissar F. vom K 122 zu Protokoll geben:

„Die Annahme, dass (…), stammten aus Erkenntnissen einer Vertrauensperson, die in der Gruppe bzw. im Umfeld der Gruppe eingesetzt und vom Kommissariat 133 geführt worden war. Über diese Quelle wurden auch Strukturen und Ziele der Gruppe sowie Gruppenmitglieder namentlich bekannt und schließlich dem K 122 mitgeteilt. Vertreter der Staatsanwaltschaft München I (Herr OSTA Heimpel, Frau Dr. S., Frau von H.) wurden seit Februar 2003 über diese Erkenntnisse anlässlich mehrerer gemeinsamer Besprechungen beim K 122 fortlaufend in Kenntnis gesetzt. Diese Erkenntnisse sind letztendlich in den vorläufigen Ermittlungsbericht von KOK I. vom 11.09.03, eingeflossen. Dieser Bericht wurde der Staatsanwaltschaft München I vorgelegt und führte zur Einleitung des Ermittlungsverfahrens."

[„Ermittlungsverfahren": sc. gegen die Gruppe und deren vermeintliche Mitglieder, Anm. d. Hrsg.]

März 2003:

Karremann bringt anlässlich eines zweiten Besuchs bei dem ihm mittlerweile enger bekannten Herrn D., der in keinerlei Verbindung zur Gruppe steht, einen fabrikneuen USB1-Geräteträger mit eingebauter Festplatte mit. Er bedrängt Herrn D., ihm kinderpornographisches Material darauf zu kopieren. Herr D. lehnt dies ab.

Nun wird Karremann in einem dritten Besuch mit demselben Ansinnen erneut bei Herrn D. vorstellig. Dazu bringt er ihm diesmal einen (ebenfalls neuen, aber „schnelleren") USB2-Geräteträger mit eingebauter Festplatte mit. Nach tagelangem Zögern kommt Herr D. Ende März diesem wiederholten

Drängen Karremanns nach und gibt ihm die mit kinderpornographischem Material bespielte Festplatte im Gehäuseträger zurück.

13. Juni 2003:

Einer Person wird durch die Staatsanwaltschaft Vertraulichkeit zugesichert:

„Die Staatsanwaltschaft München I hat mit Schreiben vom 13. Juni 2003 der eingesetzten Vertrauensperson Vertraulichkeit bzw. Geheimhaltung der Identität (…) zugesichert."

(Erklärung d. Bay. Staatsmin. d. Inneren vom 27.6.2006)

In all den Jahren von Juni 2003, dem Zeitpunkt der Vertraulichkeitszusicherung, bis Juni 2006, dem Datum dieser Erklärung, ist in den Akten durchgängig die Rede von **einer** Vertrauensperson. Da Herr Karremann unbestritten als eine Vertrauensperson zu gelten hat, geht auch das Bayerische Oberste Landesgericht in seinem Beschluss vom 29. März 2006 davon aus, es habe sich bei dieser *einen* Vertrauensperson *„ersichtlich"* um Karremann gehandelt:

„Mehr als die nicht besonders konkreten Angaben der zunächst nicht bekannten Vertrauensperson, bei der es sich ersichtlich um den (…) Journalisten Karremann handelte, (…) ergaben sich aus diesen Ermittlungen nicht."

(Beschluss des Bayerischen Obersten Landesgerichts vom 29.3.2006)

Anlässlich eines Nachfolgeprozesses gegen einen Besucher *der Pädo-Selbsthilfe- und Emanzipationsgruppe München* wird in einer „Dienstlichen Stellungnahme vom 13.6.2006" des Kriminaloberkommissars W. erstmalig und völlig überraschend eine *zweite* Vertrauensperson aktenkundig. In dieser schriftlichen Stellungnahme – exakt drei Jahre nach der oben dokumentierten „Einsetzung einer Vertrauensperson": ein Zufall? – schreibt er:

„Neben Herrn Karremann (…) war noch eine weitere VP in die Gruppe (…) eingeschleust worden."

Das Rätsel um die Existenz dieser anderen neben Karremann eingesetzten Vertrauensperson, von der das Bayerische Staatsministerium des Innern noch nicht einmal am 27. Juni 2006 gewusst zu haben scheint, konkretisiert sich für den externen Betrachter (außerhalb der Ermittlungsbehörden) erst weitere anderthalb Jahre später:

„Durch Verfügungen vom 13.06.2003 (Gz. 465 AR6 7984/03) und vom 20.08.2003 (Gz. 460 AR6 8317/03) wurde durch OStA Heimpel die diesen Personen zugesicherte Geheimhaltung bestätigt.

Der letztgenannte Vorgang betrifft die Person des Manfred Karremann."

(Erklärung der Staatsanwaltschaft München I vom 10.12.2007)

Das Rätsel um die Identität dieser anderen Vertrauensperson und um die Inhalte der eventuell von ihr gelieferten Informationen bleibt jedoch bis heute ungelöst.

(vgl. insbesondere die Punkte 3.9, 4.1 und 4.2)

13. August 2003:

Karremann überredet Herrn G., den die Ermittlungsbehörden zusammen mit Herrn D. fälschlicherweise der Gruppe als „Mitglied" zuordnen, zu einer gemeinsamen Fahrt nach Tschechien. Wie bereits bei seinem Drängen in Sachen Festplatte (s. o.) will er sich erneut als *agent provocateur* betätigen und profilieren.

Der geheime Zweck der Reise – ein erhoffter Erkenntniszugewinn hinsichtlich „pädophiler Strategien" im allgemeinen und solcher von Herrn G. im besonderen, sowie hinsichtlich der vermuteten „Pädophilenszene" in Tschechien – erfüllt sich jedoch für Karremann und für die Ermittlungsbehörden nicht.

20. August 2003:

Nach der für ihn unergiebigen Reise nach Tschechien begibt sich Karremann zum K 133. Am selben Tag wird ihm von der Staatsanwaltschaft die Vertraulichkeit schriftlich bestätigt (siehe oben: Erklärung der Staatsanwaltschaft München I vom 10.12.2007).

Außerdem sucht er die Beamten des K 122 auf, um ihnen die o. g. Festplatte, die er nun bereits seit vier Monaten in seinem Besitz hält, auszuhändigen – allerdings ohne den USB 2-Geräteträger. In einer Zeugenvernehmung am 4. Februar 2004 wird Karremann zu dieser Festplattenübergabe zu Protokoll geben:

> „(…) *und habe sie aber nicht geöffnet, sondern **sofort original-*
> *verpackt der Polizei übergeben.** "*

25. August 2003:

Ausweislich eines fünfseitigen Gutachtens des K 343 der Kriminalpolizeidirektion 3, München, vom 5. September 2003, geht am 25. August 2003 die o. g. Festplatte beim K 343 ein, wohin sie vom K 122 zum Zweck einer forensischen Untersuchung weitergeleitet worden ist.

Zu diesem Zeitpunkt war die Sonderkommission „AG Ring" des K 122 bereits eingerichtet. Ihr Zweck: die *Pädo-Selbsthilfe-und Emanzipationsgruppe München* als Kinderporno- und Kinderschänderring zu überführen und zu sprengen.

11. September 2003:

Kriminaloberkommissar I., seit 1.9.2003 Leiter der „AG Ring", resümiert im „Vorläufigen Ermittlungsbericht vom 11. September 2003" die bislang über die Gruppe gewonnenen Informationen.

Diese stammen vor allem von Karremann und gehen über seinen Kontaktbeamten W. vom K 133 an das K 122 – **schriftlich,** laut einer Zeugenaussage des Beamten W. in einem Folgeprozess. Spätestens ab 20. August (anlässlich der Übergabe der Festplatte) liefert Karremann solche auch direkt an das K 122.

Die vorgebliche, zwar schon seit 13. Juni 2003 als offizielle Vertrauensperson fungierende, parallel eingesetzte, andere Vertrauensperson konnte hingegen (nach Aktenlage) keine Erkenntnisse liefern.

Im „Vorläufigen Ermittlungsbericht vom 11. September 2003" wird Herr D. erstmalig wahrheitswidrig als *„Gönner und Finanzier der Gruppe"* – und damit als Gruppen-"Mitglied" – bezeichnet, das in seiner Wohnung kinderpornographisches Material von Gruppen-"Mitgliedern" oder für Gruppen-"Mitglieder" lagere und dort Kinder an andere Gruppen-"Mitglieder" zu Missbrauchszwecken vermittle.

Diese Falschbehauptungen ermöglichen es den Ermittlern, den mit der Übergabe der o. g. Festplatte vollzogenen und nachweisbaren Besitzwechsel von Kinderpornographie (Herr D. à Karremann) zu einem Element der Aktivitäten der *Pädo-Selbsthilfe- und Emanzipationsgruppe München* zu erklären.

Auf wen diese illegitime Verknüpfung einer gruppenfremden Person mit der Gruppe und damit die Kriminalisierung der Gruppe zurückgeht, also ob sie tatsächlich auf die Vertrauensperson Karremann zurückgeht (die andere Vertrauensperson kannte die Gruppe kaum und Herrn D. überhaupt nicht, wie auch umgekehrt) oder als ermittlungstaktische Erfindung zu werten ist, kann auf Grund derjenigen Aktenpassagen, in die Einsicht gewährt wurde, nicht beantwortet werden. Allerdings gab später der zum Kriminaloberkommissar beförderte Beamte W. in einem Nachfolgeprozess gegen einen Besucher *der Pädo-Selbsthilfe- und Emanzipationsgruppe München* als Zeuge an, die Informationen, die Herrn D. als Gruppen-"Mitglied" auswiesen, stammten allesamt von Herrn Karremann.

Die Einsicht in die Akten vor September 2003, die diese Frage endgültig erhellen könnten, **wird von den Behörden bis heute verweigert** – trotz mehrfacher Antragstellung seitens der damals befassten Verteidiger.

Dabei wären schriftliche Belege über die durch Karremann hinterbrachten Inhalte durchaus vorhanden:

Kriminalkommissar W. (K 133) gab seine Erkenntnisse stets **in Schriftform** ans K 122 weiter (s. o.).

Außerdem muss auch bezüglich der Festplattenübergabe vom 20. August 2003 ein Aktenvermerk existieren; denn im K 122 ist **über jeden Vorgang Protokoll zu führen**.

Dass es sich zudem um hochbrisante, inkriminierte Dateien handelte, die hier der Polizei auf einer Festplatte ausgehändigt wurden, macht eine wortlose Übergabe, einem Einwurf in den Briefschlitz vergleichbar, vollends unwahrscheinlich. Es ist undenkbar, dass dem Überbringer Karremann bei dieser Gelegenheit keinerlei Fragen – beispielsweise über die Herkunft der Dateien – gestellt worden sein sollten.

In den Akten sind Aussagen Karremanns erstmals für Oktober 2003 protokolliert:

16. Oktober 2003:

Karremann wird (laut Akten angeblich zum ersten Mal) vernommen. Dieses – laut Akten: dreistündige – Gespräch wird von Kriminalkommissar W. telefonisch durchgeführt. Er erstellt ein Protokoll dieser Vernehmung als „Zeuge vom Hörensagen". Darauf fehlt eine Paraphe oder Unterschrift des Vernommenen: das Protokoll wurde nie autorisiert.

Inhaltlich ähnelt das Protokoll stark dem „Vorläufigen Ermittlungsbericht vom 11. September 2003". Im Gegensatz dazu jedoch wird Herr D. im Protokoll überhaupt nicht erwähnt, also auch nicht als *„Gönner und Finanzier der Gruppe"*.

Stattdessen erscheint im Protokoll folgender Passus:

„Frage: Wie finanziert sich die Selbsthilfegruppe?
Antw.: An den Versammlungstagen werden Spenden von den Teilnehmern für die Raummiete eingesammelt. Wie sich die Gruppe sonst finanziert ist mir nicht bekannt.
Frage: Gibt es Personen, die die Gruppe mit größeren Spenden unterstützen?
Antw.: Das ist mir nicht bekannt."

(S. 6; d.i. Bl.184 d.A.)

20. Oktober 2003:

In einem „2. Nachtragsbericht vom 20.10.2003 zum vorläufigen Ermittlungsbericht vom 11.09.2003" fasst Kriminaloberkommissar I. den neuesten Ermittlungsstand zusammen. Er stützt sich auf die angeblich erste Vernehmung einer Vertrauensperson (d.i. Manfred Karremann) sowie auf einen Bericht, den ein **V**erdeckter **E**rmittler der Kriminalpolizei (**VE**: zu unterscheiden von **VP** wie „**V**ertrauensperson") am 3. Oktober 2003 aufgrund seines Besuchs des am selben Tag stattgefundenen Treffens der *Pädo-Selbsthilfe- und Emanzipationsgruppe* erstellt hat. Darin gibt der VE seine – völlig befund- und belanglosen – Erkenntnisse über die an diesem Abend anwesenden acht Gruppenbesucher und den Gesprächsverlauf zu Protokoll.

30. Oktober 2003 (ca. 20.30 Uhr):

Gegen die als Besucher der *Pädo-Selbsthilfe- und Emanzipationsgruppe München* ermittelten Personen und gegen andere gruppenfremde Personen (zahlreicher als erstere) wird zeitgleich in einer Großrazzia vorgegangen.

(vgl. dazu v.a. Punkt 3.4).

3. November 2003:

Anlässlich einer Pressekonferenz zum Thema *Razzia in München und Umgebung* erklärt der Leitende Oberstaatsanwalt Heimpel zur Frage, inwieweit die Polizei von Karremanns Informationen über die Gruppe profitiert habe:

Frage:

„Am Donnerstag Abend, äh, am Donnerstag früh ist der STERN erschienen. (…) Gab's schon vorher Infos von dem Reporter, von dem STERN-Reporter Karremann an Sie?

Ltd.OStA Heimpel:

Nein. *Wir haben, äh, wir hatten die allgemeinen verdeckten Ermittlungen der Polizei. Wir waren natürlich schon sehr nah dran, und es war natürlich ein Zugriff, wie er dann stattgefunden* *hat, auch geplant, allerdings für später. Wir wollten noch mehr verdeckte Ermittlungen durchführen, sind aber dann dadurch, dass der STERN erschienen ist, zur Beweissicherung dann bereits am Donnerstag losgeschlagen.*

(Auf Nachfrage zur Rolle Karremanns bleibt OStA Heimpel bei seinem „*Nein*" und ergänzt:)

Es ist natürlich denkbar, nach seinem Artikel, dass er über Kenntnisse verfügt, die uns vielleicht jetzt im Nachhinein nützlich sein werden. Das muss man erst einmal abchecken. (...)

Sie haben sicher auch bemerkt, dass im STERN-Artikel der Münchner Fall, also der Münchner Kreis relativ kurz wegkommt. **Sie werden also keine einzige konkrete Straftat da finden in dem, was er schildert (...)**"

(Protokoll, auf Basis eines Tonmitschnittes erstellt)

4. Februar 2004:

Nachdem am 13. Dezember 2003 die Vertraulichkeitszusage gegenüber Karremann – aus welchen Gründen auch immer – von den Ermittlungsbehörden zurückgenommen worden ist, und nachdem die Staatsanwaltschaft München I am 16. Dezember 2003 ein Ermittlungsverfahren gegen ihn – aus welchen Gründen auch immer (über Gegenstand und Ausgang der Ermittlungen werden keine Auskünfte erteilt; vgl. jedoch Punkt 4.2) – eröffnet hat, wird Karremann, nunmehr – am 4. Februar – als gewöhnlicher „Zeuge", in Friedrichshafen angeblich zum zweiten Mal vernommen.

Diese persönliche Vernehmung Manfred Karremanns dauert laut Akten von 13.10 Uhr bis 18.40 Uhr.

Am 5.2.2004 vermerkt Kriminaloberkommissar G. zu dieser Vernehmung vom Vortag:

„Der Zeuge zweifelte daran, dass das Tonband der Zeugenvernehmung wortgetreu abgeschrieben wird. Die Unterschrift auf die Einverständniserklärung auf einen Tonträger gab er nur unter dem Vorbehalt, dass er die Abschrift der Zeugenvernehmung durchgelesen hat."

Die entsprechenden Korrekturen sowie die endgültige Unterschrift Karremanns unter das Protokoll dieser persönlichen Vernehmung erfolgen am 13. Februar 2004 anlässlich einer weiteren – der angeblich dritten – Vernehmung Karremanns, die nur zu diesem Zweck stattfindet.

Das Protokoll der Vernehmung vom 4. Februar 2004 dürfte ein glaubwürdiger Spiegel seiner Einlassungen sein. Denn es ist das einzige Dokument, das je von ihm durch Unterschrift autorisiert wurde. Außerdem machte er diese Aussagen im Zeugenstand, also mit der Verpflichtung zur Wahrheit.

In diesem Protokoll findet sich keine Äußerung, die als konkrete Beschuldigung oder Belastung der Gruppe gedeutet werden könnte – was sich vollständig mit der Auskunft OStA Heimpels deckt (siehe oben: Pressekonferenz vom 3.11.2003).

Insbesondere bezeichnet Karremann darin – und zwar im Widerspruch zu dem, was ihm bisher nach Aktenlage zugeschrieben wurde – eine etwaige Verbindung der Herren D. und G. mit der Gruppe als nicht substantiell:

„Ich war nur in der Wohnung des Herrn G., der auch nur sporadisch* in der Gruppe war. Ansonsten war ich nur in der Wohnung des Herrn D., der mit der Gruppe nichts zu tun hat."

(S. 1898 d.A.)

(**sporadisch*: zweimaliger Besuch der Gruppe zur Empfehlung eines Rechtsanwalts) [Anm.d.Hrsg.]

Wenn Karremann also – laut dem einzigen von ihm selbst autorisierten Aussageprotokoll – angab, dass Herr D. keine Verbindung zur Gruppe hatte, wessen „Erkenntnisse" waren es dann, aufgrund derer diese falsche Zuordnung immer wieder in den Akten behauptet wird?

Die andere Vertrauensperson war es jedenfalls nicht. In den Akten zumindest ist nichts von ihr dokumentiert, keinerlei Aussage erwähnt.

Welche polizeilichen Erkenntnisse aus Karremanns Agententätigkeit könnten ansonsten als hinreichende Begründung dafür herhalten, dass die *Pädo-Selbsthilfe- und Emanzipationsgruppe München* als „kriminelle Vereinigung" verfolgt werden durfte oder gar musste, und dass die Razzia gegen die Gruppe und die Inhaftierung von Gruppenbesuchern begründet war?

Und wenn diese Erkenntnisse dazu nicht taugen: Über welche sonstigen Erkenntnisse glaubten die Ermittlungsbehörden zu verfügen, die ihnen das Recht zu ihrem Vorgehen gegeben hätten?

Die Akten geben keine her. (vgl. hierzu Punkte 3.7, 4.1 und 4.2)

Es sei denn, man wollte als Ersatz für konkrete Tatsachen und Anhaltspunkte für eine Verdächtigung etwas gelten lassen, was die Ermittlungsbehörden gerne als ihre „kriminalistische Erfahrung" bezeichnen – ein Begriff, mit dem sich alles und nichts behaupten und vollstrecken lässt.

„Gutdünken" und „Willkür" wären dann aber die ehrlicheren Worte.

Denn „kriminalistische Erfahrung" alleine, das heißt: nicht flankierend gestützt durch konkrete Tatsachen, stellt laut höchstrichterlichem Urteil keinen hinreichenden Grund für eine Verdachtserhebung dar.

(siehe: Hanseat. Oberlandesgericht Hamburg, Beschl. v. 6.2.1984 – 1 Ws 26/84 – 289 f., in: Geerds GA 65, 327, vgl. Punkt 6.5)

3.3 Gewaltenvereinigung: Staatsanwaltschaft und Ermittlungsrichter

Parallel zur Kooperation von Polizei und Karremann entfaltet sich eine rege Tätigkeit von Staatsanwaltschaft und Ermittlungsrichter. Diese schlägt sich in einer Reihe von Anordnungen und Beschlüssen nieder, die sich von Mal zu Mal bezüglich der Schwere der Anschuldigungen verschärfen. Eine Steigerung, die entsprechend immer blumigeren Tatsachenbehauptungen immer einschneidendere Maßnahmen vorsehen:

Beschluss vom 18.9.2003:

Amtsgericht München – Ermittlungsrichter –
Ermittlungsverfahren gegen XX
u. a.
wegen Bildung krimineller Vereinigungen

Beschluß
Nach § 100 g Abs. 1, 100 h, 100 b Abs. 1 StPO wird gemäß § 133
Abs. 4 StPO ohne vorherige Anhörung angeordnet, dass die Firmen
Deutsche Telekom AG, (…)
Auskunft über Telekommunikationsverbindungsdaten zu erteilen
haben, welche über die Anschlussnummern (…) rückwirkend im
noch vorhandenen Zeitraum angefallen sind und bis 17.12.2003
anfallen werden, (…)

K.
Richter am Amtsgericht

Anordnung vom 18.9.2003:

Staatsanwaltschaft München I   *18.9.2003*
Vermerk: *(…)*
Anordnung:
Die längerfristige Observation der Beschuldigten (…)
nach § 163 f. II, III 1 StPO wird angeordnet.

Des Weiteren dürfen ohne Wissen der Betroffenen Lichtbilder und
Bildaufzeichnungen hergestellt sowie sonstige für Observationszwe-
cke bestimmte technische Mittel gemäß § 100c Abs. 1 Nr. 1a und b
StPO verwendet werden.

Die Anordnung dieser Maßnahme ist auf die Dauer eines Monates
befristet.

v. H.
Staatsanwältin

Beschluss vom 2.10.2003:

Amtsgericht München – Ermittlungsrichter –   *2.10.03*
Ermittlungsverfahren gegen XX
wegen Bildung krimineller Vereinigungen

Beschluß
Nach §§ 100a Satz 1, 100b StPO wird gemäß § 133 Abs. 4 StPO ohne vorherige Anhörung die Überwachung und Aufzeichnung des Telekommunikationsverkehrs auf Ton- und Schriftträger unter gleichzeitiger Schaltung einer Zählervergleichseinrichtung bzw. die Herausgabe von Gesprächsverbindungsdaten für den Telefonanschluß (…) für die Dauer von 3 Monaten angeordnet.

Gründe
Aufgrund der bisherigen Ermittlungen, besteht gegen d. Beschuldigte(n) der Verdacht, folgende Katalogtat im Sinne des § 100 a Satz 1 Nr. 1c StPO begangen zu haben:

Aufgrund der bisherigen Ermittlungen liegen zureichende tatsächliche Anhaltspunkte vor, daß eine Straftat von erheblicher Bedeutung bandenmäßig oder jedenfalls organisiert begangen worden ist.
D. [d.i. „Den"] Beschuldigten liegt zur Last,
*sich als Mitglieder der „Pädo Selbsthilfe- und Emanzipationsgruppe München" regelmäßig im (…) in München zu treffen, um dort ihren pädophilen Neigungen nachzugehen. Dabei gilt die Bezeichnung als Selbsthilfe- und Emanzipationsgruppe lediglich als Vorwand, um nach außen das Ausleben pädophiler Neigungen zu verschleiern. Die regelmäßig am 1. bzw. 3. Freitag im Monat stattfindenden Treffen dienen dazu, gleichgesinnte Personen kennenzulernen und Kontakte zu schaffen. Darüberhinaus wird besprochen, wie man sich vor Strafverfolgungsbehörden schützen und wie man Bilder, Filme und Dateien mit kinderpornographischem Inhalt wirkungsvoll verstecken bzw. verschleiern kann. **Dabei achten die Beschuldigten darauf, daß** man sich nur unter dem Vornamen*

*kennt und **bei den „öffentlichen" Treffen (…) kein strafrecht-***
lich relevantes Material mitgebracht wird.
(…)
Neben dem Austausch kinderpornographischen Materials [sic!]
dienen die regelmäßigen Gruppentreffen auch dazu, sich gegen-
seitig Kinder zu vermitteln, die den jeweiligen Beschuldigten
zu Mißbrauchszwecken zugeführt werden sollen.

strafbar als Bildung krimineller Vereinigungen
gemäß § 129 Abs. 1 StGB (…)

Die Überwachung ist unentbehrlich, weil die Benutzung anderer
Aufklärungsmittel eine wesentliche Erschwerung der Ermittlungen
bedeuten würde.

K.
Richter am Amtsgericht

[Anm. und Hervorh. d.d.Hrsg.]

Die verdeckten Ermittlungen münden sehr bald in offene
„repressive Maßnahmen". Diese basieren auf richterlichen
Beschlüssen vom 30.10.2003, die für alle damals Beschuldigten
in weitgehend gleichem Wortlaut abgefasst sind:

Durchsuchungsbeschlüsse:

Amtsgericht München – Ermittlungsrichter –   *30.10.03*
Ermittlungsverfahren gegen XX
u. a.
wegen Bildung krimineller Vereinigungen

Beschluß
Nach §§ 102, 103, 105 Abs. 1, 162 Abs. 1 Strafprozeßordnung
wird gemäß § 133 Abs. 4 Strafprozeßordnung ohne vorherige
Anhörung die Durchsuchung der Person und der Wohnung mit
Nebenräumen

des Beschuldigten XX
nach folgenden Gegenständen:
kinderpornographische Schriften, auch in elektronischen Dateien
gespeichert, Unterlagen betreffend die Bildung der kriminellen Ver-
einigung „Pädo Selbsthilfe- und Emanzipationsgruppe München'
und deren Beziehungen zu anderen Organisationen
sowie deren Beschlagnahme nach §§ 194, 98 StPO angeordnet,
sofern sie nicht freiwillig herausgegeben werden.

Gründe:
Aufgrund der bisherigen Ermittlungen besteht der Verdacht, sich als
Mitglieder der „Pädo Selbsthilfe- und Emanzipationsgruppe Mün-
chen" regelmäßig (…) zu treffen, um dort ihren pädophilen Nei-
gungen nachzugehen.

[Wortlaut identisch mit der richterlichen Anordnung
vom 2.10.2003]

***Dabei achten die Beschuldigten darauf, daß** man sich nur
unter dem Vornamen kennt und **bei den „öffentlichen" Treffen (…) kein strafrechtlich relevantes Material mitgebracht
wird.**
(…)*
***Neben dem Austausch kinderpornographischen Materials die-
nen die regelmäßigen Gruppentreffen auch dazu, sich gegenseitig Kinder zu vermitteln, die den jeweiligen Beschuldigten
zu Mißbrauchszwecken zugeführt werden sollen.***

strafbar als Bildung krimineller Vereinigungen
gemäß § 129 Abs. 1 StGB.
Die oben genannten Gegenstände können als Beweismittel von
Bedeutung sein.
Die Beschlagnahme steht in angemessenem Verhältnis zur Schwere
der Tat und zur Stärke des Tatverdachts und ist für die Ermittlun-
gen notwendig.

Es ist zu vermuten, daß die Durchsuchung zum Auffinden der Gegenstände führen wird.

K.
Richter am Amtsgericht

[Anm. u. Hervorh. d.d.Hrsg.]

Haftbefehle:

(Muster des für alle Betroffenen gleichlautenden Haftbefehls)
Amtsgericht München – Ermittlungsrichter –   *31.10.03*
Haftbefehl
Gegen den Beschuldigten XX
wird die Untersuchungshaft angeordnet.

Dem Beschuldigten liegt folgender Sachverhalt zur Last:
Aufgrund der bisherigen Ermittlungen ist der Beschuldigte **dringend** *verdächtig, sich als Mitglieder der „Pädo Selbsthilfe- und Emanzipationsgruppe München" regelmäßig (…) mit anderen Mitgliedern zu treffen, um dort ihren pädophilen Neigungen nachzugehen.*
[Wortlaut identisch mit der richterlichen Anordnung vom 2.10.2003 und den Durchsuchungsbeschlüssen vom 30.10.2003]

Dabei achten die Mitglieder darauf, dass *man sich nur unter dem Vornamen kennt und* ***bei den „öffentlichen" Treffen (…) kein strafrechtlich relevantes Material mitgebracht wird.***
(…)
Neben dem Austausch kinderpornographischen Materials dienen die regelmäßigen Gruppentreffen auch dazu, sich gegenseitig Kinder zu vermitteln, die den jeweiligen Beschuldigten zu Missbrauchszwecken zugeführt werden sollen.

Der Beschuldigte wird daher beschuldigt,
sich an einer Vereinigung, deren Zwecke oder deren Tätigkeit darauf gerichtet sind, Straftaten zu begehen, als Mitglied beteiligt oder sie unterstützt zu haben

strafbar als Bildung krimineller Vereinigungen
gemäß § 129 Abs. 1 StGB.

(…)

*Der **dringende** Tatverdacht ergibt sich aus dem Ergebnis der bisherigen Ermittlungen.*

Es besteht der Haftgrund der Fluchtgefahr gemäß § 112 Abs. 2 Nr. 2 StPO, da bei Würdigung der Umstände die Gefahr besteht, dass der Beschuldigte sich dem Strafverfahren entziehen werde. Der Beschuldigte hat im Falle einer Verurteilung mit einer empfindlichen Freiheitsstrafe zu rechnen, die nicht mehr zur Bewährung ausgesetzt werden kann.

Es besteht zusätzlich der Haftgrund der Verdunkelungsgefahr gemäß § 112 Abs. 2 Nr. 3 StPO, da das Verhalten des Beschuldigten den dringenden Verdacht begründet, er werde auf Beweismittel einwirken und dadurch die Ermittlung der Wahrheit erschweren.

Als Mitglied der kriminellen Vereinigung wird der Beschuldigte mit hoher Wahrscheinlichkeit auf andere Mitglieder oder sonstige Zeugen einwirken, wie dies den Zielen der Vereinigung entspricht.

Auch bei Berücksichtigung des Grundsatzes der Verhältnismäßigkeit (§ 112 Abs. 1 Satz 2 StPO) ist die Anordnung der Untersuchungshaft geboten. Eine andere, weniger einschneidende Maßnahme verspricht derzeit keinen Erfolg (§ 116 StPO).

K.
Richter am Amtsgericht

[Anm. und Hervorh. d.d.Hrsg.]

In den Beschlüssen stellt der Ermittlungsrichter (siehe Hervorhebungen durch den Hrsg.) wiederholt fest, dass die Teilnehmer darauf achteten, kein strafrechtlich relevantes Material in diese regelmäßigen Gruppentreffen mitzubringen. Ungeachtet dessen behauptet er gleichzeitig, diese Treffen hätten unter anderem zum Austausch kinderpornographischen Materials gedient – eine krasse Ungereimtheit, die trotz ihrer Evidenz weder die beantragende Staatsanwältin noch der Ermittlungsrichter vorzubringen sich scheuen.

Wohlgemerkt: nicht in irgendeinem unverbindlichen Statement, sondern in Anträgen und Beschlüssen, die den Grundsatz der Unversehrtheit der Wohnung, vor allem aber das Recht auf persönliche Freiheit außer Kraft setzen und somit erheblich in Menschenrechte und Grundrechte eingreifen.

Vor allem aber bleibt als entscheidende Frage:
Mit welchen Tatsachen lässt sich der behauptete Verdacht überhaupt stützen?

Zu dem Vorwurf, bei der *Pädo-Selbsthilfe- und Emanzipationsgruppe München* habe es sich um eine kriminelle Vereinigung gehandelt, deren Treffen sowohl dem Austausch kinderpornographischen Materials als auch der Vermittlung von Kindern zum Zwecke des sexuellen Missbrauchs gedient hätten, wird am 18. Oktober 2004 – also kaum ein Jahr später – das Bayerische Oberste Landesgericht in einem Beschluss feststellen (S. 5 f.):

„Es bestand kein dringender Tatverdacht der mitgliedschaftlichen Beteiligung an einer kriminellen Vereinigung (§ 129 Abs 1 StGB). (…) Diese Voraussetzungen erfüllte die innerhalb der „Pädo Selbsthilfe- und Emanzipationsgruppe München" gebildete Gruppierung nicht. (…) Unter diesen Umständen fehlte es neben der einheitlichen Willensbildung der Gruppe auch an deren Zweckbestimmung, selbst Straftaten zu begehen."

Am 29. März 2006 ergeht nach Intervention des Bundesverfassungsgerichts und Rückverweisung an das Bayerische Oberste Landesgericht **ein erneuter Beschluss des Bayerischen Obersten Landesgerichts**:

„(…) ergaben sich keine verdichteten, konkreten Erkenntnisse dafür, dass es sich bei dem inneren Kreis der Selbsthilfegruppe um eine fest gefügte Organisation gehandelt hat … Insbesondere fehlen

jegliche Tatsachen dafür, dass sich die Mitglieder anerkannten Entscheidungsstrukturen in der Organisation als verbindlich unterworfen hätten. (…)

Neben den (…) Vernehmungen von Beschuldigten (…) erbrachte insbesondere auch die Telefonüberwachung keine Bestätigung für den zur Annahme einer kriminellen Vereinigung erforderlichen Gruppenwillen bei Unterwerfung des Einzelnen. (…)

Eine besondere Struktur oder engere Verbindung, sei es auch nur des „inneren Kreises", zeigt sich nach den Ermittlungen nicht." (S. 4 f.)

[Hervorh. d. d. Hrsg.]

Ausführungen, die eine Wiederholung in anderen Worten verdienen:

Es wird höchstrichterlich festgestellt, dass es einem Verdacht auf *„Bildung krimineller Vereinigungen"* an jeglichen Tatsachen für die Vermutung einer hierarchischen **Struktur** der Gruppe – eines notwendigen Kriteriums für „kriminelle Vereinigung" – fehlte: eine schallende Ohrfeige für die Ermittlungsbehörden (vgl. Punkt 3.7).

Die weitere Feststellung, dass auch die **Zweckbestimmung** der Gruppe nicht dazu geeignet war, einen solchen Verdacht zu begründen, fällt dabei kaum mehr ins Gewicht, da beide Kennzeichen kumulativ (*hierarchische Struktur* **und** *kriminelle Zweckbestimmung*) für einen solchen Verdacht gegeben sein müssten.

3.4 Gewaltenvereinigung: Staatsanwaltschaft, Polizei und Presse

30. Oktober 2003, morgens:

Im *STERN* erscheint an diesem Donnerstag die erste Folge einer zweiteiligen investigativen Titelstory, verfasst von Manfred Karremann, über Pädophilengruppen in Deutschland, darunter die Münchner Gruppe (*„Unter Kinderschändern"*).

Kurz darauf (am 4. November) bringt das ZDF in der Reihe *„37°"* eine Sendung Karremanns zum selben Thema (*„Am hell-lichten Tag"*).

30. Oktober 2003, vormittags:
Ermittlungsrichter K. verfügt zahlreiche Durchsuchungsanord-nungen mit folgendem Einsatzziel:
„Durchsuchung nach (…) Unterlagen betreffend die Bildung ***der kriminellen Vereinigung „Pädo Selbsthilfe- und Emanzi-pationsgruppe München"***

[Hervorh. d. d. Hrsg.]

30. Oktober 2003, 16.24 Uhr:
In der Kriminalpolizeidirektion München wird ein Einsatzplan der „AG Ring" ausgedruckt (*„Vernehmungs-, Festnahme- und Durchsuchungsaktion (…) wg. Bildung einer kriminellen Vereini-gung der Pädo Selbsthilfe- und Emanzipationsgruppe München"*).
Darin finden sich Anweisungen an die zumeist achtköp-figen Einsatztrupps, die großenteils aus Sondereinsatz- und Unterstützungskommandos (SEK/ USK) bestehen, und Listen über Zielobjekte, Truppzusammenstellungen und Verantwort-lichkeiten sowie Aufgabenbeschreibungen zu Vorgehensweise, Beschlagnahme- und Spurensicherungsaktionen.
Beispielsweise wird bei fünf der neunzehn Einsatztrupps angeordnet:
„- Öffnen der Wohnung mittels Rammbock
  - Schlagartiges Eindringen in die Wohnung
  - Einfrieren der Situation in der Wohnung, insbesondere Unterbindung eines Zugriffs auf EDV
  - Übergabe der Wohnung an die Durchsuchungskräfte"
Allerdings geht aus den polizeilichen Durchsuchungspro-tokollen hervor, dass sich die Polizeikräfte nicht nur bei fünf, sondern bei mindestens dreizehn Zielpersonen einen solchen gewaltsamen Zutritt verschafften.

Die neunzehn Durchsuchungsobjekte betreffen sechzehn Personen. Diese Differenz ergibt sich daraus, dass auch Zweitwohnungen durchsucht werden. Abweichend vom Einsatzplan wird bei einer weiteren gruppenfremden Person (d.i. Herr A., vgl. Kapitel 5), deren Mieter eine der sechzehn Personen ist, ohne Durchsuchungsbeschluss und ohne seine Einwilligung spontan eine Hausdurchsuchung durchgeführt.

Von diesen siebzehn Personen können lediglich sieben als Gruppenteilnehmer im eigentlichen Sinn bezeichnet werden („Gruppenteilnehmer im eigentlichen Sinn": Personen, die die Gruppe in den letzten drei Jahren deren Bestehens mehr als drei Mal besucht haben). Die übrigen hatten mit ihr als solcher nichts zu tun.

Dennoch wird der Einsatz auch bei ihnen mit der *„Mitgliedschaft"* in der *Pädo Selbsthilfe- und Emanzipationsgruppe München* begründet.

Dabei wird auch Herr D., den Karremann außerhalb der Gruppe kennen lernte, und der in keinerlei Verbindung zur Gruppe stand, in den gleich lautenden Begründungen der richterlichen Anordnungen (der Durchsuchungsbeschlüsse vom 30. Oktober 2003 sowie der vorläufigen Haftbefehle vom 31. Oktober 2003) wahrheitswidrig der *Pädo-Selbsthilfe- und Emanzipationsgruppe München* zugeordnet und erneut als deren *„Gönner und Finanzier"* bezeichnet.

30. Oktober 2003, ca. 20.45 Uhr:
An neunzehn Adressen in München und im Münchner Umland schlägt die Kriminalpolizei gleichzeitig zu, unterstützt von Trupps der Spezialeinheiten der Polizei (SEK, USK o. ä.).

Im Rahmen dieser groß angelegten, von ca. zweihundert Einsatzbeamten durchgeführten Razzia verschaffen sie sich Zutritt in die Privatwohnungen der Beschuldigten, auch in die von Eltern und Mietern. Die großenteils gewaltsam eröffneten Örtlichkeiten werden fotografiert – auch videografiert – und durchsucht. Dabei werden zahllose Adressbücher, Zettel, schriftliche Unterlagen, Bücher, Zeitschriften und andere persönliche Dokumente und Gegenstände wie z. B. auch Wäsche, Bettlaken und -bezüge, sowie sämtliche Datenträger und die zugehörigen Geräte sichergestellt und mitgenommen.

Zwölf der in den Wohnungen angetroffenen Personen werden festgenommen und in Untersuchungshaft geführt.

Die Dauer der Untersuchungshaft wird in einem Fall eine Woche, in allen anderen bis zu mehreren Monaten, in zwei Fällen ein halbes Jahr betragen, unter maximaler Ausschöpfung der gesetzlichen Höchstgrenze von sechs Monaten. Dabei wird die Untersuchungshaft später teils mehrfach durch Haftbefehle unterfüttert und verlängert werden.

Ab 1. November 2003:
Presse, Funk und Fernsehen überbieten sich bei der Berichterstattung in Superlativen. Hier als Beispiele einige willkürlich ausgewählte Zeitungsschlagzeilen:

200 Polizisten, 12 Festnahmen
Razzia gegen Münchens schlimmste Kinderschänder
(BILD München, 1.11.2003)

Erfolgreicher Schlag gegen Kinderschänder
(PNP, 1.11.2003)

Widerwärtig: Kinder vor der Kamera vergewaltigt
Päderasten trafen sich in Schwabing. Polizei sprengte Porno-Ring
(AZ, 3.11.2003)

Schwabing
Treffpunkt der Kinderschänder
(tz, 3.11.2003)

Großer Schlag gegen Kinderporno-Ring
Die Polizei nimmt zwölf Verdächtige fest – sie sollen sich an
Minderjährigen vergangen haben

(SZ, 3.11.2003)

Kinderschänder – Perverse Treffen in Schwabing
Ein Reporter deckte auf: In Schwabing traf sich jeden Monat
der harte Kern der Münchner Kinderschänder

(tz, 3.11.2003)

Die Münchner Kinderschänder
Sie trafen sich jede Woche in ihrem „Clubraum" in der Max-
vorstadt

(BILD München, 4.11.2003)

Pädophile tarnen sich als Selbsthilfegruppe
Zwei Computerfachmänner an der Spitze der Bande

(SZ, 4.11.2003)

Das perverse Treiben der Pädophilen in der Maxvorstadt
Kinderschänder – Die ersten packen aus

(tz, 4.11.2003)

Polizei befreit Bub aus Schlafzimmer des Porno-Bosses
Kinderschänder in München: Neue Enthüllungen

(AZ, 4.11.2003)

3. November 2003

Am Montag, dem 3. November 2003, stellen Polizei und Staatsanwaltschaft in einer gemeinsamen Pressekonferenz ihre Aktion
als einen wichtigen und erfolgreichen Schlag gegen pädosexuelle
Straftäter und die Kinderpornoszene dar. Der Leitende Oberstaatsanwalt Heimpel lobt die vollbrachte Leistung als *„General-*
stabsarbeit" und *„perfekt".*

Vier Jahre später bezeichnet die *Süddeutsche Zeitung* die Großrazzia als **„Polizeiaktion gegen den bislang größten Kinderpornoring in München"** (SZ, 17.4.2007).

Das mag die gewaltige Dimension verdeutlichen, die auch die Presse – stramm polizeihörig – diesem Schlag gegen Pädophile zugemessen hat.

6. November 2003:

Die Staatsanwaltschaft beschließt die Abtrennung des Verfahrens gegen Herrn D. von den Ermittlungsverfahren gegen die anderen Beschuldigten. Darin wird *„die Bildung der ‚kriminellen Vereinigung Pädo Selbsthilfe- und Emanzipationsgruppe München'"* mit keinem Wort mehr erwähnt.

12. November 2003:

Gegen Herrn D. ergeht nach Aufhebung des ersten ein zweiter Haftbefehl. Auch darin findet sich kein Wort mehr über *„die Bildung der ‚kriminellen Vereinigung Pädo Selbsthilfe- und Emanzipationsgruppe München'"*.

19. November 2003:

Ermittlungsrichter K. stellt seinen letzten Durchsuchungsbefehl gegen einen im Zuge dieses Verfahrenskomplexes Verdächtigten aus, und zwar nun doch wieder wegen *„Bildung krimineller Vereinigungen"*, bezogen auf eine behauptete Untergruppierung innerhalb der Gruppe.

3.5 Außer Spesen nichts gewesen?
Die wesentlichsten Ergebnisse der Zerschlagungsaktion und die Lehren daraus (nicht nur für die Gruppenbesucher):

• *Alle* Ermittlungsverfahren wegen *„Bildung krimineller Vereinigungen"* (Bildung, Unterstützung, mitgliedschaftliche Beteiligung) wurden eingestellt.

- Kein Gruppenteilnehmer (das sind Personen, die die Gruppe in den letzten drei Jahren deren Bestehens mehr als drei Mal besucht haben) wurde im Zuge dieser Ermittlungen wegen eines etwaigen – nach seinem ersten Gruppenbesuch begangenen – „sexuellen Missbrauchs" verurteilt.

- Drei der sieben Gruppenteilnehmer, die wegen Besitzes von Kinderpornographie belangt wurden, erhielten Strafbefehle in geringer Höhe. Die Haftstrafen, zu denen die übrigen vier verurteilt wurden, wurden zum Teil auf Bewährung ausgesetzt.

- Neben nachhaltigen Schädigungen ihres Rufs (durch die konzertierte Aktion aus gewaltsamem Polizeieinsatz und begleitender Pressekampagne) und ihrer Verankerung im sozialen Umfeld hatten die Betroffenen zum Teil auch Berufsverluste sowie durchweg massive Verdienstausfälle oder Vermögenseinbußen hinzunehmen.

- Das Vertrauen in die Rechtstreue der Ermittlungsbehörden wurde schwer beschädigt.

3.6 Die Zerschlagung der Gruppe: ein Pyrrhus-Sieg?

Dr. Agner Fog vertritt die These, dass Angehörigen einer isolierten Minderheit nur ihre psychische Stabilisierung helfen kann, ihre möglicherweise unkontrollierten, aggressiven und gefährlichen sexuellen Verhaltensweisen durch unschädlichere und kontrollierte Akte zu ersetzen (vgl. Punkt 2.1).

Diese These Dr. Fogs ist in der Psychologie nicht umstritten. In der Zeitschrift „Bayerns Polizei" hat sie jedoch keinen Platz. Diese Publikation, vom Bayerischen Staatsministerium des Innern in vier Heften pro Jahr herausgegeben, tritt als polizeiinterne Zeitschrift auf, ist jedoch im Ministerium und in öffentlichen Bibliotheken für jedermann zugänglich. In Heft 2/2005 wird im Abschnitt „Fazit" – anderthalb Jahre nach der

Razzia – die Zerschlagung der *Pädo-Selbsthilfe- und Emanzipationsgruppe München* als großer Erfolg verbucht:

„Die (...) Maßnahmen der AG Ring trugen erheblich zur Verunsicherung der pädosexuellen Szene (...) und zur Stärkung des subjektiven Sicherheitsempfindens der Bürgerinnen und Bürger (...) bei. (...) In jedem Fall konnte aber durch die Maßnahmen (...) der AG Ring die Szene pädosexueller Straftäter im Großraum München für einige Zeit erheblich geschwächt werden. "

(Raab, Breitner, in: Bayerns Polizei, 2/2005, S. 8)

Die *„Verunsicherung"* und *„erhebliche"* Schwächung der Pädo-*„Szene"* ist allerdings nicht nur *„für einige Zeit"* gelungen. Bis heute hat sich keine Nachfolgegruppe bilden können, welche die Arbeit der zerschlagenen Gruppe, nämlich Prävention durch Stabilisierung und Integration (vgl. Punkt 2), im bisherigen Stil weiterführt. Eine solche Neubildung wird auch in einem Bayern, das ausschließlich auf Repression statt auf Toleranz und Integration setzt, kaum mehr möglich sein. Denn man kann niemanden guten Gewissens in eine Gruppe einladen, wenn er dann deshalb eines nächtlichen Überfalls und einer Verhaftung durch Staatsorgane sowie materieller oder gesundheitlicher Einbußen gewärtig sein muss.

Damit bleiben pädophile Menschen mit ihrer Unsicherheit und Unstrukturiertheit als isolierte Einzelwesen auf sich zurückgeworfen. Dies kann ein psychologisch Gebildeter nur als kontraproduktiv bezeichnen, auch und gerade im Sinne des Kinderschutzes. Denn das Eingeständnis, einen isolierten Personenkreis destabilisiert und weiter isoliert zu haben, bedeutet logischerweise auch, dadurch eine mögliche Gefährdung der Kinder nicht gemindert, sondern zweifellos sogar erhöht zu haben.

Dies lässt unter anderem ein gerüttelt Maß an unverantwortlicher Ahnungslosigkeit und Ignoranz seitens der Behörden hinsichtlich der Funktion und der Notwendigkeit von Pädo-Selbsthilfegruppen erkennen.

3.7 Die Wahrheit: verdreht

Zur Erinnerung:

Nach der Klage eines durch die Aktion Betroffenen, der bis Ende April 2004 in Untersuchungshaft gehalten wurde, stellt das Bayerische Oberste Landesgericht in einem Beschluss vom 18. Oktober 2004, S. 5 f, fest (vgl. Punkt 3.3), dass *„kein **dringender** Tatverdacht der mitgliedschaftlichen Beteiligung an einer kriminellen Vereinigung (§ 129 Abs. 1 StGB)"* bestand.

[Hervorhebung durch den Hrsg.]

Wenn kein dringender Tatverdacht bestand, gab es dann zumindest einen „einfachen" Tatverdacht?

Ob ein solcher begründbar gewesen wäre, beantwortet (nach einer Intervention und Rückverweisung durch das Bundesverfassungsgericht) **indirekt** ein erneuter Beschluss des Bayerischen Obersten Landesgerichts vom 29. März 2006 (vgl. ebenfalls Punkt 3.3). Demzufolge habe es an **„jeglichen Tatsachen"** gefehlt, die die Annahme einer hierarchischen Gruppenstruktur – eines notwendigen Kriteriums für *„kriminelle Vereinigung"* – gestützt hätten.

Da aber das Vorhandensein von **Tatsachen** eine Grundvoraussetzung für die Erhebung **jedweden** Verdachtes darstellt, ist nach dem höchstrichterlichen Beschluss davon auszugehen, dass überhaupt kein Verdacht auf *„Bildung krimineller Vereinigungen"* begründbar war, also auch kein „einfacher" Verdacht.

Dennoch hatten die Ermittler sogar einen **dringenden** Verdacht erhoben.

Wie war das möglich?

Die angeblich „hierarchische Struktur" der Gruppe: ein Fake

Es galt, einen Verdachtsgrund zu konstruieren (vgl. Punkt 3.3):

Zu diesem Zweck wurde Herr D. in wahrheitswidriger Weise in einen **organisatorischen, strukturellen und finanziellen**

Zusammenhang mit der Gruppe gebracht, nämlich als deren *„Gönner und Finanzier"*, obwohl er tatsächlich in keinerlei Verbindung zu ihr stand. Die von ihm begangene Straftat, Kinderpornographie besessen und an Karremann weitergegeben zu haben, konnte dann scheinbar begründet zu einer mutmaßlichen Gruppenaktivität erklärt werden.

Wer hat diese wahrheitswidrige Konstruktion zu verantworten? In den Akten taucht die Behauptung, Herr D. sei *„Gönner und Finanzier"* der Gruppe, erstmalig im „Vorläufigen Ermittlungsbericht vom 11.09.2003" des Kriminaloberkommissars I., des Leiters der soeben eingerichteten „AG Ring", auf (vgl. Punkt 3.2).

Später, im Protokoll des Kriminaloberkommisars W. (K 133) vom 17. Oktober 2003 (vom Hören-Sagen) über die angeblich erste Vernehmung Karremanns erscheint diese Behauptung **nicht**. Stattdessen versichert Karremann dort, dass ihm keine andere Finanzierungsquelle der Gruppe bekannt sei als die *„Spenden von Teilnehmern für die Raummiete"* (vgl. Punkt 3.2).

Trotz dieses Widerspruchs zur polizeilichen Meinung stellt der verhörende Beamte Herrn Karremann keine Nachfrage. Vielmehr greifen die Ermittler in den Durchsuchungsbeschlüssen, Haftbefehlen und Verlautbarungen der Folgezeit einfach wieder auf ihre alte Falschbehauptung zurück, Herr D. sei *„Gönner und Finanzier"* der Gruppe – als hätte es Karremanns Einlassung hierzu nie gegeben (vgl. Punkte 3.2 und 4.2).

Die angeblich „kriminelle Zweckbestimmung" der Gruppe: ein Fake

Neben einer **hierarchischen Struktur** behaupten die Ermittlungsbehörden – nicht minder wahrheitswidrig – eine **kriminelle Zweckbestimmung** der Gruppe.

So schreibt Ermittlungsrichter K. in den von ihm unterschriebenen und zu verantwortenden Beschlüssen (als Beispiel sein letzter im Zuge dieses Verfahrenskomplexes ausgestellter Durchsuchungsbefehl vom 19. November 2003):

„Zielsetzung dieser inneren Gruppierung ist die gegenseitige Unterstützung beim Ausleben pädophiler Neigungen. (…) Den Beschuldigten kommt es darauf an, ein Netzwerk aus vertrauenswürdigen, gleichgesinnten Personen zu bilden, welches ein Ausleben ihrer pädophilen Neigungen auch dann ermöglicht, wenn dies mit der Begehung von Straftaten verbunden ist."

(Amtsgericht München, Beschluss vom 19.11.03, S. 2)

Karremann hatte sich hinsichtlich des **Zwecks** der Gruppe, der – wollte man den Verdacht auf eine *„kriminelle Vereinigung"* erheben – darin bestehen müsste, **eigene Straftaten durch die Organisation** zu begehen, am 16. Oktober 2003 ganz anders geäußert:

„Es ist aber auch so, dass sehr viele Angst vor den intensiven Ermittlungen, gerade der Münchner Polizei, und den hohen Strafen in Bayern haben. Sie trauen sich schon deswegen nicht, ihre pädophilen Neigungen auszuleben und versuchen sich zurückzuhalten. Einigen scheint dies wohl zu gelingen, andere werden bei Gelegenheiten die sich ihnen bieten wohl trotzdem schwach."

(S. 8; d.i. Bl.186 d.A.)

Auch die Behauptung einer **kriminellen Zweckbestimmung** der Gruppe steht also in ausdrücklichem Widerspruch zu den Angaben Karremanns – ein Widerspruch, der den Behörden nicht aufgefallen zu sein scheint. Und auch die Frage, wie sich die Falschbehauptung des Ermittlungsrichters so hartnäckig in den Akten weiter fortpflanzen konnte, bleibt offen.

Insbesondere aber bleibt die Quelle dieser Verdächtigungen im Dunkeln: Aus der Akteneinsicht erschließt sie sich nicht. Denn diese setzt erst mit dem „Vorläufigen Ermittlungsbericht vom 11.09.03" ein. Als hätten sie in der Zeit davor etwas zu verbergen, verweigern die Behörden hartnäckig die Einsicht in die Akten **vor** dem 11. September 2003, die den besten Aufschluss über die Ursprünge der Falschbehauptung einer *„hierarchischen Struktur"* und *„kriminellen Zweckbestimmung"* der Gruppe geben könnten.

So bleiben wesentliche Fragen – zwangsläufig – spekulativer Natur:

Könnte es sein, dass der vom Ermittlungsrichter behauptete (dringende) Verdacht auf *„Bildung krimineller Vereinigungen"* lediglich eine ermittlungstaktische Finte war, die nur zu dem Zweck ersonnen wurde, durch das Konstrukt einer *„Katalogstraf-tat"* die polizeilichen Ermittlungsbefugnisse extensiv auszuweiten?

Oder stützt sich die Behauptung des Ermittlungsrichters auf in wahrheitswidriger Weise verdrehte – mithin gefälschte – Zeugenaussagen?

Oder was sonst?

(Vgl. dazu insbes. Punkte 3.9 und 4.2)

3.8 Die Wahrheit: verdrängt

Obwohl die Unrechtmäßigkeit der Zerschlagung der Gruppe unter dem Vorwand, sie sei eine *„kriminelle Vereinigung"*, seit dem Beschluss des Bayerischen Obersten Landesgerichts vom 18. Oktober 2004 festgestellt ist, weigern sich die Ermittler, dies zur Kenntnis zu nehmen.

Dabei steht ihr Mangel an Einsicht in erstaunlichem Kontrast zu ihrer bunten Phantasie und kreativen Intelligenz bei der Bemäntelung gesetzlich fragwürdiger Aktionen und deren Umdeutung zu großen Erfolgen.

In ihrer vom Bayerischen Staatsministerium des Innern herausgegebenen Zeitschrift „Bayerns Polizei" dokumentiert die Polizei noch 2005 in mehreren Folgeheften ihre durch nichts zu erschütternde Erkenntnisresistenz (vgl. Punkt 3.6). Lange nach und im Widerspruch zu der höchstrichterlichen Qualifizierung der *Pädo-Selbsthilfe- und Emanzipationsgruppe München* als nicht-kriminelle Gruppe schwadroniert sie unverändert von einer konspirativ tätigen Vereinigung mit *„hierarchischer"* Struktur und vorgetäuschten Absichten:

„Die weiteren Ermittlungen ergaben, dass die vorgegebenen Selbsthilfe-, Beratungs- und Therapieangebote oder Emanzipationsdiskussionen dort niemals stattfanden."

(2/2005, S. 6)

„Jedes neue Mitglied der Pädo-Gruppe und jeder Interessierte, der in Kontakt zur Gruppe treten wollte, wurde von den Führungspersonen der Vereinigung einer eingehenden Prüfung unterzogen. Dazu gehörten (…) die Forderung nach ‚vertrauensbildenden Maßnahmen', sogenannten ‚Keuschheitsproben', mit dem Vorzeigen von kinderpornographischem Material."

(a.a.O., S. 7)

„Als weitere Besonderheit ergab sich, dass die Pädosexuellen im Rahmen ihrer Sitzungen und Treffen grundsätzlich und regelmäßig in oder in der Nähe von Jugendherbergen übernachteten."

(3/4/2005, S. 18)

„Letztlich nahmen Mitglieder der Pädo-Gruppe im Rahmen der Öffentlichkeitsarbeit (…) Kontakt zu jungen Leuten an Schulen und ähnlichen Einrichtungen auf."

(a.a.O., S. 18 f.)

Die Polizei evoziert nach wie vor *„Abschottung und konspiratives Verhalten"* sowie *„Bildung eines schwer durchschaubaren ‚Netzwerkes'"* (a.a.O., S. 18) und stellt abschließend fest:

„(…) stellte vor allem auch die Gesamtheit dieses ‚Pädo-Netzwerkes' mit seinen überaus professionellen Tätern eine völlig neue Dimension für die Polizei dar."

(a.a.O., S. 19)

Diese Behauptungen sind wahrheitswidrig, erfunden, beleidigend, irreführend oder tendenziös. Sie stellen lediglich darauf ab, nicht zuletzt durch eine entsprechende Wortwahl (z. B.: *hierarchisch strukturiert – Mitglied – Führungspersonen der Vereinigung – eingehende Prüfung – Abschottung und konspiratives Verhalten – schwer durchschaubares Netzwerk – überaus professionelle Täter – völlig neue Dimension*) nach wie vor die Vorstellung einer „kriminellen Vereinigung" aufrechtzuerhalten.

In „Bayerns Polizei" ist (a.a.O.) keine Rede davon, dass sämtliche im Zuge der Zerschlagungsaktion geführten Ermittlungsverfahren wegen „Bildung einer kriminellen Vereinigung" längst **eingestellt** werden mussten (tatsächlich waren die ersten Ermittlungsverfahren bereits am 7. und 12. November 2003, weitere im Februar 2004 und die restlichen bis spätestens August 2004 eingestellt worden).

Die Polizei-Autoren KOR Ignaz Raab, KOR Peter Breitner und PP André Remy lassen im Jahre 2005 lediglich verlauten, dass

„im vergangenen Jahr die Ermittlungen gegen Mitglieder der ‚Pädo Selbsthilfe- und Emanzipationsgruppe München' wegen Verdachts der Bildung einer kriminellen Vereinigung (...) **abgeschlossen**" *worden seien.*

[Hervorhebung durch den Hrsg.]

Kein Wort von der am 18. Oktober 2004 höchstrichterlich erfolgten Entlastung der Gruppe.

Keine Folgerungen aus dieser Tatsache.

Keine Reflexion zu etwaigen (Grund-)Rechtsverletzungen durch die Aktion.

Keine ethisch vertiefende Nachdenklichkeit.

Keine Selbstkritik, nicht einmal der Ansatz einer ‚Manöverkritik'.

Es gibt nur die Wiederholung längst widerlegter Vorurteile, die z. T. schon vor der Aktion, vor allem in den Durchsuchungs- und Haftbeschlüssen, vertreten worden waren, sowie den Lobpreis des großen Erfolgs der Polizeimaßnahmen.

Neben dem beschämenden Mangel an Bereitschaft oder an Fähigkeit zur Einsicht in die Kontraproduktivität der Zerschlagungsaktion (vgl. Punkt 3.6) vermag dabei vor allem das wissentliche Beharren auf wahrheitswidrigen Positionen zu erschrecken. Denn es zeugt von der sturen Ignoranz einer Behörde, der immerhin die exekutive Macht als staatliches Gewaltmonopol anvertraut ist.

Die Presse mag von reißerischen Schlagzeilen leben.

Behörden aber sollten in ihren Veröffentlichungen wahrheitsbezogen, sachkundig, bedacht, ausgewogen und fair bleiben.

Andernfalls sind ihnen Desinformation oder populistische Stimmungsmache vorzuwerfen – sei es aufgrund schierer Inkompetenz oder bösen Willens.

Wie der Mangel an Bereitschaft zur Selbstkritik erwächst auch die aktive Vertuschung eigener Fehler allem Anschein nach aus der Arroganz der Macht.

3.9 Die Wahrheit: vertuscht

Ungeachtet der Uneinsichtigkeit der Polizei ist die Sachlage klar. Wenigstens gerichtlich müsste sich neben der Unbegründetheit des Verdachts auf *„Bildung krimineller Vereinigungen"* auch die Rechtswidrigkeit der darauf beruhenden Zerschlagung der Gruppe feststellen lassen können – mit allen entsprechenden Konsequenzen.

Davon wäre man als gutgläubiger Bürger, der noch nie mit Polizei oder Justiz zu tun hatte, sicher überzeugt. Doch leider ist ein solcher Optimismus kaum begründet:

- Dienstaufsichtsbeschwerden und Klagen gegen das Vorgehen von Polizei und Justiz sind im Sande verlaufen.
- Anträgen auf Klageerzwingung wurde von den Staatsanwaltschaften regelmäßig „keine Folge gegeben", und alle Klagen vor Verwaltungs- und Zivilgerichten wurden abgewiesen.
- Verfassungsklagen wurden (mit zwei Ausnahmen zu Detailfragen) nicht zur Entscheidung angenommen.

Dass alle Ersteinsprüche von **derselben** Staatsanwaltschaft München I, die auch die auslösenden Ermittlungen geführt hat, bearbeitet und verworfen wurden, mag vielleicht juristischer Usus sein – ein Skandal ist es allemal.

Allerdings – aus Sicht der Ermittlungsbehörden erscheint dieses Vorgehen durchaus nachvollziehbar. Hätten sie nicht „abgeblockt", hätte sich im Zuge einer dann möglichen öffentlichen Aufarbeitung der Vorgänge die Fragwürdigkeit ihres repressiven Handelns offenbaren müssen – mit für sie skandalösen Folgen:

Da Sicherstellungs- und Beschlagnahmungsobjekte aus einer illegalen Polizeiaktion nicht als Beweismittel in Strafverfahren dienen dürfen (*„Beweisverwertungsverbot"*), hätten dann in diesem Fall solche auch nicht – wie es dennoch geschehen ist – als Beweise in individuellen Strafnachfolgeverfahren verwendet werden dürfen.

Damit hätte die Zerschlagungsaktion sich jedoch als Nullnummer erwiesen und hätte mit einer Blamage für die Ermittlungsbehörden geendet. Einen solchen Fehlschlag aber – und den damit verbundenen Imageverlust – wollten sich Polizei und Justiz keinesfalls leisten: insbesondere nach dem enormen Medienrummel, der die Zerschlagung des so bezeichneten „Pädophilen-" und „Kinderporno-Rings" begleitet hatte.

Aus Sicht der Ermittlungsbehörden bestand also wohl nicht nur die Notwendigkeit, jedwedes Verfahren zu verhindern, in dem eine Illegalität ihrer Aktionen dokumentiert worden wäre, sondern auch, wenn möglich, sogar eine Legalisierung des Illegalen zu bewerkstelligen.

13. Juni 2006

An diesem Tag – also **nach** dem am 29. März ergangenen höchstrichterlichen Urteil darüber, dass weder die Aussagen der V-Person Karremann noch irgendwelche andere Quellen einen (dringenden) Tatverdacht auf *„Bildung krimineller Vereinigungen"* begründet haben – ziehen die Ermittler plötzlich **die Existenz einer weiteren, bislang noch nicht erwähnten Vertrauensperson neben Karremann** aus dem Hut (vgl. Punkt 3.2: Dienstliche Stellungnahme vom 13.6.2006 des inzwischen vom

Kriminalkommissar zum Kriminaloberkommissar beförderten Beamten W. bei einem Nachfolgeprozess gegen einen Gruppenbesucher).

Warum? Weil die Erkenntnisse dieser Vertrauensperson einen solchen Verdacht etwa doch nahegelegt hätten?

Ungeachtet der Ungeheuerlichkeit einer solchen Taktik, einen Zeugen wissentlich zu verschweigen und ihn erst nach drei Jahren überhaupt zu erwähnen (vgl. Punkt 4.1) – **der Skandal liegt darin, dass die Behörden sich weigern, diesen V-Mann als Person und vor allem seine Erkenntnisse zur Sache in das Verfahren einzubringen. Zur Begründung verweisen sie auf die ihr zugesicherte Vertraulichkeit: ihre Identität dürfe nicht gelüftet werden.**

27. Juni 2006

Um diese Geheimhaltung abzusichern und den neuen V-Mann angeblich zu „schützen", erlässt das **Bayerische Staatsministerium des Innern** unter der Verantwortung des damaligen Ministers Günter Beckstein auf Antrag der Polizei am 27. Juni 2006 eine so genannte *„Sperrerklärung"* (nach § 196 StPO):

„Es ergeht daher von hier folgende Sperrerklärung: (…)

Name und Anschrift der bei den polizeilichen Ermittlungen zum gegenständlichen Verfahren (…) eingesetzten Personen (…) können nicht bekanntgegeben werden. Um deren Identität geheim zu halten, wird – unter Berufung auf § 196 StPO – die entsprechende Auskunft aus bzw. die Einsicht in die polizeilichen Unterlagen verweigert (Sperrerklärung). (…)

Die Staatsanwaltschaft München I hat mit Schreiben vom 13.6.2003 der eingesetzten Vertrauensperson Vertraulichkeit bzw. Geheimhaltung der Identität (…) zugesichert. (…)

Des weiteren würde die Offenlegung der Personalien der VP eine Weiterverwendung erheblich gefährden. Die Person ist weiter für die Polizei tätig und in einem aktuellen Fall eingesetzt. (…)

Somit wäre die beabsichtigte weitere erfolgreiche Mitwirkung dieser Personen bei der Bekämpfung von Kriminalitätsformen wie im vorliegenden Fall und anderer Formen der Schwerkriminalität gefährdet. Zudem sähen sich die Personen bei der vorgesehenen weiteren Verwendung erheblichen persönlichen Gefährdungen und einem unkalkulierbaren Risiko für Leib, Leben und Gesundheit ausgesetzt. (…)

Nach vorliegenden polizeilichen Erkenntnissen gehen Täter im Bereich von Kriminalitätsformen wie im gegenständlichen Fall regelmäßig arbeitsteilig und strukturiert vor, können in der Regel auf ein hohes Potential an kriminellen Ressourcen zurückgreifen und zeichnen sich durch eine besondere Gewaltbereitschaft aus. (…)

Auch bei Anwendung aller weniger einschneidenden strafprozessrechtlich zulässigen Maßnahmen – wie etwa Ausschluss der Öffentlichkeit (…), einer audiovisuellen oder kommissarischen Vernehmung – muss eine Enttarnung der in Frage stehenden Personen befürchtet werden."

[Der Wechsel zwischen Einzahl und Mehrzahl („*Personen*" – „*Vertrauensperson*") scheint hier, in dem durch Auslassungen stark gekürzten Zitat des 6-seitigen Originals, widersprüchlich. Er erklärt sich aber in der Gesamtschau daraus, dass mit „*Personen*" neben einer „Vertrauensperson" auch der „Verdeckte Ermittler" vom 3. Oktober 2003 gemeint ist. Anm. d. Hrsg.]

Das bayerische Innenministerium verhängt ein Tabu über diese „Vertrauensperson neben Karremann" und deren polizeilich protokollierte Aussagen, knapp vierzehn Tage, nachdem Kriminaloberkommissar W. in seiner „Dienstlichen Stellungnahme vom 13.6.2006" sie erstmals erwähnt hatte.

Die Frage, welche Erkenntnisse dieses V-Mannes und ob diese überhaupt einen Verdacht auf *„Bildung krimineller Vereinigungen"* etwa doch nahegelegt hätten, bleibt also offen. Allerdings dürfte laut weiterer Zeugenaussagen in Nachfolgeprozessen feststehen, dass der Mann – wie auch der „Verdeckte Ermittler" mit seinem

VE-Bericht vom 3. Oktober 2003 – an der Erkenntnismehrung oder Meinungsbildung der Ermittler kaum beteiligt war.

Welche Bedeutung könnte die Geheimhaltung dann also haben? Sollte sie vielleicht den Ermittlern die Möglichkeit offen halten, diesem V-Mann in unüberprüfbarer Weise ihre eigenen Behauptungen anzudichten? Um geflissentlich eine abschließende, für sie peinliche Klärung zu vereiteln? Um ihn sozusagen als *„blue screen"* für beliebige „Informationen" zu verwenden und dabei deren Stichhaltigkeit im Unklaren lassen zu können? Um ihn für beliebige Ungereimtheiten verantwortlich machen zu können? Solche inhaltlich nicht diskutierbar und damit unklärbar zu machen? – ein vortrefflicher Joker für eigene Falschbehauptungen.

Damit tritt, was als Ermittlerskandal begann, in eine völlig neue Dimension.

Denn damit hat sich die Politik eingeschaltet und in die Affäre verstrickt. Nun wird sogar auf ministerielles Betreiben hin nicht nur eine inhaltliche Klärung verhindert, sondern es werden – im begründenden Abschnitt der „Sperrerklärung" – uralte, längst widerlegte und böswillige Verleumdungen über die Pädo-Gruppe wie nebenbei und durch die Hintertüre aufgewärmt:

„Der im gegenständlichen Fall eingesetzte VE ist bereits für einen weiteren Einsatz vorgesehen (…). Das Bekanntwerden seiner Identität würde eine konkrete Gefährdung des Einsatzerfolgs sowie seiner Person nach sich ziehen. Des Weiteren würde die Offenlegung der Personalien der VP eine Weiterverwendung erheblich gefährden. (…)

Zudem sähen sich die Personen bei der vorgesehenen weiteren Verwendung erheblichen persönlichen Gefährdungen und einem unkalkulierbaren Risiko für Leib, Leben und Gesundheit ausgesetzt. (…)

Nach vorliegenden polizeilichen Erkenntnissen gehen Täter im Bereich von Kriminalitätsformen wie im gegenständlichen Fall regelmäßig arbeitsteilig und strukturiert vor, können in der Regel auf ein hohes Potential an kriminellen Ressourcen zurückgreifen und zeichnen sich durch eine besondere Gewaltbereitschaft aus. (…)

Nach Erkenntnissen des Polizeipräsidiums München wird in diesem Milieu das „Verrätertum" mit besonderer Vehemenz verfolgt. Racheakte und Repressalien durch das Umfeld der Täter sind sehr leicht durchzuführen und nach Ansicht der beteiligten Fachdienststellen als wahrscheinlich anzusehen. (…)

Auch bei Anwendung aller weniger einschneidenden strafprozesslich zulässigen Maßnahmen – wie etwa Ausschluss der Öffentlichkeit und des Angeklagten, einer audiovisuellen oder kommissarischen Vernehmung – muss eine Enttarnung der in Frage stehenden Personen befürchtet werden. "

(*„Sperrerklärung"* des Bayerischen Staatsministeriums des Innern vom 27. Juni 2006)

Die hier aufgestellten Behauptungen über die Besucher der *Pädo-Selbsthilfe- und Emanzipationsgruppe München* sind hochgradig ehrenrührig – mögen derartige Beurteilungen in anderen Zusammenhängen bezüglich anderer Gruppierungen, wie mafiöser oder terroristischer Vereinigungen, auch zutreffend sein. Die Vermutung liegt nahe, dass hier ein Fertigtext von woanders her „transplantiert" wurde.

Zur Erinnerung: Gerade einmal drei Monate vor dieser „Sperrerklärung" hatte das Bayerische Oberste Landesgericht für die Pädo-Gruppe zum wiederholten Male jeglichen Verdacht einer kriminellen Vereinigung verneint.

Und noch ein pikantes Detail am Rande: Die „Sperrerklärung" basiert auf einem 4-seitigen Antrag des Polizeipräsidiums München vom 26. Juni 2006. Dieser Antrag ging gleichzeitig an das *Bayerische Staatsministerium des Innern* und an die Staatsanwaltschaft München I, wo man ihn mit dem Eingangsstempel „27. Juni 2006" versah – ein Eingangsdatum, das sicher auch für das Innenministerium gilt.

Die „Sperrerklärung" datiert ebenfalls vom 27. Juni 2006 – Eingang des Antrags und stattgebende Ausfertigung der Sperrerklärung innerhalb desselben Tages?

In diesem Zusammenhang vermag folgende Passage auf Seite 5 der „Sperrerklärung" zu erstaunen:

*„Maßgebend für vorliegende Entscheidung des Bayerischen Staatsministeriums des Innern ist die im Rahmen des § 196 StPO (…) nach den genannten Gründen vorgenommene Gesamtabwägung. Dabei hat sich das Bayerische Staatsministerium des Innern mit den im Spannungsfeld stehenden Rechtsgütern **eingehend auseinander gesetzt**."*

[Hervorh. d.d. Hrsg.]

4. Ermittlerwillkür – gezoomt
(Autorenteam)

4.1 V-Mann-Schutz für einen Falschinformanten?

Seit der prompten ministeriellen „Sperrung" einer im Grunde gänzlich irrelevanten „Vertrauensperson" sowie eines ebenso unbedeutenden „Verdeckten Ermittlers" wäre bloßes Kopfschütteln angebracht, überschattete dieses Vorgehen nicht der Verdacht einer politischen Vertuschung.

Wir wollen uns im Folgenden nicht mit dem VE, sondern nur mit der namenlosen „Vertrauensperson" beschäftigen:

Der namenlose V-Mann
und seine angeblich kapitale Gefährdung
In der Begründung der „Sperrerklärung" wird Jahre nach Einstellung aller Verfahren wegen *„Bildung krimineller Vereinigungen"* behauptet, angesichts der großen kriminellen Energie von Gruppen-"mitgliedern" bestände Lebensgefahr für die Vertrauensperson im Falle ihrer Enttarnung.

Wie glaubwürdig ist diese Besorgtheit des Ministeriums?

Wir erinnern uns an Karremann, die andere und die einzige Vertrauensperson von Bedeutung.

Mit seinen Sensationsreportagen enttarnte er sich selbst als Vertrauensperson. Die Behörden widerriefen ca. anderthalb Monate nach seinen Medienauftritten in *„STERN"* und im ZDF ihre Vertraulichkeitszusage und ihren Schutz – immerhin zu einer Zeit, als noch von „krimineller Vereinigung" gesprochen wurde.

Gewiss hatte sich dieser Schutz durch Karremanns „Selbst-Outing" inzwischen mehr oder weniger erübrigt. Aber wären sie ernsthaft von einer realen Gefährlichkeit von Gruppenbesuchern für ihren ehemaligen V-Mann und weiterhin erhofften Hauptzeugen ausgegangen, hätten sie ihn dieser Lebensgefahr nicht tatenlos ausgesetzt, nach der Devise: „Schauen wir mal, wie lange der's überlebt."

Vielmehr lässt die Bedenkenlosigkeit dieses Vertrauens- und Schutzentzugs darauf schließen, dass die Behörden nicht einmal zu der Zeit, als noch von „krimineller Vereinigung" gesprochen wurde, eine solche Gefährdung ihrer V-Person durch Gruppenbesucher ernstlich angenommen haben.

Auch Karremann selbst fühlte sich offenbar nie in irgendeiner Weise durch Besucher der *Pädo-Selbsthilfe- und Emanzipationsgruppe München* bedroht. Dies zeigt sich daran, dass er selbst unmittelbar nach der Zerschlagung der Gruppe erfolgreich das Gespräch mit solchen suchte – und dies zu einer Zeit, als noch von „krimineller Vereinigung" gesprochen wurde.

Zum Zeitpunkt des Erlasses der „Sperrerklärung" waren seit der Großrazzia zweieinhalb Jahre vergangen. Karremann war kein Haar gekrümmt worden. Und dennoch wird in der „Sperrerklärung" ein Szenario fabuliert, als handle es sich bei der seit zweieinhalb Jahren zerschlagenen Gruppe um ein hochkriminelles Verbrechersyndikat, das nach wie vor im Untergrund sein Unwesen treiben möchte.

Der namenlose V-Mann und seine rätselhafte Funktion
Weshalb brachten die Ermittlungsbehörden diese Person **überhaupt** ins Spiel? Zumal er den Ermittlern zu keinen wesentlichen Erkenntnissen verhalf? Wäre sie einfach nie erwähnt worden, hätte sich für das Verfahren nichts geändert – abgesehen davon, dass die durch die Erwähnung gestiftete Verwirrung den Ermittlern zur Verschleierung der Fakten wohl nützte. Aber sachlich hätte es – auch aus Sicht der Ermittler – keiner „Sperrerklärung" bedurft.

Worin besteht die offenbar derart immense Bedeutung dieses Mannes, dass sich sogar das Staatsministerium einschalten zu müssen meint, und sich der oberste Dienstherr der Ermittlungsbehörden zur *ultima ratio* einer „Sperrerklärung" genötigt sieht?

Die einzig sinnvolle Antwort wäre, die Behörden wollten **suggerieren**, dass diese V-Person Erkenntnisse geliefert habe, die den behaupteten Verdacht auf *„Bildung krimineller Vereinigungen"* tatsächlich hätten stützen können.

Folgen wir dieser Logik:

Dann wäre zunächst festzuhalten, dass die Staatsanwaltschaft München das Bayerische Oberste Landesgericht in haarsträubender Weise in die Irre laufen ließ. Denn sie hätten ihm bei seiner Entscheidung über die Rechtmäßigkeit der Haftbefehle im Rahmen der Großrazzia den **einzigen** Zeugen, der diese Rechtmäßigkeit hätte stützen können, wissentlich vorenthalten.

Eine Missachtung des höchsten bayerischen Gerichts?

Ungeachtet dessen wäre weiters festzuhalten, dass es sich bei den vom namenlosen V-Mann zugetragenen Informationen – sofern sie einen zureichenden Verdacht auf *„Bildung krimineller Vereinigungen"* nahegelegt hätten – in jedem Fall um Falschinformationen gehandelt haben muss.

Denn bereits Jahre vor Erlass der „Sperrerklärung" waren **alle** Verfahren im Ermittlungskomplex *„Bildung krimineller Vereinigungen"* rechtskräftig eingestellt. Der V-Mann hätte also im Zuge seiner Tätigkeit den Ermittlern Informationen geliefert, die **zu Unrecht** einen dringenden Verdacht auf *„Bildung krimineller Vereinigungen"* stützten. Entsprechende belastende „Tatsachen"-Behauptungen wären damit als strafbare Falschbeschuldigungen entlarvt.

Durch die Lieferung von Falschinformationen aber hätte sich die V-Person als „Vertrauensperson" disqualifiziert. Denn gemäß den gemeinsamen Richtlinien der Innen- und Justizminister der Länder (Fassung vom November 1993, in Bayern: Justizministerialblatt [JMBl] vom 13.5.1994, S. 87) **verliert eine Vertrauensperson durch die Lieferung von Falschinformationen automatisch ihre Immunität und die ihr prinzipiell zugesprochene Vertraulichkeit.**

Wenn das Innenministerium aber einen Falschinformanten durch eine „Sperrerklärung" deckte, müsste es sich einen doppelten Vorwurf gefallen lassen:

- den Vorwurf eines Verstoßes gegen die gemeinsamen Richtlinien der Innen- und Justizminister der Länder (s. o.) und
- den Vorwurf der Strafvereitelung bezüglich eines Falschbeschuldigers (nach § 258 StGB).

Und zwar umso mehr, als das Ministerium mit der Begründung argumentiert, diese falsch informierende V-Person weiter für die Polizeiarbeit verwenden und einsetzen zu wollen (vgl. hier: S. 64 f., Sperrerklärung: *„Die Person ist weiter für die Polizei tätig und in einem aktuellen Fall eingesetzt."*)

Was also ist die „Sperrerklärung"? Ist sie:

- ein Produkt aus verdorbener Phantasie, Verblendung und Verfolgungswahn?
- ein infames Konstrukt zur (missglückten) Ehrenrettung der Ermittlungsbehörden – eine Art *deus ex machina*?
- ein peinlicher Fehler des Ministeriums, aus hektischer Unbedachtheit und verbunden mit schwersten Kollateralschäden?

Oder schützt sie einen V-Mann, dessen Informationen – wie die Informationen Karremanns – keinen hinreichenden Verdacht auf *„Bildung krimineller Vereinigungen"* stützten? Aber: Warum dann die Sperrung überhaupt?

Fragen, die in einem funktionierenden Rechtsstaat niemals ungeklärt bleiben dürften, weil sonst Spekulationen wuchern, die ihm schaden.

4.2 Missbrauch einer Vertrauensperson?

Zur Erinnerung:

Als die Ermittlungsbehörden beschlossen hatten, gegen die *Pädo-Selbsthilfe- und Emanzipationsgruppe München* vorzugehen, ergab sich für sie die Notwendigkeit, für dieses Vorgehen eine Rechtsgrundlage herzustellen. Der Paragraph 129 Abs. 1 StGB („*Bildung krimineller Vereinigungen*"), der den Behörden dafür am zweckmäßigsten erschien, dürfte jedoch nicht ins Blaue hinein angesetzt werden: Aus Vorermittlungen müssten sich Tatsachen ergeben, die einen Verdacht auf eine „*Bildung krimineller Vereinigungen*" stützen.

Als rechtliche Voraussetzungen für einen solchermaßen begründeten Verdacht gelten vor allem:

- eine hierarchische und arbeitsteilige Struktur der Gruppe **und**
- eine kriminelle Zweckbestimmung der Gruppe.

Gruppenintern gab es keine Tatsachen, die diese notwendigen Voraussetzungen für die Erhebung des Verdachts begründen konnten.

Gegen die gruppen**fremde** Person Herrn D. jedoch bestand ein begründeter Verdacht auf *Besitz bzw. Verbreitung von Kinderpornographie.* Bei einer Einbindung dieser Aktivitäten in den Rahmen der Gruppe ließe sich eine kriminelle Zweckbestimmung der Gruppe behaupten.

Um einen Verdacht auf „*Bildung krimineller Vereinigungen*" gegen die Gruppe ausreichend begründen zu können, bot sich die Einbindung Herr D.'s in eine hierarchische und arbeitsteilige Struktur der Gruppe an. Aus dieser Überlegung könnte die Behauptung der Ermittlungsbehörden entstanden sein, Herr D., der durchaus vermögend war, erfülle als deren „*Gönner und Finanzier*" eine Funktion in der Gruppe.

Ein Vorgehen der Ermittlungsbehörden gegen die Gruppe als „*kriminelle Vereinigung*" wäre nun rechtens – allerdings nur, wenn die Zuordnung Herrn D.'s zur Gruppe als deren „*Gönner und Finanzier*" durch objektive Tatsachen gestützt wäre.

Zur Beurteilung der Frage, ob diese Bedingung im vorliegenden Fall erfüllt war oder nicht, sind sowohl Herkunft als auch Inhalt möglicher Informationen, die auf solche Tatsachen gedeutet hätten, zu untersuchen. Laut den zur Verfügung gestellten

Ermittlungsakten (die Ermittlungsbehörden haben, wie bereits wiederholt erwähnt, keine Akteneinsicht in die Zeit **vor** dem „Vorläufigen Ermittlungsbericht vom 11. September 2003" gewährt) beruhen die Erkenntnisse der Ermittler im Wesentlichen auf den Informationen, die ihnen durch ihre **Vertrauensperson Manfred Karremann** zugetragen wurden.

Die Vertrauensperson Karremann im Spiegel der Akten:

• **„Vorläufiger Ermittlungsbericht" vs. Karremanns erste Vernehmung**

Am Anfang der Akteneinsicht steht der „Vorläufige Ermittlungsbericht vom 11. September 2003", verfasst von Kriminalhauptkommissars I., dem Leiter der „AG Ring" des K 122. Diese Akte stellt offensichtlich eine Zusammenfassung der bis dahin – über Kriminalkommissar W., den Führungsbeamten Karremanns vom K 133 – im Wesentlichen von Karremann gelieferten Erkenntnisse dar.

Darin werden konkrete Vorwürfe gegen die *Pädo-Selbsthilfe- und Emanzipationsgruppe München* erhoben: Herr D. wird als *„Gönner und Finanzier"* der Gruppe bezeichnet und damit seine gesetzwidrigen Aktivitäten der Gruppe zugeschrieben – eine Zuordnung, die sich auch in den beiden *„Nachträgen"* vom 30. September und 20. Oktober 2003 [d. s. Nachträge zum „Vorläufigen Ermittlungsbericht vom 11. September 2003"] wiederfindet: Auch dort wird Herr D. weiterhin als *„Gönner und Finanzier"* der Gruppe bezeichnet. Sie wird sich als Falschbehauptung bis in die Begründungen der Beschlüsse des Ermittlungsrichters K. fortsetzen.

Am 16. Oktober 2003 wird die Vertrauensperson Karremann (laut Akten angeblich zum ersten Mal) vernommen. Diese dreistündige telefonische Vernehmung protokolliert Kriminalkommissar W. als „Zeuge vom Hören-Sagen".

In dem entsprechenden Protokoll vom 17. Oktober 2003 (nachfolgend auch „V-Protokoll" genannt) spricht Karremann mit keinem Wort von einem etwaigen „Gönner und Finanzier" der Gruppe oder von irgendetwas, das als „kriminelle Zweckbestimmung" der Gruppe verstanden werden könnte.

Dennoch geht aus keiner Silbe des V-Protokolls hervor, dass Karremann etwa mit diesem entscheidenden Unterschied konfrontiert worden wäre. **Unhinterfragt** nimmt der vernehmende Kriminalhauptkommissar W. offenbar hin, dass die konkreten Verdächtigungen, die auf Karremanns vertraulichen Informationen beruhen sollten, von diesem **nicht bestätigt werden**.

Die einzig plausible Erklärung dieser Tatsache bestände in der Annahme, dass die Vorwürfe gegen die Gruppe, die im V-Protokoll fehlen, von Karremann nicht „zurückgenommen" wurden, sondern **dass sie überhaupt nie Bestandteil seiner vorausgehenden (informellen) Hinweise waren**.

Aber: wäre ein derart unerhörter Vorgang in unserem Staat tatsächlich denkbar?

- **Die „erste" und „zweite" Vernehmung Karremanns im Vergleich**

Mitte Dezember 2003 wird die Vertraulichkeitszusage gegenüber Karremann von den Ermittlungsbehörden zurückgenommen. Als Gründe hierfür werden an anderer Stelle sein Selbst-"Outing" durch seine Medienauftritte sowie die beabsichtigte Eröffnung eines Ermittlungsverfahrens gegen ihn genannt. Dieses Verfahren gegen ihn musste wohl wegen Besitzes von Kinderpornographie im Rahmen seiner Aktivitäten mit Herrn D. angestrengt werden (vgl. Punkt 3.3), und vielleicht auch, um dadurch mit dem Hinweis auf sein Zeugnisverweigerungsrecht als Beschuldigter seine weitere Verwendung als Zeuge auszuschließen. Denn er wäre vermutlich ein für die Staatsanwaltschaft unbequemer Zeuge in kommenden anderen Verfahren dieses Komplexes gewesen.

Nach dem Verlust seines VP-Status' wird Karremann am 4. Februar 2004 – nunmehr als „Zeuge" mit der strafbewehrten Verpflichtung zur Wahrheit und unter Beistand seines Führungsbeamten KK W. (K 133) – von den Beamten I. und G. („AG Ring", K 122) vernommen (seine – laut Akten – zweite Vernehmung). Zu dieser Vernehmung heißt es in einem Aktenvermerk vom 5.2.2004:

„Der Zeuge zweifelte daran, dass das Tonband der Zeugenvernehmung wortgetreu abgeschrieben wird. Die Unterschrift auf die Einverständniserklärung auf einen Tonträger gab er nur unter dem Vorbehalt, dass er die Abschrift der Zeugenvernehmung durchgelesen hat. "

Bemerkenswert daran ist zunächst die **Prozedur**.

Karremann war offenbar mit dem Protokoll seiner ersten Vernehmung als Vertrauensperson am 16. Oktober 2003 (V-Protokoll), das Kriminalkommissar W. vom K 133 als „Zeuge vom Hören-Sagen" erstellt hatte, nicht zufrieden. Offensichtlich hegte er Zweifel an der Korrektheit der Wiedergabe seiner Aussagen.

Dies tat Karremann vermutlich nicht unbegründet. Wohl als „gebranntes Kind" bestand er nun, bei seiner Vernehmung am 4. Februar 2004, auf einer persönlichen Prüfung des Protokolls, um einer Verfälschung seiner Aussagen vorzubeugen.

Tatsächlich kommt man seinem Anliegen nach. Karremann wird die Mitschrift seiner Vernehmung als Zeuge (nachfolgend auch „Z-Protokoll" genannt) zur Prüfung vorgelegt. Dieses von Kriminaloberkommissar G. erstellte Protokoll (Z-Protokoll) wurde von Karremann am 13. Februar 2004 im Rahmen einer weiteren Einvernahme (seine – laut Akten – dritte „Vernehmung") nach kleineren Korrekturen und Ergänzungen durch Unterschrift autorisiert.

Beim Vergleich der beiden Vernehmungen stechen allerdings **erhebliche Eigentümlichkeiten** ins Auge:

Zum einen werden Karremann dort zum Teil dieselben Fragen wie bei seiner Vernehmung am 16. Oktober 2003 gestellt, was ihm die Gelegenheit gibt, all diese Fragen erneut zu beantworten. Weshalb? Um eventuell falsche Darstellungen im V-Protokoll sachlich zurechtrücken zu können?

Zumindest erscheint die Annahme begründet, dass Karremann nicht nur auf einer korrekten Protokollierung seiner zweiten, sondern auch auf solche sachlichen Richtigstellungen bezüglich seiner ersten Vernehmung drang.

Zum anderen erscheinen Karremanns Antworten auf die erneut gestellten Fragen in beiden Vernehmungen zum Teil **aufs Wort identisch formuliert**. Dies vermag zu erstaunen: Immerhin ist zwischen den beiden Vernehmungen (16. Oktober 2003 – 4. Februar 2004) über ein viertel Jahr vergangen, was zwar keineswegs gegen eine inhaltliche Gleichheit der Antworten spricht, einen identischen Wortlaut jedoch unwahrscheinlich macht. (vgl. Teil II, Synopsen).

Kann es sein, dass die Antworten aus dem V-Protokoll (16. Oktober 2003) abgeschrieben und wörtlich ins Z-Protokoll (4. Februar 2004) übertragen wurden?

Des Weiteren kommen einige komplette Sätze, die sich im V-Protokoll finden, im Z-Protokoll überhaupt nicht mehr vor.

Dabei handelt es sich keineswegs um unbedeutende Sätze, sondern ausschließlich um gerade jene Aussagen, die die Gruppe im Zwielicht erscheinen lassen könnten.

Und auch keine der anderen Aussagen aus dem V-Protokoll, die als belastend verstanden werden könnten, findet sich – trotz weitgehend identischer Fragestellung – im Z-Protokoll wieder.

Trotz der wesentlichen Aussageveränderung ist jedoch keine Nachfrage der vernehmenden Beamten **protokolliert.** Sie scheinen sich an den paradoxen Wortlaut-Übereinstimmungen so wenig zu stören wie an dem paradoxen Verschwinden von Inhalt: ein seltsamer, beispielloser Vorgang.

Die einzig plausible Erklärung dieser Tatsache bestände allenfalls in der Annahme, dass all die eventuell belastenden, im Z-Protokoll fehlenden Angaben nicht „zurückgenommen" wurden, sondern dass **sie überhaupt nie Bestandteil von Karremanns Aussagen waren** – also ins unautorisierte V-Protokoll hineingezaubert worden waren, um damit ein staatliches Vorgehen gegen die Gruppe um jeden Preis „begründen" zu können.

Aber wiederum: Wäre ein derart unerhörter Vorgang in unserem Staat tatsächlich denkbar?

● **Die Zeitbrüche in den Vernehmungsprotokollen**
Der Vergleich der beiden Vernehmungen Karremanns lässt erhebliche Zweifel an der Authentizität der Protokolle aufkommen:

(1.) Warum zum Beispiel sollte Karremann erst am 4. Februar 2004 (wie in den Akten dokumentiert), und nicht schon am 16. Oktober 2003 (oder früher), die Namen derer genannt haben, in deren Wohnung er war, von denen er wusste, dass sie Kinderpornographie besaßen, und dass sie allesamt keine Gruppenteilnehmer waren (also Personen, die die Gruppe nicht oder bis maximal drei Mal in den letzten drei Jahren deren Bestehens besucht haben)?

Neben dem 16. Oktober 2003 (dem Tag seiner angeblich ersten Vernehmung) käme hier insbesondere der 20. August 2003 in Frage, als Karremann das von Herrn D. stammende **inkriminierte Material** – übrigens nach einer Besitzdauer von vier Monaten – im K 122 übergab. Sicherlich hatte er das **nicht wortlos** getan, sondern hatte die Herkunft des Materials erklärt und ausgesagt – wie es erst im Z-Protokoll vom 4. Februar 2004 explizit protokolliert ist –, dass die betreffenden Personen keine Gruppen-"Mitglieder" waren. Eine kommentarlose Übergabe ist in einer solchen Situation unvorstellbar.

Schließlich ist es auch deshalb unglaubwürdig, dass Karremann die genannten Aussagen erst am 4. Februar 2004 gemacht haben sollte, weil sie von Anfang an für die Beurteilung der Gruppe von höchster Bedeutung gewesen wären – nicht zuletzt durch sie wurde die Gruppe entlastet.

Insofern ergäbe sich eine recht plausible Erklärung für die verspätete Einführung dieser Aussagen Karremanns in die Akten: nämlich dann, wenn man annähme, dass die Behörden den Zeitpunkt, zu dem sie von den entlastenden Tatsachen erfuhren, auf die Zeit **nach** der Razzia dokumentiert haben wollten. Denn gäben sie zu, schon am 16. Oktober 2003 (oder früher) von diesen Tatsachen gewusst zu haben, käme dies einem fatalen Eingeständnis gleich: Die am 30. Oktober 2003 stattgefundene Razzia gegen die Gruppe als *„kriminelle Vereinigung"* hätte dann einer ausreichenden Rechtsgrundlage entbehrt.

Aber wiederum: Wäre ein derart unerhörter Vorgang in unserem Staat tatsächlich denkbar?

(2.) Wie ist zum Beispiel folgende Behauptung Karremanns, mit der er im V-Protokoll zitiert wird, zu erklären:

„Ja, ich habe dort auch Kinderpornographie gesehen. Näheres hierzu kann ich nicht angeben, da dies sonst zu einer Enttarnung führen könnte."

Wohlgemerkt: Gerade zwei Wochen nach dieser angeblichen Äußerung enttarnt sich Karremann durch seine journalistischen Auftritte in den Medien endgültig und vor der ganzen Republik selbst – ein Zeitpunkt, **vor dem** sowieso niemand von dem „verräterischen" Protokoll Kenntnis bekommen hätte.

Der Verdacht, dass das von Karremann nicht autorisierte V-Protokoll – zumindest in wesentlichen Teilen – frisiert ist, liegt jedenfalls nahe.

Aber wiederum: Wäre ein derart unerhörter Vorgang in unserem Staat tatsächlich denkbar?

(3.) Wie ist zum Beispiel zu erklären, was Kriminaloberkommissar I. wenige Stunden nach dem Ende der Vernehmung Karremanns vom 4. Februar 2004 in einem Zusatzprotokoll („Gedächtnisprotokoll zur Vernehmung vom 4. Februar") niedergelegt hat? Laut diesem „Gedächtnisprotokoll" soll Karremann wiederum die Antwort auf eine Frage verweigert haben:

„*Von mir nach dem Grund seiner Weigerung gefragt, antwortete mir Herr Karremann, dass er den G. zum jetzigen Zeitpunkt nicht belasten und es sich mit ihm nicht verderben will, da ihm G. noch sehr wichtige und brisante Informationen zur pädophilen Szene liefern kann. (…) Um dort* [in Tschechien, Anm. d. Hrsg.] *recherchieren zu können, braucht er den G. noch, so die Aussage des Karremann mir gegenüber. (…) Herr Karremann erklärte weiter, dass er den G. bis dahin auf keinen Fall belasten will und dass er sein Wissen (…) erst nach erfolgreicher Recherche in der Tschechei preisgeben will.*"

Nun saß Herr G. aber zum vorgeblichen Zeitpunkt dieser Äußerungen Karremanns (4. Februar 2004) bereits seit einem viertel Jahr (seit 31. Oktober 2003) in Untersuchungshaft. Ebenso lange lag Karremanns Selbstenttarnung zurück. Wie Herr G. ihm aus der Haft noch „*sehr wichtige und brisante Informationen zur pädophilen Szene liefern*" hätte können und ihm bei seiner „*Recherche in der Tschechei*" hätte nützlich sein können, bleibt das Geheimnis des „Gedächtnis"-Protokollanten.

Ist also auch das „Gedächtnisprotokoll zum 4. Februar 2004" ein weiteres „getuntes" Protokoll?

Aber wiederum: Wäre ein derart unerhörter Vorgang in unserem Staat tatsächlich denkbar?

Nun – für diese logisch-zeitlichen Unmöglichkeiten selbst gäbe es tatsächlich eine Erklärung, wenn sie nicht so unwahrscheinlich wäre: Kriminaloberkommissar I. hat die Zeitpunkte zweier verschiedener Vernehmungen **aus Versehen** durcheinandergebracht.

Denn die Aussagen Karremanns ergäben durchaus Sinn, setzte man sie ein halbes Jahr früher an. Just im August 2003 stand nämlich gerade die besagte Tschechienreise an.

Und auch die Furcht vor Enttarnung war da noch sehr aktuell und plausibel …

Aber: Ist es angesichts des kurzen zeitlichen Abstands zwischen Karremanns Vernehmung und der Formulierung des zugehörigen Gedächtnisprotokolls (nur wenige Stunden!) überhaupt denkbar, dass der Beamte I. hier **aus Versehen** Aussagen protokolliert, die dort niemals gemacht worden sein konnten?

Zumindest liegt hierin ein Anhaltspunkt dafür, dass offenbar phantomhafte Vernehmungsprotokolle existieren, aus denen ein Beamter – aus Versehen oder mit Absicht – an falscher Stelle zitiert …

Da den Verteidigern der damals Beschuldigten – wie weiter oben bereits mehrfach erwähnt – keinerlei Akteneinsicht in die Zeit vor dem „Vorläufigen Ermittlungsbericht vom 11. September 2003" gewährt wurde, kann darüber – wie zu all den anderen zuvor gestellten Fragen – auf Grundlage der Akteneinsicht letztlich nur spekuliert werden.

Sollten spätere Zeugenaussagen mehr Aufschluss geben?

• Spätere Zeugenaussagen in Nachfolgeprozessen
(1.) Kriminalhauptkommissar W. als Zeuge:

Zur Frage nach dem Urheber der Falschbehauptung, Herr D. sei „*Gönner und Finanzier*" der Gruppe gewesen, sagt Kriminalhauptkommissar W. als Zeuge (im Berufungsprozess gegen einen ehemaligen Gruppenteilnehmer am Landgericht München I an zwei verschiedenen Verhandlungstagen) folgendes:

Die Behauptung, Herr D. sei „*Gönner und Finanzier*" der Gruppe, stamme „*definitiv von Karremann*".

(Verhandlungstag: 13.11.2007)

Die Behauptung, Herr D. sei „*Gönner und Finanzier*" der Gruppe, stamme „*von der **zweiten** Vertrauensperson*".

(Verhandlungstag: 30.11.2007)

Die Verteidigung macht geltend, dass die beiden Aussagen unvereinbar seien.

Ohne Erfolg: der Zeuge wird durch das Gericht mit diesem Widerspruch nicht konfrontiert. Eine Klärung unterbleibt.

(2.) Manfred Karremann als Zeuge:

Am 18. Oktober 2006 sagt Karremann in einem Prozess vor dem Amtsgericht München gegen einen ehemaligen Gruppenbesucher als Zeuge aus. Im ganzen Verfahrenskomplex ist dies die **zweite Aussage** Karremanns **als Zeuge** überhaupt, das heißt mit sanktionierter Verpflichtung zur Wahrheit (die erste war seine polizeiliche Zeugenvernehmung am 4. Februar 2004, in der er nichts sagt, was die Gruppe hätte belasten können, vgl. Punkt 3.2).

Was hat Karremann jetzt über die Gruppe zu sagen?

Auszug aus dem Verhandlungsprotokoll vom 18.10.2006:

„Der Zeuge wird über sein Zeugnisverweigerungsrecht aufgrund seiner journalistischen Tätigkeit belehrt.

Der Zeuge wird gem. § 155 StPO belehrt.

Zur Sache: (…)

Es entstand der Eindruck, dass die Leute wegen meiner Arbeit verhaftet wurden, das war aber nicht so. Ich und meine Familie hatten deswegen auch Probleme. Es gab andere Leute in der Gruppe, die das ins Rollen brachten und worauf die Durchsuchungen erfolgt sind. Zum Beispiel war ich bei Herrn X. [dem Kassenwart der Gruppe; Anm. d. Hrsg] *auch nie daheim. Ich kann nichts beitragen bezüglich Herrn X. und Kinderpornographie.*

Wir kennen uns von der Selbsthilfegruppe. Gesprochen haben wir schon, aber nicht über strafrechtlich relevante Themen. Wir sprachen ganz selten, nur ganz belanglose Sachen wie „Guten Tag" und so. Konkreter haben wir uns nicht unterhalten, zumindest kann ich mich nicht daran erinnern.

Es wurde definitiv nicht über Kinderpornographie geredet. Ich glaube, wir sprachen einmal darüber, dass er bei seiner Mutter wohnt und diese krank ist.

Ich erfuhr auch nicht von anderen Mitgliedern von Kinderpornos.

Es gab Mitglieder, die sich regelmäßig trafen, und welche, die nur manchmal oder ganz selten kamen.

Ich habe nichts von Kinderpornos erfahren, während der ganzen Zeit dort nicht. Es war auch tabu, da irgendwas mitzubringen oder darüber zu sprechen.

Ich beschäftigte mich nicht mit dem persönlichen Umfeld der Mitglieder.

Es gab einen Unterschied zwischen den Mitgliedern, die regelmäßig kamen und denen, die nicht regelmäßig kamen.

Der Zeuge wird nochmals über seine Wahrheitspflicht hingewiesen.

Ich kann trotzdem nichts anderes sagen.

Der Zeuge benimmt sich ungebührlich, fällt dem Gericht ins Wort und hat einen flapsigen Ton mit einem drohenden Unterton. Ihm wird ein Ordnungsgeld angedroht.

Der Zeuge macht von seinem Zeugnisverweigerungsrecht Gebrauch."

Ein unerhörter Vorgang:

Der Zeuge stellt hier in unmissverständlicher Klarheit dar, dass ihm nichts über einen eventuellen Austausch von kinderpornographischem Material in der Gruppe zu Ohren gekommen sei. Der Richter ermahnt ihn, bei der Wahrheit (bei welcher denn?) zu bleiben. Karremann *bekräftigt* seine entlastende Aussage. Daraufhin bedroht ihn der Richter, und der Zeuge verstummt.

Stattdessen wäre eine Klärung geboten gewesen, wie es dazu kommen konnte, dass Karremann in der frühen Ermittlungsakte auch mit negativ interpretierbaren Äußerungen über die Gruppe zitiert ist. Obwohl eine Rücknahme belastender Aussagen immer ein zwingender Grund für eine Thematisierung wäre, **erfolgt dennoch keinerlei Nachfrage**, im Gegenteil: der Zeuge wird zum Schweigen gebracht.

Beispiele, wo Karremann von protokollführenden Kriminalbeamten Aussagen offenbar beliebig zugeordnet werden, und eine gerichtliche Klärung unterbleibt.

Beispiele, wo Karremann Aussagen unterstellt werden, die er zu den angegebenen Zeitpunkten schlichtweg nicht getätigt haben kann, und eine gerichtliche Klärung unterbleibt.

Kriminalbeamte, die Vernehmungsprotokolle „frisieren",
und Gerichte, die nicht aufklären – durch die Häufung skan-
dalöser Vorkommnisse scheint der Verdacht einer Systematik
durchaus nicht abwegig: ein gigantischer Vorwurf, der so lange
nicht aus der Welt geschafft ist, solange solche Machenschaften sogar von höchsten Zirkeln der bayerischen Politik gedeckt
werden, und solange Akten unter Verschluss gehalten werden,
durch die allein Licht in all die Widersprüche, Ungereimtheiten
und Unmöglichkeiten gebracht werden könnte.

Wurde die Vertrauensperson von Ermittlern missbraucht?
Durch Gerichte missachtet? Kann angesichts des Mangels an
Aufklärungsbereitschaft überhaupt noch von einem Bemühen
der Justiz um Wahrheitsfindung die Rede sein?

Der Umgang von Teilen der Behörden mit der Wahrheit
einerseits und ihrer Vertrauensperson andererseits hinterlässt
einen schalen Geschmack. Und er gibt jedermann genug Anlass,
die entsprechenden Lehren daraus zu ziehen – nicht nur potentiellen Vertrauenspersonen von Staatsanwaltschaft und Polizei.

4.3 Nichtsnutziger Richtervorbehalt

Mit „Richtervorbehalt" bezeichnet man die in der Strafprozessordnung verankerte Vorschrift, dass unabhängige Richter
besonders einschneidende und grundrechtssensible Ermittlungstätigkeiten vorab hinsichtlich ihrer rechtlichen Zulässigkeit zu
überprüfen und – bei positivem Ergebnis – eigens anzuordnen
haben. Ohne eine entsprechende richterliche Anordnung sind
also bestimmte polizeiliche Maßnahmen unzulässig. Dabei hat
der Richter alle Tatsachen zu prüfen und zu würdigen: diejenigen, die den Beschuldigten belasten, aber in gleicher Weise auch
diejenigen, die ihn entlasten könnten.

Dass man hier zum Teil erhebliche Zweifel haben muss, zeigen die folgenden Beispiele:

Beispiel 1:

Obwohl gegen den Rentner A. (vgl. Punkt 5.1), der die von den Ermittlern beschuldigte Gruppe nie besucht hat, selbstverständlich kein Hausdurchsuchungs- oder Haftbefehl ausgestellt war, wird er anlässlich der Razzia in seinem Haus auf der Stelle festgenommen und, ohne einen Rechtsanwalt konsultieren zu dürfen, in Polizeigewahrsam mit anschließender Untersuchungshaft abgeführt. Sein Vergehen: Im ersten Stock seines Einfamilienhauses wohnt Rentner H. zur Untermiete. Dieser war aufgrund eines abgehörten Telefonats mit einem Gruppenbesucher ins Fadenkreuz der Ermittler geraten.

Ermittlungsrichter K. „rechtfertigt" dieses Vorgehen durch die nachträgliche Ausstellung eines Haftbefehls, dessen Wortlaut er einfach aus den nahezu gleich lautenden Haftbefehlen gegen die übrigen Mitverfolgten übernimmt. Behaupteter Haftgrund auch hier: *„Bildung krimineller Vereinigungen".*

Fazit: Herr A. kommt nach einer Woche U-Haft frei.

Das Verfahren wird nach neun Monaten eingestellt.

Die verleumderischen Lügen in der Presse sind monströs, die dem Steuerzahler entstandenen Kosten enorm.

Das Vertrauen in die Legitimität polizeilicher Aktionen ist beschädigt.

Beispiel 2:

Ein Vergleich der von Ermittlungsrichter K. zu verantwortenden Durchsuchungsbeschlüsse vom 30.10.2003 mit den Haftbefehlen vom 31.10.2003 zeigt eine weitere Ungereimtheit. Bezüglich der angegebenen Stärke oder Dichte des Tatverdachts ist in den **Durchsuchungsbeschlüssen** lediglich von „Verdacht" die Rede (*Aufgrund der bisherigen Ermittlungen besteht der Verdacht"*), während in den **Haftbefehlen** ein *„dringender"* Verdacht für dieselben Vorwürfe behauptet wird (*„Der dringende Tatverdacht ergibt sich aus dem Ergebnis der bisherigen Ermittlungen").*

Da es unmöglich ist, dass sich aus **denselben** *„bisherigen Ermittlungen"* zwei **unterschiedliche** Verdachtsgrade ergeben konnten, stellt sich die Frage, ob die Stärke eines Verdachts **beliebig** – d. h. unabhängig von den Erkenntnissen, die sich aus den Ermittlungen ergeben – angesetzt oder ausgeweitet werden kann. Und zwar angepasst an die jeweils gewünschten Ermittlungsmethoden und deren rechtliche Voraussetzungen?

Fazit: Die Glaubwürdigkeit richterlicher Beschlüsse steht infrage.

Beispiel 3:

Wie aus den Durchsuchungs- und Haftbeschlüssen hervorgeht (vgl. Punkt 3.3), stellt der Ermittlungsrichter fest, die Gruppenbesucher achteten darauf, kein strafrechtlich relevantes Material in die regelmäßigen Gruppentreffen mitzubringen. Im selben Atemzug behauptet er, diese Treffen hätten (unter anderem) zum Austausch kinderpornographischen Materials gedient.

Wie kann einem Ermittlungsrichter bei der Prüfung staatsanwaltschaftlicher Anträge ein derart eklatanter Widerspruch entgehen? Und zwar nicht **ein**mal, sondern wiederholt? Hat der Ermittlungsrichter die Anträge überhaupt gelesen? Oder liegt hier ein krasser Verstoß gegen Denkgesetze vor?

Fazit: Die Glaubwürdigkeit richterlicher Beschlüsse ist schwer beschädigt.

Eine Glaubwürdigkeit, die bei der Betrachtung der folgenden **entscheidenden Frage** vollends verspielt erscheint:

Beispiel 4:

Ließ sich der behauptete Verdacht auf „Bildung krimineller Vereinigungen" überhaupt stützen? (vgl. Punkt 3.3)

Am 18. Oktober 2004 – also kaum ein Jahr nach den Durchsuchungs- und Haftbefehlen des Ermittlungsrichters K. – stellt das Bayerische Oberste Landesgericht in einem Beschluss fest, dass es für den behaupteten Vorwurf an einem dringenden Tatverdacht gefehlt habe. Am 29. März 2006 stellt es in einem erneuten

Beschluss auch das Fehlen *„jeglicher Tatsachen"* fest, die dafür sprächen, *„dass sich die Mitglieder anerkannten Entscheidungsstrukturen in der Organisation als verbindlich unterworfen hätten",* oder dafür, dass es *„eine besondere Struktur oder engere Verbindung, sei es auch nur des ‚inneren Kreises'"* gegeben hätte (zwingende Voraussetzungen auch nur für einen einfachen Verdacht).

Wenn es aber objektiv an jeglichen Tatsachen fehlte, die einen Verdacht auf *„Bildung krimineller Vereinigungen"* hätten stützen können: Wie konnte dem Ermittlungsrichter K. dies entgangen sein? Welche Sachen verwechselte er mit Tatsachen? Worin bestand seine Prüfung der Behauptungen der Staatsanwaltschaft? Kann dann überhaupt noch von einer „Prüfung" die Rede sein?

Fazit:

Vielfach wird von den Ermittlungsbehörden beklagt, von wie vielen Hürden ihre Arbeit unnötig erschwert werde. Es gäbe so treffliche Ermittlungsmethoden, wenn man sie nur ungestört machen ließe. Stattdessen hätten sie sich mit Hindernissen herumzuschlagen wie „hinreichendem" oder „dringendem" Tatverdacht, „Verhältnismäßigkeit der Mittel", „Angemessenheit der Maßnahme", oder eben dem „Richtervorbehalt" …

Die oben genannten Beispiele geben jedoch begründeten Anlass zur Vermutung, dass die Ermittlungsbehörden – ihrem Lamento zum Trotz – sich durch diese beschränkenden Auflagen offenbar nicht sehr beeindrucken zu lassen brauchen. In der Tat scheinen sie von Ermittlungs- oder Haftrichtern kaum mit Einsprüchen oder Widerständen rechnen zu müssen – Strafprozessordnung hin, Bürgerrechte her.

Aus Willkür? Aus Überlastung oder Überforderung?

Oder überlagern Geltungsbedürfnis und öffentlichkeitswirksamer Populismus rechtsstaatliche Skrupel?

Denn da es um eine Gruppe Pädophiler, also gesellschaftlich Geächteter, ging, konnte der Ermittlungsrichter darauf zählen, keine Kritik für sein Tun zu ernten. Im Gegenteil: er konnte sich des wohlwollenden Applauses der Öffentlichkeit und der Wirkungslosigkeit jeder Gegenwehr sicher sein.

Wie viel ist der „Richtervorbehalt" dann noch wert?

4.4 Theorie und Realität: Blumige Worte …

Mit großer Regelmäßigkeit, immer wenn ein weiteres Stück Rechtsstaat ab- und ein Stück Präventionsstaat aufgebaut werden sollte, beschwor z. B. der ehemalige Bundesinnenminister Schäuble, wie wenig die Bürgerrechte durch die jeweiligen Gesetzesverschärfungen doch beeinträchtigt würden. Er und andere sicherheitsfokussierte Politiker und Journalisten wurden bzw. werden nicht müde zu beteuern, dass eine missbräuchliche Anwendung der neuen Befugnisse durch die Staatsmacht ausgeschlossen sei: schließlich gebe es den Richtervorbehalt, wonach die Behörden nicht machen dürften, was sie wollten, sondern jede schwer wiegende Ermittlungsmaßnahme durch einen unabhängigen Richter vorab geprüft und ausdrücklich angeordnet werden müsse.

Und überhaupt wären schwere Eingriffe in die Persönlichkeitsrechte nur dann statthaft, wenn ein **dringender** Tatverdacht auf ein Delikt der **Schwer**kriminalität gegeben sei. Beruhigende Worte …

Nach all den praktischen Erfahrungen mit dem Richtervorbehalt und der Strategie der Verdachtserhebungen kann man nur fragen: Werden die Bürger durch diese Art von Beschwichtigungsrhetorik fahrlässig oder vorsätzlich irregeführt?

Auch die in unserem Rechtssystem verankerte „Unschuldsvermutung" steht praktisch auf der Kippe. Zumindest ist dies in den Deliktbereichen sexueller Handlungen (insbesondere mit Minderjährigen) der Fall. Dort gilt offenbar nicht mehr die Notwendigkeit eines Schuldbeweises (die eines Schadensnachweises galt ohnehin nie), sondern es liegt anscheinend sogar schon am Beschuldigten, seine Unschuld zu beweisen.

Dass viele Medien dabei begeistert mittun, ist ein Skandal – mag es auch nachvollziehbar sein: denn sie leben von der Sensation. Und es gilt nach wie vor: Sex sells – und umso mehr: sex and crime.

Mit betulicher Betroffenheit und größtem Appetit konsumiert die Öffentlichkeit alle möglichen Skandalgeschichten, und die „erschütternde Wahrheit" schweißt das ansonsten nicht sehr solidarische Volk in einer Empörungsgemeinschaft zusammen. Und Journalisten sind es auch, die die Behörden mit Eigenermittlungen vor sich her treiben, sowie mit (vermeintlichen) Enthüllungserkenntnissen, deren Tiefgang und Halbwertzeit denen von Videoclips gleichkommen.

Wie schön klingen in diesem Zusammenhang die Worte der damaligen bayerischen Staatsministerin der Justiz, Frau Dr. Beate Merk, die sie anlässlich des katastrophalen Hallendacheinsturzes in Bad Reichenhall in einem Interview äußerte.

Unter der Überschrift *„Die Ermittlungen werden sehr aufwändig"* ließ sie unter anderem verlauten:

„Das Wichtigste ist, dass besonnen, ruhig und sauber ermittelt wird – auch wenn der öffentliche Druck ... groß ist. ... Natürlich werde ich mich in regelmäßigen Abständen über den Stand der Untersuchung informieren. (...)

Wir müssen damit rechnen, dass die Ermittlung ... zeitintensiv wird. Deshalb wäre es jetzt ganz falsch, Zeitdruck aufzubauen oder die Schuldfrage voreilig klären zu wollen. Zum Glück weiß die Staatsanwaltschaft, wie sie mit der öffentlichen Beobachtung umgehen muss. Denn auch bei einer derartigen Katastrophe gilt die Unschuldsvermutung!"

(tz 5./6.1.2006)

Welcher rechtsbewusste Bürger sollte sich nicht freuen, wenn er so etwas aus dem Munde einer Justizministerin hört?

Nur: wie wurde bei der Zerschlagung der *Pädo-Selbsthilfe-und Emanzipationsgruppe München* verfahren, als Frau Dr. Merk auch schon im Ministeramt war?

Wurde da auch *„besonnen, ruhig und sauber ermittelt"*?

Und was hat Frau Dr. Merk als Ministerin dafür getan, dass die diesbezüglichen Ermittlungen gegen die Staatsanwaltschaft München I (Verdacht z. B. auf Verfolgung Unschuldiger) von einer einigermaßen unbefangenen Staatsanwaltschaft übernommen würden und nicht von eben derselben Staatsanwaltschaft München I, gegen die die Vorwürfe gerichtet waren? Glaubte sie denn, diese Behörde würde *„sauber"* gegen sich selbst ermitteln?

Wenn auch keiner der gegen die Staatswillkür gerichteten Klagen „Folge gegeben" wurde – Folgen gab es sehr wohl: es sind der irreparable Verlust des Vertrauens der betroffenen Bürger in ihren Staat und ihre ohnmächtige Verbitterung gegenüber der Arroganz der Macht.

Leider scheinen die Fakten diejenigen, die den Rechtsstaat und die Bürger- und Menschenrechte bedroht sehen, zu bestätigen – aller Beschwichtigungsrhetorik und irreführenden Schönwettersprüche aus Politikermund zum Trotz.

„Die Würde des Menschen ist unantastbar. "

Gilt der Satz aus Artikel I des Grundgesetzes für Verdächtige nicht? Ist er nicht mehr als ein blumiges Wort?

4.5 Theorie und Realität: ... brutale Gewalt

In den siebziger Jahren konnte sich die Landeshauptstadt zu Recht noch des sogenannten „Münchner Wegs" bei Polizeieinsätzen rühmen. Dies bedeutete in Konfliktfällen die besondere Bemühung der Behörden um Deeskalation statt Konfrontation. Die Präsenz der Polizei war eher von begleitender und beratender Natur als martialisch und bedrohend.

Über das Naturell und die Handlungsmaximen der heutigen „Freunde und Helfer", insbesondere der Polizeitruppen, die bei der Zerschlagung der Münchner Pädo-Selbsthilfe- und

Emanzipationsgruppe das „Grobe" erledigten, legen folgende Zeitungsartikel von anderen Vorfällen ein aufschlussreiches Zeugnis ab:

Unterwegs mit der Eliteeinheit USK der Münchner Polizei
„Wir sind da, wo's scheppert"

Wir sind da, wo's knallt und scheppert. Bei Demonstrationen mit links- oder rechtsextremen Randalierern. Bei Razzien gegen das Organisierte Verbrechen. Vor allem aber bei Fußballspielen (…) Als starker Arm bayerischer Law-and-Order-Politik wurde das USK in den späten 80ern gegründet. Mittlerweile könnte der Ruf der Spezialtruppe jedoch mieser nicht sein – gerade im Fußballfan-Milieu, selbst bei gemäßigten Fraktionen. Die verweisen immer wieder auf den 9. Dezember 2007.

Damals sollen USK-Beamte am Rande des Amateur-Derbys zwischen dem TSV 1860 II und dem FC Bayern II eine Gruppe Fans, darunter Frauen und Kinder, verprügelt haben. Die Staatsanwaltschaft ermittelte, stellte aber das Verfahren ein. Selbst die Menschenrechte-Organisation Amnesty international befasste sich mit diesem Fall – und jetzt auch mit Vorfällen beim Pokalspiel des FC Bayern gegen Greuther Fürth im Februar. Auch dort soll das USK mit „unangemessener Härte" Schlagstöcke gegen Fans aus Fürth eingesetzt haben. Martin Herrnkind von AI, selbst ein Polizist, forderte, das USK solle sich „mehr mit Menschenrechten auseinandersetzen".

Emil Pallay, Leiter des Münchner USK, sieht da keinen Handlungsbedarf. „Sollten wir ein schwarzes Schaf haben, dann wird das rausgefiltert", sagt er. Wie oft man jemand „rausgefiltert" habe, will er nicht sagen, er verweist auf die Entscheidungen der Gerichte: „Seit zehn Jahren wurde kein Beamter unserer Truppe verurteilt", erklärt Pallay und wertet das als Beleg für saubere Arbeit. Kollegen aus anderen Bundesländern seien vielmehr angetan, „mit welcher Konsequenz in München Polizeiarbeit betrieben wird". (…) „Das

Unterstützungskommando (USK) wurde 1987 vom damaligen Innenstaatssekretär Peter Gauweiler gegründet – als Reaktion auf Krawalle am Frankfurter Flughafen (...) 111 Beamte sind beim USK des Polizeipräsidiums München eingesetzt, aber auch die Bereitschaftspolizei, die Grenzpolizei und das Präsidium Mittelfranken haben eigene Truppen.

(AZ 30.3.2010, S. 12)

Brutale Gewalt von Polizisten
USK-Beamte malträtieren vor laufender Kamera einen Mann – doch vor Gericht wird nur er verurteilt

Die Bilder sind schockierend. Sie zeigen mehrere Polizisten, die auf einem halbnackten Mann knien. Sie pressen seinen Körper auf einen Kiesweg, Kopf und Hals liegen auf einer Bordsteinkante. Der Mann stöhnt vor Schmerzen, er windet sich und sucht der Umklammerung zu entgehen. Bei jeder Bewegung ruft der Beamte, der dies alles auf Video aufnimmt: „Da, schon wieder eine Widerstandshandlung" – und filmt weiter. Schließlich wird der Mann auf die Knie gezerrt, die Hände hinter dem Rücken gefesselt muss er in die Kamera blicken. Es ist ein entwürdigendes Schauspiel. Der Mann ist nicht etwa ein Schwerverbrecher. Er hat lediglich da gegrillt, wo es nicht erlaubt ist. Und er hat nicht sofort seinen Ausweis hergezeigt.

Jan A., 46, ist gebürtiger Pole, lebt aber schon rund zwei Jahrzehnte in München und hat einen deutschen Pass. Er arbeitet als selbständiger Handwerker, mit der Justiz hatte er noch nie in seinem Leben zu tun. Jetzt sitzt er auf der Anklagebank im Amtsgericht (...)

Ein USK-Beamter erleidet bei der Aktion eine Daumen-Stauchung. Die Anklage gegen Jan A. lautet daher nicht nur auf Widerstand gegen Vollstreckungsbeamte und Beleidigung, sondern auch auf vorsätzliche Körperverletzung. (...)

Amtsrichter Andreas Schätzl (...) „Zugegebenermaßen" handele es sich um eine „harte Behandlung" durch die Polizisten, doch das interessiere ihn nicht. (…) Im Übrigen habe er sich seine Meinung schon gebildet. Die Anwälte sind entsetzt. Kurz erwägen sie, einen Befangenheitsantrag zu stellen, lassen es dann aber: „Nutzt eh nichts."

Richter Schätzl hört sich drei Zeugen an, alles Polizisten. Ihre Aussagen sind deckungsgleich. Ihm reicht das. (…) Amtsrichter Schätzl braucht nur drei Minuten für seine Entscheidung. Er verurteilt Jan A. wegen Widerstandes, Beleidigung und Körperverletzung zu 90 Tagessätzen zu je 45 Euro Geldstrafe. (…)

Die Anwälte kündigen umgehend an, Berufung einzulegen. Sie haben gegen fünf Polizisten Anzeige erstattet. Doch die Staatsanwaltschaft hat alle Verfahren eingestellt. Ein Nachweis „strafbaren Verhaltens" sei nicht „mit der erforderlichen Sicherheit feststellbar", heißt es. Die Vorgehensweise der Polizisten sei „gerade noch verhältnismäßig".

(SZ 14.12.2009, Nr. 288 / S. 53)

„SEK stürmte seine Wohnung"

„Verschenken Sie niemals ein Handy mit aufladbarer Karte! Es könnte so böse enden wie für den Münchner Weinhändler Roland L. (59) (…)

Der Münchner Telekom-Kunde bekam acht Jahre später Besuch von der Polizei, weil seine alte Rufnummer für Morddrohungen mißbraucht worden war. Mit Blendgranaten und Maschinenpistolen stürmte ein Sondereinsatzkommando seine Wohnung.

„Es war nach 16 Uhr. Wir waren gerade mit dem Kaffeetrinken fertig. (…) Plötzlich ein Knall, ein Blitz. Sekunden später wurde ich gepackt, bäuchlings auf den Küchentisch geworfen und meine Hände auf den Rücken gefesselt."

Für den zuckerkranken Mann ist die Aufregung zuviel. Am Polizeiwagen bricht er zusammen. Bewacht von schwerbewaffneten Polizisten wird er in die Klinik „Dr. Müller" gebracht. Fünf Stunden später stehen zwei Kriminal-Polizisten an seinem Krankenbett:

„Wir wissen, daß Sie ein Verbrecher sind. Wir bringen Sie zur Strecke." Angeblich beweisen Anrufe über sein Handy, daß er in einen Mordplan verwickelt ist. Die überwachte Handy-Nummer gehört vermutlich zu einer aufladbaren Karte. Die hatte Roland L. zusammen mit einem Handy vor Jahren einem Bekannten geschenkt. „Ich habe die Nummer sogar bei der Telekom abgemeldet", sagt er. Das Dumme daran: Die Umleitung ist immer noch auf seine Festnetznummer programmiert. (…)

Die Bilanz vom „Zugriff": Ein Tag Klinik, Diagnose: „Thoraxschmerz und Kollaps bei irrtümlicher Polizeifestnahme". Über 1000 Euro Schaden an der Haustür (…) Schikanöse Verhöre. Die Polizei hat sich bis heute nicht entschuldigt."

(BILD München 6.3.2006)

„Los, den Hund ins Bad, sonst erschieß' ich ihn!"

„Wenn es nur die zerstörte Haustür wäre … Das Sondereinsatzkommando der Polizei hat bei seinem versehentlichen Überfall auf Familie S. (…) viel mehr zerstört. Den Glauben an die im Grundgesetz garantierte Unverletzlichkeit der Wohnung zum Beispiel. Bei den Kindern hinterließ die Attacke der schwer bewaffneten Beamten einen Schock.

Montagmorgen, 6 Uhr: Erich S. (…) „Kaum hatte ich das Licht angemacht, machte es einen Schepperer", so der gelernte Stahlbetonbauer zur tz. „Die haben mit einem Rammbock die Tür eingeschlagen." Die Eheleute wurden mit Maschinenpistolen bedroht und gefesselt. (tz berichtete: 30 Polizisten überfallen eine brave Familie!)

„Die waren sehr ruppig", erinnert sich Erich S. „Ich habe gefragt, was das soll, aber die haben nur gesagt, ich soll ruhig sein und mich nicht bewegen. Meiner Frau haben sie die ganze Zeit die Waffe auf den Rücken gesetzt."

Tochter Simone (15) wurde von einem Beamten angeschrieen. „Sperr den Hund ins Bad, sonst erschieß' ich ihn!" (…) Die zehn-

jährige Katharina begriff indessen nichts. Sie weinte, wollte zu ihren gefesselten Eltern, das wurde ihr verboten. (...) Der vierjährige Sohn Alexander ist schwer behindert. Zurzeit ist er im Krankenhaus. Sein Vater: „Ich danke Gott, dass er nicht da war."

Erich S. will jetzt Strafantrag stellen und hat den Münchner Rechtsanwalt Alexander Eberth eingeschaltet. „Mal sehen, was die uns als Entschuldigung liefern", so Eberth zur tz. „Der Einsatz erscheint mir unverhältnismäßig. Man kann nicht Eltern vor den Augen der Kinder fesseln, ohne zu sagen, was los ist. Nach diesem Einsatz muss jeder normale Bürger befürchten, dass er Früh um sechs von einem Rollkommando überfallen wird." (...)

„Uns tut die Sache Leid", sagt Polizeisprecher Wolfgang Wenger. „Aber wir fragen uns: Muss die Familie die Vorwürfe über die Medien abklären?"

(tz 10.3.2004)

Obwohl die zitierten Passagen für sich sprechen, sei auf zwei besondere Auffälligkeiten hingewiesen:

Im letzten Beispiel sorgt sich der Polizeisprecher, dass die Umtriebe der Polizeitrupps zu sehr in den Medien abgehandelt würden. Offenbar weiß die Polizei, dass sie eine öffentliche Kontrolle ihres Machtgebarens scheuen muss.

Im ersten Beispiel verweist Emil Pallay auf Gerichtsentscheidungen, denen zufolge in den letzten zehn Jahren kein Beamter seiner Truppe verurteilt worden sei.

In diesem Zeitraum aber fallen alle oben zitierten Fälle, einschließlich des gegenständlichen Münchner Polizei- und Politskandals. Offenbar hatte das Verhalten der Sondertruppen für keinen ihrer Beamten jemals juristische Folgen.

Dabei ist es wohl nicht abwegig, diese Folgenlosigkeit für bezeichnend zu halten:

Einem kritischen Betrachter drängt sich förmlich der Eindruck auf, dass Innen-, Justiz- und Polizeibehörden abgestimmt zusammenwirken. Hier gilt wohl auch:

„Eine Krähe hackt der anderen kein Auge aus."

Dass dies mehr als eine willkürliche Annahme ist, lässt sich letztendlich aus der Weiterentwicklung im ersten Beispielfall ablesen:

Ein Videobeweis verschwindet

Die Ermittlungen gegen Münchner USK-Polizisten, die angeblich auf Fans des TSV 1860 München eingeprügelt haben sollen, könnten womöglich ein drittes Mal aufgerollt werden. Nachdem die Staatsanwaltschaft das Ermittlungsverfahren bereits zweimal eingestellt hat, fordert nun die übergeordnete Generalstaatsanwaltschaft Nacharbeit. (…)

Die Münchner Polizei scheint jedoch nicht in der Lage zu sein, Schläger in den eigenen Reihen ausfindig zu machen. Das liegt einerseits daran, dass die USK-Beamten weder Namens- noch Nummernschilder haben, schwarz gekleidet sind und einen Helm mit heruntergeklapptem Visier tragen. Zum anderen schleppen sich die Ermittlungen seit zweieinhalb Jahren dahin (…) Auch im Video, das die USK-Beamten bei dem Einsatz gedreht haben, fehlen entscheidende Sequenzen. (…)

Und es gebe aus Sicht der Staatsanwaltschaft keine erfolgversprechenden Möglichkeiten, an ergänzendes Videomaterial zu gelangen. „Auch die Vernehmung einzelner Videobeamter erscheint nicht geeignet, eventuelle konkret zurechenbare Tatabläufe und konkrete Beamte zu individualisieren." (…)

Dass es die Polizei bislang nicht für nötig erachtet hat, die Beamten zu befragen, die am Ort des Geschehens gefilmt hatten, ist für den Anwalt Noli eine „Ungeheuerlichkeit". (…)

Was ist mit dem Originalfilmmaterial passiert? Warum wurde es geschnitten? Wo befinden sich die Originale zum Einsatz bei den Sechzigern? Und warum wurden die unvollständigen Beweismittel erst ein Jahr nach dem Einsatz an die ermittelnde Dienststelle überstellt? „Offenbar geht die Polizei mit Beweismitteln um, wie es

ihr gerade passt", kritisiert Noli. Erst wenn diese Fragen beantwor-
tet sind, wird die Generalstaatsanwaltschaft entscheiden, ob sie die
zweite Einstellung des Verfahrens billigt, oder ob die Ermittlungen
ein drittes Mal aufgerollt werden.

(SZ 14.5.2010, Nr. 109 / S. 41)

Die Schläger bleiben unerkannt
Generalstaatsanwalt stellt Verfahren gegen prügelnde USK-Polizisten ein
Anwalt der Opfer wirft Ermittlern grobe Fehler vor

Drei Jahre nach polizeilichen Übergriffen auf Münchner Fußball-
fans hat die Generalstaatsanwaltschaft das Ermittlungsverfahren
gegen die Beamten eingestellt. Es seien keine „zuordenbaren Schläge
festzustellen", heißt es. Innenminister Joachim Herrmann erklärte
im Landtag, er halte „die Verhältnismäßigkeit des Polizeieinsatzes
in seiner Gesamtheit als gewahrt". (…)

Es ist unstrittig, dass Fans beim Amateurderby TSV 1860
gegen FC Bayern am 9. Dezember 2007 von Beamten des Unter-
stützungskommandos (USK) ohne erkennbaren Grund geprügelt
wurden. Allein, man konnte die Schläger unter den Helmen nicht
identifizieren. Die Videos der Polizei sind an entscheidender Stelle
lückenhaft. (…)

„Laut Echtzeit (…) fehlen hier 62 Sekunden", sagt Noli. (…)

Interne Ermittler, die gegen ihre Kollegen ermitteln, konnten das
nicht klären. Weder wurden alle mit den Videos betrauten Beamten
vernommen noch die USK-Mitglieder, die als Angreifer in Frage
kommen."

(SZ 26./27.2.2011, Nr. 47 / S. R1)

Auf derselben Seite widmet die Süddeutsche Zeitung diesem
Skandal ihren Kommentar, der es verdient, hier zitiert zu werden:

So wird Vertrauen erschüttert
Von Peter Fahrenholz

Wer dieser Tage Bilder aus arabischen Ländern sieht, dem wird eine der größten Errungenschaften des demokratischen Rechtsstaates wieder bewusst: Dass die Polizei kein Machtinstrument in der Hand von Despoten ist, dazu da, um Angst und Schrecken in der Bevölkerung zu verbreiten und oppositionelle Regungen mit Gewalt zu unterdrücken. Sondern dass sie ein Ordnungsfaktor ist, der in der Bevölkerung breites Vertrauen genießt. Angesichts der deutschen Geschichte ist das ein besonderer Glücksfall.

Dieses Grundvertrauen ist allerdings keine Selbstverständlichkeit, es kann schnell erschüttert werden, wenn Polizeieinsätze erkennbar unverhältnismäßig oder brutal ablaufen. Und wenn dann auch noch von Seiten der Polizei alles getan wird, um den Vorfall zu verschleiern und die Bestrafung der schuldigen Beamten zu verhindern. So wie beim Einsatz von Polizisten eines Unterstützungskommandos (USK) bei einem Fußballspiel im Jahre 2007. Dass die Beamten damals mit großer Brutalität gegen Fans vorgegangen sind, ist durch zahlreiche Zeugenaussagen belegt. Doch die Polizei selber hat die Aufklärung nicht nur behindert, sie hat sie verweigert. Videobänder der USK waren entweder verschwunden, oder die entscheidenden Szenen fehlten. Die Sache ist ein Skandal.

Dabei ließe sich in solchen Fällen durchaus Abhilfe schaffen: Wenn die Polizisten identifizierbar wären. (…)

Bayern verweigert eine solche Kennzeichnung seit Jahren. Diese verstockte Haltung schadet der Polizei. Denn sie untergräbt das Grundvertrauen der Bürger. (…)

(SZ 26./27.2.2011, Nr. 47 / S. R1)

Es ließen sich weitere Beispiele anführen für einen Umgang von Polizei und Polizeisondereinheiten mit den Bürgern, der kaum mit den Grundsätzen eines demokratischen Rechtsstaats verträglich ist. „Rosenheim" soll hier nur stellvertretend als Stichwort erwähnt werden.

Nicht zu reden von den Fällen, die in den Medien verschwiegen werden.

5. Betroffenheit

(Autorenteam)

Die unverhältnismäßige Härte der Polizei, die in den vorstehenden Fällen einen gebührenden Widerhall in der Presse erfuhr, hat einen solchen im Falle der Zerschlagung der *Pädo-Selbsthilfe- und Emanzipationsgruppe München* leider nicht gefunden – im Gegenteil, wie die Schlagzeilen der damaligen Ereignisse belegen (vgl. Punkt 3.4). Vermutlich beurteilt die mediale Öffentlichkeit polizeiliche Übergriffe auf Fußballfans anders als solche, denen sogenannte Pädophile zum Opfer fallen. Deshalb sollen von dieser Zerschlagung Betroffene wenigstens hier Gelegenheit haben, ihr Erleben jener Polizeiaktionen zu schildern.

5.1 Die Abenteuer des Rentners A.

30. Oktober 2003, Zeit der 21-Uhr-Nachrichten. Rentner A., kein Besucher der *Pädo-Selbsthilfe- und Emanzipationsgruppe München*, liegt auf dem Diwan in der Wohnküche im Erdgeschoss seines Einfamilienhäuschens, sieht die Rundschau. Plötzlich hört er nachrichtenfremde Geräusche: ein Poltern und Klirren an der Haustüre. Er springt auf, durch die Diele in den Treppenbereich – da stürzt ihm krachend die Haustüre samt Rahmen entgegen. Durch einen seitlichen Sprung auf die Treppe kann er gerade noch ausweichen. Voll panischer Angst läuft er die Treppe hoch in den ersten Stock, wo sein Mieter Helmut, ebenfalls Rentner und kein Besucher der *Pädo-Selbsthilfe- und Emanzipationsgruppe München*, wohnt:

„Helmut, die Skinheads kommen und bringen uns um!"

Es sind mehrere Eindringlinge, dunkel gekleidete Männer, die ihm im Sturmschritt und mit gezogenen Waffen in den ersten Stock folgen. Dort wird er – wie auch Helmut, der eben aus seinem Zimmer tritt – von einem der vermeintlichen Skinheads zu

Boden gerissen und mit dem Gesicht auf den Teppich gedrückt. Seine Arme werden auf den Rücken gedreht und von jemandem, der sich mit ganzem Gewicht auf ihn kniet, an den Handgelenken fixiert. Erst jetzt, als er bäuchlings im Klammergriff der Gewaltanwender nach Luft ringt, beginnt er sich über deren Identität klar zu werden:

„Das ist ja die Polizei!", hört er Helmut neben sich raunen.

„Nicht reden!", werden die beiden angeherrscht.

Etwa zehn Minuten müssen sie in Bauchlage und regungslos verharren, bis man sie anweist aufzustehen. Jetzt hält man ihnen einen Durchsuchungsbefehl bezüglich des Mieters Helmut sowie einen Dienstausweis vor die Nase, während andere Beamte mit der Durchsuchung von Helmuts Zimmer beginnen. Einen Rechtsanwalt dürfen die beiden nicht kontaktieren.

A. wird nun von Helmut getrennt, ins Erdgeschoss bugsiert und in der Wohnküche auf dem Diwan platziert, wo er die nächsten Stunden bewacht sitzen wird und tatenlos mitansehen muss, wie die Beamten auch seine Wohnung auf den Kopf stellen, die der Durchsuchungsbefehl nicht umfasst. Begründung – auch hier wie bei allen Betroffenen: Verdacht auf *„Bildung krimineller Vereinigungen"*. Helmut wird er ab sofort für Monate nicht mehr sehen.

Inzwischen läuft, so erzählt später ein Nachbar, vor dem Haus das halbe Dorf zusammen. Den herausgerissenen Türrahmen sowie die beschädigte Haustüre lässt die Polizei von der freiwilligen Feuerwehr – das sind junge Burschen aus dem Dorf – provisorisch wiederherstellen. Das dadurch bei der Bevölkerung erregte Aufsehen erhält durch die nächtliche Stunde eine gespenstische Dimension.

Es ist etwa halb drei Uhr nachts am 31. Oktober, als A. in einem Mannschaftstransporter in das gut dreißig Kilometer entfernte Sittenkommissariat des Münchner Polizeipräsidiums in die Bayerstraße gefahren wird. Dort wird er vom Kriminalhauptkommissar F. zweimal vernommen; A. macht sein Recht auf Beiziehung eines Rechtsanwaltes geltend – umsonst.

Anschließend verfrachtet man ihn in eine Zelle der Polizei-Haftstation in der Ettstraße, wo er ohne Decken und Kissen mehrere Stunden verbleibt, bis man ihn am Morgen erkennungsdienstlich behandelt: Fotos auf einem fernbedienten Drehkarussell sitzend, Fingerabdrücke …

Am frühen Nachmittag des 31. Oktober wird A. schließlich ins Gerichtsgebäude an der Nymphenburger Straße verbracht und nach einer weiteren Stunde Wartezeit dem Ermittlungsrichter K. vorgeführt. Auch hier wird A.s Bitte um Rechtsbeistand ignoriert; seine Beschwerde wird nicht aufgenommen. Der Ermittlungsrichter eröffnet A. den Haftbefehl und verfügt dessen Einweisung in die JVA Nürnberg. Wegen seines Diabetes soll A. in die dortige Krankenabteilung kommen.

Wieder eine Stunde Warten, dann Transport nach Nürnberg, Ankunft bei Dunkelheit, und wieder eine Stunde Warten in einem Vorraum, bis er in einem Büro nach persönlichen Daten und krankheitsbezogenen Informationen befragt wird. Anschließend hat sich A. in einem Umkleideraum untersuchungsfertig zu machen. Auf dem Weg zum ärztlichen Diagnoseraum wirft der begleitende Uniformierte einen Blick auf den Haftbefehl, den er mit den Worten *„Du gehörst an deinen Eiern aufgehängt!"* kommentiert.

Bei der medizinischen Fachkraft hat A. die Gelegenheit, seine bisherige Medikation zu erklären. Nach entsprechender Untersuchung werden A. wegen seines Diabetes regelmäßige Spritzen und Tabletten verordnet.

Zwei bis drei Tage bleibt A. in einer Zugangszelle der Krankenabteilung der JVA Nürnberg, zusammen mit drei weiteren Gefangenen, darunter zwei jungen Drogenabhängigen. Die Toilette in der Zelle ist vom übrigen Raum nur durch einen Vorhang notdürftig abgetrennt. Durchs Radio hat man schon von der erfolgreichen Razzia gegen einen Münchner „Kinderschänder-Ring" gehört. Einer der Jugendlichen, ein Halbtürke, warnt A.:

„Hier sind viele Türken: Wenn die erfahren, dass du zu der Münchner Bande gehörst, bringen die dich um!"

Kurz vor der Verlegung in die eigentliche Haftzelle warnt eine Sozialhelferin A. davor, irgendeinem Mitgefangenen seinen Haftgrund preiszugeben. Zu seiner Sicherheit bietet sie ihm an, den Haftbefehl in Verwahrung zu nehmen, sodass ihn niemand lesen könne. Dankbar geht A. auf das Angebot ein.

Prompt wird er in der neuen Haftzelle von einem der drei neuen Zellengenossen gefragt, ob er einer von dem aufgeflogenen Kinderschänderring sei, von dem man groß in den Fernsehnachrichten berichtet habe. Tatsächlich fordert ein selbsternannter Zellenkapo die Herausgabe des Haftbefehls und droht:

„Wenn du einer von denen bist, kommst du hier nicht mehr lebend raus! Du wirst allein ins Bad gehen, und dort wird dir der Schädel eingeschlagen. Das machen Lebenslängliche, denen nichts Schlimmeres passieren kann als vielleicht zwei, drei Monate Bunker, und das macht denen nichts aus!"

Jeden Tag schickt nun dieser sadistische Zellenkapo den verschüchterten A. einmal zum Duschen ins Bad – zu einer Zeit, zu der er dort alleine ist, weil die anderen „Umschluss" haben. A. hat nicht die Kraft zum Ungehorsam; er folgt und empfindet diese Duschgänge als tägliche Scheinhinrichtung. Dass sich die Drohung des Kapos als gegenstandslos erweist, nützt A. im aktuellen Erleben nichts.

Nach sieben Tagen traumatisierender U-Haft in Nürnberg wird A. von den Kriminalbeamten F. und C. zwei Stunden lang vernommen. Eine Stunde später wird A. in eine andere Zelle gebracht. Dort erfährt er nach drei weiteren Stunden, dass er entlassen werden soll. Von einem Wachtmeister wird er zur „Kammer" geführt, wo er seine persönlichen Gegenstände entgegennehmen und sich umziehen darf. Ohne weitere Hinweise wird A. in Nürnberg auf die Straße entlassen. Am Abend ist er schließlich irgendwie wieder daheim.

Er findet sein Haus geschändet: hinter der provisorisch befestigten Türe erwarten ihn verwüstete Zimmer, beschädigte Möbel und Eiseskälte bei einem offen stehenden Fenster und gleichzeitig aufgedrehter Heizung. Die gesamte Bettwäsche hat die Polizei zur „Spurensicherung" und DNA-Analyse mitgenommen. A. ist so angeschlagen, dass er in der Folgezeit alleine nicht die Kraft findet, die Ordnung in seinem Lebensbereich wiederherzustellen. Dabei kann ihm Helmut erst nach drei Monaten helfen, als auch er aus der U-Haft zurückkehrt.

Sieben Monate später wird das Verfahren gegen ihn und Helmut wegen erwiesener Unschuld eingestellt. Für das erlittene Unrecht wird er eine Haftentschädigung von 11,- Euro/Tag bekommen.

Erst im Februar 2004 stehen die beschlagnahmten Stücke zur Abholung im Polizeipräsidium, Filiale Bayerstraße, bereit. A. fährt im Auto zusammen mit Helmut dorthin, findet aber vor dem Gebäude nur auf einer Parkfläche für Einsatzfahrzeuge einen freien Platz.

Im Kommissariat weist er darauf hin, wird aber beruhigt: *„Das geht schon in Ordnung."*

Nachdem nun A. sein und Helmuts Eigentum stückweise vom vierten Stock zum Auto geschleppt, und Helmut für jedes Asservat eine Rückgabebestätigung unterschrieben hat, werden die beiden überraschenderweise – erneut unter Verweigerung der Beiziehung eines Rechtsanwaltes – wieder zwei Stunden lang von den Beamten F. und C. vernommen [sic!], bevor sie gehen dürfen.

Unter dem Scheibenwischer klemmt ein Strafzettel: Mehrere Monate wird A. in der Folgezeit mit anwaltlicher Unterstützung auf eigene Kosten darum kämpfen müssen, dieses fremdverschuldete Verwarnungsgeld abzuwehren.

Als wäre dies alles nicht genug, wird A. nach seiner Rückkehr vom U-Haft-Aufenthalt, der auch großen Widerhall in der örtlichen Presse ausgelöst hat, in seinem Dorf angefeindet:

er findet nicht nur den Familien-Grabstein auf dem Friedhof umgestürzt: auf seinem täglichen Spaziergang im Dorf wird er von Jugendlichen durch sexuelle Posen und Gesten belästigt und provoziert.

All diese Strapazen traumatisieren A. nicht nur psychisch – auch seine Gesundheit leidet erheblich. Sein Blutzuckerwert sinkt kaum mehr unter 280 mg/dl (normal ist ca. 110 mg/dl), was die Herzkranzgefäße verstopfen lässt. Die Herzbeschwerden verschlimmern sich derart, dass A. Mitte Juni 2004 in eine Münchner Klinik für Kardiologie eingeliefert wird. Eine Herzkatheterbehandlung ist aber nicht mehr ausreichend: Im Klinikum Großhadern muss ein Bypass gelegt werden. Der erfolgreichen Operation folgen einige Tage künstliches Koma und eine weitere Woche Intensivstation.

Der vordem – und auch weiterhin – vollkommen unbescholtene Bürger A. kommt in der Ermittlungsakte des gesamten Verfahrenskomplexes überhaupt nicht vor; gegen ihn hat es nie irgendeinen Tatverdacht gegeben.

Es handelte sich, so schreibt sein Anwalt, um eine *„willkürliche Verfolgung eines Unschuldigen in Kenntnis der Willkür"*.

Aber so kann es einem Bürger des Freistaates Bayern ergehen, wenn gegen seinen Mieter ein rechtswidriger Haftbefehl vollzogen wird.

Dass er sich – wie auch die anderen unschuldig Verfolgten – durch das nachträgliche Hervorzaubern und sofortige „Sperren" einer Vertrauensperson von der Obrigkeit noch zusätzlich verhöhnen lassen muss, zeigt die Selbstherrlichkeit der bayerischen Staatsgewalt. Offenbar kann sie – wie vorzeiten die Inquisition der katholischen Kirche – aufgrund von Geheimentscheiden und mithilfe phantomhafter Dunkelzeugen unkontrolliert und ohne Rücksicht auf die Würde des Menschen agieren.

Für einen Betroffenen können solche Aktionen, wenn sein Gesundheitszustand – etwa wie bei A. durch Diabetes – angeschlagen ist, lebensbedrohlich sein.

Für Ermittlungsrichter K. allerdings war die Aktion karriere-
fördernd: Er stieg danach zum Richter am Landgericht München auf. Auch für die unmittelbar beteiligte Staatsanwältin, Frau
v. H., hat es sich gelohnt: Sie wurde bald danach Richterin am
Amtsgericht München.

Die damals politisch verantwortliche Justizministerin war als
solche bis 2013 im Amt, bevor sie Europaministerin wurde.

Und der damals politisch verantwortliche bayerische Innenminister wurde Ministerpräsident des Freistaats … allerdings
nicht für lange.

5.2 „Es war unglaublich" – B. erzählt (Interview-Auszug)

Der folgende Text stellt die auszugsweise Abschrift eines Interviews dar, das im Auftrag des Hrsg. mit Herrn B. geführt wurde.
Um die Lebendigkeit der Erzählweise zu erhalten, wurde der
Wortlaut nur geringfügig verändert. Daraus erklären sich die
subjektive Schilderung und der umgangssprachliche Stil sowie
auch gelegentliche Sprünge in der Gedankenführung und Wie-
derholungen im Text.

**Überfall – Durchsuchung – Vernehmung – Vernehmung des
Jungen – Verteidigung – Erkennungsdienst, Polizeigewahr-
sam, Haftbefehl – Untersuchungshaft – Offener Umgang
mit der Beschuldigung – Besuch der Rechtsanwältin – Erste
Haftprüfung – Besuch der Tochter – Zweite Haftprüfung und
Entlassung – Wieder zu Hause – Strafbefehl – Bewährungszeit**

Überfall

Es war unglaublich. Die Tür ist mit einem Rammbock aufgebrochen worden, ohne zu klingeln. Ein Knall, und die Tür
flog auf, und da stand einer mit einem Maschinengewehr in der
Wohnung.

„Telefonieren aufhören!" – „Kein Wort mehr!"

Und wie später ich von den anderen gehört habe, wurde auch dort nicht geklingelt. Da wurden stabile Haustüren durchbrochen und teilweise mit dem ganzen Rahmen rausgerissen. Da habe ich noch Glück gehabt: Meine Tür hat eine Delle, ist aber im Prinzip heil geblieben. Die Schließleiste musste wieder angeschraubt werden, und das hat die Polizei sogar noch selber gemacht, da hatte ich keine Kosten. Bei allem Scheiß, der passiert ist, habe ich noch Glück gehabt. Aber immerhin: Seitdem und auch heute noch, sieben Jahre danach, fährt mir der Schreck durch alle Glieder, wenn irgendwo eine Türe knallt.

Es war so etwa acht Uhr abends. Der Kurt war gerade bei mir. Auch er hat erst überhaupt nicht kapiert, was hier passiert. Er war hier am Tisch gesessen, und ich auf dem Bett und habe telefoniert. Und da fliegt die Tür auf, und da stand auch schon die ganze Truppe herin, mit Maschinengewehr und Kamera mit hellem Licht. Die haben uns sofort aus dem Zimmer rausgeschickt, Kurt in die Küche, mich ins Bad – ich war nur leicht bekleidet, wie ich normalerweise in der Wohnung bin, wo geheizt ist. Da war zu sehen, dass ich keine Waffe hatte. Trotzdem haben sie mich aufgefordert, im Bad mich ganz nackt auszuziehen – und haben dann hier jede Ecke gefilmt. Die Videokamera sieht selber aus wie ein Maschinengewehr.

Diesen Beschluss, den sie mir unter die Nase gehalten haben, den habe ich erst mal überhaupt nicht kapiert – in dem Beamtendeutsch. Ich habe nur gesehen: „kriminelle Vereinigung" – da konnte doch nicht ich gemeint sein!?

In dem Moment kann man gar nichts machen. Wenn ich den Mund aufmache und ein falsches Wort sage, dann bin ich am Ende wegen Beleidigung dran. Ich wollte ja auch alles vermeiden, was irgendwie meine Lage verschlimmern könnte. In einem Protokoll steht auch irgendwo drin, dass ich mich „kooperativ" verhalten hätte.

Bei der Durchsuchung fragten sie mich, ob ich möchte, dass jemand aus dem Haus anwesend sein soll. Mein Gott, *der* Vorwurf – wenn die mitkriegen, was da abgeht …

„Nein!"

„… ja haben Sie irgendwelche Bekanntschaften, die kommen könnten?"

Nun habe ich das Glück, dass meine Tochter und mein Schwiegersohn ganz in der Nähe wohnen. Da durfte ich anrufen, und mein Schwiegersohn war sofort bereit zu kommen. Er hat auch den Beschluss durchgelesen und war bei der eigentlichen Hausdurchsuchung die ganze Zeit dabei.

Der Kurt, der Junge, ist als erster abgeführt worden. Da kam so eine Beamtin mit einem eigenen Auto. Er ist in die Dienststelle gefahren worden, in die Bayerstraße, in die „Sitte", das Sittendezernat. Dass sie den Kurt verhört haben, das konnte ich mir damals nur denken; ich war ja nicht dabei.

Durchsuchung

Also, ich weiß nur, dass ich in dem Moment telefoniert habe, mit dem Lorenz, und vorher auch mit anderen aus der Gruppe. Die haben mir mitgeteilt, dass im STERN in dieser Artikelserie was Verleumderisches über die Gruppe stand. Und erst später habe ich das in Zusammenhang gebracht, dass die Polizei unbedingt noch am selben Tag, als der STERN erschien, eingreifen wollte. Damit man sie nicht für untätig halten konnte, und dass sie sofort Tatsachen schaffen wollten nach dem Motto: „Um diese Gruppe haben wir uns schon gekümmert."

Ja, alles, was da gelaufen ist, führt mich eindeutig zu dem Schluss: Mit der Aktion sollte die Gruppe zerstört werden. Denn so, wie die Gruppe in dem Artikel dargestellt wurde, konnte man nur das Schlimmste vermuten – das wurde uns ja auch vorgeworfen: „kriminelle Vereinigung" – dass wir untereinander Knaben austauschen und besorgen, und dergleichen. Vollkommener Schwachsinn!

Mit Ausnahme von dem Anruf bei meinem Schwiegersohn war natürlich nichts mit telefonieren. Die hatten mir sofort den Hörer aus der Hand genommen und aufgelegt. Da klingelte es wieder neu: Der Lorenz, wie ich später rauskriegte, hat sich gewundert, dass das Gespräch unterbrochen war, und hat wieder neu angerufen. Die haben mich nicht abnehmen lassen, sind auch nicht selbst rangegangen. Sie haben es einfach klingeln lassen und haben dann das Rädchen ganz auf leise gedreht, aber so heftig, dass es kaputtgegangen ist. Als ich nach meiner Haftzeit wieder nach Hause kam, musste ich das Telefon auseinanderschrauben, um das Klingeln wieder lauter zu stellen.

Was sie gesucht haben? Computer habe ich nicht, das sieht man ja. CDs, wo Pornos drauf sind, haben sie gesucht. Erst wollten sie auch die Sisaltapete von der Wand runterreißen, weil sie vermutet haben, dahinter sind CDs versteckt. Irgendwie hat es dann mein Schwiegersohn doch geschafft, die Beamten davon zu überzeugen, was für ein sinnloser Vandalismus das wäre.

Die CDs, die ich hatte, alles Musik-CDs – *Simon und Garfunkel*, Fahrtenlieder und so was –, die haben sie alle „sichergestellt" und mitgenommen, mit dem Verdacht, dass da was Verbotenes drauf gespeichert ist. Später kriegte ich die wieder zurück.

Sie haben auch Bücher mitgenommen. Weil in dem Buch von Michael Ende als Lesezeichen ein Bild von einem nackten Jüngling steckte, haben sie das ganze Buch beschlagnahmt. Das war kein pornografisches Bild, sondern ein FKK-Foto.

Ich habe gefragt: „*Wieso nehmen Sie das Buch mit?*"

Antwort: „*Das überlassen Sie mal uns!*"

Dann habe ich das Zwischenfragen möglichst gelassen und das Ganze mehr oder weniger schweigend über mich ergehen lassen. Ich habe überhaupt nicht gewusst, dass einem normalen Bürger so was passieren kann – es war wirklich wie bei der RAF. Man hat ja im Fernsehen mitgekriegt, wie sie damals gegen die RAF vorgegangen sind, und daran hat es mich erinnert. Die hielten mich wohl für etwas sehr Gefährliches …

Mir war ziemlich bald klar: Da ist ein Kommando am Werk, gegen die kann ich gar nichts ausrichten. Es bestand aus fünf bis acht Leuten, es können auch mehr gewesen sein, mindestens auch zwei Frauen. Und dann war eine Zeitlang auch noch die Frau da, die den Kurt abgeholt hat. Ich habe gefragt: *„Wer ist denn hier der Verantwortliche der Aktion?"*

Erst wollte sich keiner als verantwortlich zu erkennen geben.

Dann stellte sich eine der Frauen vor: *„Ich bin die Staatsanwältin."*

Eigentlich muss sie die Verantwortliche gewesen sein. Bloß – ich kannte mich nicht aus und konnte das nicht so deuten in dem Moment. Ich dachte immer, da gibt's irgendeinen Teamchef.

Draußen im Flur habe ich so eine Kiste stehen, mit Gerümpel drin, was sich so ansammelt, Decken zum Beispiel. Und da hat eine der Frauen drin rumgewühlt und hat sich dann abfällig darüber geäußert, in was für Gerümpel sie rumwühlen muss. Das habe ich mitgekriegt und habe gesagt:

„Hören Sie mal, ich hab' Sie nicht eingeladen, in meinen Sachen rumzustöbern, also unterlassen Sie bitte diese Kritik!"

Das war eines der ganz wenigen Male, wo ich mich eingemischt habe.

Unter dem Bett, in einer Kiste, da hatte ich Dias, von denen ich keine Ahnung mehr hatte, aus Thailand. Und da waren auch Bilder dabei mit nackten Jungs, die sie mir dann als „Besitz von kinderpornografischem Material" auslegten.

Aber sie haben auch andere mitgenommen, alles, was sie an Bildern gefunden haben, auch Bilder aus ganz alten Zeiten, aus Griechenland, alle meine Urlaubsbilder, wo ich noch ein Junge war. Sie haben Bilder mitgenommen von einem Freund von mir: Wir waren in Griechenland, und da war eine Bucht, wo man nackt baden konnte, und der war zum damaligen Zeitpunkt schon vierundzwanzig Jahre alt. Das hat der Richter später als *„Knabe"* interpretiert; das wurde mir dann als *„Kinderpornografie"* ausgelegt.

Trotzdem, ich habe gemerkt, es hat keinen Zweck, dagegen anzugehen, weil eben doch so zwei, drei Bilder dabei waren, wo ein nackter Junge mit Ständer darauf war, allein auf dem Bild. Und das waren dann die Dias aus den achtziger Jahren, die sie gefunden haben, und das war's dann: „Besitz von Kinderpornografie".

Bei der Durchsuchung haben sie alles Mögliche eingepackt, das Bild da zum Beispiel, von dem Di Caprio, wo man nur den nackten Oberkörper sieht. Die sexualkundlichen Bücher haben sie natürlich auch alle mitgenommen – also Brongersma und *„Pädophilie heute"* – da ist ein nackter Junge abgebildet. Das haben sie dann aber gar nicht beanstandet … da wäre ich dann auch sicher dagegen vorgegangen, denn das war und ist ja ganz legal in den Buchhandlungen. Also von mir sind in den Asservaten nur diese beanstandeten Nacktbilder von Knaben, und von dem vierundzwanzigjährigen jungen Mann auch. Da könnten sie sich heute noch damit blamieren. Diese Bilder waren der Grund für das, zu was ich nachher mit Strafbefehl verurteilt worden bin: Vier Monate Gefängnis, ausgesetzt auf zwei Jahre Bewährung, dafür, dass ich die „Straftat" beging, die Bilder zu haben.

Mehrere Umzugskartons voll Sachen haben sie ,sichergestellt'. Die haben mein ganzes Bettzeug mitgenommen, auch den Inhalt vom Papierkorb neben dem Bett. Da habe ich meine Schnäuztücher dringehabt, die haben sie auch mitgenommen, wegen Spermaspuren wahrscheinlich.

Danach war bei mir natürlich ein chaotisches Durcheinander. Die Wohnung war auf den Kopf gestellt: Sie haben alles auf einen Berg gestapelt, auf das ausgezogene Bett, den ausgezogenen Sessel. Es rutschte dann auch einiges auf den Boden, aber sie haben nicht alles nur auf den Boden geschmissen, wie es bei anderen passiert ist.

Vernehmung

Nach meiner vagen Erinnerung haben die mich so gegen elf Uhr abends aus der Wohnung rausgeführt – nicht gefesselt. Von der Staatsanwältin bin ich auch gefragt worden, ob ich dringend täglich Medikamente benötige. Da habe ich noch nicht richtig geschaltet, dass das eigentlich Haft bedeutet – damals habe ich das sogar als fürsorglich empfunden. Die Plastiktüte mit den Medikamenten habe ich dann die ganze Zeit mit mir rumgeschleppt: in die Bayerstraße, in die Ettstraße ins Polizeipräsidium, bis ich nach Garmisch verlegt wurde.

Also: gegen elf ging's aus der Wohnung. Und dann im Konvoi – es waren ja mehrere Autos – zur Bayerstraße. Ich habe schon irgendwie gemerkt: wenn die mich jetzt mitnehmen, dann dauert das wohl etwas länger. Dass sie aber die gefundenen Bilder als Berechtigung betrachten, mich einzukasteln in Untersuchungshaft, so weit habe ich damals noch gar nicht gedacht, das habe ich nicht für möglich gehalten. Ich fragte, ob ich danach heute wieder zurückkomme in meine Wohnung – da haben sie irgendeine ausweichende Antwort gegeben, haben weder *ja* noch *nein* gesagt.

Also: In der Bayerstraße bin ich raufgeführt worden zur vierten Etage, und habe ewig warten müssen, sodass ich froh war, als schließlich jemand kam und mit mir redete. Erst mal wurden persönliche Daten aufgenommen. Und zwischen den Zeilen fragten sie dann auch versteckt nach anderen Leuten. Das war so um Mitternacht. Und dann wollten sie was über die Gruppe wissen. Ich sagte im Wesentlichen nur:

„Mit dem Vorwurf ‚kriminelle Vereinigung' kann ich überhaupt nichts anfangen – ich weiß überhaupt nicht, was ich mir darunter vorstellen soll – soweit ich ihn verstehe, ist er absolut absurd."

Ich wusste überhaupt nicht: Was geht hier wirklich ab? Was soll das Ganze? Und dann habe ich denen gesagt, von woher ich im Besitz der Bilder bin, und dass das mit der Gruppe gar nichts zu tun hat.

Ich schätze, die Vernehmung hat so bis zwei Uhr morgens gedauert. Das weiß ich aber nicht mehr genau. Es war auf jeden Fall bis tief in die Nacht. Es kann sogar sein, dass es bis morgens um fünf oder sechs Uhr dauerte.

Vernehmung des Jungen

Ich muss noch erzählen, wie der Kurt ausgequetscht worden ist. Durch diese Polizeiaktion ist unser Kontakt besser, intensiver geworden: Dadurch hatten wir ein gemeinsames Erlebnis. Und er hat mir ganz stolz von der Vernehmung erzählt, dass er sich gewehrt hat. Er hat was zu trinken verlangt. Da haben sie ihm ein Glas Wasser gebracht. Sagt er:

„Nee, nee, das trink' ich nicht. Da können Sie mir ja Gottweiß-was reingetan haben. Ich will sehen, dass Sie das aus der Flasche schütten oder aus dem Wasserhahn zapfen."

Da wir auch nie was miteinender hatten, war ich, als ich dann in U-Haft war, ziemlich sicher, dass er nichts erzählen *kann*, weil es da nichts zu erzählen gab. Und so war's dann auch. Die haben ihm arg zugesetzt. Sie haben laufend behauptet, er lügt. Er hat sich dann mal ein bisschen in Widersprüche verstrickt, wie oft er im Allgäu bei seiner Mutter ist, und wie oft er hier in München ist, vier Mal oder fünf Mal? Und dann hat die Polizei versucht, ihn damit in die Enge zu treiben:

„Wir glauben dir überhaupt nichts, was du erzählst; jetzt erzähl mal, was wirklich ist!"

Die wollten mir unbedingt was anhängen. Da finden sie einen Jungen bei mir in der Wohnung – mein Gott! Irgendwie fand ich's auch ganz lustig, dass ich unter den ganzen Leuten, die sie an die Angel gekriegt haben, der einzige war, der einen Knaben in der Wohnung hatte. Aber erst einmal hatte ich mit ihm nichts, und zweitens hat er das bei der Polizei bestätigt.

Verteidigung

Schon bei der Hausdurchsuchung habe ich meinen Schwiegersohn beauftragt, den Rechtsanwalt T. anzurufen. Und da ich ja nicht wieder zurückgekommen bin und mich eben bei meiner Tochter und meinem Schwiegersohn auch nicht mehr gemeldet habe, wussten sie's, dass ich verhaftet worden war.

Zu dem Rechtsanwalt T. hatte ich überhaupt keine persönliche Beziehung. Und außerdem hatte der T. einen anderen aus der Gruppe als Mandant. Deshalb konnte er mich sowieso nicht übernehmen. Also hat er mir jemand anders vermittelt, eine Rechtsanwältin, die dann auch mit mir Kontakt aufgenommen hat. Ich kannte sie vorher überhaupt nicht.

Aber sie hat dann gut mit meiner Tochter zusammengearbeitet. Sie wollte zwischendurch immer mal wieder Geld haben, und hat mit meiner Tochter übers Honorar verhandelt – irgendwie so 8000,- Euro, ich weiß es nicht mehr genau. Ja, so viel hat mich der kleine Kladderadatsch gekostet. Da kam ja alles zusammen, über 500,- Euro nur für Kopien! Die Rechtsanwältin ist ja auch mit dem Auto nach Garmisch gefahren, mehr als einmal auf jeden Fall.

Ich hatte ja kein Geld, ich hatte noch nicht mal Rente, ich hatte auch keine Rücklagen. Meine Tochter hat das Geld vorgeschossen.

Ich wusste ja nicht, dass der Vorwurf „kriminelle Vereinigung" sofort wieder sang- und klanglos fallengelassen worden war. Davon habe ich erst Monate später erfahren, nachdem ich draußen war.

Meine Anwältin hat immer versucht, so weit wie möglich mit der Staatsanwältin zu kooperieren. Ich weiß heute nicht, ob das ein Vorteil oder ein Nachteil war. Damals fand ich, sie hat's irgendwie ganz gut gekonnt: Dass meine Sache abgekoppelt worden ist, und dass es nicht so dramatisch gelaufen ist, mit einem Dutzend Leute gemeinsam auf der Anklagebank ... das habe ich damals jedenfalls als Vorteil gesehen.

Und ich fand das auch klüger, zu kooperieren. Sonst wird das ein endloser Kampf.

Auch das mit dieser Entschädigung für die zu Unrecht erlittene U-Haft – Der erste Gedanke ist: Warum soll man denen das schenken? Da bin ich's dann aber noch mal gedanklich durchgegangen und hab's auf mich bezogen, auf meine finanziellen Möglichkeiten, als quasi-schon-Rentner. Und tatsächlich komme ich mit der Rente, die ich kriege, sowieso kaum über die Runden … Das bisschen, was ich hatte, wäre dabei draufgegangen. Da kriege ich zwar einen Pflichtanwalt gestellt, und die werden doch vom Staat bezahlt. Aber dann hast du noch einen Prozess, und noch einen Prozess, und musst noch mal Kopien bezahlen, und noch mal Kopien bezahlen; dann kommen sie mit neuen Vorwürfen, die ich wieder entkräften muss – das halte ich auch nervlich gar nicht durch! Und das nur, um eventuelle 1000,- Euro zu bekommen, die bei den Prozessen sowieso draufgehen.

Sie machen dich fertig. Sie machen dich fix und fertig. Die Staatsanwaltschaft geht noch mal in Berufung, wenn's für dich günstig ausgeht. Die Staatsanwaltschaft und die Richter – da soll mir keiner erzählen, dass die nicht zusammenarbeiten. Die Staatsanwälte wollen auch Karriere machen, und als Richter werden sie besser bezahlt. Ich hatte ja schon erfahren, wie Pädoprozesse ablaufen, und habe gesehen, was das bei anderen für Aufwand und Mühsal war, sich zu wehren. Ich wusste doch, wie das läuft. Und da werde ich doch nicht, um vielleicht ein paar Euro rauszuholen, mich zusätzlich in die Mühlen der Justiz begeben.

Erkennungsdienst, Polizeigewahrsam, Haftbefehl

Nach der Vernehmung haben sie mich in die Ettstraße gefahren, in Polizeigewahrsam. Erst der Erkennungsdienst, und dann bin ich in eine Zelle gebracht worden – an der Hand vom Polizisten, nicht mit Handschellen.

Natürlich rumort es im Kopf. Aber ich wusste: Das bringt dich nicht um. Jetzt haben sie dich einfach am Wickel, und jetzt musst du nur sehen, dass du so gut wie möglich da durchkommst. Und das hat mir geholfen.

Einen anderen hat es ja fast umgebracht. Der war vollkommen überrascht – der war nur noch total entsetzt. Das blieb mir erspart, weil – ich sag's ehrlich – weil ich's schon mal erlebt hatte.

Ich wusste jetzt, wie die Regeln im Knast sind. Ich wusste, im Knast musst du für alles einen Antrag schreiben. Und du musst dich kümmern, kümmern, Beschwerden, Beschwerden … Wer sich selbst nicht kümmert und beschwert, ist der letzte Arsch. Mit dem machen sie, was sie wollen. Die machen sowieso mit einem, was sie wollen. Aber du kannst das Schlimmste verhindern.

Ich war so etwa zwei Tage in der Ettstraße in einer Einzelzelle. Mir war das auch lieber, auch wenn ich gern jemand zum Quatschen habe, aber es gab nichts zum Quatschen. Es ist eine Ausnahme, dass man im Knast irgendjemand trifft, mit dem man freundschaftliche Kontakte haben kann.

In der Zelle hatte ich meine Wasserzapfstelle und meine Toilette – alles aus Chromstahl. Und alles *in* der Zelle, da gab's nichts abzutrennen: Ich war froh, dass ich meine Ruhe hatte.

Da war eine ganz nette Beamtin, die kam dann in meine Zelle und sagte: *„Ich habe hier ein Fax von Ihrer Rechtsanwältin."*

Sie könne sich anbieten als Rechtsanwältin, schrieb sie. Und da war auch noch ein gefaxtes Schreiben dabei, wo ich bloß noch meine Unterschrift draufsetzen müsste, sonst könne sie als Rechtsanwältin für mich nicht tätig werden. Diese Vollmacht hat die Beamtin dann sofort zur Rechtsanwältin gefaxt. Dazu kam dann eine Bestätigung, und so hatte ich von dem Moment an eine Rechtsanwältin. Sie würde mich so bald wie möglich besuchen, stand in der Bestätigung.

Ob es in der Ettstraße war, oder in der Nymphenburger Straße, im Strafgericht, weiß ich nicht mehr. Es war jedenfalls ein Gerichtssaal. Auf der einen Seite saß der Richter, auf der anderen Seite ich. Und er schob mir quasi nur ein rotes Schreiben rüber: den Haftbefehl. Auf rotem Papier. Den habe ich überflogen und stellte fest: Da steht so gut wie nichts anderes drin als in dem Beschluss zur Hausdurchsuchung. Ich konnte damit genauso wenig anfangen wie vorher auch. Mein Haftbefehl hatte praktisch den gleichen Text wie bei allen anderen Betroffenen, das habe ich später erfahren.

Ich bin auch nicht so ein emotionaler Typ wie ein anderer, der das zerrissen und dem Richter die Fetzen rübergeschoben hat. Dem haben sie dann ein Doppel des Haftbefehls in den Knast reingeschickt, per Einschreiben. Bringt doch nichts.

Dass der Haftbefehl von der Staatsanwältin geschrieben war und nicht vom Richter, auch dass die „kriminelle Vereinigung" nur vorgeschoben war, dass der Haftbefehl sogar *„von Anfang an rechtswidrig"* war, wie nach Jahren in einem Parallelfall gerichtlich festgestellt wurde – da habe ich damals noch nicht durchgeblickt. Überall, wo sie einen Computer gefunden haben: Untersuchungshaft. Bei mir haben sie keinen Computer, dafür Bilder entdeckt: Untersuchungshaft.

Untersuchungshaft

Mit Haftbefehl hat mich also der Ermittlungsrichter K. vom Polizeigewahrsam in der Ettstraße direkt in den Garmischer Knast, in U-Haft, gesteckt. Ich war entsetzt, und auch darüber, dass ich so weit weg sollte.

Ich kann mich an keine Handschellen erinnern. Vielleicht hat das damit zu tun, dass ich „kooperativ" war. Dadurch, dass ich schon ein gebranntes Kind war, konnte ich mich rational verhalten.

Als ich in den Kleinbus eingestiegen bin, der mich nach Garmisch-Partenkirchen brachte, da haben sie auch eingehend gefragt, ob ich irgendwie krank wäre oder ins Krankenhaus müsste. Und auch in Garmisch haben sie mich gleich gefragt, ob ich überhaupt haftfähig bin. Und ich sollte ja nicht versuchen, mir den Puls zu öffnen, nur ja keinen Terror machen …

Medikamente: da wirst du informiert: *„Am Mittwoch ist Arzttermin."* Du kriegst ja erst mal die Eingangsuntersuchung. Und du kriegst eine Kundenkarte für den Arzt, eine rote Karte, wo du dann immer ein paar Tage vorher schon beantragen musst, ob du am nächsten Stichtag beim Arzt erscheinen willst oder nicht. Und auf der Karte wird auch vermerkt, wenn dir ein Medikament ausgeht, oder wenn du Beschwerden hast: da musst du dich melden. Ich hatte jedenfalls keine großen Schwierigkeiten, mich den dortigen Regeln zu unterwerfen.

Als ich in den Knast rein bin, haben sie mich in ein leer stehendes Zimmerchen mit Tisch und Stuhl und einem Doppelstockbett reingesetzt – ein Holzbett, kein Metallbett! Und da waren teilweise gekachelte Wände, das sah da richtig human aus. Und aus dem Fenster konnte man normal rausgucken. Und ich durfte sogar rauchen – sie haben mir einen Aschenbecher hingestellt. Und da war auch eine zugehörige Toilette. Ich habe einen Beamten gefragt: *„Sind die Zellen hier alle so schön?"*

Da guckt er ganz verlegen – die Frage hatte er noch nie gehört: *„Mm, mm …"*

Tatsächlich waren in den anderen Zellen, wohin ich danach kam, auch Holzbetten, aber sechs Betten in einer Zelle. Und dann verlegen sie öfters mal. Ich war nie allein in der Zelle. Wenigstens waren überall die Toiletten mit einer Wand abgeteilt, und mit einer Türe. Ansonsten die üblichen Schwierigkeiten, bis du erst mal mit den Leuten halbwegs warm wirst.

Schikaniert haben sie mich in Garmisch nicht, aber es war schon schwierig mit dem Personal. Also da gab's „Wachteln", die waren ganz lieb – und dann gab's auch einen „Kasernenhofspieß". Der hat morgens um vier Uhr die Zelle aufgerissen, Licht gemacht und sich drüber beschwert, wie es hier stinkt:

„Fenster auf! Aufstehen! – Was? Immer noch im Schlafanzug? Sofort anziehen!"

Ich habe mich übrigens beschwert, schriftlich. Nicht über diesen Wachtel, sondern über diesen Knacki, der mich damals am Anfang durch die Zellentüre beschimpft hat. Daraufhin habe ich dann einen Zettel geschrieben.

„Ich bitte um ein Gespräch mit dem Anstaltsleiter."

Da kriegte ich keine Absage – ich kriegte überhaupt nichts. Es gab kein Gespräch mit dem Anstaltsleiter, außer am Tag der Einweisung – da hat jeder ein Gespräch mit ihm. Damals hatte er gesagt:

„Wenn Sie irgendein Problem haben, teilen Sie mir das mit, und wir gucken, ob wir das regeln können."

Aber das fiel unter den Tisch; die Beschwerde konnte ich gar nicht vorbringen.

Offener Umgang mit der Beschuldigung

Wie Polizei und Justiz von mir gedacht haben, das haben die Schlagzeilen in der Zeitung ja wiedergegeben: *„Pornoboss"* oder *„Bub aus dem Bett gerettet"* – solche hirnrissigen Sachen. Die kriegte ich dann in der U-Haft zuerst natürlich nicht mit, bloß die Fernsehberichterstattung, die natürlich alle gesehen haben. Und schon *die* war ja vollkommen daneben, hatte mit der Realität überhaupt nichts zu tun. Das wusste *ich*, aber das wussten die anderen nicht, die mit in der Zelle waren. Zuerst habe ich meinen Haftbefehl im Spind versteckt, aber, mein Gott, man weiß doch, wie's kommen kann, und sie kriegen den in die Finger.

Die hatten mich natürlich gefragt, warum ich hier bin. Erst habe ich gesagt, ich möchte da nicht drüber reden. Aber ich habe mich verplappert, dass ich aus München komme. Und dann fragten sich die Leute, wieso der in Garmisch ist, wenn er aus München kommt, und haben erraten, dass ich bloß was mit der Polizeiaktion zu tun haben konnte. Und da war ich nur noch der „Kinderschänder". *„Pornoboss"* war der Ausdruck in der Abendzeitung.

Wir waren anfangs vier in der Zelle. Als wir nur noch drei waren, habe ich die Flucht nach vorne angetreten und den Haftbefehl hergezeigt. Ja, da haben sie gemerkt, was da für ein Unsinn drinsteht. Das hat sie zuerst beeindruckt, dass ich so offen war.

Trotzdem haben sie dann doch ihre Spielchen mit mir gespielt. Die fühlten sich eben doch als was Besseres: Sie hatten ja nur mit Rauschgift zu tun gehabt oder Betrugsschulden gemacht, und das ist ja alles nicht so schlimm. „Kinderschänder" und Mörder, das wird im Knast in einen Topf geschmissen. Und besonders, wenn du das erste bist, stehst du auf der untersten Stufe.

Da habe ich zum Beispiel von Leuten aus der Gruppe gehört, die in der Dusche zusammengeschlagen wurden. Ich weiß, dass solche Sachen passieren. Da fällst du auf einmal die Treppe runter, weil dir jemand ein Bein gestellt hat. Das sind dann alles „Unfälle", und so was wird auch kaum aufgeklärt und verfolgt im Knast – die Verantwortlichen wollen vor allem ihre Ruhe haben. Mir war von Anfang an klar: Wenn ich von den Leuten in der Zelle schlecht behandelt werde, habe ich kaum eine Chance, dass sich ein Wachtel drum kümmert.

Die beiden anderen in der Zelle haben eben versucht, mich übers Fernsehprogramm zu ärgern: Sie haben sich zusammengetan und einfach das Programm geguckt, was sie gucken wollten. Ich hatte ja vorgeschlagen: Beim Nachmittagsprogramm möchte ich mitentscheiden, damit wir uns einigen, was da so läuft. Und abends können die dann gucken, was sie wollen. Aber sie wollten überhaupt keinen Kompromiss. Sie wollten mir zeigen: Du hast gar keine Stimme.

Besuch der Rechtsanwältin
Als die Rechtsanwältin gewusst hat, dass ich in Garmisch war, tauchte sie dann ziemlich bald überraschend auf.

Da geht die Klappe an der Türe auf und der Wachtel ruft: *„Besuch von der Rechtsanwältin!"*

Da haben sie einen separaten Raum, wo man sich an einen Tisch setzen und reden kann. Da waren dann keine Beamten dabei. Sie hat einfach mit mir geredet, um so rauszufiltern, wo wirklich was Strafbares zu erwarten ist, und was vollkommener Unsinn ist.

Sie war eine Softie-Anwältin. Ihre Linie war, die Sache unten zu lassen, ruhig, ruhig. Ich habe mich da drauf eingestellt.

Erste Haftprüfung
Zum ersten Haftprüfungstermin – nach vier bis sechs Wochen in Garmisch – wurde ich wieder mit dem Bully nach

München gefahren, in die Nymphenburger Straße. Da kam ich in so eine Wartezelle, die ist über und über beschmiert – sieht furchtbar aus. Und dann saß ich wieder mal, wie bei dem ersten Haftbefehl, dem Ermittlungsrichter K. gegenüber, und der sagte gar nichts: Der schob mir bloß einen neuen, roten Haftbefehl rüber. Und da stand so ziemlich dasselbe drin wie in dem ersten. Bloß, dass da, glaub' ich, noch aufgeführt war: *„… wegen Besitz von pornographischen Schriften"*. Das war in dem ersten Beschluss damals nicht drin. Und ich glaube, es war immer noch der Vorwurf der „kriminellen Vereinigung" drin, in dem zweiten Haftbefehl – das kann ich aber nicht beschwören.

Die Rechtsanwältin hatte mich vorher schon instruiert, dass ich von mir aus nicht das Wort ergreife: Das könnte den Richter verärgern. Ich sag' ja, sie hat den Fall „niedrig gehalten" und sich so verhalten und mich instruiert, dass kein Anlass zu besonders scharfem Verhalten war.

Da war dann der Haftprüfungstermin gelaufen, und es hat sich nichts geändert. Ich hatte bloß einen neuen Haftbefehl, wieder rot. Den habe ich dann in den Ordner getan, den ich mir zugelegt hatte.

Besuch der Tochter

Da fällt mir eine schlimme Geschichte ein.

„Wie ist das – ich möchte meinen Vater besuchen?", hat sich meine Tochter erkundigt.

„Ein Überwachungsbesuch – das geht in Ordnung."

Sie stellte sich das so vor, dass im Besuchsraum ja immer abgegrenzt und überwacht wird, also dass ein Beamter von Garmisch mit in dem Raum sitzt und aufpasst, dass da keine Sachen rübergereicht werden und so.

Da machte sie sich also zum ersten Mal auf den Weg zu mir. Man rief mich schon runter: *„Sie haben Besuch"* – ich habe mich riesig gefreut und komme unten an das Gitter gegenüber vom

Schalter. Und da sehe ich, wie meine Tochter vor dem Schalter steht und weint!

Ich hatte natürlich keine Ahnung, weshalb. Ich habe nur gerade wahrgenommen, dass sie da steht und weint und versucht, was zu erklären. Aber ich habe da noch gar nicht durchgeblickt, was schiefgelaufen ist. Da hat mich der Wachtel wieder in meine Zelle zurückgeführt. Der Besuch fiel flach.

Beim nächsten Besuch hat mir meine Tochter dann gesagt, warum das schiefging: Weil „Überwachung" heißt: Sie hätte sich vorher in München anmelden und mit der Bayerstraße absprechen müssen, wann sie zu mir kommen kann. Und dann setzen die zwei Überwachungsbeamte aus der Bayerstraße in Bewegung, die dann auch gleichzeitig mit ihr zur Besuchszeit in Garmisch sind. Meine Tochter hatte das missverstanden; die haben ihr das nicht erklärt, und so hatte sie hat ihren Besuch nur in Garmisch angemeldet!

Es war eine Schweinerei, meine Tochter so ins offene Messer laufen zu lassen. Die hatte sich einen Tag frei genommen und ist umsonst von München nach Garmisch gefahren – hat Benzin verfahren, Arbeitsstunden abgefeiert – und vollkommen umsonst, nur weil die es nicht für nötig befunden haben, sie darüber aufzuklären, was „Überwachungsbesuch" heißt.

Zweite Haftprüfung und Entlassung

Die Rechtsanwältin hat natürlich wieder einen Haftprüfungstermin beantragt. Als ich aber in Garmisch von dem neuen Haftprüfungstermin erfahren habe, da sagten die bloß, dass ich verschubt werde, nach München-Stadelheim ins Untersuchungsgefängnis. Also: Am Tag vor dem Termin haben sie mich mit meinem ganzen Gepäck nach Stadelheim gefahren.

Da kommst du erst mal in so einen Warteraum, wo ganz viele Knackis drin sind. Und schon da wird gefiltert: Die und die kommen mit mir – die und die werden aufgerufen. Die haben immer so einen ganzen Pulk in einen bestimmten Trakt auf die Zellen verteilt. Und irgendwann war ich dann auch dabei.

Ich hatte aber so viel Habe: einen Fernseher, Vorräte und so weiter – zwei Kartons und eine große Reisetasche. Ein junger Bursche hat mir dann geholfen, die Tasche zu tragen. Die Kartons haben wir geschoben, denn da gab's kein Wägelchen, es musste alles geschleppt werden, quer durch Stadelheim – das muss man sich mal vorstellen!

Die Zelle war spartanisch. Der Schrank hatte keine Rückwand: da hat man die Mauer gesehen. Als dann der Wachtel da war, war's auch mit dem Fernseher aus:

„Den geben Sie gleich mal her. Den dürfen Sie hier gar nicht benutzen."

Und auch abgesehen davon – für einen Fernseher wäre auch gar keine Möglichkeit gewesen, den irgendwo hinzustellen und anzuschließen.

In dieser Zelle, einer Einzelzelle, war ich nur eine Nacht. Das war am 3. Februar 2004.

Zum zweiten Haftprüfungstermin am nächsten Tag bin ich wieder in die Nymphenburger Straße, in diesen Gerichtssaal, gebracht worden.

Da war der Ermittlungsrichter K. vorne auf seinem Richtersitz, und ich saß auf der Anklagebank. Nur die Rechtsanwältin war dabei, wie beim ersten Termin. An einen Staatsanwalt kann ich mich nicht erinnern.

Der Richter hat mir nicht gesagt, dass ich entlassen werde, sondern nur:

„Ihnen wird zur Auflage gemacht, dass Sie sich zweimal die Woche bei einer der Polizeidienststellen melden müssen."

Und da wurde mir langsam klar: Das wird die Entlassung aus der U-Haft. Ja, ich kann raus.

Meine Anwältin hatte schon meine Tochter angerufen: Die stand draußen auf dem Flur. Ich bin dort auf meine Tochter gestoßen und – hab' geheult.

Wieder zu Hause

Dann hab' ich erst mal Luft geholt. Hab' die Wohnung wieder hergerichtet. Der Inhalt vom Schrank war noch heraußen. Ein bisschen hatten mein Schwiegersohn und meine Tochter schon aufgeräumt. Bloß: *meine* Ordnung – dass ich weiß, wo was ist – die war natürlich noch nicht hergestellt. Aber das hat mich im Moment nicht interessiert. Zuerst bin ich meine Post durchgegangen, die zuhause angekommen war.

Meine Habe, die ja noch in Stadelheim war, habe ich erst zwei, drei Tage später abgeholt. Die angebrochene „Bombe" Kaffee, Tabak, Zucker und Milch habe ich den Hausels geschenkt – denen steht das zu.

Die Nachbarn hier im Haus haben das alles gar nicht so mitgekriegt. Das hat mich eigentlich gewundert.

Es hätte ja auch ganz anders laufen können. Beim Albert – der war nur selten in der Gruppe – da hat die Hausverwaltung einen Aushang gemacht, hat die BILDzeitungsüberschrift mit dazugeklebt und hat das bekannt gemacht. Die haben es geschafft, ihn aus der Wohnung rauszuekeln. Der wohnt jetzt irgendwo anders. Vom Albert weiß ich definitiv, dass er deswegen seine Wohnung verloren hat.

Strafbefehl

Das Ganze endete juristisch mit einem Strafbefehl: Vier Monate auf Bewährung wegen der Thailand-Fotos. Und ich war nun ja schon drei Monate real gesessen.

Dagegen hätte ich Einspruch einlegen können, aber die Rechtsanwältin fand das nicht gut. Da war ich mit der Rechtsanwältin einig. Alle, die dagegen Einspruch erhoben haben, haben große Schwierigkeiten bekommen, sind teurer weggekommen. Ich habe einen minimalen Betrag an Gerichtskosten bezahlt. Das war lächerlich im Vergleich zu dem, was die Computerbesitzer indirekt an die mit der Computerdurchsuchung beauftragten Privatfirmen zahlen mussten.

Bewährungszeit

Und wirklich: die zwei Jahre Bewährung gehen rum wie gar nichts – ich hab' mir das im Kalender notiert – und dann hab' ich es ganz vergessen: Da war ich schon drei Monate über die zwei Jahre drüber weg, als mir erst wieder eingefallen ist nachzugucken.

Es hätte höchstens passieren können, ich fahre ein Kind zusammen. Das ist mir ja fast passiert: Mir ist ein Kind vors Auto gelaufen. Es ist nicht unters Auto gekommen, sondern ist einfach ein bisschen mit meinem Kühler zusammengestoßen, und das hat sie von den Rollerblades geschmissen aufs Straßenpflaster. Und davon kam die Platzwunde am Kopf. Ich hatte einen Zeugen, der vom Balkon zugeschaut hat. Der kam dann runter und hat der Polizei gesagt, dass ich ganz, ganz langsam aus der Hofeinfahrt gefahren bin.

Die kamen natürlich mit einem Krankenwagen. Und die Polizei hat das Ganze selbstverständlich aufgenommen. Aber die Polizisten waren alle sehr nett zu mir und haben auch geglaubt, dass ich ganz langsam gefahren bin …

Ich habe mir auf jeden Fall die Adresse und Telefonnummer von der Familie, wo das Kind dazugehört, geben lassen, und habe dann später auch angerufen und mich erkundigt.

Aber einige Zeit hatte ich das Zittern in den Knien! Was hätte passieren können! Wenn dem Kind ernsthaft was passiert wäre, dann wäre meine Bewährung gekippt – es war ja noch in der Bewährungszeit.

Aber weil das ja nur vier Monate waren, wäre auch das keine Katastrophe gewesen. Eher die Vorwürfe, die ich mir gemacht hätte, wenn durch mich ein Kind zu Schaden gekommen wäre.

5.3 Staatlicher Kinderschutz am Beispiel C.: (Vernehmung eines „Opfers")

„Polizei befreit Bub aus Schlafzimmer des Porno-Bosses Kinderschänder in München: Neue Enthüllungen"
(AZ, 4. Nov. 2003)

Schwelgerisch feiert die *Münchner Abendzeitung* die Befreiung eines kindlichen Opfers aus der Gewalt eines „Pornobosses", mit dem der in Punkt 5.2 erzählende Betroffene (B.) gemeint ist.

Wie der Polizei die „Rettung der Kinderseele" gelang, wird im Folgenden anhand des kriminalpolizeilichen Protokolls der Zeugenvernehmung des 14-jährigen „Opfers" Kurt vom 30.10.2003 schwerpunktmäßig nachgezeichnet.

Rückschlüsse auf den herrschenden Ton sind aus der Dauer und dem Duktus der Vernehmung möglich.

Die Vernehmung **des Minderjährigen** dauert zwei Stunden (21.50–**23.50 Uhr!**), mit einer 12-minütigen Unterbrechung (22.48–23 Uhr).

Angesichts der langen Dauer der Vernehmung ist davon auszugehen, dass ihre Inhalte zwar summarisch korrekt wiedergegeben sind, dass jedoch nicht jede tatsächlich gestellte Frage einzeln protokolliert wurde.

Das Scheidungskind Kurt ist ein polizeilich unbescholtener Jugendlicher.

Dass Kurt in den aktuellen Herbstferien B. besuchen und bei ihm übernachten darf, ist mit seiner Mutter abgesprochen.

In der Vernehmung bestreitet Kurt eine etwaige sexuelle Beziehung mit B. konstant, trotz der Versuche der Polizei, ihn als unglaubwürdig zu „entlarven".

Zunächst gibt Kurt an, dass er zwar gerne bei B. übernachtet hätte, es aber ausgemacht sei, dass er bei seiner Tante nächtigen solle.

Außerdem berichtet er zunächst von nur einem Besuch bei B. seit langer Zeit. Im Verlauf der Vernehmung korrigiert er die Besuchszahl auf bis zu fünf.

Weshalb Kurt hier eine zunächst unrichtige Angabe macht, ist wohl auf die Ausnahmesituation der Vernehmung zurückzuführen.

Jedenfalls dienen diese sich schrittweise ändernden Angaben den vernehmenden Polizeikräften als Anlass, Kurt mehrfach der *„Lüge"* zu bezichtigen und ihn aufzufordern, endlich die Wahrheit, insbesondere auch über die ihm vorgehaltene sexuelle Beziehung zu B., zu sagen. An insgesamt sechs Stellen der Vernehmung – gegen Ende immer gehäufter – wird Kurt durch ausdrückliches Nachhaken oder durch Vorwürfe zum Gestehen einer solchen Beziehungsqualität gedrängt:

Erster Versuch der Gefügigmachung:
Frage: Hat dir Herr B. schon öfter Geld geschenkt?
Antw.: Nein, um Gottes Willen, geschenkt hat er mir nichts.
Frage: Oder dich bezahlt?
Antw.: Nein.
Frage: Du fragst gar nicht, für was er dich bezahlt haben sollte?
Antw.: Er hat mich nicht bezahlt. Ich weiß nicht was Sie darunter
verstehen.
Frage: Hat er dich für sexuelle Dienste schon bezahlt?
Antw.: Nein, um Gottes Willen, das hat er nie. Das ist ausgeschlossen,
ich bin nicht schwul. Das würde ich nie machen, das ist tabu.
Vorhalt: Das soll ich dir glauben?
Antw.: Das müssen Sie mir glauben, weil es die Wahrheit ist.

Zweiter Versuch der Gefügigmachung
(nach einem Anruf bei Kurts Mutter):
Vorhalt: Kurt, du hast gelogen. *Deine Mutter hat mir jetzt*
gesagt, dass du bei Herrn B. übernachten kannst mit ihrer
Einwilligung, dies wäre so abgesprochen gewesen. Jetzt sage
endlich die Wahrheit, auch über Euere sexuelle Beziehung.

Antw.: Ja, es stimmt schon, dass ich bei Herrn B. nächtigen wollte. Ich bin aber nicht schwul (…)

Dritter Versuch der Gefügigmachung:
Vorhalt: Woher weiß Herr B., wie lang dein Penis ist?
Antw.: Ich hatte mit Herrn B. noch nie sexuellen Kontakt in keiner Art.

Vierter Versuch der Gefügigmachung:
Vorhalt: Kurt, du kannst ruhig zugeben, *wenn du sexuelle Handlungen mit Herrn B. hattest, dir passiert nichts.*
Antw.: Nein, ich hatte bisher noch keine sexuelle Beziehung zu Herrn B. Keinen Geschlechtsverkehr oder andere sexuelle Handlungen. Dies werde ich auch bei Gericht so sagen. Ich bin mir der Konsequenzen bewusst. Ich würde nicht für andere Leute lügen, auch nicht für Herrn B.
Frage: Wenn wir Beweise haben, dass du hier die Unwahrheit sprichst, kann dies für dich strafrechtliche Folgen haben. Du bist 14 Jahre alt.
Antw.: Das weiß ich.

Fünfter Versuch der Gefügigmachung:
Frage: **Wie soll ich das verstehen, dass Herr B. heute sagte, dass ihr gerade „bei der Sache seid"?**
Antw.: Das ist eine Lüge, das ist nicht wahr. Das bestreite ich vehement. Ich hatte mit ihm nichts und möchte mit ihm auch nichts haben.

Sechster Versuch der Gefügigmachung:
„(…) Ende 2002 (…) Seitdem habe ich ihn 6 oder 7 Mal in seiner Wohnung besucht. Alleine waren es 4–5 Mal. Genächtigt habe ich dort noch nie. Erstmals war ich in der ersten Sommerferienwoche …
Vorhalt: Lügst du nicht etwas?
Antw.: Nein stimmt, der erste Kontakt war in den Frühlingsferien, dann in der ersten Sommerferienwoche und dann ging es so weiter.

Vorhalt: Kurt, ich kann dir vorrechnen, dass du schon wieder lügst. 4-5 Mal kann ich aus deinen Angaben nicht erkennen. Du sagtest vorher in der ersten Ferienwoche im Sommer, hattest du ihn letztmals gesehen und wolltest ihn heute nach langer Zeit wieder einmal sehen. Nun musst du zugeben, dass du ihn zwischenzeitlich mehrmals getroffen hast. Es ist offensichtlich, dass du lügst und auch über die sexuellen Handlungen dir kein Glauben geschenkt werden kann. Du wurdest auf die Folgen einer falschen Aussage hingewiesen. Möchtest du jetzt noch etwas berichtigen?
Antw.: Nein, ich bleibe bei meiner Aussage.
Vernehmungsende: 23.50 Uhr (…)

Nachtrag:

Ich habe jetzt alles durchgelesen. Es stimmt so. Mir ist nur noch eingefallen, dass ich in der letzten Sommerferienwoche noch zwei Mal bei Herrn B. gewesen bin. Das ist alles.

Zusammenfassender Kommentar:

Das jeder Vernehmungstaktik innewohnende Insistieren ist vorliegend von einem nicht gerade rücksichtsvollen oder „opfer"schonenden, geschweige denn kindgerechten Umgang, sondern vielmehr von der Absicht geprägt, den nach der vorgefassten Meinung des vernehmenden Beamten „Leugnenden" zu zermürben:

Zwar beginnt die Vernehmung mit einem relativ zarten Hinweis, dass man dem „Opfer"-zeugen nicht glaube, wenn er sexuelle Kontakte mit Herrn B. abstreite. Bemerkenswert aber ist, wie dem Jungen die Idee nahegebracht wird, dass man sich schon in seinem Alter für sexuelle Dienste bezahlen lassen könnte.

Im Kontrast dazu wird Kurt im zweiten Versuch knallhart der *„Lüge"* bezichtigt. Die verstörende Wirkung eines solchen Vorwurfs ist gewollt.

Der dritte und fünfte Versuch reihen sich in die Kategorie der Fangfragen ein. Kurt soll in Verlegenheit gebracht werden und sich verheddern – nach dem Schema: wir wissen alles; B. hat uns längst alles gestanden; nur du weigerst dich noch die Wahrheit zu sagen.

Der vierte Versuch ist wieder ein Anlauf zunächst im Guten, dann mit der Drohung strafrechtlicher Konsequenzen bei weiterem „Lügen".

Der sechste, ein verzweifelter letzter Versuch – nach dem Scheitern der Vernehmungsabsicht wird die Vernehmung abgebrochen –, ist wohl der massivste, und – versetzt man sich in die Situation eines wahrhaftig antwortenden Verhörten – unverschämteste Versuch. In ihm werden alle vernehmungstaktischen Beeinflussungsmittel (Verstörung und Druck durch Zermürbung, Vorwürfe und Drohungen) kumulativ angewendet, um dem Jungen endlich das erwünschte Eingeständnis sexueller Kontakte mit Herrn B. abzuringen.

Für die Vernehmung eines Beschuldigten mögen solche Verhörmethoden angebracht sein. Für ein mutmaßliches Opfer, noch dazu einen 14-jährigen Jungen, nicht.

Die Medien, die Kurts „Befreiung aus B.s Schlafzimmer durch die Polizei" feierten, sollten sich überlegen, ob eine solche Art von behördlichem „Kinderschutz" nicht eher eine Anprangerung als eine Huldigung verdiente.

5.4 Gelähmt in Untersuchungshaft: D. erzählt

Der zum Zeitpunkt der Razzia schon einige Jahre umfänglich gelähmte, bald sechzigjährige Herr D. war beim Schlag gegen die *Pädo-Selbsthilfe- und Emanzipationsgruppe München* für die Ermittlungsbehörden die nahezu wichtigste Figur als deren „Gönner und Finanzier", obwohl er nichts mit dieser Gruppe zu tun hatte, noch nicht einmal von deren Existenz wusste.

Überfall und Festnahme – Holzpritsche im Polizeipräsidium – Gefesselt in die JVA Stadelheim – Krankenhaus Harlaching: als Gelähmter ans Bett gefesselt – In einer Seniorenresidenz: Bewachung rund um die Uhr – Zurück in die JVA auf ein Spezialbett – Entlassung nach längstmöglicher U-Haft-Dauer

Überfall und Festnahme

Also: bei mir wurde genauso wie bei allen anderen von dieser Durchsuchungsanordnung vom 30.11.2003 Betroffenen um 20.30 Uhr eingebrochen.

Ich saß in meinem Rollstuhl am Tisch, als ich einen ungewöhnlichen Radau draußen im Stockwerkflur vor meiner Wohnungstüre wahrnahm. Ich rollte dann in die Diele, um nachzuschauen; da kam mir auch schon die Wohnungstüre mit lautem Krachen entgegen. Die Türe wurde mit einem Rammbock mit einem Hieb aus den Angeln gebrochen. Ein Kommando fiel buchstäblich mitsamt der Türe über mich drüber, weil da in meinem schmalen Wohnungsflur mit kaum mehr als Rollstuhlbreite praktisch kein Platz zum Ausweichen war. Eine surreale Szene! Ich fand mich unter einem überwältigenden, nie gesehenen Gemenge von martialisch gekleideten Personen mit Visierhelmen, Kampfuniformen, Knüppeln und Schusswaffen im Anschlag, geblendet von grellen, auf mich gerichteten Helmscheinwerfern, in meinem halb umgekippten Rollstuhl eingequetscht – er war nur wegen der Enge des Raumes nicht vollends umgefallen –, dazu Lärm und Brüllen: wie in einem Actionfilm.

Im ersten Schreck des Augenblicks konnte ich die Eindringlinge gar nicht als Polizei erkennen. Ein Mann mit Videokamera ließ mich für den Bruchteil einer Sekunde an ein irreales Filmset denken – ich hab' so etwas noch nie gehört oder gesehen, geschweige denn miterlebt. Das Einbruchkommando hatte ja weder geklingelt noch sich irgendwie bemerkbar gemacht … Dass es ein Sondereinsatzkommando der Polizei war, macht die Sache nicht besser – im Gegenteil.

Man bugsierte mich in das Zimmer zurück. Erstaunlicherweise wurde ich bei all dem Getümmel – abgesehen von blauen Flecken – kaum verletzt.

Dann durchwühlten die Beamten stundenlang die gesamte Wohnung, während ich, zu reglosem Verharren verdonnert, dem fortgesetzten Vandalismus beiwohnen musste – immerhin nun nicht mehr unmittelbar körperlich gefährdet. Daß aber durch die vorangegangene Einbruchaktion offenbar auch das Risiko größerer Verletzungen wie Knochenbrüche, die bei einem umfänglich Gelähmten immer ein hohes Gesundheitsrisiko darstellen, einfach in Kauf genommen wurde, lässt daran zweifeln, ob sich die Polizei zur Verhältnismäßigkeit ihrer Einsatzmethoden wirklich irgendeinen Gedanken machte. Hat man überhaupt in Betracht gezogen, daß es sich in diesem Fall bei der Zielperson um einen gelähmten Menschen im Rollstuhl handelte?

Ebenso wenig hatte die Behörde daran gedacht, was in der Folgezeit mit der Wohnung passierte, die durch die Zerstörung der Wohnungstüre mindestens zwei Monate nicht versperrt war, sondern offen angelehnt am Rahmen stand.

Auch ich selbst wusste in den folgenden Monaten nicht, was aus meiner aufgerammten Wohnung geworden war, da mir ab Beginn der Polizeiaktion jeglicher Kontakt nach außen verboten war, außer zu meinem Anwalt und später zu einem Verwandten. Erst sehr viel später, im Januar, ist einer meiner Bekannten auf die Idee gekommen, bei mir einmal in der Wohnung nachzusehen – und traute seinen Augen nicht: da war die beschädigte Türe einfach an den Rahmen gelehnt. Ich kann es ja bis heute kaum glauben, daß in all der Zeit keine Sachen aus der Wohnung verschwunden sind. Ich hatte unwahrscheinliches Glück. Die Türe hat dieser Bekannte provisorisch befestigen lassen, und ich habe sie dann erst nach dem Ende der Untersuchungshaft richten lassen können – zwar mit verstärkten Schließblechen und Türangeln –, aber wenn die jetzt drei Rammböcke darauf ansetzten …?

Dabei hatten sie nicht nur in dieser Wohnung, wo ich mich aufhielt, den Eingang zertrümmert, sondern zeitgleich auch in einer weiteren Wohnung von mir in der Nähe von München. Auch dort wurde alles rücksichtslos aufgerammt, von der Garage über die Treppenhaustüre bis zur Wohnungstüre. Wenigstens beauftragte dort das Einbruchskommando eine Firma, für einen sichereren provisorischen Verschluß zu sorgen.

Auf die Unversehrtheit von Eigentum achtete man hier wie dort nicht: überall wurde ein Saustall hinterlassen, wie ich beim ersten Besichtigen nach dem Vorgefallenen deprimiert feststellte. Schränke waren sinnlos aufgebrochen worden, obwohl die Schrankschlüssel offen daneben lagen; Bücher und anderes Inventar wurden genauso auf dem Boden verstreut wie Tausende handschriftlicher, ungebundener Papierseiten. Bis heute – noch Jahre nach den Verwüstungen – konnten diese Seiten nicht wieder geordnet werden.

Beschlagnahmte Musik-CDs, Akten, Bücher usw. wurden später angeblich zur Registrierung mit Filzschreibern beschmiert, obwohl klar ersichtlich war, daß sie mit dem Durchsuchungsgrund mit Sicherheit nichts zu tun hatten; jedenfalls waren diese Schmierereien bis heute nicht mehr zu entfernen. Das Ganze grenzt an Vandalismus. Zur Verantwortung jedenfalls ist dafür keiner zu ziehen, und an Schadenersatz nicht im Traum zu denken.

Es war Mitternacht vorbei, etwa um ein Uhr früh, und meine Wohnung war von der Badewannenverkleidung bis zum Gefrierfach komplett auf den Kopf gestellt, als mir schließlich eröffnet wurde, daß ich vorläufig festgenommen sei. Immerhin, ich konnte mich nach Abschluß der Durchsuchung wenigstens wieder rühren, nachdem ich zuvor mehrere Stunden lang ohne jede Entlastung und Stellungswechsel wie eine Statue im Rollstuhl sitzen musste.

„Wenn möglich, nach Mitternacht festnehmen" stand in der Dienstanweisung für die Einsatztrupps der Polizei, wie ich spä-

ter nachlesen konnte. Mit diesem Trick hatte die Polizei volle vierundzwanzig Stunden Polizeigewahrsam ohne richterlichen Haftbefehl gewonnen.

Holzpritsche im Polizeipräsidium

Der anschließende Versuch einer Vernehmung im Sittendezernat in der Münchner Bayerstraße schlug fehl, weil ich durch die Ereignisse der letzten Stunden überstrapaziert war. Ich wollte nur meine Ruhe haben, ganz abgesehen davon, dass ich ohne Anwalt nichts mehr auszusagen bereit war. Und so brachte man mich gegen 2 Uhr morgens von der Bayerstraße ins Polizeipräsidium in der Ettstraße.

Das war also äußerst kurios, diese erste Nacht im Polizeigewahrsam: Eine Einzelzelle im fahl-dämmrigen Licht einer Sparbeleuchtung, ohne Einrichtung, lediglich ausgestattet mit einer Holzpritsche, auf der eine Filzdecke statt einer Matratze lag. Für mich: – aus dem Rollstuhl transferieren, sauber katheterisieren etc. – alles undurchführbar.

Dort wurden mir also für die Nachtruhe nur völlig unzureichende, um nicht zu sagen gesundheitsgefährdende Bedingungen geboten. Deshalb musste ich die ganze restliche Nacht, bis in der Frühe der Betrieb losging, sitzend im Rollstuhl verbringen. An ein Überwechseln auf die Holzpritsche war wegen der dann bestehenden Gefahr der Bildung von Druckstellen nicht zu denken. Mit dem Nachtdienst des Polizeigewahrsams war jede problemlösende Diskussion sinnlos: Wieso sollte etwas, das es bisher hier nie gab, nun plötzlich ein Problem sein? Wenigstens hatte ich, alleine in der Zelle, meine Ruhe vor anderen Leuten im Polizeigewahrsam.

Am frühen Vormittag des 31. Oktober konnte ich schließlich einen Rechtsanwalt organisieren und gegen Mittag ein erstes Gespräch mit ihm führen, in dem natürlich die Honorarfrage zunächst das Wichtigste war. Dabei sicherte mir dieser Rechtsanwalt fest zu, beim Haftprüfungstermin zugegen zu sein.

Allerdings ging dies dann daneben, weil er derart über meinen jeweiligen Verwahrungsort im Unklaren gelassen wurde, dass er mich trotz telefonischer Nachfragen nicht ausfindig machen konnte: War ich noch in der Ettstraße, oder im Amtsgericht in der Nymphenburgerstraße? Wie ich später aus den Protokollen erfuhr, erging es anderen Beschuldigten ebenso – ein Hinweis auf eine gezielte Taktik der Staatsanwaltschaft und des verantwortlichen Ermittlungsrichters?

Denn es galt, an einem einzigen Tag eine Vielzahl von Haftprüfungsterminen durchzuführen, und zwar direkt vor dem verlängerten Wochenende mit dem zusätzlichem Feiertag zu Allerheiligen ... auch eine Maßnahme zur Vermeidung drohender Überstunden?

Da also mein Rechtsanwalt trotz intensiver Bemühungen wegen der Irreführung mich nicht finden konnte, wurde ich dann, etwa um 17.30 Uhr, ohne rechtsanwaltlichen Beistand einem Haftprüfungstermin unterzogen. Trotz meines nachdrücklichen Hinweises, dass ich auf den rechtlich verbrieften Beistand meines Rechtsanwalts bestände, ohne den ich auch keine Aussage machen wollte, nahm man darauf keine Rücksicht. Ermittlungsrichter K. – der später auch in meinem Hauptverfahren der Vorsitzende Richter des Amtsgerichts war – überrollte mich wie eine personifizierte Schicksalswoge: Er sei ja schließlich nicht dazu da, um nach meinem Rechtsanwalt zu suchen. Damit war die Sache per Dictum für ihn erledigt. Feiertagsstimmung? – aber nicht bei mir.

Wie später aus den Akten zu ersehen, lassen die von Ermittlungsrichter K. auf Antrag der Staatsanwaltschaft unterzeichneten Beschlüsse zu polizeilichen Überwachungen, Hausdurchsuchungen und zur Untersuchungshaft einiger Betroffener nur die folgenden drei Vermutungen zu:

- Er hat die Sachlage nur oberflächlich geprüft, zumindest aber nicht entsprechend den gesetzlichen Vorgaben, nämlich alles,

was zu Gunsten eines Beschuldigten spricht, ebenso zu berücksichtigen wie das, was ihm möglicherweise zur Last zu legen ist.
- Er wurde durch die Auswahl der ihm von der Staatsanwaltschaft übermittelten Informationen in einer Weise getäuscht, dass er wahre Sachverhalte nicht erkennen konnte.
- Er gab den Anträgen der Staatsanwaltschaft in vorsätzlicher Weise ungeprüft statt.

Ich habe später in mehreren von mir verfassten Anzeigen mit deutlichen Anmerkungen dazu an die Staatsanwaltschaft München I diese These ungeschminkt eingebracht und interessanterweise nie eine Reaktion dazu bekommen.

In einem späteren Folgeverfahren gegen einen Beschuldigten wurde der genannte Richter als Zeuge zu diesem Sachverhalt geladen. Auf entsprechende Fragen eines Prozessbeteiligten mußte er zugeben, daß er so manche damals von der Staatsanwaltschaft vorgelegten Beschlussanträge unterzeichnet hatte, ohne sie gelesen zu haben. Wenn dies stimmt, stellt sich die Frage, welchen Sinn in Gerichtsverfahren dann die Rolle eines Ermittlungsrichters noch hat.

Wie ich zwei Monate nach dem Haftprüfungstermin aus der mir zeitweilig gewährten Akteneinsicht erfahren habe, gab es zwischen meinem Rechtsanwalt und der Staatsanwaltschaft bzw. dem Ermittlungsrichter eine geharnischte Auseinandersetzung zu den Vorgängen um den Ablauf meines Haftprüfungstermines, die ich zwangsläufig ohne Beistand meines Rechtsanwalts hinter mich bringen musste. Der eine drohte, daß er deswegen bis vors Bundesverfassungsgericht ginge, und betete aus Kommentaren zur Strafprozessordnung vor. Auf die entsprechenden Verteidigerschriftsätze reagierte der andere, der Richter, mit einer Antwort aus bevorrateten Textbausteinen. Als Höhepunkt behauptete er, ich hätte ja gar nicht auf der Anwesenheit meines Rechtsanwaltes bestanden. Und damit war das Thema gegessen. So galt auch hier, was immer in solchen Fällen der

Waffenungleichheit gilt: Das juristische Geplänkel, hin oder her, ist noch nicht einmal das Papier wert, worauf es steht, geschweige die Portokosten. Ergebnis: null!

Gefesselt in die JVA Stadelheim

Nach dem ersten Haftprüfungstermin am 31.10.2003 wurde ich dann gegen 18.30 Uhr an den Händen gefesselt und im Rollstuhl sitzend nach Stadelheim ins Untersuchungsgefängnis gefahren: eine nicht nur schikanöse, da schmerzhafte, sondern auch gefährliche Transportweise für einen Hochgelähmten, vor allem in den Kurven. Denn ich konnte mich noch nicht einmal mit den Händen seitlich abstützen oder festhalten.

In Stadelheim wurde ich zunächst in der anwesenden Ärzteschaft durchgereicht. Der allmächtige Chefarzt Dr. F. hat mir zum Schluß gleich genüsslich zu verstehen gegeben: Wenn ich nicht spurte, oder wenn ich über die Haftbedingungen in Stadelheim zu meckern anfinge, dann würde ich in das einzige Bundesjustizkrankenhaus irgendwo im Sauerland verlegt, wo weder mein Anwalt noch meine Verwandtschaft so ohne Weiteres hinkommen könnten.

Diese Drohung empfand ich als Nötigung, als hinzunehmende Demütigung, gewollt oder ungewollt.

Bei den wenigen späteren Zusammentreffen mit ihm gewann ich die gefestigte Erkenntnis, daß er zu vielen medizinischen Problemen aus einer Querschnittlähmung reichlich wenig Ahnung und Wissen vorwies.

Die medizinische Aufnahme verlief vermutlich wie bei allen anderen Untersuchungshäftlingen. Bezüglich der besonderen Erfordernisse bei Lähmungen hatten auch die mir zugewiesenen Ärzte offenbar weder theoretische noch praktische Erfahrung. Dies betraf selbstverständlich auch die Verordnung von Medikamenten und Hilfsmitteln. Ich hatte den Eindruck, ihnen alles von Adam und Eva an erklären zu müssen. Was war das für ein Kampf, bis ich endlich durchgesetzt hatte, wieder meine gewohnten, für mich wichtigen Medikamente zu bekommen!

Und so war es absehbar, wie es weiterging: Schon beim ersten Verlegen in eine Gemeinschaftszelle in der Abteilung für Untersuchungshäftlinge mit mindestens acht Personen tauchten die nächsten größeren Probleme auf. Das klapprige Bettgestell war ungeeignet für einen selbständigen Transfer aus dem Rollstuhl und zurück. Dies geriet zu einem einzigen Fiasko, vor allem, weil kein Wachmann auch nur einen Finger krümmte, um zu helfen, sondern Mitgefangene alle möglichen und unmöglichen Hilfestellungen zu leisten hatten. Ob diese damit umgehen, das bewältigen konnten, spielte offenbar keine Rolle.

Auch die durchgelegene, verbrauchte Matratze erwies sich als Druckstellen produzierende Katastrophe. Nicht minder das Nachtkästchen mit dem ausklappbaren Tisch – vorher vielleicht ausgemustert in einem Krankenhaus, das am nächsten Morgen wegen fehlender Verschraubungen und Baufälligkeit mitsamt dem Frühstückskaffee in mein Bett kippte – zum Vergnügen einiger Mitgefangener und zum Ärger anderer, die aufräumen mussten.

Der Clou jedoch war, dass in dieser Zelle das Licht um zehn Uhr abends ausging und – wie vermutlich schon immer – bis zum Wecken ausgeschaltet bleiben sollte. Um vier Uhr früh aber stand dringend an, mich zu katheterisieren – ohne Licht im Blindflug undurchführbar. So blieb mir nichts anderes übrig, als zum großen Mißfallen meiner Mitgefangenen Radau zu schlagen:

„Ich brauche Licht – ich kann nicht im Finstern blind ... ich muß ja irgendwas sehen, oder alles geht ins Bett."

Erst nach einer halben Stunde war ein Wachmann aus der Nachtschicht bereit, mein Problem überhaupt wahrnehmen zu wollen. Und nach x-mal Hin und Her fand sich dann doch jemand, der in der Zelle Licht machte. Dann konnte ich wenigstens unter Sichtbedingungen katheterisieren – aber auch unter

Begaffung und Kommentierung von Seiten staunender Zellengenossen, die ja so etwas wohl noch nie gesehen hatten! Bis heute habe ich dieses Gefühl der Demütigung nicht bewältigt: vor allen Leuten, wie auf einer Schaubühne, mit einem Katheter rumzufummeln …

Bei dieser Gelegenheit wahrscheinlich fing ich mir, wie sich wenige Tage später herausstellte, auch gleich – vorhersehbar – eine Blaseninfektion ein.

Krankenhaus Harlaching: als Gelähmter ans Bett gefesselt

Schließlich haben die Verantwortlichen in Stadelheim dann doch erkannt, dass ein Gelähmter irgendwie nicht so pflegeleicht sei. So kamen die Ärzte und die Sozialabteilung zu dem weisen Ratschluss, mich schnellstmöglich fürs Erste im Krankenhaus Harlaching zu parken, und zwar in der Abteilung, in der die Justiz in Nachbarschaftshilfe eingeführt war.

Noch am Sonntag, dem 2. November also, wurde ich dorthin überstellt.

Diese zunächst plausible Entscheidung brachte für mich jedoch nur wenig Erleichterung, denn da hatte ich zwar Licht nach Belieben, musste dafür aber vierundzwanzig Stunden im Bett liegen bleiben. Ich durfte mich nicht einmal in den Rollstuhl setzen. Natürlich: Im Krankenhaus muß ja schließlich das Bett gehütet werden …

Der Bewachungsauftrag im Zimmer galt rund um die Uhr. Die Beamten bewachten mich also in meinem Zimmerchen auf einer notdürftigen Sitzmöglichkeit in drei Schichten. Fürchtete der für den Bewachungsbeschluss zuständige Verantwortliche tatsächlich, ich könnte aus dem Fenster flüchten, aus dem dritten, vierten, oder fünften Stock?

Ein besonders eifriger Beamte entdeckte tags darauf in den Haftpapieren tatsächlich auch noch einen richterlichen – vielleicht formellen – Beschluss, dass ich mit einer Fußfessel an das Bettgestell gefesselt sein müsste.

„Es wurde angeordnet, den Gefangenen grundsätzlich ständig gefesselt zu halten (Nr. 64 Abs. 1,3 UvollzO)."

Er legte mir (*„Des steht da drin, des muaß sei"*) eine Fußfessel an den Unterschenkel, deren anderes Ende er am Bettgitter festmachte.

Nach einer Dreiviertelstunde zeigten sich dann prompt erste blaue Verfärbungen oben am Schienbein – das war das untrügliche Zeichen einer beginnenden massiven Druckstelle.

„Wenn S' die no a bissl länger dranlassen, oder gar bis über die Nacht, dann hab' i wahrscheinlich in a Woche koan Fuaß mehr!"

Ein Beamter der nächsten Bewachungsschicht zeigte sich schließlich einsichtig und entfernte – in Nothilfe – die Fußfessel vorübergehend wieder. Über meinen Rechtsanwalt wurde dem Ermittlungsrichter am nächsten Tag mühsam – erst auf die massive Drohung hin, für die physiologischen Folgen der Fesselung haftbar gemacht zu werden – abgerungen, von dem Beschluss der Fußfesselung abzusehen.

Diese Aktion war das Kurioseste überhaupt, das ich bis dahin erlebt hatte. Mich fesseln – wieso denn? Wie hätte ich ohne einen unmittelbar neben dem Bett bereitstehenden Rollstuhl überhaupt aus dem Bett herauskommen können? Ich hätte mich allenfalls auf den Boden plumpsen lassen können. Und dann? Das wäre es auch schon gewesen. Dass man vielleicht einen bösartigen Betrunkenen oder einen randalierenden Psychopathen irgendwo anketten muss, kann ich mir noch eher vorstellen; aber doch nicht einen offensichtlich umfänglich Gelähmten … ohne einen Rollstuhl in Sichtweite!

Ich will aber derart verschrobenes Denken durchaus nicht allen dort tätigen Beamten unterstellen. Es bestehen ja die sie zwingenden Vorschriften, ob sinnvoll, oder sinn- und hirnlos. Gelegentlich kamen auch Beamte, die sich menschlich verhielten, auch wenn dieses Verhalten manchmal nicht den Vorschriften entsprach. Zwei dieser Personen habe ich später in Freiheit wieder getroffen und mich für ihr Tun und ihre menschlichen Hilfestellungen bedankt.

Man muss auch sagen, dass zumindest die Abteilung des Krankenhauses in Harlaching für einen Lähmungspatienten mit meinem Lähmungsbild völlig unzureichend ausgestattet war. Die notwendigen Vorhaltungen zur Pflege eines derart Verletzten, wie z. B. ein spezieller Duschstuhl, eine zugängliche Toilettenschüssel in Nähe und anderes mehr, gab es nicht. Die zum Krankenzimmer gehörige Nasszelle hatte eine viel zu enge Türe und war deshalb für mich auch nicht benutzbar. Also musste ich morgens quer durch zwei Abteilungen geschoben, oder besser: gezogen werden. Da kein Toilettenstuhl mit Fußstütze aufgetrieben werden konnte, musste das Pflegepersonal mich durch zwei andere Abteilungen hindurch auf dem Rollstuhl rückwärts, mit am Boden nachschleifenden Füßen bis in einen etwas größeren Baderaum ziehen: eine seltsame Prozession, die ein uniformierter Jusitzbeamter beschloss. Dort konnte ich schließlich die Toilette oder die Dusche benützen, wobei allerdings die Intimsphäre nur selten respektiert wurde: ständig war ein Beamter zentral im Raum zugegen. Es gab nur wenige Beamte, die diese Sache mit Anstand angingen und wenigstens – möglicherweise vorschriftswidrig – vor der Türe verweilten.

Verschlimmert wurde die Situation noch dadurch, dass sich durch all diese Unregelmäßigkeiten – wohl auch durch den immer noch vorherrschenden Schockzustand – eine massive Verstopfung eingestellt hatte. Ich konnte also kaum mehr abführen.

Und selbst dann, als ich ohne Rollstuhl in Reichweite auf der Toilettenschüssel über Stunden saß, war einer der „Wachteln" im Raum anwesend, um etwaige Fluchtversuche zu vereiteln. Glaubte man an ein Wunder wie bei der biblischen Heilung des Lahmen im Neuen Testament?

Da die Verstopfung bedrohlich wurde, kam schließlich ein superstarkes Abführmittel – wie z. B. vor einer Darmspiegelung üblich – zum Einsatz. Als sich dessen Wirkung zeigte, gab es in der

Folge natürlich eine Riesensauerei im Bett und bis zum Boden hinunter, weil ich auf die Schnelle nicht auf eine nahe Toilette gebracht werden konnte. Die Bewachung ging derweil unbeirrt weiter ... nur das Pflegepersonal tat mir leid: Es war natürlich kein Vergnügen, alles wieder herzurichten und zu säubern. Für deren Pflegearbeit empfand ich Dankbarkeit.

So habe ich mich ein paar Tage im Krankenhaus durchgefrettet.

In einer Seniorenresidenz: Bewachung rund um die Uhr

Bereits am 11. November 2003 hatte die Verwaltung der Justizvollzugsanstalt München erstmals in einem Schreiben an das Amtsgericht München festgestellt:

(...)

„Eine länger dauernde Bewachung belastet die Justizvollzugsanstalt München in kaum noch vertretbarer Weise. Nach § 16 SGB V ist auch die finanzielle Belastung für den Haushalt der Anstalt nicht unbeträchtlich. "

Zudem störte die längere, permanente Anwesenheit von Beamten wohl auch den normalen Tagesablauf im Harlachinger Krankenhaus. So suchte man mich irgendwo anders unterzubringen.

Schließlich fand sich ein Platz in einer „Seniorenresidenz" in der Tegernseer Landstraße, im ersten Stock. Das dortige Personal erfuhr wohl nichts vom Grund meiner U-Haft, was zwar meine Situation etwas verbesserte, aber die Verwaltungschefin dieses Hauses wusste es natürlich. Sie äußerte das in ihrer unverhohlenen Antipathie mir gegenüber bei wenigen Zimmerbesuchen allzu deutlich.

So landete ich dort also – in einem mickrig kleinen Zimmer. Das beantragte Pflegebett mit Spezialmatratze, das ich eigentlich zu Vermeidung von Druckstellen gebraucht hätte, war dann zwei Monate lang nicht aufzutreiben. Pech gehabt!

Auch die sanitären Voraussetzungen erwiesen sich alles andere als für eine gelähmte Person befriedigend. Wieder war ein geeigneter Duschstuhl ein Fremdthema. Ich musste mich zwangsläufig auf die harte Hartplastik-Sitzschale eines unzureichenden Pflegestuhls setzen: für jemand mit degenerierten Sitzmuskeln unverantwortlich. Das Duschwasser verbreitete sich unter der Baderaumtüre durch auf den angrenzenden Zimmerboden, weil das Gefälle in der Duschtasse ungünstig gestaltet war. Auch das Waschbecken war für mich unbenutzbar: ich konnte es nicht unterfahren. Körperpflege war also nur im Notmodus möglich. Und da schließlich das Abführen auf der vorhandenen Toilette sich als undurchführbar erwies, musste diese Prozedur im Bett erledigt werden. Eine neue Erfahrung für mich – aber unzumutbar für alle Beteiligten!

Und an der vierundzwanzig-Stunden-Bewachung samt aller anderen Vorschriften dazu hatte sich auch nichts geändert. Den Grund dafür versuchte der für alle „ausgelagerten" Gefangenen zuständige Beamte W., der sich unerbittlich seinen Vorschriften verpflichtet empfand, so seinen Untergebenen zu erklären:

„Wenn der a ganze Truppe von Leut' kennt, und er der Hauptbeschuldigte ist, dann müss' ma ja dafür sorgen, daß dem nicht irgendwann wer an Zettel hochhebt vorm Fenster, wo draufsteht, was er vielleicht aussagen soll, oder auch nicht aussagen soll, und so."

Das bei einem Zimmer im Obergeschoß! Zusätzlich mußten alle Fenster ständig zugesperrt und verriegelt sein. Die Zimmertüre ohnehin, denn sie sollte von dem bewachenden Beamten stets auch von innen versperrt werden. Die Begründung für das Ganze lautete *„Verdunkelungs- und Fluchtgefahr"*.

Fluchtgefahr? Entführungsgefahr? Auf meine Frage, wie ein Gelähmter aus dem Hochparterre abhauen könne, gab mir einmal einer der Bewacher eine schöne Begründung:

„Da kannt' ja da draußn oana daherkemma – und Sie befrein woin!"

Wohl mit dem Gabelstapler rausholen oder Ähnliches, wie in Hollywood-Actionfilmen? Seltsam!

Also: Irgendeiner angeblichen Beeinflussung oder Hilfestellung von außen wollte man da vorbeugen. Aber aus den Akten war längst bekannt, daß ich – mit einer Ausnahme – keine dieser Personen kannte, die der behaupteten, angeblichen *„kriminellen Vereinigung"* zugerechnet wurden, und die ich an oberster Spitze sogar finanziert haben sollte. Der zu keinem Zeitpunkt, zumindest auf mich, zutreffende Vorwurf der *„Bildung krimineller Vereinigungen"* war bereits laut Akteneinsicht in der ersten Novemberwoche 2003, dokumentiert am 11. November, also kurz nach Beginn der polizeilichen Aktionen vom 30. Oktober 1993 fallengelassen worden.

Die Anschuldigung der Zugehörigkeit zu *„kriminellen Vereinigungen"* diente, wie ich inzwischen weiß, nur als Vorwand, um irgendwelche härteren gerichtlichen Beschlüsse gegen alle Verdächtigen erwirken zu können. Und so wurde ich halt schärfstmöglich bewacht. Wie ich sehr viel später aus anderen in den Medien beschriebenen Vorgängen erfuhr, ist inzwischen der Trick mit der Anwendung der Behauptung von *„Bildung krimineller Vereinigungen"* ein zwar immer mehr gebrauchtes, aber oft mehr als fragwürdiges Vorgehen der Polizei und der Staatsanwaltschaften.

Im allgemeinen saßen die Bewacher vor meinem Bett am Tisch, lasen Zeitung, bastelten oder kruschtelten sonst irgendwie herum, bevor sie nach sechs Stunden abgelöst wurden. Für manche von ihnen war dieser Dienst vielleicht angenehmer als eine Arbeit in der Justizvollzugsanstalt. Aber bei mir waren auf diese Weise ständig Licht und Geräusche im Zimmer, Tag und Nacht und Tag und Nacht, ohne Ende. Da konnte ich nachts kaum schlafen. Einen hab' ich besonders gefürchtet – der werkelte nachts ohne Pause an irgendeiner Bastelarbeit herum. Wenn da jemand neben dem Bett von zehn Uhr abends bis um fünf Uhr in der Früh an irgendetwas herumschneidet und -sägt, bastelt, wird man verrückt.

Dabei hatte auch die Seniorenresidenz selbst einiges an Lärm zu bieten: Mit Schrecken denke ich noch an eine schwere Glastüre im Stahlrahmen am Stationsende nahe meinem Zimmer, die nachts alle paar Minuten laut knallend ins Schloss fiel, weil dieser Stationsgang als Durchgang zu anderen Stationen benutzt wurde. Ein Nachtpfleger, den ich einmal bat, doch bitte die Türe nicht ständig so ins Schloß fallen zu lassen, konnte das freilich nicht nachvollziehen: Er war schwerhörig. Meine Zimmertüre und ich allerdings nicht ...

So stand, oder besser: lag ich also weiterhin meist im Bett rund um die Uhr unter Bewachung. Es gab wohl einige wenige Justizbeamte mit Anstand, die sogar hilfsbereit waren und auch mal Zeit für ein gut tuendes Wort fanden, und dies, obwohl natürlich bekannt war, was mir vorgeworfen wurde. Einer brachte gelegentlich am Nachmittag Kuchen oder Plätzchen zum Kaffe mit, einer besorgte mir sogar eine Briefmarke für eine Karte, da ich ja selbst kein Geld oder ähnliches haben durfte. Leider darf ich diese Beamten nicht näher beschreiben, um ihnen nicht zu schaden. Andere wiederum verhielten sich arrogant, ja frech und unverschämt. Einer, ein L., der an Silvester in letzter Sekunde zum Notdienst und ausgerechnet zur Nachtschicht bei mir eingeteilt worden war, und dem also sein geplanter Silvesterabend verpatzt worden war, konnte seinen Ärger nicht zurückhalten und ließ diesen mehr als deutlich verbal an mir aus. Unter anderen Umständen hätte er das bei mir nicht ungestraft veranstalten können.

Aber so mußte ich das wehrlos über mich ergehen lassen. Drei Nächte mit ununterbrochenem Lärm und Licht waren angesagt!

Der Jahreswechsel übertraf denn auch alles andere: da war ich wirklich dem Durchdrehen nahe, nach über siebzig Stunden Schlaflosigkeit. Inzwischen kann ich nachvollziehen, wie Folterung durch Schlafentzug funktioniert. Leider gab es keine Waffengleichheit zwischen diesem Beamten und mir. Wenn ich an ihn denke, ballt sich auch heute noch meine Hand in der Hosentasche.

Aber auch das gab es: Zwei andere Beamte haben sich tatsächlich nachts auf meine eindringliche Bitte hin auf den Flur vor die Zimmertüre zurückgezogen und mir auf diese Weise etwas

Schlaf ermöglicht. Aber sie riskierten offenbar zu viel: einer wurde deswegen eines Tages durch böse Abmahnungen von dem vorher schon angesprochenen Vorgesetzten W. zurechtgewiesen und aus meiner Bewachung abgezogen.

Untertags bot mir die Seniorenresidenz sowieso keine Gelegenheit zur Ruhe. Dann addierten sich zu den ständigen Geräuschen meiner Bewacher, oft stundenlang, die sich periodisch wiederholenden und grausam aufwühlenden Schreie von Demenzkranken, die anscheinend in dieser Station zusammengelegt waren – eine Geräuschkulisse, die mich zeitlebens vor jeglichem Altersheimaufenthalt abschrecken wird.

Dass ich einen Fernseher – selbstverständlich nicht unentgeltlich, sondern mit monatlicher Inrechnungstellung an mich durch die Heimleitung – habe benutzen dürfen, grenzt an ein Wunder. Und so konnte ich denn auch schon bald aus den Nachrichten den gesamten Umfang der Beschuldigungen der Münchner Staatsanwaltschaft erfahren.

Was für ein Medienzirkus von wegen „Kinderschänder- und Kinderpornoring"! Mit teils angewiderter, teils Betroffenheit heuchelnder Geschwätzigkeit suhlten sich Polizei, Staatsanwaltschaft und Zeitungen im Ruhm dieses großartigen Erfolgs der Zerschlagung „krimineller Vereinigungen" und erfundener „Kinderporno- und Kinderschänderringe", die im Herzen von München-Schwabing offenbar ungestört ihr verbrecherisches Unwesen hatten treiben können …

Aber: Diese Vereinigung war mir dem Namen nach ebenso unbekannt wie die Personen dazu. Sehr viel später, nach dem Ende der Untersuchungshaft, erst dann konnte ich die mir unbekannte, kleine und kurze Straße in München-Schwabing, dem Sitz der sog. Pädo-Gruppe, als Adresse ausfindig machen.

Zurück in die JVA auf ein Spezialbett

Später – vielleicht nach zwei Monaten – hat dann die Verwaltung der JVA Stadelheim in einem Schreiben an die Staatsanwaltschaft die Höhe der Kosten bejammert: so könne es nicht weitergehen. Meine Heimunterbringung, Medikamente und Hilfsmittel sowie die Bewachung in drei Tagesschichten hätten schon den Vierteljahresetat für das ganze Justizunternehmen Stadelheim aufgebraucht.

So wurde ich am 1. März wieder in die JVA Stadelheim zurückverlegt, in eine ausschließlich mit U-Gefangenen bestückte Station, wo alles, vom Junkie bis zum Betrüger, vom Schläger bis zum Wirtschaftskriminellen, untergebracht war – eine für Gelähmte im Rollstuhl geeignete Krankenabteilung gab es ja in der JVA nicht – wohl aber in meiner Zelle ein Spülbecken und Toilette aus Chromstahl. Wenn ich heute in der Zeitung von einer *„vorzüglich eingerichteten Krankenstation"* in Stadelheim lese, kann ich da aus eigener Anschauung und Kenntnis nur den Kopf schütteln.

Aber wenigstens auf den ersten Blick hatte ich den Eindruck einer behindertengerechten Zelle: Da stand doch tatsächlich ein Spezialbett! Erstaunlicherweise hat sich die Gefängnisverwaltung dabei nicht lumpen lassen: Es stand da ein richtiges Pflegebett mit Luft-Decubitus-Matratze mit den notwendigen Vorrichtungen, für gut hundert Euro Leasinggebühr pro Tag. Auch die Waschschüssel war unterfahrbar, so dass ich mir wenigstens selbst die Hände waschen konnte, wenigstens das. Waschen, Zähneputzen und Geschirrspülen, alles in diesem Becken.

Alles andere aber war wieder einmal indiskutabel. Beispielsweise gab es keinen unterfahrbaren Tisch; das Essenstablett mußte man zum Essen auf den Knien abstellen.

Da die WC-Schüssel zwar hochglänzend aus Edelstahl, aber für Gelähmte nicht zum Sitzen geeignet war, blieb das Abführen weiterhin ein im Bett zu bewältigendes, großes Problem. Und da leider dabei oft das Bettzeug verschmutzt wurde, waren auch Hygiene und Geruchsbelästigung bis in den Gefängnisflur für die Mitgefangenen ein Thema, deren Kommentierung ich ungeschminkt durch die Zellentüre hinnehmen mußte.

Nicht zuletzt ergaben sich auch beim Katheterisieren wieder Schwierigkeiten, weil in der ersten Zeit das Licht – wie gewohnt – immer um 22.00 Uhr erlosch. Es hat lange gedauert, bis ich durchsetzen konnte, dass ich zum Zwecke des Katheterisierens ein eigenes Licht in die Zelle mit Ein- und Aus-Schalter für die ganze Nacht bekam. Strom stand ja schon in der Zelle wegen des Betriebes des Luftbetts zur Verfügung. So hatte ich dann gottlob über vierundzwanzig Stunden bei Bedarf Licht in der Zelle.

Wenigstens gab es keine direkte vierundzwanzig-Stunden-Bewachung im Zimmer mehr, und ich war allein in meiner Zelle, so dass ich einigermaßen (der übliche Hauslärm ist ja nicht abzustellen) zu meiner Nachtruhe kam.

Ich musste immer sehr früh zu Bett, zum Zelleneinschluß um 16 Uhr; denn dazu bedurfte es einer Pflegeperson, und das entsprechende Personal hatte nicht bis spät abends Dienst. Dies verursachte nicht selten Probleme: fiel mir nach dem Zubettgehen aus Versehen etwas aus der Hand auf den Boden, musste ich um Hilfe läuten und warten. Eigentlich noch nicht schlimm, aber im Wiederholungsfall und auf die Dauer doch sehr lästig.

Da sagte ein „Wachtel" durch die Zellentürklappe doch tatsächlich: *„Ja, genga S' doch hi und holn S' es eahna!"*

Mancher hat sehr lange nicht begriffen, was *Lähmung* bedeutet.

Wenn sich zur Behinderung eine Krankheit gesellt, wird es natürlich doppelt schwierig. Und prompt stellte sich wieder eine Blasenentzündung ein.

Ich vermute, sie war dem kalten Luftzug geschuldet – es war ja ein unangenehm kalter Winter von 2003 auf 2004, der so lange meine Zelle durchstrich, bis das alte, verschlissene Fenster endlich dank Schreinerarbeiten dicht gemacht worden war.

Eine weitere Ursache für die wiederkehrenden Entzündungen war zu suchen in den unmöglichen Bedingungen, unter denen die Ganzkörperhygiene stattzufinden hatte:

Jedes Mal, wenn ich duschen sollte, musste ich – übrigens wieder wegen fehlender Fußstützen an dem Toilettenstuhl rückwärts! – in eine andere Abteilung gezogen werden, in der ein größerer Baderaum war. Aber zum einen war dort die Dusche schadhaft: meist kam das Wasser nur eiskalt. Zum anderen waren auch hier die Fenster ebenso marode, wurden allerdings im Gegensatz zu meinem Zellenfenster nie repariert.

So wurde die Kälte beim Duschen, aber dann auch das Bibbern nach dem Kälteschock, vor allem beim Rücktransport zur eigenen Zelle, meine ständigen Begleiter.

Also: Mir war die Duscherei wegen der Kälte ein Graus. Abgesehen davon, dass der zur Verfügung stehende Duschstuhl völlig ausgeleiert und defekt war – ein Crash wäre jederzeit möglich gewesen –, begleitete mich dabei nur selten pflegerisches Fachpersonal. Meist teilte man einen anderen Mitgefangenen ein, der mir beim Duschen helfen sollte. Das war natürlich problematisch, weil bei dieser Gelegenheit grundsätzlich alle für mich nicht einsehbaren Körperpartien nach Druckstellen oder gar offenen Blessuren penibel abgesucht werden sollten, um größere Hautschäden zu vermeiden. Und das konnte so kaum gewährleistet werden.

Doch selbst unter den offiziellen Pflegekräften gab es nur einen einzigen, älteren Pfleger, der mich wirklich fachkundig und den Regeln entsprechend versorgte und sich obendrein auch einmal Zeit für ein gutes Wort nahm. Deshalb ließ ich es dabei bewenden, als er sich einmal bei etwas verplapperte, was ich unter keinen Umständen erfahren durfte. Da stand zu Lasten der Gefängnisleitung ein größerer Skandal zur ärztlichen Schweigepflicht vor der Aufdeckung. Aber ich wollte diesen altgedienten Pfleger, der dann als Zeuge hätte aussagen müssen, nicht damit in große Verlegenheit bringen.

Entlassung nach längstmöglicher U-Haft-Dauer
Nach genau einem halben Jahr U-Haft – sechs Monate sind die gesetzlich maximal zulässige U-Haft-Dauer – wurde ich am 28. April 2004 ohne Vorankündigung in einer Blitzaktion

zwischen zwölf und ein Uhr mittags entlassen. Meine Papiere und mein Zivilgewand wurden mir wieder ausgehändigt, und zwar ohne dass ich einen Ermittlungsrichter noch einmal zu Gesicht bekommen hätte. Stattdessen sah ich, wie andere Gefangene mein Bett, quasi buchstäblich unter meinem Hintern, sofort zerlegt und abtransportiert haben – bei den täglichen Leasingkosten kein Wunder.

Bis zu meinem Wohngebäude transportierte mich ein Sanka des DRK, mitsamt den Schachteln mit meinem Eigentum – meinen Fernseher hatte ich einem neuen U-Häftling geschenkt. Vor meinem Hauseingang stellte die Sanka-Besatzung alles fein säuberlich auf dem Gehweg ab und war auch schon wieder verschwunden. Wie ich mit den Schachteln von dort in die Wohnung kommen würde? Es war ja auch schließlich meine Privatangelegenheit ...

In der JVA Stadelheim war man offenbar froh, dass man mich loshatte. Meinetwegen hätten sie mich schon viel früher loshaben können oder gar nie einzuchecken brauchen. Aber das hatte der Ermittlungsrichter K. zu verantworten, der wahrscheinlich blind all das unterschrieben hat, was die StaatsanwältInnen ihm vorlegten, um mich, den hinfantasierten „Gönner und Finanzier" der „kriminellen Vereinigung *Pädo-Selbsthilfe- und Emanzipationsgruppe München*", in U-Haft zu bringen.

Und zur gleichen Zeit wussten Polizei, Staatsanwaltschaft und der Ermittlungsrichter auch schon, dass die besagte Gruppe, der ich zugedichtet wurde, nicht der Beschuldigung einer „*Bildung krimineller Vereinigungen*" unterzogen werden konnte.

Leider erfuhr ich erst im Nachhinein:

Der Beschluss des Bayerischen Obersten Landesgerichts vom 29. März 2006 zu diesen Verfahren stellt diese Tatsache unmissverständlich dar.

Still und fast unbemerkt wurde im folgenden Jahr 2004 der Reihe nach bei allen in diesem Zusammenhang Verdächtigen nach §§ 153 dieser Tatbestand eingestellt, selbstverständlich ohne Entschuldigung der Veranlassenden zu den zusätzlichen Beschwernissen der Betroffenen.

Nur: Davon war in der Öffentlichkeit nie die Rede: in keiner Erklärung der zuständigen Behörden, und in den Medien schon überhaupt nicht. Mit dem vermeintlichen Ruhm, eine „Pädophilenbande" zertrümmert und ihren angeblichen „Gönner und Finanzier" die längstmögliche Zeit in Haft gehalten zu haben, überblenden Polizei und Justiz die Schande, dabei selbst zur Bande geworden zu sein.

5.5 E.: Durch die Falltür ins Nebenkostenverlies

Das Konzept ...
Am 6.2.2004 schreibt die „Augsburger Allgemeine":

„Computer-Firmen sind der Polizei behilflich – Experten bei Ermittlungen gegen Kinderpornografie im Einsatz.

Seit einem halben Jahr greifen in einem Pilotprojekt erstmals private Computerfirmen bei Ermittlungen gegen Kinderpornografie der Polizei unter die Arme. Wie unsere Zeitung erfuhr, durchforsten sie im staatlichen Auftrag beschlagnahmte Computer von Verdächtigen. ...

Die Staatskasse kostet dieser Einsatz unter Umständen keinen Cent, weil das Geld über die Verfahrenskosten vom Beschuldigten zurückgefordert werden kann, so Arno Greetfeld, Oberstaatsanwalt am Oberlandesgericht München."

... und die Praxis:
Eine Rechnung der Staatsanwaltschaft München I vom 10.9.2004 *„in der Strafsache gegen Sie"* über den Betrag von 9590,55 Euro, *„binnen 2 Wochen nach Empfang dieser Rechnung auf das ... Konto der Landesjustizkasse Bamberg"* zu zahlen.

Im Einzelnen:

„Gegenstand des Ansatzes	Anzahl,	Wert,	Betrag, EUR
Geldstrafe	60	30	1.800,00
KVNr 3118 Gebühr			
für Strafbefehl			60,00
KVNr 9002 Auslagen			
für Zustellungen		4,55	4,55
KVNr 9005 Nach dem			
JVEG zu zahlende Beträge		7.570,00	7.570,00
KVNr 9005 Nach dem			
JVEG zu zahlende Beträge		156,00	156,00
zu zahlen sind			9.590,55"

Ich bin erst einmal platt. Erst durch diesen, nicht unterschriebenen Computerausdruck erfahre ich, dass ich für Zusatzkosten „gemäß JVEG" aufkommen soll, die mehr als das Vierfache der eigentlichen Geldstrafe betragen, die mir Richter K. am 14.5.2004 per Strafbefehl aufgebrummt hatte.

Was war geschehen?
In der Nacht vom 30. auf 31. Oktober 2003, als der Überfall auf die *Münchner Pädo-Selbsthilfe- und Emanzipationsgruppe* stattfand, war auch meine Wohnung durchsucht worden.

Meine zwei Computer wurden mitgenommen; mein Schreibcomputer wurde später wieder zurückgegeben, allerdings mit zerstörtem Schreibkopf (meine Bemühungen, wenigstens eine Kopie des Datenbackups zu bekommen, wurden bis auf Ministerialebene hinauf abgeschmettert). Mein Internetcomputer wurde als „Tatwerkzeug" eingezogen.

Den Strafbefehl verpasste mir Richter K. für sechs **gelöschte** Bilddateien von nackten Kindern (m. E. keine Kinderpornographie!) auf meinem Internetcomputer, darunter eine ohne mein Wissen und Zutun vom Programm automatisch erstellte Datei. Die mit der Untersuchung meiner Computer beauftragte Privatfirma verwendete also auch gelöschte Daten für den Nachweis des „Sichverschaffens", obwohl eine zweite, parallel agierende Firma am 19.2.2004 in ihren allgemeinen Ausführungen zu ihrem Auftrag scheinbar kulant schreibt: …

„Da sich sowohl der unallocated space als auch der file slack einer expliziten Kontrolle durch den Nutzer entziehen, spielen sie für den Nachweis des Besitzes kinderpornographischer Schriften keine Rolle und wurden hierbei **nicht** *berücksichtigt. Ebenso wurden gelöschte Daten* **nicht** *zum Besitznachweis herangezogen, da hier der Einschätzung des Gutachters nach eine Aufgabe des Besitzes vorliegt."*

Zunächst eine Nachfrage zur Kostenaufstellung:

Nach dem ersten Schrecken über die Rechnung der Staatsanwaltschaft verlange ich zunächst eine Spezifizierung der Beträge. Die erhalte ich in Form einer Kopie der Rechnung der beteiligten Firma an die Staatsanwaltschaft zur Durchsuchung meines Computers. Mit Kontrollhäkchen sind auf der Rechnung nur die Summen der Stunden und die berechneten Preise versehen – die Staatsanwaltschaft hat also nur die Ausführung der Grundrechenarten kontrolliert. Bei den angesetzten Stunden sind keine Kontrollhäkchen; die Staatsanwaltschaft hat dabei also der Firma blind vertraut:

Hardware Sichtung

- (Asservaten-Übersicht)	*1*	*Stunde*
- Festplatten für Sichtung vorbereiten		
(teilweise ausbauen; kopieren; Bios)	*4*	*Stunden*
- Computer zusammenbauen	*1*	*Stunde*
- Festplatten Images erstellen	*3*	*Stunden*
- Sichtung Festplatten und Perkeo Suchlauf	*11*	*Stunden*
- Überprüfung des Internet Browser Verlaufs	*4*	*Stunden"*

„Erinnerung" gegen den Kostenansatz:

Am 16.10.2004 erhebe ich Einspruch (juristisch heißt das „Erinnerung") gegen den Kostenansatz und verlange eine gerichtliche Überprüfung. Als verfassungs- und verfahrensrechtliche Gründe nenne ich unter anderem:

1. Die Nebenkosten sind gegenüber Strafe und Gerichtskosten unverhältnismäßig.

Der beanstandete Betrag von 7.570,- Euro steht außer jedem Verhältnis zu der verhängten Geldstrafe von 1.800,- Euro und den gerichtlichen Verfahrenskosten von 60,- Euro. Hier ist der verfassungsmäßige Grundsatz der Verhältnismäßigkeit grob verletzt. Wenn ein „Nebenkostenbetrag" (…) die verhängte Strafe über das Vierfache und die gerichtlichen Verfahrenskosten um mehr als das 120-fache übersteigt, wird hierdurch der Strafausspruch und das Strafverfahren zu einer Farce degradiert; die eigentliche Strafe liegt in den „Nebenkosten". Dies verletzt die Grundsätze der Rechtsstaatlichkeit.

2. Das Eigentliche wurde während des gesamten Verfahrens verschleiert.

Während des gesamten Verfahrens wurden die versteckten Kosten von 7.570,- Euro in keiner Weise offen gelegt, sodass ich erst durch die Kostenrechnung vom 10.9.2004 hiervon Kenntnis erlangt habe. Im Gegenteil: Im Gerichtstermin vom 5.7.2004 warnte mich Herr Richter K. in m. E. irreführender Weise vor entstehenden Kosten, wenn ich meinen Einspruch gegen seinen Strafbefehl nicht zurückzöge – als ob die entscheidenden Kosten, nämlich die Kosten der Computeruntersuchung, nicht schon längst mit dem Strafbefehl selbst aktuell geworden wären. Hätte ich das bei diesem Gerichtstermin gewusst, dann hätte ich selbstverständlich meinen Einspruch gegen den Strafbefehl nie und nimmer zurückgezogen.

Durch eine solche Praxis werden die Grundsätze eines rechtsstaatlichen Verfahrens verletzt; der Beschuldigte bzw. Angeklagte muss wissen, wogegen er sich – tatsächlich – zur Wehr zu setzen hat.

3. Die beanstandeten Kosten sind keine Sachverständigenkosten im Sinne der Strafprozessordnung.

Die hier vorgenommenen Arbeiten sind m. E. keine Sachverständigentätigkeit im Sinne der StPO: Die Untersuchung eines Computers auf strafbare Inhalte hin ist hoheitliche staatsanwaltschaftliche bzw. polizeiliche Ermittlungstätigkeit. Sie ist vergleichbar mit dem Durchsuchen einer Wohnung auf strafrechtlich relevante Gegenstände. Die ausgeführte Tätigkeit bleibt staatsanwaltschaftliche/ polizeiliche Ermittlungstätigkeit, auch wenn sie in grund- und datenschutzrechtlich fragwürdiger Praxis an Privatfirmen vergeben wurde.

4. Die Rechnung betrifft z. T. ein eingestelltes Verfahren und ergebnislose Untersuchungen

Die Arbeiten wurden durchgeführt im Rahmen eines Ermittlungsverfahrens wegen des Vorwurfs der Bildung einer kriminellen Vereinigung. Dieses Ermittlungsverfahren verlief ergebnislos. Trotzdem wurden mir auch die im ergebnislosen Ermittlungsverfahren entstandenen Kosten – besonders deutlich hierzu die „Suche nach Kommunikationsdaten" – aufgebürdet.

In der Kostenaufstellung wurden meine Computer nicht spezifiziert und nicht unterschieden. Mein **Schreibcomputer** und 81 Disketten waren mir anstandslos zurückgegeben worden, da sie nichts Inkriminiertes enthielten – und zwar schon vor der Sichtung und endgültigen Beschlagnahme meines Internetcomputers. Folglich dürften mir nicht Kosten, die diesen Computer und die Disketten betreffen, aufgeladen werden.

5. Programmstunden wurden als menschliche Arbeitsstunden eingesetzt

Da es nicht erforderlich ist, dass während der Programm-Suchläufe jemand stundenlang in den Bildschirm starrt, ist dies offensichtlich unbillig.

6. Es wurden fragwürdige Arbeitszeiten angesetzt.

Falls sich „Computer zusammenbauen" auf meinen Internetcomputer bezieht, dürfte dieses Zusammenbauen nicht mir in Rechnung gestellt werden, da dieser Internetcomputer ja einbehalten wurde, und von dem Zusammenbauen allenfalls der künftige Besitzer des Computers einen Nutzen hätte.

7. Die Einzelarbeiten wurden auf ganze Arbeitsstunden aufgerundet.

Es erscheinen immer ganze Stunden – die Arbeitszeiten für jeden einzelnen Arbeitsschritt wurden also systematisch zulasten des Auftraggebers aufgerundet.

Die Antwort des Amtsgerichts:

Richter K. hilft meiner „Erinnerung" gegen den Kostenansatz am 13.5.2005 in keiner Weise ab: Der Kostenansatz entspreche der Sach- und Rechtslage und sei nicht zu beanstanden. Es gebe keinerlei gesetzliche Regelung dahingehend, dass zwischen der Höhe der Geldstrafe und der Höhe der Verfahrenskosten ein angemessenes Verhältnis zu herrschen habe. Ein solches Verhältnismäßigkeitsgebot könne sich auch aus dem allgemeinen Verhältnismäßigkeitsgrundsatz nicht herleiten lassen.

Auch ein Verstoß gegen das so genannte Fair-trial-Prinzip liege nicht vor. Ein Hinweis auf Verfahrenskosten in der Verhandlung sei nicht notwendig, da diese im Falle einer Verurteilung in jedem Fall vom Angeklagten zu tragen seien.

Die Höhe der Verfahrenskosten sei nicht zu beanstanden. Der zur Auswertung der sichergestellten Datenträger beauftragte Herr H. sei von der IHK München und Oberbayern als Sachverständiger für Systeme und Anwendungen der Informationsverarbeitung öffentlich bestellt. Seine besondere Sachkunde habe er in zahlreichen anderen Verfahren unter Beweis gestellt.

Der in der Rechnung des Sachverständigen angegebene Zeitaufwand sei angesichts des Umfangs des Gutachtensauftrages schlüssig und nachvollziehbar. Es seien zwei PCs sowie 81 Datenträger untersucht worden. Soweit Kosten angefallen seien, um Medien zu untersuchen, die keinen deliktischen Inhalt hatten, seien diese trotzdem als Verfahrenskosten umzulegen. Insgesamt sei festzustellen, dass sämtliche Einwendungen des Angeklagten nicht greifen, so dass seine Erinnerung zurückzuweisen sei.

Nun wird ein Rechtsanwalt eingeschaltet:

Mein inzwischen beauftragter Rechtsanwalt schreibt am 6.6.2005 gegen jedes einzelne Argument des Richters an, vor allem verfassungs- und verfahrensrechtlich. Meine eigene Stellungnahme bezieht er „vollinhaltlich" ein. Insbesondere moniert er, dass meine Bedenken gegen die Berechnung der angefallenen Kosten sowie meine grundsätzlichen Bedenken, Ermittlungskosten als „Sachverständigenkosten" zu deklarieren, einfach ignoriert wurden, schließlich, dass mir die Kosten des *ergebnislosen* Ermittlungsverfahrens (wg. „*Bildung krimineller Vereinigungen*") auch noch aufgebürdet wurden.

Die Antwort am 20.6.2005 hilft dieser Beschwerde nicht ab:

„*Auf die zutreffenden Gründe des Beschlusses vom 13.05.2005 wird vollinhaltlich verwiesen. Das Beschwerdevorbringen ist nicht geeignet, eine abweichende Entscheidung zu begründen.*"

Auch hiergegen erhebe ich am 3.7.2005 Beschwerde und bitte, die Sache ans Landgericht weiterzureichen. Parallel beantrage ich bei der Staatsanwaltschaft eine Stundung der Zahlung der angefochtenen Kosten bis zu endgültiger gerichtlicher Entscheidung. Darauf bekomme ich trotz wiederholter Nachfragen keine Antwort; die Rate wird allerdings später herabgesetzt.

Die Antwort des Landgerichts:

Am 16.8.2005 weist das Landgericht – die Richter R., H. und F. – meine Beschwerde als unbegründet zurück; eine weitere gegen diese Entscheidung wird nicht zugelassen. Als Gründe führt das Landgericht unter anderem an:

„... 1. ... 2. ... *Nach der rechtskräftigen Kostenentscheidung des Strafbefehls vom 14.05.2004 hat der Angeklagte die Kosten des Verfahrens und seine notwendigen Auslagen zu tragen. Kosten des Verfahrens sind nach § 1464 a Abs. 1 Satz 1 StPO die Gebühren und Auslagen der Staatskasse. Nach § 1464 a Abs. 1 Satz 2 StPO gehören dazu auch die für die Vorbereitung der öffentlichen Klage entstandenen Kosten. Dazu gehören auch die Kosten eines von den Ermittlungsbehörden eingeschalteten Sachverständigen. Die Einschaltung eines Sachverständigen für die Überprüfung des Computers war hier auch erforderlich. Wie sich aus den Akten ergibt und es bei derartigen Delikten auch üblich ist, waren die inkriminierten Dateien verschlüsselt, hier auch bereits teilweise gelöscht. Aufgrund dieser Probleme können die Computer keinesfalls durch die sachbearbeitende Polizeidienststelle oder den zuständigen Staatsanwalt überprüft werden. Die Einschaltung eines Sachverständigen war daher zwingend erforderlich. Im übrigen ist darauf hinzuweisen, dass auch bei einer – früher üblichen – Überprüfung durch das Landeskriminalamt die entsprechenden Kosten angesetzt worden wären.*

Die Kostenentscheidung im Strafbefehl ist rechtskräftig. Es erübrigt sich daher eine Diskussion darüber, ob das Amtsgericht einzelne Kostenblöcke gemäß § 1465 Abs. 2 StPO der Staatskasse hätte auferlegen können oder müssen. Im übrigen sind die Voraussetzungen dieser Vorschrift hier nicht gegeben. Wie bereits dargelegt wurde, bestand ein untrennbarer Zusammenhang zwischen dem ursprünglichen Vorwurf der Bildung krimineller Vereinigungen und dem verurteilten Delikt, dem Verbreiten von kinderpornographischen Schriften."

Zwischenbemerkung zum hier irreführend verwendeten Begriff „Verbreiten":

Die Grundlage für meine Verurteilung waren sechs gelöschte Bilddateien, darunter eine vom Browser automatisch erstellte, von nackten Kindern (m. E. keine Kinderpornographie!), die man auf meinem Internetcomputer fand. Wegen diesen wurde ich wegen „Sichverschaffens kinderpornographischer Schriften" verurteilt, eines erst vor wenigen Jahren in den mit „Verbreitung von Kinderpornographie" betitelten Strafrechtsparagraphen eingefügten, neu ersonnenen Straftatbestands. Ich habe die beanstandeten Dateien weder verbreitet noch zu verbreiten versucht. Fortsetzung Zitat:

„Auch für die Aufklärung dieses Deliktes waren die abgerechneten Untersuchungen unbedingt erforderlich.

Die Höhe der Kostenansätze ist ebenfalls nicht zu beanstanden. Aufgrund der großen Datenmengen und des Verdachtes, dass manche einschlägigen Dateien bereits gelöscht seien (der sich hier auch bestätigt hat) sowie der Verschlüsselungen waren umfangreiche Arbeiten erforderlich. Die Rechnung des Sachverständigen wurde im übrigen auch durch den zuständigen Bezirksrevisor geprüft und nicht beanstandet.

Auch die anderen in dem Schreiben des Verurteilten und seines Verteidigers vorgebrachten Einwendungen greifen nicht durch. Ein Verstoß gegen den Grundsatz „Ne bis in idem" liegt nicht vor; die Auferlegung der Kosten stellt keine Strafe dar, ihre Überwälzung ist im Gesetz ausdrücklich vorgesehen. Irgendwelche Abhängigkeiten zwischen der Höhe der Geldstrafe und/oder den sonstigen Gerichtsgebühren und den übrigen Verfahrenskosten sind gesetzlich nicht vorgesehen. Das Gesetz bestimmt lapidar, dass der Verurteilte die Kosten und notwendigen Auslagen zu tragen hat. Somit scheidet auch ein Verstoß gegen den Grundsatz der Verhältnismäßigkeit aus. Auch ein Verstoß gegen den Grundsatz des „Fairtrial" ist nicht gegeben. Nach Aktenlage und dem Schreiben des Verurteilten selbst hat der Richter am Amtsgericht in der Hauptverhandlung darauf hingewiesen, dass die reine Geldstrafe aufgrund der Aktenlage auch leicht höher ausfallen könnte. Daraufhin hat der Verurteilte den Einspruch gegen den Strafbefehl zurückgenommen. Ein Hinweis auf die Höhe der Kosten war [in] dieser Besprechung keinesfalls

erforderlich, zumal die Verurteilung nach der Maßgabe des Straf-
befehls wegen des Besitzes kinderpornographischer Schriften nach
Aktenlage nahezu zwingend war; der Verurteilte hätte in jedem Fall
dann die Kosten tragen müssen.

Die Beschwerde ist somit in vollem Umfang unbegründet.

3. *Die weitere Beschwerde gegen diese Entscheidung war nicht*
   zuzulassen, da keine strittige Frage grundsätzlicher Bedeutung
   in Mitten stehen, § 166 Abs. 4 Satz 1 GKG.

4. *Diese Entscheidung ergeht kostenfrei, § 166 Abs. 8 GKG. "*

Gegenvorstellung und Verfassungsbeschwerde

Auf diesen Beschluss reiche ich am 8.9.2005 eine ausführliche
Gegenvorstellung ein, die auch in die von meinem Rechtsanwalt
ausformulierte Verfassungsbeschwerde eingeht.

Zum Thema der **Verhältnismäßigkeit und Rechtsstaatlichkeit** formuliere ich:

Schon die Staatsanwaltschaft wäre vor und bei der Vergabe des
Ermittlungsauftrags an eine Privatfirma gehalten gewesen, nicht
„mit ermittlungstechnischen Kanonen auf Spatzen zu schießen".
Durch ein derart krasses Missverhältnis zwischen den dem Verur-
teilten aufgewälzten Ermittlungskosten aus der Beteiligung einer
Privatfirma und der Strafe wird das Strafrecht selbst ausgehöhlt,
die Strafmaßzumessung durch den Richter zur Nebensächlichkeit
degradiert und schließlich die Balance zwischen Exekutive und
Judikative im Strafverfahren tangiert. Der Verurteilte schließlich
wird durch einen angeblichen Automatismus der Kostenfestsetzung,
der ihn – in meinem Fall – wegen eines vergleichsweise geringen
Deliktes auf Jahre bis ins Rentenalter hinein mit Schulden belastet,
gedemütigt und in seiner Menschenwürde berührt.

Zum **Grundsatz einer fairen Verhandlungsführung**:

Ein Blindekuhspiel mit dem Angeklagten verletzt den Grund-
satz einer fairen Verhandlungsführung; die für den Angeklagten

unsichtbaren, jedoch von ihrem Umfang her entscheidenden Aufwands- und damit Kostenvereinbarungen zwischen Staatsanwaltschaft und privaten Ermittlungsfirmen nähern sich einer Art Nebengerichtsbarkeit ohne angemessene Rechtsmittel an ...

Zur **Grundrechtsbeschränkung ohne Gesetz**:
Die gesamte in Bayern neu eingeführte – gesetzlich ungeregelte – Praxis (um nicht zu sagen Mode) des Delegierens hoheitlicher Ermittlungsaufgaben – hier Durchsuchung von Computerdateien – an Privatfirmen ist m. E. verfassungswidrig, da es die konkrete Gefahr unkontrollierter Verletzung der Privatsphäre des Betroffenen birgt.

Zur **Überwälzung von Kosten aus einem eingestellten Verfahren**:
Entgegen Ihrer Behauptung auf S. 4 Ihres Beschlusses, Mitte 1. Absatz „Im übrigen sind die Voraussetzungen dieser Vorschrift hier nicht gegeben" wird m. E. durchaus gegen § 465 Abs. 2 StPO verstoßen und dieser § ist hier auch anwendbar. Der Gesetzestext lautet:

„Sind durch Untersuchungen zur Aufklärung bestimmter belastender oder entlastender Umstände besondere Auslagen entstanden und sind diese Untersuchungen zugunsten des Angeklagten ausgegangen, so hat das Gericht die entstandenen Auslagen teilweise oder auch ganz der Staatskasse aufzuerlegen, wenn es unbillig wäre, den Angeklagten damit zu belasten. Dies gilt namentlich dann, wenn der Angeklagte wegen einzelner abtrennbarer Teile einer Tat oder wegen einzelner von mehreren Gesetzesverletzungen nicht verurteilt wird. Die Sätze 1 und 2 gelten entsprechend für die notwendigen Auslagen des Angeklagten."

„Wenn es unbillig wäre ..." – m.E. ist es in meinem Fall unbillig, wenn mir die gesamten Kosten aufgeladen werden – schon in meiner ersten Erinnerung gegen die Kostenentscheidung habe ich säuberlich und differenziert die Kosten heraussortiert, die mir m. E.

auf keinen Fall aufgebürdet werden dürften, die mir aufzuladen also im Sinne des Gesetzes „unbillig" wäre. Hierauf gehen weder das Amtsgericht noch Sie ein.

Wie unbillig es ist, dass ich mit den Kosten der Durchsuchung meines unbeanstandet zurückgegebenen Schreibcomputers und meiner (Text)Disketten belastet wurde, wird deutlich, wenn die Randbedingungen gedanklich nur ein wenig pointiert werden, wenn etwa angenommen wird, ein privater Computerdienstleister beherbergte mehrere eigene Computer und darüber hinaus auch Kundencomputer in seiner Werkstattwohnung. Im Zuge einer Hausdurchsuchung würden auf einem der Computer eben die 5 gelöschten Bilddateien und eine vom Browserprogramm automatisch erstellte Datei gefunden werden wie bei mir. Ein anderer besäße nur einen einzigen Computer, darauf aber die gleichen Bilddateien. Beide erhielten die gleiche Strafe. Bei dem Computerfachmann würde jedoch die Durchsuchung der vielen Computer auf offene oder gelöschte Dateien mit „Kinderpornographie" sehr viel mehr Aufwand erfordern als bei dem Besitzer des einzigen Computers. Dementsprechend müssten die Kosten bei beiden – trotz exakt gleicher Strafe – sehr unterschiedlich ausfallen. Faktisch würde der Computerfachmann durch exorbitante Durchsuchungskosten für seinen Beruf bestraft – sollte denn eine solche Bizarrerie von § 465 StPO, darüber hinaus von unserer Verfassung gedeckt sein? Wäre das mit der Garantie der Berufsfreiheit vereinbar?"

§ 467 StPO (Kosten und Auslagen bei Nichtverurteilung), Abs. I lautet:

„Soweit der Angeschuldigte freigesprochen, die Eröffnung der Hauptverhandlung gegen ihn abgelehnt oder das Verfahren gegen ihn eingestellt ist, fallen die Auslagen der Staatskasse und die notwendigen Auslagen des Angeschuldigten der Staatskasse zur Last."

Das würde in meinem Fall bedeuten, dass die Kosten für die Untersuchung meines (zerstört zurückgegebenen) Textcomputers sowie der Textdisketten (andere besaß ich nicht) der Staatskasse zur

Last hätten fallen müssen. Diese Untersuchung konnte einzig für die Suche nach „Kommunikationsdaten", also Adressen und Telefonnummern von Bekannten, also ausschließlich für das (eingestellte) Verfahren mit dem Vorwurf „Bildung einer kriminellen Vereinigung" von Bedeutung sein, denn sowohl mein Textcomputer als auch die Disketten enthielten nur Textdateien, was schon nach einer oberflächlichen Durchsicht der Verzeichnisse aus den Byte-Zahlen ersichtlich sein musste. Die Trennung der Untersuchungen zum Vorwurf „kriminelle Vereinigung" und zum Vorwurf „Sichverschaffen von Kinderpornographie" lässt sich also sehr wohl durchführen.

Schließlich kritisiere ich eine Reihe von Äußerungen des Landgerichts zu seinem Entscheidungshintergrund, etwa die Darstellung von legalen Handlungen als Delikt oder das Festhalten an einem von vornherein fiktiven Anfangsverdacht.

Zum Schluss fasse ich zusammen:

*„**Insgesamt** meine ich aus diesen vielen Beispielen in Ihrem Beschluss die Tendenz zu erkennen, die Entscheidungen des Amtsgerichts so weit als möglich zu bestätigen. Kritische Punkte werden übergangen; von mir in meinen Erinnerungen/Beschwerden schon in Frage gestellte Konturen des Amtsgerichts werden schlicht nachgezogen, so wie man etwa einen Bleistiftstrich mit Kugelschreiber nachzieht. Die Proportionen des Ganzen werden dadurch nicht verbessert, die Glaubwürdigkeit der Konturen nicht erhöht.*

Es erscheint daher dringend geboten, Ihre Entscheidung im Zuge der Gegenvorstellung nochmals zu überprüfen bzw. durch Zulassung der weiteren Beschwerde diese notwendige Überprüfung durch das Oberlandesgericht vornehmen zu lassen, bevor das Bundesverfassungsgericht zur Überprüfung der Verfassungsmäßigkeit der beanstandeten Entscheidungen angerufen werden muss."

Diese Gegendarstellung wird am 22.5.2005 vom Vorsitzenden Richter am Landgericht, R., in zwei Sätzen zurückgewiesen:

„Auf Ihre Gegendarstellung wurde die Entscheidung der Kammer vom 16.08.2005 erneut überprüft. Die vorgebrachten Argumente gaben keine Veranlassung, die Entscheidung abzuändern."

Die Nichtzulassungsbeschwerde meines Anwalts vom 6.9.2005 wird vom Oberlandesgericht München am 8.11.2005 als weitere Beschwerde eingestuft und damit als unzulässig verworfen, da eine grundsätzliche Bedeutung fehle.

Inzwischen, am 20.9.2005, reicht mein Anwalt eine **Verfassungsbeschwerde** zu diesem Fall ein. Sie stützt sich im wesentlichen auf die gleichen Argumente, die auch ich vorgebracht hatte, fokussiert jedoch noch stärker auf das Verfassungsrecht, unterfüttert mit einer Vielzahl an Unterlagen und Zitaten.

Nicht zur Entscheidung angenommen

Diese Verfassungsbeschwerde wird am 16.11.2005 von der 1. Kammer des 2. Senats des Bundesverfassungsgerichts – Vizepräsident H., Richter D. F. und L. – nicht zur Entscheidung angenommen – mit folgender ausführlicher Begründung:

„Die Verfassungsbeschwerde wird nicht zur Entscheidung angenommen. Ein Annahmegrund gemäß § 193a Abs. 2 BVerfGG liegt nicht vor. Die Verfassungsbeschwerde hat keine Aussicht auf Erfolg.

I. Die Verfassungsbeschwerde ist teilweise unzulässig.
Soweit sie sich gegen die Entscheidung des Amtsgerichts richtet, fehlt es an einer Beschwer, weil durch den nachfolgenden Beschluss des Landgerichts eine prozessuale Überholung eingetreten ist.
Soweit sich der Beschwerdeführer gegen die Beauftragung eines privaten Sachverständigen und damit gegen die Verwertung des Gutachtens wendet, hat er den Grundsatz der materiellen Subsidiarität der Verfassungsbeschwerde nicht beachtet, der die Ausschöpfung aller zumutbar einzulegenden Rechtsbehelfe im fachgerichtlichen Verfahren gebieten.

II. Im Übrigen ist die Verfassungsbeschwerde unbegründet.

1. Ein gerichtlicher Hinweis auf die angefallenen Sachverständi-
genkosten war verfassungsrechtlich nicht erforderlich.

Der Beschwerdeführer hätte sich durch eine Einsichtnahme in die
Akte über die entstandenen Gutachterkosten unterrichten und
sein weiteres Prozessverhalten hierauf einrichten können. Da er
seinen Einspruch auf das Strafmaß beschränkt hatte, der Schuld-
spruch also rechtskräftig geworden war, stand bei Durchführung
der Hauptverhandlung seine Verpflichtung zur Kostentragung als
gesetzliche Folge bereits fest.

2. Die Inanspruchnahme des Beschwerdeführers für die entstande-
nen Sachverständigenkosten lässt auch sonst keinen Verfassungs-
verstoß erkennen.

Die gesetzliche Regelung des § 465 Abs. 1 StPO über die Kos-
tentragungspflicht ist mit dem Grundgesetz vereinbar, weil der
Verurteilte diese Kosten durch sein Verhalten veranlasst hat (vgl.
BVerfGE 18, 302; 31, 137 <139>). Sämtliche Tätigkeiten des
Gutachters standen im unmittelbaren Zusammenhang mit der
Aufklärung der Straftaten, deretwegen es zur strafrechtlichen
Verurteilung des Beschwerdeführers kam. Schließlich wären nach
Darlegung des Landgerichts, welcher der Beschwerdeführer nicht
substantiiert entgegengetreten ist, auch bei einer Auswertung
durch einen Angehörigen der Kriminalpolizei keine geringeren
Kosten angefallen.

Von einer weiteren Begründung der Entscheidung wird abgesehen
(§ 193d Abs. 1 Satz 3 BVerfGG).

Diese Entscheidung ist unanfechtbar."

Diese Begründung für die Nichtannahme meiner Verfassungsbeschwerde ist eine einzige Rüge für mein nicht der Strafrechts-
maschinerie adäquates Verhalten – in den einzelnen Punkten
rechtlich wohl kaum zu widerlegen. Diese Strafrechtsmaschi-
nerie aber bekommt nicht einmal zwischen den Zeilen einen

Hauch von Rüge ab, geschweige denn, dass ich ein schlichtes Wort des Bedauerns erhalte. Nun – so etwas wäre wohl auch nicht Stil des Bundesverfassungsgerichts. Der Grund für diesen Stil dürfte in der Bemühung um härtestmögliche juristische Eindeutigkeit und damit um Rechtssicherheit, gleichzeitig aber auch in dem Bestreben liegen, die strafrechtliche Maschinerie zu erhalten und zu pflegen.

Was bleibt

Was bleibt einem Bürger in Kopf und Herz zurück, wenn er so etwas erlebt, und ihm dann die Staatsanwaltschaft auf Jahre hinaus Nebenkostenraten von seinem Konto abbucht – faktisch für die Zerstörung und Wegnahme seines Eigentums?

Zum einen ist es die Erkenntnis, dass man in Deutschland von der Strafjustiz durch die Falltür ins Nebenkostenverlies gestoßen werden kann, wenn man nicht schon von Anfang an – auch bei Lappalien – einen Rechtsanwalt einschaltet. Allerdings: Selbst **mit** anwaltlichem Beistand haben andere aus dem gleichen Anlass Nebenkosten-Summen für Computeruntersuchungen durch Privatfirmen überwälzt bekommen, für die man eine fabrikneue Limousine der Oberklasse bekäme. Und schließlich kann man auch dann, wenn man sich entschieden mit Rechtsanwalt und allen Rechtsmitteln wehrt, nicht nur ins Nebenkostenverlies, sondern erst recht ins Gefängnis gestoßen werden. Allzu engagierte Rechtsanwälte werden auch schon mal selbst konzertiert gemobbt. Legale Verteidigung kann kontraproduktiv wirken – für den Angeklagten und seinen Verteidiger.

Auch dazu gibt es Erfahrungen aus diesen Prozessen.

Das Strafrechtssystem immunisiert sich gegen den Bürger wie gegen einen Feind. Tatsächlich wird „Feindstrafrecht" allen Ernstes, in- und ausländischer Praxis folgend, von postmodernen Strafrechtsprofessoren propagiert. Mit einem demokratischen Rechtsstaat hat das nichts zu tun.

Zum anderen ist es die Erkenntnis, dass jegliche richterliche Zumessung einer Strafhöhe nach Strafgesetz zur Farce wird, wenn die „Neben"-kosten, die durch private Hilfsermittler ohne gesetzliche Grundlage entstehen, die eigentliche Geldstrafe um ein Vielfaches übersteigen.

Gesetzt den Fall, der Einsatz privater Ermittler wäre überhaupt verfassungsgemäß, dürfte die Staatsanwaltschaft nach dem Verhältnismäßigkeitsgrundsatz nicht mit Kanonen auf Spatzen schießen. Schon *vor* Beauftragung von Privatfirmen müsste sie die Ermittlung in gestufte Arbeitsgänge mit sachgemäßer Eindringtiefe zerlegen und Limits setzen. Sie müsste Kostenschätzungen und Kostenvoranschläge einholen, wie es sonst bei öffentlichen Aufträgen selbstverständlich ist. All das ist hier versäumt worden.

Es wird auch in Zukunft versäumt werden. Denn durch den Trick mit der Überbürdung der Kosten auf den Betroffenen entfällt zunächst jedes Motiv für haushälterisches Vorgehen. Eigentlich müssten die Staatsanwaltschaften schon wegen der Rest-Unsicherheit über die tatsächlichen Entscheidungen der Gerichte übermäßige Nebenkosten scheuen, um die Risiken für die Staatskasse zu minimieren. Offensichtlich aber brauchen sich der Staat und seine Anwälte keine übermäßigen Sorgen um den entsprechenden Ausgang solcher Verfahren zu machen. Denn die von der Staatsanwaltschaft beauftragten Privatfirmen, können – nicht zuletzt auch, weil sie völlig freie Hand in der Rechnungsstellung haben – kaum an Ergebnissen ihrer Arbeit interessiert sein, die die Beschuldigten entlasten. Bei einer Entlastung des Beschuldigten nämlich, durch welche die Staatskasse auf den Kosten sitzen bliebe, könnten sie selbst wohl kaum mehr mit weiteren Aufträgen durch eine solcherart düpierte Staatsanwaltschaft rechnen. Private Auftragnehmer neigen immer dazu, im Sinne des Auftraggebers zu wirken.

Privates Gewinnstreben schiebt sich ins Strafrecht – ähnlich wie zur Zeit der Verfolgung sogenannter „Hexen", als aus einer

Verurteilung oft alle Beteiligten – natürlich abgesehen von den Verfolgten selbst – ökonomischen Nutzen zogen.

Der Rechtsstaat wird noch sein blaues Wunder erleben mit der Privatisierung von Ermittlungstätigkeiten. Sogar Phantasiedelikte werden zum Anlass für staatlich-privates Agieren werden. Man wird immer neue solche Delikte erfinden, ähnlich wie die Pharmakonzerne immer neue Wehwehchen als Grundlage für ihre Geschäfte. Nach ökonomisch erfolgreichen „Pilotprojekten" wird sich die Öffnung eines neuen „Ermittlungsmarktes" europa- und womöglich sogar weltweit durchsetzen. Schließlich werden Weltkonzerne beim lukrativen Geschäft mit einstmals hoheitlichen Ermittlungsaufgaben in ähnlichem Stil agieren wie heute Abmahnvereine im Kleinen oder Killerkonzerne im Großen.

Aktenzeichen: 468 Js 313804/03, 834 Cs 465 Js 318065/03, 465 VRs 318065/03-a01 – 839901547248, 6 St OwWs 001/04 – 2 Qs 19/04 LG München I, 20 Qs 46/05, 465 Js 318065/03, 2 BvR 1603/05.

6. Perspektiven und Schlaglichter
(Friedrich Thälert)

Die Bilanz der Zerschlagung des „bislang größten Kinderpornorings in München" (SZ: 17.4.2007) ist ernüchternd. Die Verstöße staatlicher Stellen gegen gesetzliche Bestimmungen sind offenbar weder Ausnahme noch Versehen. Auf objektiven Journalismus ist kaum mehr Verlass. Die Glaubwürdigkeit des Rechtsstaats leidet. Ein hoher Preis, den wir offenbar zu zahlen bereit sind. Doch irgendwo muss es jemanden geben, der davon profitiert. Wer sind die Gewinner? Und wie hoch ist der Preis wirklich?

6.1 Gewinnerin: die Missbrauchsindustrie – Private Ermittler

Wie im vorigen Kapitel erwähnt, übertragen die Ermittlungsbehörden Aufgaben, die bis dato das Landeskriminalamt erledigte, nunmehr vor allem auf Firmen, die privat und somit profitorientiert arbeiten. Die in Rechnung gestellten, offenbar unkontrolliert ausufernden Kosten unterliegen keiner Prüfung durch den Auftraggeber, da sie neuerdings prinzipiell und vollständig auf den Beschuldigten abgewälzt werden, sollte eine – wenn auch noch so geringe – „Teilschuld" behauptet werden können: eine relativ einfach herzustellende Sachlage.

Man braucht bei dem (in Punkt 5.5 gegenständlichen) „Pilotprojekt" nur ein bisschen näher hinzusehen, um auf seltsame Details zu stoßen:

- Keine Kostenschätzungen, keine Kostenvoranschläge, keine Ausschreibungen – nur Verweis auf bisherige gute Erfahrungen mit den Firmen,
- Keine Kontrollhäkchen der Staatsanwaltschaft bei den angesetzten Arbeiten in der Rechnung von Privatfirmen, nur beim Ergebnis von Additionen und Multiplikationen,

- Arbeitsstunden immer auf ganze Stunden aufgerundet,
- Programmstunden als menschliche Arbeitsstunden angesetzt,
- Nach einer ergebnislosen Untersuchung der Computer eines von der Münchner Zerschlagungsaktion betroffenen Computerfachmanns auf Kinderpornographie wird später aus rätselhaftem Motiv eine erneute Hausdurchsuchung durchgeführt,
- Eine an den Ermittlungen maßgeblich beteiligte Firma wird laut Handelsregister am 1. September 2003 kurz nach der „AG Ring" gegründet, mithin in einem auffälligen zeitlichen Zusammenhang.

Ist es da zu verwundern, wenn solche „Biotope" für geschäftstüchtige Software-Unternehmer attraktiv werden?

Auch die zunehmende Kollaboration der Behörden mit V-Leuten macht eher die letzteren zu Gewinnern. Obzwar vom Staat bezahlt, können sie offenbar doch letztlich vor allem ihre eigenen Interessen verfolgen.

Doch auch die Ermittler profitieren von dieser „Aufgabenteilung". Läuft etwas schief, bleiben sie nicht auf dem Schwarzen Peter sitzen: Denn am Ende und im Nachhinein sind die Verantwortlichkeiten nicht mehr zuzuordnen.

Auch ein anderer Fall staatlicher Kompetenzüberschreitung, der als „Staatstrojaner"-Skandal seit Herbst 2011 die Glaubwürdigkeit und die Rechtsstaatstreue der Staatsorgane in Zweifel zu ziehen vermag, ist unter anderem darauf zurückzuführen, dass der Staat Privatunternehmen mit hoheitlichen Aufgaben betraut. Fahrlässigerweise? Oder eben absichtlich, um durch eine Verwirrung der Zuständigkeiten die Verantwortlichkeit bei der Durchführung illegitimer Maßnahmen zu verschleiern?

Auf *SPIEGEL online* steht am 17. Oktober 2011 zu lesen:
„Der Hintergrund: Vor gut einer Woche hatte der Chaos Computer Club aufgedeckt, dass eine von der Polizei eingesetzte Software zur Überwachung von Computern Schwachstellen aufweist. Außerdem soll der sogenannte Staatstrojaner mehr Daten abgreifen können als

gesetzlich zugelassen ist. Seitdem wurde bekannt, dass es sich offenbar um Software der hessischen Firma DigiTask handelt – und dass weitere Behörden Trojaner in Auftrag gegeben haben.

Nach einem Bericht der Zeitschrift 'Computerbild' haben mutmaßlich auch Anbieter von Schutzsoftware beim Ausspähen von Verdächtigen geholfen. Das habe ein Mitarbeiter eines bekannten Virenschutz-Herstellers eingestanden. 'Eine Strafverfolgungsbehörde hat sich an uns gewendet und unsere Mitarbeit angefragt. Ein User wurde anhand eines gezielten Angriffs ausgespäht', wird der 'hochrangige' Mitarbeiter zitiert. Dem Hersteller sei eine Kopie des sogenannten Bundestrojaners überlassen worden. Das Virenschutz-Unternehmen habe den Trojaner dann so angepasst, dass deren eigene Schutz-Software den Verdächtigen nicht warnte – und so die Bespitzelung ermöglichte."

Zwar werden vermutlich solche Spionageaktionen im Internet oder auf den Festplatten privater PCs insbesondere zur Aufspürung von kinderpornographischem Material durchgeführt. Dass der Fall aber dennoch weite Teile einer ansonsten lethargischen Bevölkerung in Aufruhr versetzt, mag an der Dimension des Skandals liegen. Denn durch staatliches Schnüffeln sind prinzipiell alle Bürger bedroht. Nicht zuletzt deswegen sahen sich die Innenminister ausnahmsweise einmal zum Zurückrudern gezwungen (*SPIEGEL online*, 20. Oktober 2011):

„Versteckte Dateien: Das BKA soll künftig Überwachungssoftware ohne private Hilfe programmieren

Die Sicherheitsbehörden des Bundes und der Länder sollen ihre 'Trojaner-Programme' künftig in einheitlicher Regie selbst entwickeln. Das hat Innenminister Friedrich (CSU) am Donnerstag nach einer Telefonkonferenz mit den Innenministern und -senatoren der Länder vorgeschlagen. Damit folgte Friedrich Vorschlägen aus Union und SPD, die am Mittwoch während einer Aktuellen Stunde des Bundestages zu dem Thema vorgebracht wurden.“

KlägerInnen und AufdeckerInnen

Denjenigen, die jemals Opfer eines Sexualdeliktes geworden zu sein meinen, wird versichert: *„Brecht euer Schweigen und meldet euch: Man wird euch glauben!"* Auch die jüngste mediale Initiative der Bundesregierung zur Aufdeckung auch weit zurückliegender Fälle kreist um diese Devise.

Opfer tatsächlicher sexueller Gewalt, die unter der Tat und der Scham stets schwer zu leiden haben, erfahren durch diese Zusicherung und Ermunterung zweifellos eine notwendige Unterstützung: Sie müssen sich ernst genommen fühlen und darauf vertrauen können, dass ihnen widerfahrenes Unrecht gesühnt wird. Die im Grundgesetz verankerte Rechtsforderung *„Die Würde des Menschen ist unantastbar"* hat gerade auch hier uneingeschränkt zu gelten.

Leider aber melden sich zunehmend auch Menschen als „Missbrauchsopfer" zu Wort, die sich von sachfremden Motivationen leiten lassen. Dabei ist es nicht nur deshalb verführerisch, sich als Opfer zu outen, weil es einem ermöglicht, sich medienwirksam in Szene zu setzen, und man sich des großen Mitgefühls der Öffentlichkeit sicher sein kann. Es winkt auch gutes Geld: Schmerzensgeld. Oder für Aufdecker-Organisationen oder therapeutische Praxen: Aufträge, deren Finanzierung im Zweifelsfall auch durch öffentliche Mittel gesichert ist (*„Opfer können mit 10.000 Euro Hilfe rechnen"*, Deggendorfer Zeitung 5.10.2011). – Und dies auch noch nach Jahrzehnten …

In *DIE ZEIT* Nr.15 vom 3. April 2008 (*DOSSIER*, S. 15 ff.) schreibt Sabine Rückert:

„Straffreie Lügen
Zwischen polizeilichen Anzeigen und Verurteilungen durch die Justiz besteht in Deutschland eine beeindruckende Diskrepanz: Von den rund 5,5 Millionen gemeldeten Straftaten pro Jahr wird nur

die Hälfte aufgeklärt. Zur Verurteilung kommt es nur in 11 Prozent der Fälle. (…)

Trotzdem drehen die Strafverfolger den Spieß bei Falschbeschuldigungen nur selten um – wegen Vortäuschens einer Straftat wird pro Jahr nur gegen 14000 Personen ermittelt, die machen in der Polizeistatistik gerade 0,2 Prozent aus. Dahinter steckt das Bedürfnis der Behörden, potenzielle Anzeigeerstatter nicht abzuschrecken. Die Strafjustiz lebt von den Hinweisen aus der Bevölkerung, in Werbekampagnen wird dazu ermuntert, Straftaten der Polizei zu melden. Es wäre also kontraproduktiv, die Hinterbringer selbst in Bedrängnis zu bringen."

In einem a.a.O. abgedruckten Interview führt der forensische Gutachter Günter Köhnken aus, dass zwar fast alle Delikte für falsche Beschuldigungen infrage kämen, es aber ganz überwiegend Sexualdelikte seien:

„Bei uns landen vor allem die Fälle, bei denen es keine anderen Indizien mehr gibt, wo allein die Aussage einer Person den Angeklagten belastet. (…) – bei anderen Delikten läuft der Falschbezichtiger ja Gefahr, dass es andere Sachbeweise, also nachweisbare Verletzungsmerkmale geben müsste. Sexuelle Erfahrungen haben die meisten, da fällt es nicht schwer, einen Übergriff zu simulieren."

Dass, so *DIE ZEIT* a.a.O. weiter, jugendliche User inzwischen im Internet Anweisungen herunterladen können, wie man sich den Ermittlungsbehörden mit einer Anschuldigung am glaubhaftesten präsentiert und so die Justiz für eigene Zwecke einspannt, habe auch den Bundesrichter Axel Boetticher bezüglich Anschuldigungen sehr misstrauisch gemacht.

Ganz besonderes Misstrauen jedoch ist geboten, wenn erwachsenen Menschen, die an psychischen Störungen wie Depressionen u. ä. leiden, – meist nach längerer psychotherapeutischer Behandlung – plötzlich einfällt, sie seien als Kinder sexuell missbraucht worden. Und zwar desto mehr, je länger der „Missbrauch" zurückliegen soll. Denn auf ein nicht näher überprüfbares, aber angeblich extrem verstörendes Ereignis alle Schuld zur eigenen Entlastung abzuwälzen, liegt in der Natur des Menschen. Oder anders: „*Für viele Probleme des Lebens bietet sich plötzlich eine Universalerklärung*" (*PSYCHOLOGIE HEUTE*, 6/1994, S. 23). Dort schreibt Heiko Ernst im Editorial:

„Haben Sie gelegentlich Alpträume? Sind Sie mit Ihrem Körper-Bild unzufrieden? Werden Sie hin und wieder von Selbstzweifeln, grundlosen Schuldgefühlen oder Depressionen geplagt? Gibt es Probleme in Ihrem Sexualleben? Sind Sie mißtrauisch gegenüber anderen Menschen? – Bejahen Sie eine oder mehrere dieser Fragen, dann sind Sie mit an Sicherheit grenzender Wahrscheinlichkeit als Kind sexuell missbraucht worden (…) – aber Sie haben die Erinnerung an diese Erfahrung verdrängt. Wenn Sie das für die Ausgeburt eines überdrehten Psychologen-Hirns halten, für schlecht verdaute Psychoanalyse, liegen Sie richtig. Aber genau das ist die zunehmend erfolgreiche Lehre einer neuen therapeutischen Sub-kultur (…)"

Unter der Überschrift *Wie Probleme gemacht werden – Zur Ideologie des sexuellen Mißbrauchs und der Mißhandlung von Kindern* schreibt Katharina Rutschky in DIE ZEIT Nr.47 vom 16. November 1990:

„Mehr Geld, mehr Leute und ganz neue Konzepte müssen her, um der plötzlich offenbar gewordenen „sozialen Krankheit" von Gewalt und Mißbrauch in den Familien wirkungsvoll begegnen zu können. Noch ehe aber die ins Auge gefasste Klientel von den Investitionen profitiert, entsteht ein neuer Erwerbszweig mit neuen Arbeitsplätzen, von denen die Helfer selbst profitieren. – Man muß die öffentliche Diskussion um Kindesmißhandlung daraufhin überprüfen, ob der Kampf um die Anerkennung eines Problems in

der öffentlichen Meinung und schließlich in der Politik, wo dann über Ressourcen entschieden wird, nicht allzu sehr von den lobbyistischen Interessen bestimmter Berufszweige bestimmt wird, die sehr spezifische Vorurteile hinsichtlich angemessener Problemlösungsstrategien haben."

Carol Tavris, Autorin der Titelgeschichte „Der Streit um die Erinnerung" in *PSYCHOLOGIE HEUTE, 6/1994*, schreibt auf S. 23:

„(...) begannen die Medien, schockierende und sensationelle Geschichten von Inzest zu veröffentlichen, und Dutzende von Programmen und Therapien tauchten auf, die den neuentdeckten Opfern helfen wollten. Bis zum Ende der 80er Jahre war die Diagnose und Behandlung von mißbrauchten Kindern zum großen Geschäft geworden. – Eine Kindesmißbrauchs-Industrie beschäftigte Zehntausende von Therapeuten, Polizisten, Staatsanwälten, Anwälten, Sozialarbeitern, Schulverwaltern, Krankenhausverwaltern, selbsternannten ‚Inzest- und Missbrauchsexperten'. Das Bemühen, die Opfer von Missbrauch zu behandeln, ging allmählich in das Bemühen über, mehr Opfer zu erzeugen, um die gefräßige neue Industrie zu speisen, und das ‚Verdrängte-Erinnerungs'-Argument erwies sich als unfehlbarer Weg, sie auch zu fabrizieren."

Dieser Weg wurde inzwischen zur Autobahn ausgebaut. Eine Verjährungsfrist von dreißig Jahren wurde jüngst vom „runden Missbrauchstisch" der Bundesregierung empfohlen und mittlerweile Gesetz.

Polizei, Justiz und Medien

Presserummel und Skandalgeschrei lassen die Kassen klingeln. Mit der Zahl der Kriminalfälle wächst die Speckschicht des Staatsapparats und des Medienwesens, und die hysterisierte Phantasie der Bürger läuft Amok: Hinter Lächeln verbergen sich Missbrauchsabsichten, und bei mutmaßlich unmotivierter

Freundlichkeit zu Kindern ist sicherheitshalber die Polizei zu rufen: eine effektive Arbeitsbeschaffungsmaßnahme auf breiter Ebene. Und wenn die tatsächliche Anzahl von Opfern nicht ausreicht, um diese Strategie zu stabilisieren, reden die Medien eine entsprechende Zahl herbei.

Katharina Rutschky schreibt in DIE ZEIT Nr. 47 vom 16.11.1990:

„Im Umkreis der Kampagne gedeihen fast kabbalistische Zahlenspiele, die aber längst als bedrohliche Fakten weitergegeben werden. Wer weiß schon, wie bei stagnierenden Polizeistatistiken die sogenannte Dunkelziffer errechnet wird? Fest eingebürgert hat sich in Deutschland (noch ohne DDR) die Zahl von 300.000 sexuell missbrauchten Kindern. Die Bild-Zeitung macht daraus schon 300.000 ‚ständig‘ missbrauchte und rechnet diese Zahl noch, wegen der Dunkelziffer, auf 1,2 Millionen hoch, so dass von 10 Millionen deutschen Kindern jedes achte missbraucht wird (28. 8. 90).“

Hysterie tritt jedoch oft genug auch in seriöser Verkleidung auf. Und klingt zunächst gar nicht nach Hysterie, ja nicht einmal nach Polemik.

Im *SPIEGEL* (40/2006) ist auf Seite 54 (f.) zu lesen:

„Die Zahlen sind erschreckend. Jedes Jahr registriert die Polizei in Deutschland rund 14.000 Missbrauchsfälle, die Dunkelziffer liegt weit höher.“

Auch hier geistert eine Fallzahl durch die Presse, die dem Leser als die Zahl tatsächlicher Übergriffe verkauft wird.

In Wahrheit handelt es sich bei diesen polizeilich „registrierten" Fällen der Polizeistatistik stets um Verdachtsfälle. Doch was bedeutet das?

Zu den polizeilichen Ermittlungsverfahren auf Grund eines „Verdachts" zählen zunächst die Fälle von absichtlicher oder induzierter Falschbeschuldigung, über die zu sprechen zwar nicht als *politically correct* gilt, mit denen sich aber die Justiz immer wieder auseinanderzusetzen hat (u. a. die Fälle des Missbrauchs mit dem Missbrauch, oder die Fälle falscher Erinnerungen, die durch sogenannte AufdeckerInnen erst erzeugt werden).

Neben den Falschbeschuldigungen wird die polizeiliche Statistik nicht zum geringsten Teil auch durch Fälle belastet, die der Polizei durch Vermutungen über vermeintlich „unnormales Verhalten" zu Ohren kommen. Dazu zählen all die Fälle, wo besonders „wachsame" Bürger beispielsweise wegen eines – nach ihrem Empfinden verdächtigen – Blickkontakts oder eines – nach ihrer Meinung auffälligen – Verweilens einer Person an einem vermeintlich sensiblen Ort Verdacht schöpfen. Sie meinen dann, einem Verbrechen auf der Spur zu sein und die Polizei verständigen zu müssen. **Solche Verdächtigungen sind im Bereich der Sexualdelikte ausnahmslos von Amts wegen zu verfolgen.** Solange, bis sich – oft – herausstellt, dass eine Fehlbeurteilung und keine Straftat vorliegt.

Zu den Fällen, die ebenfalls die Polizeistatistik aufblähen, zählen auch all jene, die wegen Geringfügigkeit eingestellt werden – eine Variante, die wegen des überdimensionierten Straftatbestands bei den Gesetzen zum „sexuellen Missbrauch" relativ häufig ist: Wie leicht kann etwas als „sexuelle Handlung vor einem Kind" ausgelegt werden? Insbesondere angesichts einer fehlgeleiteten Wahrnehmung in einer hysterisierten Gesellschaft!

Weiters sind in der Statistik natürlich auch gerichtliche Verurteilungen erfasst. Dazu zählen zunächst die Fälle „leichten Missbrauchs", beispielsweise durch völlig berührungsfreien Exhibitionismus oder durch flüchtige Berührung oberhalb der Kleidung, die mit Sicherheit nicht zu der häufig beschworenen Kategorie „Mord an der Kinderseele" gehören.

Fasst man diese zuletzt genannten mit den übrigen Fällen zusammen, die von der Justiz zur Aburteilung kommen, ergibt sich eine ganz und gar unspektakuläre Zahl, die durchaus weniger zu erschrecken vermag als die sogar in seriösen Medien suggerierten 14.000. Nach wirklich seriösen Statistiken handelt es sich hierbei um rund 2.400 Fälle **abgeurteilten** sexuellen Missbrauchs im Jahr, wovon noch eine gewisse Dunkelziffer von Fehlurteilen abzuziehen ist.

Was hinter der stereotypen Wiederholung hoher Zahlen steckt, die in Wahrheit **keine Fallzahlen, sondern nur Verdächtigungszahlen** sind, und was sich in fantastischen Hochrechnungen gigantischer „Dunkelziffern" fortsetzt, spiegelt eine tendenziöse Absicht wider. Vorrangig scheint es darum zu gehen, durch Desinformation Ängste zu schüren und die Denunziationsbereitschaft der Menschen zu steigern. Und hinter jedem Ermittlungsverfahren stehen nicht nur sich selbst bestätigende Polizisten, sondern ein ganzes juristisches System, in dem vor allem auch die Berufsgruppe der Rechtsanwälte einen äußerst ansehnlichen Gewinn aus hohen Fallzahlen ziehen kann – mit solchen Zahlen steigt das Gesamtvolumen der Honorare.

Insbesondere aber können sich die Medien freuen. Im mittlerweile üblichen Journalismusbetrieb erspart man sich die Mühe eigenständiger Investigation und Recherche vielfach durch unkritisches Kopieren von Verlautbarungen, die aufgrund der vorgegebenen Dramatisierung die beste Voraussetzung für griffige Schlagzeilen bieten – allemal ein Verkaufsschlager. Schließlich will man sich zumindest keine Sensationsschlagzeile von der Konkurrenz wegschnappen lassen.

Aber noch besser, weil lukrativer, ist das gegenseitige Überbieten durch Hochschaukeln mit emotionalen Schlagzeilen. Und wie sich bei der Flüsterpost die Nachricht von Station zu Station verändert, entstehen beim Abschreiben von Mal zu Mal dramatischere Daten und Vorgänge.

Oder am besten: Man macht sich selbst zum ersten Ermittler. Sich als „investigativ" gebende Reportagen mit sexuellem Hintergrund – und seien sie noch so tendenziös und desinformativ – bringen neben Ruhm auch bares Geld: je sensationeller die Themen und je häufiger die Berichte mit beängstigenden Fallzahlen, desto höher die Verkaufsgewinne.

Wer aber so mit Themen und Zahlen spielt, treibt Schindluder mit den Gefühlen und dem Verstand der Menschen. So wird Polemik zur Demagogie.

Nicht nur die jüngste Studie des *kriminologischen Forschungsinstituts Niedersachsen (KFN)* vom Oktober 2011 straft all die Hochrechnungen Lügen und lässt die viel beschworene Allgegenwart des sexuellen Missbrauchs in weit weniger dramatischem Licht erscheinen:

„Sexueller Missbrauch geht drastisch zurück: Die größte Erhebung seit zwanzig Jahren zeigt, dass die Zahl der Übergriffe gegen Kinder und Jugendliche sinkt. Kinder und Jugendliche werden heute deutlich seltener sexuell bedrängt oder vergewaltigt als noch vor 30 oder 40 Jahren (…)" (SZ Nr. 241, S. 5, Mi, 19.10.2011)

Nota bene: Die Fälle gingen zurück – und dies trotz „Sensibilisierung" der Bevölkerung und somit deutlich gestiegener Anzeigebereitschaft …

Aber: all denjenigen, die von der Hysterie profitieren, liegt eher daran, solche Erhebungen kleinzureden oder ihre Wissenschaftlichkeit in Zweifel zu ziehen. Oder sie erkennen sie zwar an, münzen aber die positive Bilanz zu ihren Gunsten um: Das eigentlich fällige Eingeständnis ihrer eigenen Fehleinschätzung wird durch die Behauptung ersetzt, der Rückgang der Fallzahlen sei das Verdienst ihres unüberhörbaren, jahrelangen Engagements, das also richtig gewesen und folglich weiter zu betreiben sei.

Lobbygruppen werden ihre Macht so schnell nicht aufgeben und mit allen Mitteln, auch mit solchen der Desinformation und Demagogie, Aufklärung zu diffamieren und ihren eigenen Einfluss zu wahren suchen. Denn mit der Hysterie wächst das Geschäft.

Mit all diesen Feststellungen soll aber die ehrenwerte Motivation, die die Arbeit vieler Kinderschutzvereine, wie z. B. des Deutschen Kinderschutzbundes, bestimmt, nicht in Abrede gestellt werden. Bei ihnen, insbesondere bei denen, die schon vor Beginn des Missbrauchbooms unaufgeregte Lobbyarbeit leisteten, steht sicherlich nicht das Geschäft im Vorder-, ja vielleicht nicht einmal im Hintergrund. Ihr Tun und ihr Anliegen, sich zum Anwalt der Kinder und ihrer ungestörten sexuellen Entwicklung zu machen, dürfen nicht ins Zwielicht geraten. Genau diesem Ziel dient die hier (in Punkt 6.1) geübte Kritik, die sich ausschließlich gegen die Auswüchse einer demagogischen Missbrauchs-Präventions-Industrie richtet, die auch redliches Engagement im Kinderschutz durch verbrämten Eigennutz in Misskredit zu bringen droht.

6.2 Der bezahlte Preis: das journalistische Ethos

Im Jahre 2007 erschien die erste Auflage von Karremanns „Es geschieht am helllichten Tag", worin unter anderem auch die Zerschlagung der *Pädo-Selbsthilfe- und Emanzipationsgruppe München* thematisiert wird.

Das Buch wird als Produkt aufklärerischen Journalismus' gerühmt. So auch im Vorwort von Reinold Hartmann, dem Leiter der Redaktion „Kirche und Leben evangelisch" des ZDF. Es beginnt mit folgendem Passus:

„Nach der Lektüre des Buches „Am helllichten Tag" sieht der Leser klarer. Leider! Aber nur der unverstellte Blick bringt Aufklärung im besten Sinne. Manfred Karremann mutet dem Leser viel zu, muss an die Grenzen der Tabus gehen, um zu beschreiben, was am helllichten Tag in Deutschland geschieht: Kindesmissbrauch."

Und am Ende des Vorworts heißt es:
„Auch dieses Buch ist aus dem Geist und der Anstrengung eines nachhaltigen Journalismus entstanden."

„Aufklärung" und „Nachhaltigkeit" im Journalismus sehen allerdings anders aus.

Zunächst begeht Manfred Karremann als Polizeispitzel und Journalist in Personalunion einen schweren Bruch mit den Prinzipien eines sauberen Journalismus'. Der handwerklich und ethisch korrekte Journalist ist reiner Beobachter und Berichterstatter: Er darf in das Geschehen nicht eingreifen, weil er die Geschehnisse sonst selbst mitgestaltet, über die er mit innerem Abstand zu berichten hat.

Allein die Tatsache, dass der Journalist Karremann **überhaupt** der Polizei als Informant zu Diensten war – ungeachtet einer strafrechtlichen Relevanz oder Irrelevanz seiner Rechercheergebnisse – führte letztlich zu der skandalträchtigen Razzia und zu etlichen unbegründeten Haftbefehlen. Dies gilt insbesondere im Zusammenwirken mit seinem eigennützigen Verhalten auf dem Medienmarkt: Indem er der Polizei gegenüber die Veröffentlichung von Rechercheergebnissen für ein bestimmtes, frühes Datum ankündigte, setzte er diese unter „Zugzwang" und wurde so Auslöser der Zerschlagung der Gruppe.

Und weiter: Hätte Karremann objektiv über die *Pädo-Selbsthilfe- und Emanzipationsgruppe München* berichtet – und zwar sauber abgegrenzt von den Rechercheergebnissen, die er als *agent provocateur* über gruppenfremde Personen erlangt hatte, und ebenso sauber abgegrenzt von seinen Rechercheergebnissen über andere Gruppen in Deutschland, in die er sich ebenfalls eingeschlichen hatte –, hätten die bayerischen Strafverfolgungsbehörden in der Folgezeit gegenüber der Öffentlichkeit nicht so lange den Eindruck aufrechterhalten können, die Zerschlagung der Münchner Gruppe zurecht betrieben zu haben.

Das Ergebnis war die Bildung einer für den äußeren Betrachter nur schwer durchschaubaren, sich selbst bestätigenden Scheinwirklichkeit: Ein Journalist ermittelt verdeckt. Diese Spitzeltätigkeit an sich wird durch eine Großaktion der Polizei nachträglich scheinbar bestätigt und mit einer großen Bedeutung versehen, seine Leistung erhält sozusagen eine höhere Weihe, einen Nimbus. Dabei war der Journalist mit seiner Spitzeltätigkeit selber Mit-Ursache der Aktion.

Mehr noch: Karremann bestätigt sich selbst, indem er Verrat an der Wahrheit übt.

In seinem Buch heißt es:

„2003: Wir sind beim monatlichen Treff der ‚Pädo'-Gruppe München.“*

Das Sternchen verweist auf eine Fußnote, in der es heißt:

„Die meisten Teilnehmer der ‚Pädo'-Gruppe München wurden im Herbst 2003 in einer Großaktion der Münchener Polizei verhaftet, an der etwa zweihundert Beamte und Staatsanwälte beteiligt waren. Die ‚Pädos' wurden verdächtigt, eine kriminelle Vereinigung gebildet zu haben. Der Prozess war bei der Drucklegung 2007 noch immer nicht abgeschlossen.“

Zwar weiß Karremann in seinem Buch – wie schon zuvor in allen seinen Presseveröffentlichungen sowie in seinen aktenkundigen Rechercheergebnissen und in seinen Zeugenaussagen vor Gericht – nichts strafrechtlich Relevantes über die Münchner Gruppe zu berichten. Doch führt er als scheinbaren Beleg für die aktuelle Gewichtigkeit und Brisanz seiner „Recherchen" gerade die Großrazzia an, die er selbst maßgeblich mitverursacht hat.

Und weiters: Als ethisch korrekter Journalist hätte sich Karremann mit Richtigstellungen zu Wort melden müssen. Er wusste aus eigener Erfahrung, dass die *Pädo-Selbsthilfe- und Emanzipationsgruppe München* eine ebensolche war und nicht den von den Münchner Strafverfolgungsbehörden behaupteten Zwecken diente. Wo war der „aufklärende" Journalist, der hautnah einen Justizskandal mitbeobachtet hat? Wo hat er das Unrecht dokumentiert? Er hat sich nicht zu Wort gemeldet. Im Gegenteil.

Wider besseres Wissen schweigt er nicht nur zu den Machenschaften der Ermittlungsbehörden, nein, er wirkt sogar bei der jahrelangen Konservierung ihrer Falschbehauptungen mit:

Ähnlich wie in der Zeitschrift „Bayerns Polizei", die noch im Jahre 2005 im Zusammenhang mit der Pädo-Gruppe München von *„krimineller Vereinigung"* fabuliert, wird hier, weitere zwei Jahre später, immer noch dasselbe Märchen aufgetischt. Und dies, obwohl sämtliche Verfahren gegen Gruppenbesucher wegen *„Bildung krimineller Vereinigungen"* bereits Mitte 2004 eingestellt worden waren.

Was Karremann aber im Zusammenhang mit seinem Buch – aber auch schon mit seiner ZDF-Reportage vom 4. November 2003 (*„37°: Am helllichten Tag"*) – besonders vorzuwerfen ist, ist die Wahl des Publikationstitels. Pate stand der Film aus dem Jahre 1958 *„Es geschieht am helllichten Tag"* von Ladislao Vajda. Zentrales Thema des Films ist die Suche nach einem Kindermörder.

Im Buch selbst gibt es – wie auch in Wirklichkeit – keinen Mord, geschweige denn einen Kindermord. Karremann wirft durch den Titel seines Buchs Pädophile demagogisch und volksverhetzend mit Kindermördern in einen Topf.

Wenn sich Journalisten derart manipulativer Techniken bedienen, und hochrangige Vertreter der Medien dies nicht erkennen, sondern darin im Gegenteil „Aufklärung im besten Sinne" und „nachhaltigen Journalismus" loben, dann sind Bedenken angesagt, Bedenken am Ethos des Journalismus in unserer Gesellschaft. Und Bedenken an der Medienkompetenz hochrangiger Medienentscheidungsträger.

Desinformation statt Information – Was im sogenannten „investigativen Journalismus" als Aufklärung daherkommt, ist nicht immer eine solche. In der Flut von Informationen in einer weitgehend gleichgeschalteten, hysterisierten und auf Sex & Crime getrimmten Medienlandschaft vermag nur das Spektakulärste wahrgenommen zu werden. Und in einer Flut nebensächlicher Informationen, die Informiertheit vortäuschen, geht Wesentliches unter.

Auch viele kleine Wahrheiten können eine große Lüge erzählen.

6.3 Der bezahlte Preis: die staatliche Glaubwürdigkeit

Manfred Karremann hatte bei seinen Recherchen unter Pädophilen sich nicht nur mit der Münchner Gruppe beschäftigt. Diese spielte in seinen Veröffentlichungen am 30. Oktober und am 4. November 2003 im STERN (*„Unter Kinderschändern"*) und im ZDF (*„37°: Am helllichten Tag"*) sogar nur eine untergeordnete Rolle. Wichtiger – da dort möglicherweise auch tatsächliche Anhaltspunkte für gesetzwidriges pädosexuelles Verhalten vorlagen – war ihm die Szene außerhalb Bayerns, so vor allem in Berlin.

Die Strafverfolgungsbehörden außerhalb Bayerns sahen sich durch den STERN-Artikel Karremanns nicht zu einer ähnlichen Staatsaktion veranlasst wie die bayerischen. Der Leitende Oberstaatsanwalt der Staatsanwaltschaft München I, Herr Heimpel, erklärt am 3. November 2003 anlässlich einer Pressekonferenz über die Münchner Zerschlagungsaktion:

„Sie haben sicher auch bemerkt, dass im STERN-Artikel der Münchner Fall, also der Münchner Kreis relativ kurz wegkommt. Sie werden also keine einzige konkrete Straftat da finden in dem, was er schildert. Also, Berlin, Mainz, Krefeld, was da drinsteht, ist halt wesentlich üppiger ausgefallen, sodass wir noch gar nicht abschätzen können, über welche konkreten Kenntnisse die Justiz da verfügt.
Frage: *Aber da sind keine Zugriffe erfolgt, so schnell?*
Ltd.OStA Heimpel: *Da müsst' man mal die Kollegen von der Polizei fragen. Ich geh' mal davon aus, dass solche Zugriffe nicht erfolgt sind – ich weiß es aber nicht."*
(Protokoll, auf Basis eines Tonmitschnittes erstellt)

War dies deshalb so, weil die Berliner, Mainzer oder Krefelder Ermittler schliefen oder einfach nur weniger fähig wären?

Gewiss: Ein Jahr zuvor hatte die Berliner Polizei eine ähnlich brutale Razzia gegen Pädophile durchgezogen. Die gebrochenen

Rippen bei Beschuldigten aber haben möglicherweise einen Lernprozess auf Seiten der dortigen Exekutive ausgelöst. Jedenfalls ließ sie sich diesmal nicht mehr zu einer Überreaktion hinreißen.

Mit Schläfrig- oder Unfähigkeit hat das nichts zu tun. Es scheint vielmehr so, als seien die Ermittlungsbehörden in anderen Ländern eher bereit, sich auf die StPO und andere Grundregeln zu besinnen als in Bayern. Vielleicht sind sie etwas weniger schnell darin, mit Kanonen auf Spatzen zu schießen?

Die bayerische Polizei hat diesen Lernprozess – auch nach Jahren – offenbar immer noch vor sich. Vielleicht lässt sie sich auch gar nicht auf ihn ein. Denn Scharfmacher sind angesehen – und *Angemessenheit der Maßnahme* sowie *Verhältnismäßigkeit der Mittel* sind zu nostalgischen Begriffen aus vergangenen Zeiten verkommen. Rambo spielen … USKs und SEKs scheinen das gerne zu tun (vgl. Punkt 4.5) – und dies in der vollen Überzeugung, dazu berechtigt zu sein. Die bayerische Polizei – ein „robustes" Vorbild für Deutschland?

Eines jedenfalls dürfte feststehen: Wenn sich die Behörden außerhalb des Freistaats durch Karremanns Veröffentlichungen trotz „*üppigerer*" Informationen nicht in Zugzwang gesetzt fühlten, um überstürzt eine Jahrhundertrazzia zu entfesseln, um wie viel weniger war dann ein solches Vorgehen gegen die Münchner Gruppe gerechtfertigt!

Die Kriminalbeamten, die die *Verantwortung* dafür und für anderes tragen, verfahren deshalb noch lange nicht immer *verantwortungs*voll:

Ist es unangebracht, von versuchter Zeugenbeeinflussung in Vernehmungen (vgl. Punkt 5.3), Manipulation von Protokollen (vgl. Punkt 4.2), Unterdrückung von Beweisen (vgl. Punkt 4.5), beharrlichem Lügen auch noch nach Jahren zur Vertuschung illegitimen Handelns (vgl. Punkte 4.1 und 4.4) zu sprechen?

Und missachten Staatsanwälte – eine im Grunde inakzeptable Mischform staatlicher Gewalt zwischen Exekutive und Judikative, als „Organ der Rechtspflege", wie sie gewaltenverkleisternd etikettiert wird – nicht oft ihre eigentliche Pflicht, neben Belastendem auch Entlastendes zu ermitteln? Sie übernehmen Erkenntnisse ihrer Zuträger – oder was diese dafür ausgeben – nicht selten eins zu eins und legen sie – in dann fertig formulierter Form – Ermittlungsrichtern als teils abstruse Anträge auf maximal repressive Maßnahmen zur Prüfung vor.

Und die Ermittlungsrichter brauchen nur noch zu unterzeichnen. Sollten sie aber der Versuchung nachgeben, diese Anträge nach nur grober Durchsicht quasi blanco zu unterschreiben, kann von einer richterlichen Prüfung, die diesen Namen verdient, nicht mehr die Rede sein. Auch so handelnde Richter vernachlässigen dann ihre Pflicht (vgl. Punkt 4.2).

Gewiss: bei der wachsenden Flut der staatsanwaltschaftlichen Anträge bleibt ihnen dafür tatsächlich kaum mehr die nötige Zeit. Aber kann man ihnen das als Entschuldigung dafür durchgehen lassen, lieber einfach an die Korrektheit staatsanwaltlicher Schriftsätze zu *glauben* und dabei mangelhaft begründete und letztlich willkürliche Beschlüsse in Kauf zu nehmen?

Beschwerden Betroffener und Anzeigen gegen diese Staatsorgane werden möglichst bereits auf der Ebene der Staatsanwaltschaften zurückgewiesen, und dies von denselben Staatsanwaltschaften, gegen die sich die Anzeigen richteten. Sollte die Eröffnung eines solchen Verfahrens tatsächlich nicht zu vermeiden sein: Setzen Gerichte falschverstandene Kollegialität nicht auch gerne mal über Gerechtigkeit? Und nur in den ganz seltenen Fällen, in denen dann der Gang nach Karlsruhe Erfolg hat, spricht ein oberstes Gericht Recht, das diese Bezeichnung verdient – und das dann allerdings folgenlos bleibt.

Denn wenn es wirklich eng zu werden droht, tritt die Politik auf die Bühne:

Das bayerische Innenministerium ist sich nicht zu schade, eine nachträglich in die Akten gezauberte „Vertrauensperson" mit Begründungen, die hanebüchener nicht sein könnten, durch eine „Sperrerklärung" mit Tabu zu belegen (vgl. Punkt 3.9). Der namenlose Zeuge, ohnehin eine Luftnummer, bleibt also für immer im Dunkeln: man weiß nicht, wer er ist, ob er etwas ausgesagt hat, und wenn ja, was er konkret gesagt hat, und worauf seine Aussagen beruhen, und wird es vermutlich nie wissen – ein Strohmannkonstrukt, das die Ermittlungsorgane vor dem Vorwurf illegitimen Handelns immunisieren soll ... oder was sonst?

6.4 Der bezahlte Preis: die soziale Gesundheit

Die Vergiftung der Gesellschaft, Thema in den beiden *Spiegel*-Artikeln auf den folgenden Seiten, ist ein hoher Preis, der im britischen und anglo-amerikanischen Raum schon seit langem zugunsten der Missbrauchsindustrie gezahlt wird. Dadurch mag der Eindruck entstehen, dass dieses Thema mit dem vorliegenden Buch, das von der Zerschlagung der *Pädo-Selbsthilfe- und Emanzipationsgruppe München* handelt, nichts zu tun habe. Dies ist jedoch nur scheinbar so; denn es geht hier um eine mindestens seit der Jahrtausendwende auch in Europa herrschende mentale Realität (*Spiegel*-Artikel von 2009) bzw. eine Handlungsweise, die sich inzwischen – zur Zeit der Zerschlagung der Münchner Gruppe – längst auch in Kontinentaleuropa eingebürgert hatte (*Spiegel*-Artikel von 2009). Wieder einmal eine der gesellschaftlichen Erscheinungen, die dem Zeitgeist unterliegen und – zwar stets mit etwas Verzögerung, aber doch regelmäßig und sicher – über den großen Teich zu uns gelangen.

Die besondere Relevanz des ersten der beiden Texte liegt – abgesehen vom Skandalcharakter des Inhalts – auch auf der Meta-Ebene. Der dortige Gebrauch des Begriffs „pädophil" belegt einen offenbar bereits längst vollzogenen und nicht mehr in Frage stehenden Bewusstseinswechsel: Indem der Autor einen unbegründet erhobenen Pädophilie-Verdacht („Anhaltspunkt für Pädophilie") als nicht hinreichenden Grund für einen Ausschluss der Person aus dem öffentlichen Leben darstellt, erscheint im Umkehrschluss ein begründet erhobener Verdacht dies – seiner Meinung nach – durchaus zu sein. Darin zeigt sich eine Abkehr vom Legalitätsprinzip und die Hinwendung zum Gesinnungsstrafrecht, dem zwar in einem Rechtsstaat kein Platz zugestanden werden dürfte, das bei den (Vor-)Ermittlungen gegen die Münchner Gruppe jedoch durchaus auch als Auslöser, zumindest als Katalysator, fungierte.

Der zweite der nachstehend zitierten Texte vermittelt einen Eindruck von der monströsen Zerstörungskraft einer zunächst völlig unbedeutenden Äußerung eines Vorschulkindes in einer hypersensibilisierten „Hinschau-Gesellschaft". Wie hier aus nichts – nicht einmal einer Mücke – ein Elefant gemacht wurde, weist eine starke Ähnlichkeit mit dem Zusammenbrauen eines Anfangsverdachts gegen die Münchner Gruppe auf. Die negative Rolle einer verbreiteten Hysterie durch ihre vergiftenden Wirkungen auf die Gesellschaft, Hauptthema im zweiten Text, spiegelt eine wahnhafte Geistesverfassung von Bevölkerung und Behörden wieder, wie sie auch die Zerschlagung der Münchner Gruppe nicht unwesentlich beförderte.

Trotz vordergründig rein britischer und anglo-amerikanischer Bezüge sind die beiden folgenden Artikel also auch im thematischen Zusammenhang dieses Buches (bayerische Verhältnisse) bedeutsam.

In *Der Spiegel* (39/2009) schreibt Marco Evers (S. 116) unter dem Titel *„Vergiftetes Miteinander"* über aktuelle Tendenzen in Großbritannien:

„Kinder lieben die magischen Welten des Fantasy-Autors Philip Pullman. Aber liebt Pullman auch Kinder?

Auf den ersten Blick mag ja einiges dafür sprechen, dass der Bestsellerautor („Der Goldene Kompass") ein Pädophiler sein könnte. Pullman ist ein Mann. Er sucht oft und immer wieder die Nähe von Kindern, die nicht seine eigenen sind. Er geht in die Schulen seines Wohnorts Oxford. Er liest den Kleinen vor. Er schaut ihnen in die Augen. Er spricht mit ihnen. Es könnte sein, dass er sogar ihr Vertrauen gewinnt. Und dann?

(…) Unschuldsvermutung? Das war gestern. Am Flughafen ist schon heute jeder ein potentieller Terrorist. Und ab dem 12. Oktober ist im Vereinigten Königreich vor dem Gesetz jeder, der Umgang mit fremden Kindern hat, ein potentieller Pädophiler.

Verdächtig ist der Lehrer. Die Krankenschwester. Der Schulbusfahrer. Der Hausmeister. Die ältere Frau, die in ihrer Freizeit den Kindern im Kindergarten vorliest. Der Nachbar, der die Jungs der Straße zum Fußball fährt. Der Trainer im Judoverein. Die Frau, die Ponyferien veranstaltet. Die Eltern, die im Sommer einen deutschen Austauschschüler aufnehmen. Und eben auch der bebrillte 62-Jährige, von dem behauptet wird, er habe Kinder mit seinen millionenfach verkauften Büchern glücklich gemacht.

(…) Wenn Pullman künftig in Schulen vorlesen will, dann muss er erst eine Genehmigung von der ISA einholen, einer neuen Behörde, die sich auch „Ministerium für Kindersicherheit" nennen könnte.

Pullman muss 64 Pfund, etwa 72 Euro, bezahlen für die Dienste der Independent Safeguard Authority. Dafür wird die ISA in einer gewaltigen Datenbank, der größten ihrer Art auf der Welt, sein Vorstrafenregister prüfen und nötigenfalls seinen Leumund untersuchen, und zwar indem ISA-Mitarbeiter Pullmans Kollegen, Nachbarn, Freunde und Feinde befragen und in einschlägigen Chatrooms im Internet nachforschen. Wenn sich dabei immer noch kein Anhaltspunkt für Pädophilie finden sollte, stellt ihm die ISA eine vorläufige Unbedenklichkeitsbescheinigung aus. Dieser Schrieb ist die staatliche Lizenz, mit fremden Kindern in Kontakt zu treten, ob beruflich oder ehrenamtlich. Ohne ihn darf Pullman von November kommenden Jahres an keine Schule mehr betreten.

(…) Die ganze Idee der ISA-Prüfung erscheint ihm als „Gift für das normale soziale Miteinander". Heranwachsende würden angehalten, in jedem Erwachsenen zuallererst einen Vergewaltiger und Mörder zu vermuten.

(…) Philip Pullmans Entschluss steht fest. Er weigert sich zu zahlen für ein staatliches Attest, dass er nicht pädophil ist. Lieber setzt er aus Protest nie wieder einen Fuß in eine Schule. Ebenso haben die Kinderbuchautoren Anthony Horowitz, Michael Morpurgo und Anne Fine entschieden."

Wenn Kinder lernen, nur mit staatlich geprüften Menschen Kontakt haben zu dürfen, bedeutet dies das Ende jedes unbefangenen, normalen sozialen Umgangs und das Ende jedes humanen, zwischenmenschlich normalen Verhaltens. Schon frühzeitig werden Kinder zu einer übersteigerten Wachsamkeit gegenüber jedem und allem außerhalb der Familie erzogen, obwohl gerade dort die geringste Gefahr droht:

„Pass auf! Überall gibt es Leute, die dich stehlen und besitzen und schlimme sexuelle Sachen mit dir machen wollen. Und dann brauchst du noch großes Glück, wenn sie dich danach nicht umbringen, damit du sie nie verraten kannst."

Solche Doktrinen dringen wie Gift ins (Unter-)Bewusstsein der Kinder, verunsichern sie und führen unweigerlich zu erheblichen Vorbehalten im Umgang mit Anderen: zu generellem Misstrauen, zur Beschneidung der Erlebniswelten, zu gestörter Neugier und behindertem Forschergeist, zu mangelndem Selbstvertrauen und zur Unselbständigkeit, ja, zu geistiger Verarmung. Kinder, die man aus einem falsch verstandenen Schutzdenken heraus hinter Sicherheitsglas hält, werden – sofern sie sich später nicht gewaltsam aus dieser Käseglocke befreien – zeitlebens in solcher Unmündigkeit verharren: das eine wie das andere kein Kriterium gelungener Sozialisation.

Wenn aber die Ängste, die in die prinzipielle Unfähigkeit zur menschlichen Begegnung führen, sich einmal verfestigt und zur Hysterie fortentwickelt haben, sind nicht nur die Fundamente für unausrottbare Vorurteile, sondern auch dafür gelegt, dass solchermaßen eingeschüchterte, zur Panik neigende Kinder erst recht Übergriffe auf sich lenken und tatsächlich einmal zu Opfern werden. Ganz zu schweigen davon, welche Art Erwachsener sich aus solchen Kindern entwickelt.

In *Der Spiegel* 46/1990, S. 226 ff., wird unter dem Titel „Hexenjagd im Kindergarten" der Preis für ein ausferndes Sicherheitsdenken, den nicht nur die Kinder zu zahlen haben, am Beispiel der Lehrerin Kelly Michaels, Bürgerin der Vereinigten Staaten von Amerika, die „Opfer einer schrecklichen Hysterie wurde", eindrücklich geschildert:

„(…) Begonnen hatte das Drama in der Praxis eines Kinderarztes in Maplewood. „Das macht meine Lehrerin auch immer", sagte der Vierjährige, dem die Praxishelferin während einer Routineuntersuchung rektal die Temperatur maß. Mutter und Helferin horchten auf und fragten nach. „Fiebermessen beim Mittagsschlaf", sagte der Junge und ergänzte ungefragt: „Bei Sean tut sie's auch." (…) Auf Anraten des Arztes (…) unterrichtete die Mutter des Vierjährigen die zuständige Kinderschutzbehörde DYFS, die ihrerseits die Staatsanwaltschaft verständigte.

(…) Als Chefin der „Abteilung Kindesmißbrauch" bestellte die stellvertretende Staatsanwältin Sara McArdle den Vierjährigen zur Vernehmung. (…) Und weil der Junge (…) in den Anus einer „anatomisch korrekten Puppe" laut Vernehmungsprotokoll „den Finger gesteckt" hatte, war für Staatsanwältin McArdle alles klar. Die Kinder waren sexuell mißbraucht worden.

Inzwischen hatte die Schulleitung (…) in einem Rundbrief alle Eltern über die „schweren Anschuldigungen gegen eine unserer Angestellten" benachrichtigt. Ein Informationsabend wurde einberufen, an dem als „fachkundige Berater" die Sozialarbeiterin Peg Foster und die Psychologin Susan Esquilin teilnahmen. (…) Peg Foster (…) riet den Eltern, sie sollten ihre Kinder ausdrücklich „etwa hinsichtlich Schmerzen an den Genitalien" befragen und sie präzise beobachten. Zu achten sei auf „Alpträume, Beißen, Spucken, Bettnässen, Masturbieren und jedwedes im weitesten Sinne sexuelles Verhalten". Daß derlei „Symptome" bei vielen Kindern zur normalen Entwicklung gehören, erwähnte Peg Foster „natürlich nicht".

Psychologin Susan Esqilin bot derweil ihre professionellen Dienste an. Sie therapierte in den Monaten bis zur Verhandlung insgesamt 18 Kinder. Die Erwachsenen erhielten in dieser Zeit mehrmals Gruppentherapie, während der sie beispielsweise erfuhren, sie würden, falls sie die Möglichkeit eines sexuellen Missbrauchs ihrer Kinder ausschlössen, damit „nur ihre eigene Schuld zeigen".

Auch das Jugendamt blieb nicht untätig. (…) Eine Task Force aus Vertretern der Staatsanwaltschaft und der Jugendbehörde wurde gebildet. (…)

Auszugsweise ist der Inhalt der Vernehmungsprotokolle, die laut Gerichtsbeschluß geheim bleiben sollten, inzwischen durchgesickert. (…) Auch Berufungsanwalt Stavis weiß über die „haarsträubenden Vernehmungstaktiken" der Task Force Bescheid.

„Nicht ein einziges Kind", so Stavis, habe „spontan Kelly Michaels belastet. Erst als „diese Vernehmer vom Typ Fonolleras" mit Suggestivfragen „die Kinder bedrängten" oder ihnen Belohnungen („Dann bekommst du auch meine Polizeimarke") versprachen, „stellten sich die erwünschten Antworten ein".

Insgesamt 235 Einzelfälle sexuellen Missbrauchs brachten die Ermittler so zusammen. Die Staatanwaltschaft kümmerte sich um weitere handfeste Beweise: Sie bat die Eltern, in Form von Tagebüchern oder Listen jene Symptome aufzuschreiben, die nach Ansicht von Peg Foster auf sexuellen Missbrauch hindeuteten.

Nachdem die Staatsanwaltschaft ihnen Anonymität zugesichert hatte, kombinierten und fabulierten die Eltern munter drauflos. (…) So erläuterte ein Vater, wie sein Kind seinen „Penis gepackt" habe. Eine Mutter bezeichnete ihre Tochter „als kleine fünfjährige Hure – so hat sie meinen Mann bedrängt".

Das Ergebnis: Kelly Michaels erhielt 47 Jahre Gefängnis wegen „115 schändlicher Handlungen sexuellen Charakters", musste 5 Jahre in Haft verbringen und wurde erst nach aufreibenden juristischen Auseinandersetzungen 1993 freigesprochen (vgl. Roth 2013, S. 214)

Mit welchem Gift wurde hier eine ganze Gesellschaft infiziert? Welche Schäden hat der ansteckende Wahn hysterischer und geltungssüchtiger AufdeckerInnen angerichtet? Der zitierte Artikel spricht für sich und bedarf keiner weiteren Erläuterung – allerdings sehr wohl eines kritischen Blicks auf das Verhalten der Eltern:

Als Spitzel und Denunzianten ihrer eigenen Kinder sind sie zum Zwecke deren „Schutzes" bereit, einen unwiederbringlichen Preis zu bezahlen: nämlich das familiäre Vertrauensverhältnis und damit letztlich die Familie selbst zu opfern – für ihren Glauben an die Kompetenz einer geballten Front vermeintlicher KinderschützerInnen. Ein Fall von Wahnsinn, der in den USA verbreitet ist und uns nicht zu bekümmern braucht?

Die Hysterie hat sich mit dem zeitlichen Abstand, in dem die nordamerikanischen Phänomene auch nach Europa überzuschwappen pflegen, inzwischen auch auf dem alten Kontinent – vor allem in Großbritannien, aber zunehmend auch hierzulande – weitgehend ausgebreitet. Zwar ist hier eine Mehrheit unter den Eltern wohl noch nicht so leichtfertig bereit, Wahnvorstellungen über „normales" kindliches Verhalten zu folgen und damit das Vertrauen ihrer Kinder zu missbrauchen und zu zerstören, aber eine andere verheerende Auswirkung wird auch hier schon spürbar:

Selbstverständlich müssen Eltern damit rechnen, dass Kinder in ihrer Unbefangenheit auch in der Öffentlichkeit mit intimeren Details aus ihrem Alltag nicht hinter dem Berg halten. Denn vom Risiko, damit sich selbst als „sexualisiert" und ihre Eltern als Quelle dieser „Sexualisation" zu outen, wissen sie nichts.

Da Kindern ein Redeverbot über entsprechende Themen nicht vermittelbar oder – wenn überhaupt – nur mit inakzeptablen Mitteln und kaum nachhaltig aufzuzwingen wäre, bleibt Eltern, die ihre Familie nicht der Gefahr einer behördlichen Zerschlagung aussetzen wollen, angesichts der überweiten juristischen Definition strafbaren „Missbrauchs" nur eines:

Zwischen ihnen selbst – im Beisein von Kindern –, aber vor allem zwischen ihnen und ihren Kindern darf es niemals zu Situationen kommen, die im Nachhinein und von außen auch nur im Entferntesten als sexuell getönt umgedeutet werden könnten.

Dies aber bedeutet, körperliche Nähe wie Knuddeln oder Schmusen nicht nur selbst zu vermeiden, sondern ganz zu verhindern. Gemeinsames Baden oder Nacktheit werden zum Tabu, und Zärtlichkeit zum Risiko. Eine Unmittelbarkeit in der Begegnung zwischen Kindern und Erwachsenen ist dann nicht mehr möglich, und zwar von beiden Seiten. Denn die Wirkung dieses „Staatsanwalts im Kopf", die sich in Reserviertheit und Befangenheit äußert, färbt unwillkürlich auf alle Beteiligten ab. Das zu erwartende Ergebnis: eine abgekühlte Gesellschaft liebes- und beziehungsunfähiger Individuen, voller Angst, und panisch auf Distanz bedacht. – Wohl doch ein zu hoher Preis?

6.5 Der bezahlte Preis: die Bürgerrechte

„Dieser ganze Pädo-Sumpf hätte längst ausgetrocknet gehört." – „Bei jedem Pädo ist doch was zu finden: Alle sind sie kriminell, und jeder von denen hat doch Kinderpornos." – „Wenn die Polizei da mal vielleicht ein bisschen härter durchgegriffen hat als, streng genommen, erlaubt: Die Falschen hat es ja wohl nicht getroffen!" – „Richtig so! Null-Toleranz! Und die Polizei ist noch viel zu lasch!" – „Bloß keine Humanitätsduselei! Wo gehobelt wird, da fallen Späne."

Werden – nicht nur am Stammtisch – die rechtswidrigen Methoden von Ermittlern bei der Zerschlagung der *Pädo-Selbsthilfe- und Emanzipationsgruppe München* thematisiert, bilden solche Meinungen sicher nicht die Ausnahme. Die so reden, aufgehetzt durch jahrzehntelange Gehirnwäsche der öffentlichen Einheitsmeinung, fühlen sich selbst moralisch legitimiert – und haben sich doch meilenweit von rechtsstaatlichem Bewusstsein entfernt.

Verdächtigungen, die nur auf dem Gefühl, auf Vermutungen, auf Bildungsmangel oder Fehlinformation, oder auch nur auf etwas beruhen, was als „kriminalistische Erfahrung" bezeichnet wird, dürfen in einem Rechtsstaat niemals als alleinige Grundlage repressiven Handelns dienen. Die Antipathie gegenüber einer Gesinnung oder einer Veranlagung darf nie, wie es im Grundgesetz der Bundesrepublik Deutschland zu Recht für Rasse, Religion oder Geschlecht ausgeschlossen ist, zu einer speziellen Behandlung oder Verfolgung führen. Sobald die Strafprozessordnung nur für den ‚Normalbürger' gilt, für Andersdenkende oder Minderheiten aber außer Kraft gesetzt wird, sobald nicht mehr konkrete Straftaten, sondern eine missliebige Gesinnung oder Veranlagung Strafverfolgungen auslösen, sobald gesellschaftliche Gruppen unter Pauschalverdacht gestellt werden, kann von Bürger- oder Menschenrechten nicht mehr die Rede sein. Darüber müsste in unserer Gesellschaft im Großen und Ganzen eigentlich Konsens bestehen.

Aber wenn es um Pädophile geht, scheint dieser mögliche Konsens wie ausgeblendet, und ein Pauschalverdacht, wie er sich in den eingangs angeführten Statements äußert, wird als berechtigt angesehen – für einen Rechtsstaat indiskutabel. Um die Inhumanität solcher Ansichten besser zu erkennen, lasse man sich nur einmal auf ein Gedankenexperiment ein:

Wie würde die Gesellschaft reagieren, behauptete man einen analogen Pauschalverdacht beispielsweise gegen Besucher von Drogen-Selbsthilfegruppen nach der Devise: „Da wird eine

Razzia sicher beim einen oder anderen ein illegales Quäntchen Koks zu Tage fördern." – „Oder wir finden zumindest die Adressen von weiteren Süchtigen. Die haben ja wohl alle mit Beschaffungskriminalität zu tun."

Wie würde die Gesellschaft reagieren, behauptete man einen analogen Pauschalverdacht beispielsweise gegen die Mitglieder von Schützenvereinen nach der Devise: „Da wird eine Razzia sicher beim einen oder anderen illegale Waffen zu Tage fördern." – „Oder wir finden zumindest welche, die nicht vorschriftsmäßig weggesperrt sind."

Wie würde die Gesellschaft reagieren, behauptete man einen analogen Pauschalverdacht beispielsweise gegen Führungskader der Scientology-Sekte nach der Devise: „Da wird eine Razzia sicher beim einen oder anderen verfassungsfeindliche Schriften zu Tage fördern oder zumindest Hinweise auf konspirative Treffen, Steuerhinterziehung oder illegale Transaktionen erbringen."

Und wollte man die *„Bildung krimineller Vereinigungen"* verhindern, sollte man dann nicht zuallererst die Gefängnisse, bekanntermaßen Brutstätten des Verbrechens, dicht machen?

Man würde es nicht wagen.

Allerdings: Einmal hat man wohl etwas Ähnliches versucht. In Hamburg ließ man sich in den achtziger Jahren zu Ermittlungen im Prostituiertenmilieu durch die Überlegung verleiten, dass wohl kaum eine Prostituierte Steuern in vorschriftsmäßigem Umfang von den Einnahmen aus ihren Diensten abführe.

Nach einem entsprechenden Weg durch die Instanzen heißt es in einem Beschluss des Oberlandesgerichts Hamburg vom 8.2.1984 (– 1 Ws 26/84 –):

„Es kann nicht davon ausgegangen werden, dass gegen jeden selbständig Tätigen, wenn nur seine Tätigkeit bekannt wird, bereits ein Ermittlungsverfahren wegen des Verdachts der Steuerhinterziehung eingeleitet wird. Nichts anderes hat aber für die Tätigkeit einer Prostituierten zu gelten; denn einen allgemeinen Grundsatz, dass

Prostituierte ihre Einkünfte nicht versteuern, gibt es nicht. Insbesondere kann er nicht daraus hergeleitet werden, dass die Tätigkeit einer Prostituierten moralisch einer anderen Wertung unterliegt als z. B. die eines selbständigen Handwerkers oder Angehörigen eines freien Berufes. Im übrigen würde eine etwa auf allgemeiner Erfahrung beruhende Verdächtigung, die nicht durch Umstände des konkreten Falles zu belegen ist, für die Aufnahme von Ermittlungen ebenfalls nicht ausreichen."

In den pädophilen Bereich übertragen, könnte die Textstelle wie folgt lauten:

„Es kann nicht davon ausgegangen werden, dass gegen jeden pädophil Veranlagten, wenn nur seine Veranlagung bekannt wird, bereits ein Ermittlungsverfahren wegen des Verdachts des sexuellen Missbrauchs von Kindern oder des Besitzes von Kinderpornographie eingeleitet wird. Denn einen allgemeinen Grundsatz, dass Pädophile per se solche Straftaten begehen, gibt es nicht. Insbesondere kann er nicht daraus hergeleitet werden, dass die Veranlagung eines Pädophilen moralisch einer anderen Wertung unterliegt als z. B. die eines gewöhnlichen Homo- oder Heterosexuellen. Im übrigen würde eine etwa auf allgemeiner Erfahrung beruhende Verdächtigung, die nicht durch Umstände des konkreten Falles zu belegen ist, für die Aufnahme von Ermittlungen ebenfalls nicht ausreichen."

Tatsächlich aber würde eine solche Analogie in der öffentlichen Diskussion nicht unbedingt auf Verständnis stoßen. Denn es gehört nachgerade zum guten Ton, sich, wo immer möglich, von allem Pädophilen empört zu distanzieren. Dies ist – einem Mantra gleich – Voraussetzung für jegliches Gehör in der Öffentlichkeit.

Damit allerdings steht die Meinungsfreiheit auf dem Spiel.

Doch was bedeutet dies für Halt suchende junge Pädophile, denen z. B. die *Pädo-Selbsthilfe- und Emanzipationsgruppe München* bis zu ihrer Zerschlagung geholfen hat, ein Stück Weg in Richtung auf ein menschenwürdiges Leben in Straffreiheit zu bewältigen?

Niemandem wäre heute mehr zu raten, an den offenen Treffen einer offenen Gruppe teilzunehmen, die gar nur das verpönte Wort im Namen führt. Wenn das Bekanntwerden der sexuellen Orientierung quasi als Startschuss für staatliche Verfolgung missbraucht werden darf, ist die Menschenwürde am Ende.

So steht auch die Versammlungsfreiheit auf dem Spiel.

Mit der Versammlungsfreiheit und mit dem Recht auf freie Meinungsäußerung steht aber letztlich auch die Gedankenfreiheit zur Disposition.

Und damit der Rechtsstaat als Ganzes.

Nicht mehr und nicht weniger.

7. Abstand gewinnen: (K)eine Chance für die Aufklärung?

(Friedrich Thälert)

Die Geschehnisse im Rahmen des Münchner Polizei-, Justiz- und Politskandals im Jahre 2003 beunruhigen zutiefst. Nicht nur, weil Staatsorgane offenbar in einer Grauzone der Pseudo-legalität fast unkontrolliert handeln können. Beklemmend ist, dass statt Deeskalation offensichtlich Eskalation angesagt ist: Wird der Staat unfähig, eigenes Handeln zu hinterfragen? Er scheint sich durch Fluchten nach vorne – ein unbeirrtes „Weiter so!" – in Unrecht und Autoritätsverlust zu verstricken.

Kann es denn sein, dass das alles so gewollt war? Oder war das Ganze eine riesige Panne, ein Versehen, das mal passieren kann? Welche Faktoren spielten in diesem „sex-and-crime-Thriller" eine Rolle – juristische, politische, soziologische, moralische oder aber „allzu menschliche"? Könnte sich also alles wieder so ereignen, weil es im System oder in der Natur des Menschen so begründet liegt?

Weshalb will man die Wahrheit nicht zur Kenntnis nehmen? Leben wir nicht in einer aufgeklärten Zeit, im Zeitalter der unbegrenzten Informationen, in einem Rechtsstaat mit garantierter Gewaltenteilung?

Oder können wir uns auf unser Gemeinwesen nicht mehr verlassen? Braut sich etwas zusammen, beispielsweise ein Rückfall in obrigkeitshörigen Privatismus, in pseudoreligiösen Trostbedarf oder Eiferertum, in voraufklärerische Sprachlosigkeit oder Sprach- und Begriffsverwirrung?

Haben die Menschenrechte in unserer post-Orwellschen Ära des „großen Bruders" keine Zukunft, wie es für den kritischen Beobachter den Anschein hat? Hat die Vernunft das Heft des Handelns verloren, oder gar noch nie gehabt? Aus welcher Vergangenheit erklären sich die Verwerfungen der Gegenwart, und in welche Abgründe stürzen sie uns?

Will man sich diesen Fragen nähern, ist zunächst Abstand geboten. Dieser mag sich durch den Überblick eines kurzen interdisziplinären Bogens ergeben.

Die Demokratien

Die Herrschaft des Volkes: Demokratie – seit jeher **das** Zauberwort für die Abschaffung von Despotismus, Totalitarismus, Diktatur.

Dabei reicht die Bedeutungsbreite dieses Begriffs von der *„Volksdemokratie"* kommunistischer Regime über die *repräsentative Demokratie*, in der das Volk die Macht zeitlich begrenzt an abgeordnete Vertreter delegiert, bis hin zur plebiszitären *„direkten Demokratie"* in Form von Volksentscheiden in Detailfragen.

Das „Volk", dem die Herrschaft zugebilligt wird, ist dabei jeweils ein anderer Teil der Bevölkerung: die *„Volksdemokratien"* proklamieren die *„Diktatur des Proletariats"*, solange der neue Mensch und der wahre Sozialismus noch nicht erreicht sind. Auf der anderen Extremseite der *„direkten Demokratie"* wird der *„mündige Bürger"* bemüht, der am besten alles selbst entscheiden könne.

Wie das eine als „aufgeschobene" Demokratie den Namen „Demokratie" nicht verdient, entpuppt sich aber auch das andere als reichlich naive Utopie: Denn Volksentscheide können zwar sinnvoll sein, wenn es um einfache Fragestellungen geht, in denen eine objektive Informiertheit der Öffentlichkeit möglich ist. Sie sind dann aber unverantwortlich, wenn hochkomplexe Problemfelder auf Schlagworte reduziert und künstlich vereinfacht werden, um sie dem Volk zur Abstimmung zu überlassen. In solchen Fällen kann – wie es jüngst in der Schweiz wiederholt zu beobachten war – von objektiver Informiertheit kaum die Rede sein, da die Informationen medialen und sonstigen Manipulationen ausgeliefert sind: ein Tummelplatz für populistische Agitatoren.

Leben wir also in unserer *repräsentativen Demokratie* in einem Zustand des optimalen Kompromisses? Dies würde wissenschaftlich informierte, global gerecht und langfristig denkende Parteien voraussetzen, denen weniger am eigenen Hemd der Wählerstimmen als am Rock der Humanität gelegen ist, also weniger an der Anbiederung an aktuelle Trends des Zeitgeistes, als an global-menschlicher Solidarität, Rationalität und nachhaltigem Handeln.

Die Erfahrung bestätigt das kaum. Tatsächlich offenbart sich unsere Parteiendemokratie als Spielfeld verschiedener Machtformen. Es sind dies die

- *Plutokratie*, die Herrschaft der Reichsten, insbesondere internationaler Konzerne und Banken, und des „Zocker"- und Spekulantentums,
- *Oligarchie*, die Herrschaft der – auch dank subtiler Werbestrategien überaus einflussreichen – Lobbies von Weltkonzernen,
- *Prolokratie*, die Herrschaft eines geistigen Analphabetismus, der nicht nur begriffliche und logische Klarheit primitivem Meinungsfetischismus opfert, sondern auch Gesprächskultur aggressiver Verbaldefäkation,
- *Mediokratie*, die Herrschaft der Medien, die sich – je nach Sensationsgehalt des Themas – zum Zweck der Profitoptimierung mehr oder weniger unkritisch auf populistische Meinungsbestätigung beschränken: Desinformation statt Information durch Bedienen gängiger Vorurteile.

Dass die parlamentarische Demokratie den Spagat zwischen Populismus und sachgerechter Humanität kaum zu schaffen vermag, ist allerdings wohl weniger dem System selbst zuzuschreiben als vielmehr der Natur des Menschen: Als immer-noch-Primat sinkt er auf der sich öffnenden Schere zwischen rasantem naturwissenschaftlich-technischem Fortschritt und menschlicher Unzulänglichkeit stetig tiefer. Philosophie, Geistes- und Gesellschaftswissenschaften führen ein Schattendasein zwischen utilitaristischem Denken, Spezialistentum und menschlicher Trägheit.

Es fehlt an Zeit und Bereitschaft für (Selbst-)Reflexion, (Selbst-) Erkenntnis und (Selbst-)Kritik. Wissenschaftliche Mindeststandards in psycho- und soziologischen Analysen geraten in Vergessenheit. Der Mensch, dem die Fähigkeit zu rationaler Analyse abhanden kommt, flüchtet sich in subjektive Spontanreaktion und trifft irrationale Schnellentscheidungen.

Dies wäre hier nicht weiter nennenswert, wenn der Mensch in der heutigen Mediengesellschaft nicht so fest davon überzeugt wäre, bestens – also allumfassend und objektiv – informiert zu sein. Doch dies ist eine der größten Selbsttäuschungen unserer Zeit. Die Flut der ständig auf ihn einprasselnden Informationen und Meinungen, die einerseits Vollständigkeit suggeriert, erfordert andererseits – um verarbeitet werden zu können – irgendeine Auswahl. Willkürlich selektive Wahrnehmung aber erschwert Objektivität, und die Urteile bleiben meist auf dem Niveau von Vorurteilen stecken, auch wenn die Menschen vom Gegenteil überzeugt sind.

Selbst Parlamentarier, die um ihre Uninformiertheit wissen, geben es nur ungern zu: Bei der schieren Menge von Informationen und Drucksachen ist es ihnen praktisch nicht mehr möglich, sie geistig zu verarbeiten oder vielleicht überhaupt zu lesen. Auch Gesetze werden nicht selten aus dem Bauch beschlossen. Denn auch die politisch Verantwortlichen haben sich – selbst wenn sie es besser wüssten – an gängigen Mustern auszurichten und sich unter hohem Zeitdruck dem Zeitgeist zu beugen.

Insgesamt: Die Abnahme der rationalen Kompetenz des Bürgers schwächt seine Kontrolle über die herrschenden Kräfte. Dass diese Tendenz von der politischen Klasse auch gewollt ist – entgegen deren Beteuerung, dass Bildung das Wichtigste sei –, zeigt sich nicht zuletzt an der Opferung unseres bisherigen universitären Anspruchs auf umfassende Bildung:

Passend zur Einführung des Blitzabiturs im 8-klassigen Gymnasium werden auch auf den Hochschulen wissenschaftliche Offenheit und freie Recherche, die Zeit brauchen, durch genormte Turbo-Studiengänge wie *Bachelor* und *Master* ersetzt. Auf Output getrimmt, können diese zwar Herden industriell verwertbarer Spezialisten, aber eben eigentlich nur „Fachidioten" hervorbringen, und sollen es wohl auch – ein Manko, das ohne beharrliche Eigeninitiative kaum zu beheben ist.

Die Überforderung des Bürgers

Schon in uralten Zeiten, als der Mensch sich primär nur in überschaubaren Einheiten – wie Familie, Clan und Dorf – zurechtzufinden hatte, war seine rationale Kompetenz eher bescheiden ausgeprägt. Er neigte immer schon zu gefühlsmäßigen Reaktionen – *der Geist ist willig, das Fleisch ist schwach*, zitiert der Volksmund die Bibel, wenn er eigentlich von „schwachem Geist" und „starkem Fleisch" sprechen sollte; denn er meint damit den Sieg des Bauchgefühls über die Ratio.

Heute sieht sich der Mensch in eine Welt geworfen, die in ihrer weitaus komplexeren Vernetzung – zumindest spontan – nicht mehr zu erfassen ist:

Entmenschlichung der Dimensionen, des sozialen Miteinanders und der Arbeitsabläufe, Technisierung, Globalisierung, Vernetzung von allem mit allem, Wirrwarr im Ursache-Wirkungsgeflecht sowie die Überschwemmung mit oft widersprüchlichen Informationen kennzeichnen die modernen Zeiten. Wenn überhaupt, ist eine objektive Beurteilung der Dinge nur noch mit starkem Willen und unter großen Anstrengungen möglich.

Das daraus entspringende Gefühl der Machtlosigkeit gegenüber der Kompliziertheit der Welt erzeugt die bereits in Kapitel 1 erwähnten Ängste vor dem Unbekannten, dem Undurchschaubaren und Unveränderbaren. Dazu zählen auch die Ängste vor dem Verlust an Selbstwert und an Sicherheit, vor dem Verlust an Einflussmöglichkeiten, vor dem Verlust des lieb gewonnenen Wohlstandsniveaus und vor dem Verlust der ökologischen Lebensgrundlagen.

Doch wie ist mit diesen Ängsten umzugehen?

Menschen neigen natürlicherweise stets zum einfachsten Ausweg: zum Verdrängen von unangenehmen Gefühlen. Manche drehen den Spieß auch um und begegnen der eigenen Bedrohung mit Aggression. So oder so – einer rationalen Lösung des Problems ist mit beiden Haltungen nicht näher zu kommen. Kaum jemand nimmt die Mühsal auf sich, vor einer Meinungsbildung und -äußerung die eigene Kompetenz und Informiertheit zu hinterfragen und zu optimieren.

Gleichzeitig fühlt man sich – nicht nur am Stammtisch – zu sofortigen und schlagend kurzen Stellungnahmen herausgefordert. In der modernen Sekunden-Info-Flash- und Videoclip-Kultur sind schnelle Urteile zu allen Themen gefragt – zwangsläufig kaum mehr als Vorurteile, für die sich umso prompter Bestätigung und damit persönliche Anerkennung ernten lassen, je einfacher sie gestrickt sind. Aber das hat nichts mit objektiver Informiertheit oder Mündigkeit zu tun: Zeitdruck und Geltungsbedürfnis schließen eine solche aus.

Angesichts der unüberschaubaren und kaum sinnvoll zu bewältigenden Menge des angebotenen Wissens und der angebotenen Meinungen, die den von Natur aus trägen Menschen geradezu zwingt, eine willkürliche, subjektive Auswahl zu treffen, erwirbt er sich meist nur eine vermeintliche Informiertheit, während er gleichzeitig überzeugt ist, objektiv informiert zu sein. *„Je dichter die Unwissenheit, desto aufgeklärter dünkt sie sich"*, sagt Henri de Lubac. Die Überschätzung des eigenen Urteils und der eigenen Meinung führt leicht zu einer gefährlichen Hybris, die mit einer Geringschätzung, Verachtung, ja Bekämpfung anderer Meinungen und des Andersartigen überhaupt verbunden ist.

Der Apparat

Eigentlich müsste den weltlichen gesellschaftlichen Institutionen, wie dem Staat, den Parteien, den Vereinen, den Privatmonopolen oder den Konzernen, am mündigen Bürger gelegen sein. Aber auch sie sind von Menschen geführt und unterliegen den gleichen, allzu menschlichen Gesetzmäßigkeiten: Der Trieb zur Einflussmehrung, zur Dominanz, zur Expansion kennzeichnet den kurzsichtigen Egoismus des Apparats. Mit Ängsten lassen sich immer Geschäfte machen, zum eigenen Vorteil und zur Stärkung der eigenen Macht. Wenn er sich zwischen dem angstgesteuerten und eingeschüchterten Bürger einerseits und dem mündigen und selbstbewussten andererseits entscheiden muss, bevorzugt der Apparat den ersteren, ist er doch weitgehend problemlos zu handhaben: nur ein kleinlauter Bürger ist ein „pflegeleichter" Bürger.

So fördert die Angst vor Arbeitslosigkeit, weil sie kuschen lässt, die Ausbeutung. Die Angst vor Terrorismus erleichtert die Entrechtung des Individuums und die Einschränkung bürgerlicher Freiheiten. Die Angst, möglicherweise selbst als kriminell gelten zu können, lässt den Bürger auf Persönlichkeits- und Menschenrechte freiwillig verzichten und sich gläsern machen: er lässt zu, dass der Apparat persönliche Daten in überbordendem Maß – auch auf Vorrat – sammelt, um sie (wer weiß, wann und zu welchem Zweck?) gegen den Durchleuchteten zu verwenden. Angst lässt den Bürger den Präventionsstaat fordern, dessen Strafverfolgungsbehörden schrittweise in Straftatverhinderungsbehörden mutieren, obwohl die Kriminalstatistiken stetig sinken. Aus Angst werden immer neue und strengere Gesetze gefordert und erlassen, Strafwut gegen das Andere und das Unbekannte greift um sich, bevor überhaupt eine wirkliche Aufklärung über das Andere und Unbekannte stattfinden könnte.

Das Fatale dabei: das Ausmaß des Freiheitsverlusts ist gar nicht so sehr am einzelnen Gesetz festzumachen. Die Verschärfungen kommen eher unauffällig und schleichend daher. So richtig deutlich werden sie in ihrer Diabolik erst, wenn man sie mit solchen in anderen Bereichen, wie etwa denen der Strafprozessordnung und des Polizeiaufgabengesetzes, in der Zusammenschau wahrnimmt.

So regt sich kaum Widerstand, obwohl die Demütigung des Generalverdachts in Form von intimen Selbstauskünften, Fingerabdruckpflicht und Überwachungskameras auf allen lastet. Die Allgegenwart schlecht ausgebildeter Sicherheitsdienste lässt uns artig werden und nur noch Banales plappern (bloß nicht auffallen!) oder einfach verstummen und verdummen. Big Brother gibt den Ton an, und seine Gesetze werden hingenommen, denn die Menschen haben den schleichenden Verlust an Freiheit und seine Folgen mehrheitlich noch nie zu spüren bekommen. Und die Freiheiten werden wohl solange weiter zerfallen, bis man sich eines Tages plötzlich in einem irreparablen Scherbenhaufen wiederfindet.

Überwachung, Überprüfung, Registrierung, Kontrolle: die Angst vor der Allwissenheit des Apparats lähmt den Menschen. Wissen ist Macht, und die Scientologisierung der Gesellschaft ist schon so weit fortgeschritten, dass Sektengründer Hubbard demnächst die Verwirklichung der von ihm eingeforderten *„Maschine Mensch"* postum wird feiern können, wenn nicht bald ein Wunder geschieht.

Und die Medien? Da deren überwiegender Teil privatwirtschaftlichen Gesetzen, einschließlich der Monopolisierungstendenzen, gehorcht, tritt an die Stelle qualifizierter Meinungsbildung, die allenfalls minderheitsfähig ist, eine zeitgeistkonforme Meinungsbestätigung und -mache. So wird echte Aufklärung behindert.

Einerseits wird die Klientel durch billige und seichte Unterhaltung ruhig gestellt oder vom eigentlich Wichtigen abgelenkt. Andererseits werden durch Sensations- und Horrormeldungen Beunruhigungen und Ängste vor Terrorismus, Kriminalität, Schweinegrippe und sonstigen Epidemien geschürt. Niedere Instinkte und das Bauchgefühl des „gesunden Volksempfindens" werden aktiviert und zeichnen ein Weltbild in Schwarz/Weiß. Sie äußern sich in Ablehnung und Hass gegen Minderheiten und führen zum Aufbau von Sündenböcken. Man frönt der Schadenfreude und der Lust an der Bloßstellung anderer. Man entsolidarisiert und polarisiert die Gesellschaft.

Dabei werden die Grenzen zwischen Tatsachenbericht und Kommentar fahrlässig oder bewusst verwischt. Inszenierte, lobby-gesteuerte Fake-Aktionen werden als scheinbar wahre Ereignisse immer öfter zum Gegenstand der „Berichterstattung". Auch dadurch verkommt diese zur Pseudoinformation und zu einem Mittel der Manipulation. PR-Kampagnen haben mittlerweile einen dominierenden Einfluss auf die „Konstruktion" von Öffentlichkeit. Den Rest besorgen die Vulgarisierung der Lüge – z. B. in inszenierten Talk-Shows oder in fahrlässig oder bewusst gefälschten Berichten – und der imperative Zeitdruck im Wettlauf um Aktualität, der zur Lancierung von Meinungen ohne stichhaltige Argumentation verführt: ein grassierender Verlust an journalistischem Ethos, der sich im zunehmenden Verzicht auf eigene, fundierte Recherche offenbart.

Die Justiz

Selbst die objektivste, da eigentlich unabhängige Instanz, die Justiz, erliegt allzu leicht solchen Sachzwängen. Dass sie gehalten ist, auch fehlkonstruierte Gesetze zu bedienen – sofern sie sie nicht zur Überprüfung an das Bundesverfassungsgericht weiterleiten will –, darf allerdings nicht darüber hinwegtäuschen, dass auch Verfahrensfehler und Verstöße gegen die Strafprozessordnung der Wahrheitsfindung schaden.

Judikative, Exekutive und Medien haben sich mittlerweile in einer Art Symbiose eingerichtet, vorgeblich weil die Einbeziehung der Öffentlichkeit der Wahrheitsfindung diene – nach dem Muster: *„Aktenzeichen XY ungelöst"*. Dabei ernennen sich die Medien aber immer öfter selbst zu Ermittlern und propagieren in immer abstoßenderer, aber Quoten fördender Weise die Menschenjagd.

So schaukeln sich nicht selten Öffentlichkeit und Behörden gegenseitig hoch. Die Folge: Zeitdruck und Zugzwang. Auf der

Strecke bleibt die Bemühung um Wahrheit und Objektivität – und mit ihr die Gerechtigkeit.

Solche unseligen Verquickungen und das tatsächliche Entstehen von Verfahrensfehlern und Fehlurteilen stellen den Glauben an die Justiz auf eine harte Probe.

Auch System-Mängel im Justizapparat selbst wirken nicht gerade vertrauensfördernd. Durch einseitig justiz-freundliche Regeln im Bereich formaler Vorschriften, vor allem aber durch das Fehlen einer wirksamen Kontrollinstanz über der Justiz selbst bleiben Verstöße gegen Verfahrensgrundsätze oft unbeanstandet möglich.

Solche Fehler beginnen bei allzu menschlichen Untugenden von Personen der Rechtspflege, setzen sich über bewusste Pflichtverletzungen fort und reichen über offensichtliche Befangenheit bis hin zu schweren Verstößen gegen die StPO. Tatsächlich wird kaum je einer Beschwerde über Rechtsbeugung, über einen Verstoß durch die Justiz gegen die StPO oder über die Missachtung anderer Grundsätze der Rechtspflege, wie z. B. des Verhältnismäßigkeitsgrundsatzes, Folge gegeben.

Und sollte es für die Justiz tatsächlich einmal eng werden, blockiert der Innenminister – wie wir gesehen haben – durch eine „Sperrerklärung" jegliche weitere Klärung. Das bedeutet, dass im Falle von Rechtsfehlern die Verantwortlichen praktisch keine Folgen zu befürchten haben.

Problematisch ist dabei im Grunde die Verwischung der Trennlinie zwischen den Staatsgewalten. Dies zeigt sich in Bayern bereits in der juristischen Ausbildung:

Dort besteht zwischen der von Staatsanwälten (Teil der Exekutive) und der von Richtern (Teil der Judikative) kein Unterschied. Ein in den Staatsdienst übernommener Jurist kann frühestens erst nach einigen Jahren Tätigkeit als Staatsanwalt ein Gesuch auf Ernennung zum Richter stellen. Bei positivem Bescheid mutiert der Staatsanwalt dann über Nacht zum Richter, und zwar ohne spezifische weitere Ausbildung.

Dieser Werdegang spiegelt sich fatal in der Urteilspraxis mancher Richter in Form einer belastungseifrigen Prozessführung wieder, besonders im Bereich der Sexualdelikte, wo das unpopuläre Prinzip „*in dubio pro reo*" längst nicht mehr zu gelten scheint. Zu wenige Richter wachsen unter solchen Bedingungen – und dann aus eigenem Pflichtgefühl und nicht systembedingt – über das Bewusstsein eines Staatsanwaltes hinaus.

Befangenheit etwa ist Zeichen von qualitativer Überforderung. Dass aber auch quantitative Überforderung für den Vertrauensverlust gegenüber der Justiz verantwortlich sein kann, scheint zwar angesichts der seit vielen Jahren sinkenden Kriminalstatistik wenig wahrscheinlich, ist es aber in der Tat:

Aufgrund ständiger Gesetzesverschärfungen, aber auch aufgrund einer zunehmenden Klagefreude und der – ebenfalls durch mediale Einpeitscher geschürten – wachsenden Lust der Bevölkerung, sich durch Denunziation wichtig zu machen, sind Ermittlungsrichter zunehmend überlastet. Dann werden sie durch die schiere Menge und den Umfang der staatsanwaltschaftlichen Anträge zu deren ungeprüfter Billigung und zu entsprechenden Beschlüssen verleitet: Allzu viele Pflichtverletzungen, vor allem in medial aufgeputschen Deliktbereichen, sind die Folge. Dass dabei die deutsche Justiz im internationalen Vergleich noch relativ gut abschneidet, bedeutet keineswegs Entwarnung.

Big Brother und der perpetuierte Blockwart

Ängste erzeugen Druck, und irrationale Ängste Hysterie. In einer solchen Verfassung lässt sich kaum leben. Allein schon aus Gründen der Psychohygiene und des Druckabbaus scheint sich der Mensch einer solchen Bedrängung erwehren zu müssen, und zwar vorzugsweise auch durch irrationales Verhalten.

Nach dem Motto „*nach oben kuschen, nach unten treten*" besteht die einfachste Möglichkeit zum Abbau des Drucks in dessen Weitergabe an Einzelne oder Gruppen, die sich nicht wehren können, weil sie kein Ansehen und keine Lobby haben oder schlicht machtlos sind. Entsprechend dem Prinzip der schwarzen Pädagogik (der Lehrer bleibt in seiner Stellung unangefochten, solange es ihm gelingt, die Schüler sich gegenseitig zerfleischen zu lassen) liegt es im Interesse des Apparats, das Volk in seiner Gier nach Sündenböcken zu bestärken. Autoritätsausübung der Kleinen untereinander hilft die Autorität der Großen zu erhalten. Wenn Schwache noch Schwächere entmündigen, bespitzeln, denunzieren oder einfach gängeln, wenn Entrechteten die Macht der Bestrafung derer, auf die sogar sie wohlfeil mit dem Finger zeigen dürfen, zugestanden wird, haben die Großen nichts zu fürchten. So beschert der Apparat den Bürgern das befriedigende Gefühl einer – wenn auch nur sekundären – Gestaltungsmacht, an der es ansonsten fehlt.

Die Ausgrenzungskriterien sind dabei denkbar einfach: Sie gehorchen dem Aufteilungsschema Schwarz/Weiß, Normal/Unnormal, Gut/Böse. Die meisten Religionen funktionieren nach diesem Prinzip, und in der Tat erlebt die Gegenwart eine regelrechte Renaissance der Religionen. In die gleiche Kerbe schlagen weltliche Ideologien, die als überschaubare Lebens- und Wertungshilfen der menschlichen Sehnsucht nach einfachen Antworten entgegenkommen.

Darin liegt der Keim für Faschismus und für inquisitorische Anmaßung. Der Ruf nach Gott oder dem starken Mann, der den Überblick hat und einem das Denken abnimmt, oder die Erhebung einer Schrift zur Handlungsanweisung für alle spiegeln sich nicht nur in den monotheistischen Religionen und Führerideologien, sondern auch in der Einforderung einer kompromisslosen Justiz, die kurzen Prozess zu machen habe: „Rübe ab", „lebenslang wegsperren", „Null-Toleranz" werden als Maximen immer beliebter.

Der Ruf nach Prävention durch das frühzeitige Entdecken und prompte Unschädlichmachen schwarzer Schafe oder Sündenböcke, bevor sie schaden könnten, ist zugleich Ursache und Wirkung einer wachsenden Blockwartmentalität im Volk: Augen auf! Jeder ist verdächtig! Wechselseitige Spitzelei ist wieder *in*. Dass sich jeder als Detektiv aufspielen darf, ja soll, schmeichelt dem geschundenen Selbstwertgefühl und ist obendrein unterhaltsam: Gesinnungsschnüffelei, Mobbing und Denunziation machen Spaß, besonders wenn man dafür noch belobigt wird.

Die neue Hochkonjunktur der Überwachungsmentalität, die zwischen obrigkeitshörigem Vertrauen und dem Misstrauen gegen alles „Unnormale" gedeiht, spiegelt sich besonders im Umgang der Gesellschaft mit der Nachfolgegeneration wider.

Das durch Wohlstandsvernachlässigung auf sich zurückgeworfene Kind wird aus elterlicher Überfürsorge in entwicklungshemmende Watte gepackt und dabei ständig vor einer unüberschaubaren, unheimlichen und lebensgefährlichen Außenwelt gewarnt: hinter jeder Ecke lauerten Entführer, Kinderschänder oder -mörder, und je freundlicher sie sich gäben, desto gefährlicher seien sie.

Die Tradierung von Misstrauen und herrschenden Ängsten weit über ein angemessenes Maß hinaus aber behindert das Kind in seinen Möglichkeiten, eigene reale Erfahrungen – und seien es auch schmerzhafte – zu sammeln. So wird eine gesunde Entwicklung seiner Selbstbestimmungsfähigkeit immer öfter Sicherheitserwägungen geopfert. Der Verlust seines Rechts auf ureigene Erfahrungen und Freiräume zeigt sich beispielsweise auch schon in seiner – durchaus gut gemeinten – rund-um-die-Uhr-Überwachung mittels Handy oder gar GPS-Programmen.

Zum Ausgleich wird das Kind – aus Bequemlichkeit oder um es anderweitig bei Laune zu halten – nicht nur mit materiellen Tranquilizern überschüttet und verwöhnt, sondern auch mit schwer kontrollierbaren, zumeist virtuellen Freiräumen und Ersatzwelten mit möglicherweise viel höherem Gefahrenpotential versorgt, wie etwa mit Computerspielen und Internet-Chats. Dabei ist beileibe nicht nur an gegebenenfalls bedrohliche Einflüsse aus dem Netz zu denken: Als nicht weniger gefährlich können sich diejenigen Daten persönlicher oder vertraulicher Natur erweisen, die der User leichtfertig – sei es aus Leichtsinn, aus fehlendem Problembewusstsein oder durch nicht beeinflussbare automatisierte Datenspeicherungen – selbst im Netz preisgibt. Mit Missbrauch ist stets zu rechnen, ob durch Privatpersonen, Firmen oder staatliche Stellen.

Die Strategie, Kindern für Freiheiten, die Ängsten geopfert wurden, scheinbar gleichwertigen Ersatz zu bieten, gipfelt in der Zuweisung neuer Machtbefugnisse. Wiederum vorgeblich zu ihrem eigenen Schutz erlernen Kinder die Denunziation. Sie lernen, in welchen Fällen sie besonders wirksam anzuwenden ist – nämlich besonders dann, wenn sie unter die Gürtellinie zielt –, und dass man mit ihrer Hilfe und auf Kosten anderer sein Selbstwertgefühl besonders wirksam steigern kann. Mobbing stärkt den eigenen Einfluss. Statt Mitgefühl und Solidarität zu erlernen, lecken sie am Honig der Macht. Einem Vermächtnis gleich pflanzt sich der Keim des Faschismus unbehindert fort – von einer Generation zur nächsten.

Die unvollendete Aufklärung
Verunsicherung und Ängste bis hin zur Hysterie, die sich in Machtansprüchen äußern und abreagieren, sind Feinde der Aufklärung. Aufklärung aber ist die Voraussetzung für Informiertheit und damit für eine funktionierende Demokratie. Die herrschende Verunsicherung und die ständig wachsenden Ängste verbinden sich mit der Blockwartmentalität von Gesinnungsschnüfflern, Moralaposteln und Sittenwächtern. Ungefiltert werden sie an unsere Kinder weitergegeben, ohne dass diese durch Bildung gegen die Vereinnahmung durch Manipulatoren immunisiert würden. Das weckt in kurz- oder mittelfristiger Sicht nicht gerade den Optimismus im Hinblick auf die Chancen der Aufklärung. Franz Kafka sagt:

„Alle menschlichen Fehler sind (…) ein vorzeitiges Abbrechen des Methodischen, ein scheinbares Einpfählen der scheinbaren Sache.“

Vielleicht mag da die Hinwendung zu einer längerfristigen, historischen Perspektive etwas beruhigen. Denn das aufklärerische Gedankengut entwickelte sich in seiner Jahrtausende langen Geschichte zwar ohne Kontinuität und in wenigen, extrem langhubigen Amplituden, aber im Mittel eben doch nach oben.

Sein Ursprung findet sich in der griechischen Antike: in der hellenischen Rationalität, im sokratischen mit-sich-selbst-ins-Gericht-Gehen und sich-Rechenschaft-Ablegen über das eigene Denken, Sprechen und Tun. Dabei geht es um einen autonomen, auf Emanzipation gerichteten Forschungsprozess, der eine umfassende Erkenntnis im Gesamtbereich des menschlichen Selbst und der Welt durch die Anwendung kritischer Vernunft ermöglicht.

Vor allem unter dem Einfluss der kirchlichen Monopolisierung des geistigen Lebens im europäischen Mittelalter erlitt die Aufklärung eine von Gewalt- und Unterdrückungsorgien geprägte Unterbrechung, bevor sie später – insbesondere im 18. Jahrhundert – erst in England, dann weiterentwickelt in Frankreich mit Montesquieu, Voltaire, La Mettrie, Diderot, Holbach, und anderen, zu einer ersten Hochblüte kam. Diese ist nicht zuletzt als Reaktion auf den bis in den Staatsbankrott führenden Absolutismus sowie auf die arrogante Allmacht bzw. den Dogmatismus und den auch spaltungsbedingten Autoritätsverlust der Kirche(n) zu verstehen. Eroberungskriege und Kreuzzüge, die Ausbeutung der Landbevölkerung, die Vernichtung Andersdenkender und Andersartiger, z. B. der „Ketzer" und „Hexen", sowie eine völlige Willkür in der Rechtssprechung provozierten gleichermaßen diesen Befreiungsschlag, der in Frankreich – mit dem Pendelschlag ins andere Extrem – zur großen Revolution führte.

In Deutschland vermochten die Ideen der Aufklärung erst durch Kant (*Aufklärung ist der Ausgang des Menschen aus seiner selbstverschuldeten Unmündigkeit*", 1783) Profil zu gewinnen, erreichten jedoch keine vergleichbare Sprengkraft, da sich die Monarchie durch längerfristiges sukzessives Nachgeben zur „aufgeklärten" konstitutionellen Monarchie wandelte und dadurch die Explosion verhindern konnte – abgesehen von kleineren oder nur kurzfristig wirkenden Revolutionsereignissen.

Letztendlich jedoch gelang der Aufklärung mit der Proklamierung der Unabdingbarkeit der geistigen und gesellschaftlichen Selbstverwirklichung des Menschen in Freiheit europaweit eine gewaltige – wenn auch unvollendete – Umwälzung in der politischen Ausgestaltung und Verfassung der Staaten Europas und Nordamerikas, die auch auf andere Teile der Erde ausstrahlte.

Ausgenommen davon blieben allerdings die zahllosen Staatengebilde, in denen sich totalitäre Autoritätsstrukturen religiöser, stammesmäßiger, feudalistischer oder ideologischer Art halten konnten. Dass heute ein deutlicher, stetiger Machtzuwachs solcher Systeme zu verzeichnen ist, stellt eine besondere Gefahr dar: zwar sind sie geistig in einer Art Spätmittelalter befangen, sind aber – ausgestattet mit Werkzeugen, Waffen und elektronischen Hilfsmitteln modernster Technik – imstande, ein umso repressiveres Regime auszuüben und zu zementieren.

Aber auch in unseren westlichen Demokratien hat sich das Prinzip des kritischen Denkens und der laizistischen Unvoreingenommenheit nicht in allen Bereichen gleichermaßen durchgesetzt und bleibt grundsätzlich, auch z. B. in dem vermeintlich gesicherten Bereich der Naturwissenschaften, bedroht. Dies zeigt sich besonders anschaulich im Wiedererstarken des Kreationismus, der den menschlichen Geist aus ideologischen/religiösen Gründen auf ein vor-evolutionäres Modell zurückschrauben will.

Hans Albert schreibt in *„Die Idee der kritischen Vernunft"* (Club Voltaire, Jahrbuch für kritische Aufklärung I, Szczesny Verlag München 1963):

„Während sich im philosophischen Denken heute die Idee der kritischen Prüfung unter Lösung vom Rechtfertigungsdenken durchzusetzen scheint, ist gleichzeitig eine Tendenz zu beobachten, die Anwendung dieser Idee nach Möglichkeit auf gewisse Bereiche einzuschränken und für andere Bereiche andere Möglichkeiten zu postulieren, vor allem: hier ältere Denkformen und traditionelle Methoden aufrechtzuerhalten. Man versucht gewisse Bereiche gegen das Eindringen kritischer Gesichtspunkte zu immunisieren, während man andere dafür freigibt, so, als ob die Annäherung an die Wahrheit bzw. die Eliminierung von Irrtümern, Fehlern und Missverständnissen im einen Falle durch Kritik gefördert werden könne, während im anderen Falle kritisches Denken eher schädlich sein müsse. (…) Man entwickelt eine Zwei-Sphären-Theorie, die (…) einen inselhaften Bereich unantastbarer Wahrheiten schaffen soll. In diesem Bereich ist man unter Umständen sogar bereit, die Logik außer Gefecht zu setzen, damit echte Widersprüche akzeptabel werden. (…) Im Zusammenhang mit solchen Immunisierungsversuchen findet man sehr oft eine moralische Prämiierung des schlichten und naiven Glaubens, der keine Zweifel kennt und daher unerschütterlich ist, als einer Tugend und dementsprechend eine Diffamierung kritischen Denkens für den betreffenden Bereich als unsittlich und zersetzend.“

(S. 26 f.)

und:

„Auch im Bereich der Wissenschaft sind nicht selten Dogmatisierungstendenzen zu konstatieren, nicht nur dann, wenn außerwissenschaftliche Instanzen Einfluss auf die Forschung nehmen, wie das unter religiösen und politischen Gesichtspunkten geschehen ist (…) Die (…) positive Akzentuierung neuer und kühner Ideen (…) findet in anderen Bereichen, vor allem da, wo institutionell verankerte ideologische Bindungen bestehen, im allgemeinen keine Entsprechung. (…) Der Anspruch, im vollen und alleinigen Besitz der Wahrheit zu sein und daher kritische Argumente nicht beachten

zu müssen – ein Anspruch, der im engeren Bereich der Wissenschaft meist als naiv und keineswegs als Zeichen der Überlegenheit gilt –, erweist sich in anderen Bereichen oft als von erstaunlicher Durchschlagskraft, wenn er mit der Fähigkeit verbunden ist, wichtige Bedürfnisse zu befriedigen oder ihre Befriedigung in Aussicht zu stellen. Von solchen Ansprüchen her wird die Freiheit der Forschung immer wieder gefährdet."

(S. 19)

Diese Einsichten, vor einem halben Jahrhundert formuliert, haben bis heute nichts an Aktualität verloren. Vielleicht haben sich die hier genannten „inselhaften" Bereiche verschoben oder verlagert, aber es gibt diese Bereiche immer noch, und zwar klarer definierbar denn je:

Überall dort, wo die so genannte *political correctness* Thematisierungen verbietet und unübliche Meinungen a priori als ungehörig, ja strafwürdig ächtet, sind solche aufklärungsfeindliche Bereiche, die sich vielfach aus „gesundem Volksempfinden" und gutbürgerlichem Bauchgefühl nähren.

So beschloss z. B. der US-Kongress, die US-Metastudie zur Schädlichkeit bzw. Unschädlichkeit sexueller Missbrauchserfahrungen (Rind/Bauserman/Tromovich: In *Psychological Bulletin*, Vol. 124, 1998, S. 22–53) nicht zur Kenntnis zu nehmen. Und in ähnlicher Weise wird – um ein nationales Beispiel anzuführen – die Studie des Bundeskriminalamts *„Sexualität, Gewalt und die Folgen für das Opfer"* (zusammengefasste Ergebnisse aus einer Längsschnittuntersuchung bei Opfern von angezeigten Sexualkontakten* (M.C. Baurmann, Wiesbaden, 1985) durch Totschweigen unausgesprochen zensiert.

Die Frage, ob die Aufklärung wieder eine Chance bekommen könnte, ist aus der Erkenntnis dieser Anfechtungen heraus und vom Gefühl her in kurz- und mittelfristiger Sicht im Grunde zu verneinen. Auf der anderen Seite aber gibt es das Wissen um die Evolution und um periodische Wellenbewegungen in der

Kulturgeschichte. Nichts verbietet zu hoffen, dass mehr oder weniger langfristig auch wieder eine Aufwärtsbewegung einsetzt, die – angesichts der zunehmenden Schnelllebigkeit der Welt – nicht erst wieder in zweitausend Jahren zu einer neuen Hoch-Zeit der Aufklärung führt.

Denn die einzig vertretbare Irrationalität – neben der Liebe – ist die Hoffnung.

Teil II

IM NETZWERK
KRIMINELLER VEREINIGUNGEN

§ 129 Abs.1 StGB

Ein Ermittlungstheater in 2 Akten
von
MARIO NETTEN

(Für dieses Buch gegenüber dem Original bearbeitet)

Einführung

Bevor der Vorhang sich öffnet, springt der Narr von links auf die Vorbühne und spricht die folgenden Worte, den Sinn derselben mit eindrucksvollen Gesten begleitend. Gleichzeitig erscheinen seine Worte in leuchtender Schrift an den Wänden des bereits abgedunkelten Publikumsraumes, die ersten Zeilen an der einen Wand und die letzten Zeilen an der gegenüberliegenden:

Während die eine Hand die Fäden an der anderen Hand in raffinierter Weise irreal verknüpfte …	… gewahrte die andere Hand, wie sich die Fäden der einen Hand in krimineller Weise real verwickelten

Sobald der Narr abtritt, begibt sich der Theaterdirektor von rechts auf die Vorbühne und gibt nach dezenter Verneigung mit sonorer Stimme die folgenden Angaben zum Stück, das eben zur Aufführung kommen soll, bekannt:

„IM NETZWERK KRIMINELLER VEREINIGUNGEN,

ein Ermittlungs-Theater in zwei Akten von MARIO NETTEN,
– kriminell wie der Titel – spannend wie sein Netzwerk – und:

– OHNE ENDE –,

da ein solches durch eine Sperrerklärung des bayerischen Staatsministeriums des Innern vereitelt wurde.

Mit einer Mario-Netten-Posse als Vor- und Nachspiel."

Die Personen:

- zwölf Angehörige einer missliebigen Randgruppe der Gesellschaft.

  Neun davon kennen sich durch eine Selbsthilfe- und Emanzipationsgruppe, in der sie sich monatlich zwanglos treffen.

  Die drei übrigen bilden eine Gruppierung für sich, die – im Gegensatz zur Selbsthilfe- und Emanzipationsgruppe – mit dem Gesetz in Konflikt gekommen ist.

- ein Journalist, der sich als V-Mann der Kriminalpolizei in die Randgruppe einschleicht, um eine medienwirksame Story über sie zu schreiben und dadurch die Sonderkommission „AG-Ring" ins Rollen bringt. Solange er als V-Mann operiert, tritt er mit Namen auf, die seine Identität verdecken.

- zwölf Angehörige der Strafverfolgungsbehörden – Kriminalpolizei, Staatsanwaltschaft, Gericht. Die beiden ersteren Behörden haben sich gerade in der „AG-Ring" zusammengeschlossen mit Ziel und Zweck, die Selbsthilfe- und Emanzipationsgruppe als Sammelbecken der missliebigen Randgruppe zu zerschlagen und diese damit erheblich zu schwächen. Zwar ist die Selbsthilfe- und Emanzipationsgruppe seit über 20 Jahren als legal sich verhaltende Gruppe bekannt und auch jüngste vorsorgliche Ermittlungen, auf die Anfrage einer Zeitung hin, haben keine strafrechtlich relevanten Hinweise erbracht, aber: Falls man dem Journalisten als V-Mann trauen kann, soll sich das nun ändern.

  Die Zahl 12 ist hier wie dort frei gewählt und hat eher symbolischen Charakter.

- eine reichlich märchenhafte Gestalt, die entfernt an Dornröschen erinnert, wird beinahe am Ende dieses Ermittlungs-Theaters, vor dem Nachspiel, im Mittelpunkt stehen.

- auch der Innenminister persönlich – wenngleich mit Kopftuch, Schlafrock und Pantoffeln unkenntlich gemacht – wird uns schließlich im Nachspiel ebenso begegnen wie eine der Putzfrauen des Innenministeriums.

- Der Narr. Sein Platz ist die Vorbühne, wo er uns in der Einführung, im Vorspiel und im Nachspiel begegnet.
- Die Vorbühne ist aber auch der Platz des Sprechers, sofern er in Erscheinung tritt und nicht gerade die Hauptbühne vorzieht.

Individualisierte Personen (durch Erwähnung mit Namen oder Kürzel):

Selbsthilfe- und Emanzipationsgruppe	Gruppierung außerhalb derselben
• Herr Strauch (als E-Mail-Verfasser)	• Adam Tischhauser (alt, gebrechlich, geht am Stock)
• Otto Hoppe	
• Thomas Mandel	• Meinrad Bieler (Tischhausers Haushaltshilfe)
• Kurt Oehler	
• Heinrich, Kassier der Gruppe	• Isidor Metzger
• Oskar Eden	
• Udo Pijakowski	ferner:
• Mario	• Egon Becker aus Berlin
• Lukas Seiler	
frühere Teilnehmer der Gruppe:	
• Walter, Theodor und Peter	

Strafverfolgungsbehörden:

- KK (später KOK) Schwarz vom K 133 (Führer der Vertrauens-Person)
- KOK (später KHK) Labyrin vom K 122 (Leiter der AG Ring)
- KHK Tüchtinger vom K 122
- KOK (später KHK) Regassi vom K 122 (bedient das Tonband)

- Vize-Präsident Silberling vom Polizeipräsidium München
- Ltd. Polizeidirektor Bock vom Bayer. Staatsministerium des Innern
- Staatsanwältin Pfefferwald
- Staatsanwalt Pius Eichele
- Ermittlungs-Richterin Inge Kirch
- Amtsrichterin Michaela Plärr
- Sachverständiger Zuckerthaler
- ein Verdeckter Ermittler (VE)

Zuarbeiter:

- Journalist Bernhard Kittelmann
  (Vertrauensperson, VP, auch V-Mann genannt)

Abkürzungen:

K Kommissariat
KK Kriminal-Kommissar
KOK Kriminal-Oberkommissar
KHK Kriminal-Hauptkommissar

Ort: München
Zeit: Anfang des 21. Jahrhunderts

MARIO-NETTEN-POSSE als Vorspiel

[Drehorgel-Musik, die immer schneller wird, bis sie plötzlich abbricht.]

Rabenschwarze Finsternis. Der Vorhang öffnet sich leise hörbar. Durch eine schwache Glühbirne mählich erhellt, wird nach und nach die Kontur einer Männergestalt im Zentrum der Bühne sichtbar. Die glimmende Glühbirne, die an einem Kabel direkt über deren Kopfe hängt, schwebt höher und höher, so dass die Aufmerksamkeit von der Männergestalt weg in die Höhe gerichtet wird, wo mehr und mehr ein Ring aus Stroh, eine Art ungeschmückter Erntekranz, sichtbar wird, der mit Bändern am Ende einer Stange hängt, die horizontal aus dem finsteren Hintergrund der Bühne herausragt. Sobald die Glühbirne den Ring erreicht und durch dessen Mitte gezogen wird, verglimmt sie und der Ring beginnt zu leuchten – unerwartet kalt bläulich und langsam pulsierend, wozu man, mehr ahn- als hörbar, das An- und Abschwellen einer Sirene zu hören vermeint.

Durch das pulsierende Licht des Rings wird im Hintergrund der Bühne die Fassade des Innenministeriums sichtbar, aus dessen Dachfenster die Stange herausragt, von der der Ring gehalten wird. Vor dem Portal des Innenministeriums ragt eine Bockleiter pyramidal empor. Rechts und links, auf den Sprossen symmetrisch verteilt, stehen die Repräsentanten der AG-Ring stramm. Vom Kriminalkommissar bis zum Polizeidirektor einerseits, vom Staatsanwalt bis zum Richter am Landgericht andererseits. Auf der leeren obersten Sprosse – beiderseits – imaginiere man sich den Innenminister und die Justizministerin, sich an den Händen haltend.

Sowohl hier wie dort, wohl müßig zu sagen, Vertreter beider Geschlechter. Zwischen den weit gespreizten Beinen der Leiter baumelt ein Rammbock, dem Scheine nach völlig zahm, und notdürftig verdeckt durch die Gestalt des Mannes im Zentrum der Bühne, der sich in diesem Augenblick mit einem reflexartigen Ruck nach links (vom Publikum aus gesehen) dreht. Nahezu zeitgleich zuckt aus dem übergroßen Knopfloch seines Kittels ein Blitzlicht, das den linken Bühnenraum bis ganz außen hin grell erhellt und nur allmählich wieder im Dämmer versinken lässt.

Während der – nennen wir ihn: – Kittelmann auf dem Display seines elektronischen Minimultifunktionsgerätes verstohlen das eben geschossene Foto prüft, hat das Publikum Zeit, die Bühne links außen ins Auge zu fassen.

In einem nur angedeuteten, nicht allzu großen Raum, mit offener Tür zur Mitte der Bühne hin, sitzt um einen runden Salontisch eine stattliche Anzahl von Männern verschiedenen Alters, ungezwungen gruppiert, auf halb-bequemen Sesseln, teils angeregt, teils gemütlich in Gespräche vertieft. Auf dem Tisch liegen einige Bücher, eines davon das Strafgesetzbuch, mehrere lose Blätter, eine kleine Kasse und ein paar Knabbereien. Dass es sich bei einem der Bücher um das Strafgesetzbuch handelt, wird deshalb erkennbar, weil das Display des Minimultifunktionsgerätes in Großformat über dem Gruppenraum auf eine Leinwand projiziert erscheint, und der Kittelmann die ihn interessierenden Gegenstände des Raumes der Reihe nach heranzoomt. Der letzte Dämmerschein erlischt, als einer der Männer mit der Faust kräftig auf den Tisch schlägt.

In diesem Augenblick dreht sich der Kittelmann mit einem reflexartigen Ruck nach rechts.

Nahezu gleichzeitig zuckt aus dem übergroßen Knopfloch seines Kittels abermals ein Blitzlicht, das nun den rechten Bühnenraum bis ganz außen hin grell erhellt und auch hier nur allmählich wieder im Dämmer versinken lässt.

Während der Kittelmann auf dem Display seines elektronischen Minimultifunktionsgerätes verstohlen auch dieses eben geschossene

Foto prüft, hat das Publikum Zeit, nun die Bühne rechts außen ins Auge zu fassen.

In einem nur angedeuteten Arbeitsraum mit einem Computertisch sitzen drei Männer vor laufendem PC und unterhalten sich leise. Neben dem PC liegt ein aufgeklapptes schwarzes Köfferchen mit inkriminiertem Inhalt und eine Anklageschrift, was wiederum durch die Projektion des Displays auf eine Leinwand über dem Arbeitsraum erkennbar wird. Die Türe, welche sich auch hier zur Mitte der Bühne öffnet, ist im Gegensatz zu dort mit einem Schlüssel verschlossen. Der Schlüssel steckt. Die drei Männer wirken niedergedrückt und ratlos. Der letzte Dämmerschein erlischt, als einer der Männer den Deckel des schwarzen Köfferchens schließt.

Nach angemessener Zeit hört man auf der noch völlig finsteren Bühne das Rollen eines Rades. Dann wird in scharf gebündeltem Scheinwerferlicht erneut die Gestalt des Kittelmann sichtbar. Die Kapuze des Kittels über den Kopf gezogen, sitzt sie hinter einem sechs-sprossigen Spinnrad und spinnt aus einem Schafwollvlies Marionettenfäden. Während das Rad zur Ruhe kommt, steht der – nennen wir ihn nun: – Fadenspinner auf, schiebt die Kapuze vom Kopf und nimmt die übervolle Garnrolle aus der Halterung. Mit der Garnrolle in hochgehaltener Hand läuft er im eng geführten Scheinwerferlicht zwölfmal zur Bockleiter im Hintergrund und wieder zum Spinnrad zurück, von jedem der zwölf Repräsentanten der AG-Ring einen Faden zu den Sprossen des Spinnrads spannend. Sowie alle zwölf Fäden gespannt sind, dreht er das Rad mit Bedacht einmal herum, umschließt dann die zwölf nun in sich verdrehten Fäden mit einer Handschelle, die von seinem rechten Handgelenk herunterbaumelt, und, nachdem er die Fäden der Reihe nach sorgsam von den Sprossen des Rades geschnitten hat, zurrt er sie an der Schelle fest, von wo aus sie sich im begrenzten Licht des Scheinwerfers wie der Zettel eines Webstuhls zu den kaum mehr sichtbaren Gestalten im dämmrigen Bühnenhintergrund hin verlieren.

Nun wiederholt sich dasselbe Geschehen mit den zwei Gruppen am seitlichen Rande der Bühne.

Mit der linken Hand einen Schlüssel aus der Tasche seines Kittels ziehend und mit der rechten Hand, an deren Gelenk die Handschelle mit dem Zettel hängt, die Spule haltend, tänzelt der Fadenspinner zur verschlossenen Tür, hinter welcher die Dreiergruppe sitzt, steckt vorne den Schlüssel ins Loch, wodurch der drinnen steckende Schlüssel heraus- und mit Geräusch auf den Boden fällt, so dass die drei Männer erschreckt zusammenzucken. Behende hin- und hertänzelnd, spannt er nun die Fäden vom Kragen der drei Männer zu den Sprossen des Spinnrads, wobei das Hin- und Hertänzeln von einem traumhaften Wogen des Zettels zum Hintergrund hin seltsam, ja beinahe gespenstisch begleitet wird.

Nachdem der dritte Faden gespannt und die Tür wieder sorgsam verschlossen ist, eilt der Fadenspinner zum Rande der anderen Bühnenseite, durch die offen stehende Tür hinein, um auch hier vom Kragen eines jeden der neun Männer zu den Sprossen des Spinnrades Fäden zu spannen – auch hier vom traumhaften Wogen des Zettels zum Hintergrund hin seltsam gespenstisch begleitet. Die Männer erscheinen, sowohl hier bei den Neunen wie dort bei den Dreien, im Augenblick des Angespanntwerdens wie schlafend.

Nachdem der letzte Faden gespannt ist, setzt sich der Fadenspinner hinter das Spinnrad, umfasst mit seiner linken Hand die drei und die neun Fäden und dreht dann das Rad dreimal mit Bedacht, wodurch sich die Fäden in seiner Hand zu einem Stück Schnur verdrehen. Mit der rechten Hand, an deren Gelenk die Schelle mit dem Zettel hängt, schneidet er nun die Fäden von den Sprossen des Spinnrades ab und knüpft mit langsamer klarer Gebärde das aus der Faust seiner linken Hand herausragende Fadenbüschel in einen festen Knoten zusammen.

Während der – nennen wir ihn nun: – Marionetten-Spieler die linke Hand mit dem Knoten und die rechte Hand mit dem Zettel in Siegerpose nach oben reckt, beginnt sich das Stück Bühnenboden, auf dem er steht, samt ihm und dem Spinnrad langsam, stetig und knarrend zu heben.

In dem Maße, wie sich der Marionetten-Spieler mit seinen ausgestreckten Armen dem nun wieder kalt bläulich und pulsierend leuchtenden Strohring nähert, der über seinem Haupt unwillkürlich an einen überdimensionierten Heiligenschein erinnert, taucht unter ihm aus dem Bühnenbauch eine Art Käfig auf, dessen Wände und Tür aus senkrechten eisernen Stäben gebildet sind.

Wie das Auffahrtgeschehen unmittelbar unter dem Ring zum Stehen kommt und das pulsierende Leuchten immer heller und eindringlicher wird, setzt die Drehorgelmusik ein, kontinuierlich schneller werdend bis sich die Töne überschlagen. Dazu geraten die zwölf Repräsentanten der AG-Ring, die bis dahin auf der Bockleiter stramm gestanden sind, wie auf Kommando in hektische Bewegung. Miteinander und durcheinander, zuerst hin und her und dann links am Käfig vorbei nach vorne stürmend, verwickeln sich ihre Fäden mehr und mehr. Während manche im Geflechte festgehalten werden und das weitere Geschehen, stehen bleibend, aufgeregt verfolgen, dringen die einen links außen mit einem Vorschlaghammer durch die offene Tür zu der Neunergruppe und die andern rechts außen mit dem Rammbock durch die verschlossene Tür zu der Dreiergruppe vor.

Unterdessen hat der Marionetten-Spieler – durch das plötzliche und hektische Treiben beinahe unbemerkt – den unten völlig verwickelten Zettel oben von seinem Handgelenk gelöst und an dem strohenen Ring befestigt, wobei ihm der Knoten mit den anderen Fäden unversehens entglitten und einem der stehenden Repräsentanten der AG-Ring in die bis dahin untätigen Hände gefallen ist, worauf der nach einem Augenblick der Ratlosigkeit die drei Fäden von rechts und die neun Fäden von links auf den Knoten aufzuwickeln und damit immer mehr und mehr zusammenzuziehen beginnt.

Sobald die neun Männer aus der Selbsthilfe- und Emanzipationsgruppe mit der Dreiergruppe dicht an dicht um den Knoten herum zusammengezurrt sind, werden sie von den durch ihre gegenseitige Verstrickung mehr torkelnden als gehenden Repräsentanten der AG-Ring in den nun voll ausgefahrenen Käfig gesperrt.

Langsam senkt sich der volle Käfig in den Bauch der Bühne zurück. Auf dem Dach des Käfigs fährt breitbeinig der Marionetten-Spieler, der sich nun als Journalist zu erkennen gibt, herunter. In seinen Händen und vor seiner Brust hält er ein Buch. In diesem Augenblick erscheint der Narr auf der Bühne, klettert wie ein Affe auf die leer stehende Bockleiter und schwingt sich in einem kühnen Sprung auf das Dach des Käfigs, unmittelbar hinter den Journalisten. Über dessen Schultern hinweg liest er den Titel des Buchs:

Es geschieht, was keiner gedacht.

Nachdem er den Titel gelesen hat, nimmt der Narr dem Journalisten das Buch von der Brust, schlägt es auf und liest laut daraus vor. Während er spricht, erscheint das Gesprochene in leuchtender Schrift auf einer Leinwand über ihm, die in dem Maße größer wird, als der Käfig sich in den Bauch der Bühne senkt:

Durch die in Wirklichkeit nicht existierende, jedoch durch den Autor geschickt vorgetäuschte Verknüpfung einer sich legal verhaltenden Selbsthilfe- und Emanzipationsgruppe mit einer sich illegal verhaltenden Dreiergruppe, ist es den Münchner Strafverfolgungs-Behörden gelungen, mit der illegal sich verhaltenden Dreiergruppe auch die legal sich verhaltende Selbsthilfe- und Emanzipationsgruppe zu zerschlagen und damit eine missliebige Randgruppe

der Gesellschaft durch Verletzung ihrer Grundrechte nachhaltig zu
diskriminieren.

Das Buch schließlich zuklappend, gibt der Narr vor, auf dem rück-
seitigen Deckel des Buches zu lesen:

Nach seiner Leistung als Kittelmann, Fadenspinner und Marionet-
tenspieler ist der Autor nun auch als Referent bei der kriminalpoli-
zeilichen Spezialausbildung des Bundeskriminalamtes tätig.

Als der Käfig im Bühnenboden verschwunden ist und der Journalist wie zu Beginn des Spiels als Kittelmann im Zentrum der Bühne
steht, öffnet sich unerwartet das zentrale Fenster des Innenministeriums und eine überdimensional große Schere fliegt in den Haufen
der unlösbar ineinander verstrickten zwölf Repräsentanten der AG-
Ring. Damit beginnen sie sich gegenseitig aus der Verstrickung her-
auszuschneiden, um sich dann hinter Kittelmann zu formieren und
im Gleichschritt nach hinten auf die Bockleiter zu zu marschieren.
Während sie sich links und rechts auf den Sprossen stramm postie-
ren, jeder eine Sprosse höher als zu Beginn des Spiels, schließt sich
der Vorhang.

[Drehorgelmusik, die immer langsamer wird, bis der letzte Ton aus-
gehaucht ist.]

1. Akt – 1. Auftritt

1. Teil

[Der folgende Text wird bei geschlossenem Vorhang vom Sprecher auf der Vorbühne verlesen:]

„Kriminalpolizeidirektion, Kommissariat 122, AG Ring, München, 11.9.2003.

Aus: Vorläufiger Ermittlungs-Bericht, erstellt von KOK Labyrin

Am 1.12.2002 erhielt die Redaktion der Zeitung „Südost-Kurier" … eine E-Mail von der „Pädo-Selbsthilfe- und Emanzipationsgruppe München" … mit der Bitte um Veröffentlichung von Veranstaltungsterminen. Demnach trifft sich die Gruppe jeden ersten Freitag im Monat um 19.30 Uhr. Der Treffpunkt wird nur auf gesonderte Anfrage preisgegeben.

Herr Strauch stellt in der E-Mail vom 1.12.2002 die Ziele und das Konzept der Gruppe dar, die sich zum einen als Selbsthilfegesprächsrunde sowie als Anlaufstelle von Pädophilen und Päderasten homo- wie heterosexueller Orientierung und zum anderen als Diskussionsforum sowie als Plattform zur gesellschaftlichen wie politischen Emanzipation durch Selbstemanzipation versteht. Eine gleich lautende E-Mail von Herrn Strauch erhielt am 30.11.2002 auch die Redaktion der Zeitung „Kreisbote Füssen". Beide Redaktionen lehnten eine Veröffentlichung ab.

Unsere Ermittlungen haben ergeben: Unter der Internet-Adresse www.paedo.de werden neben der Selbstdarstellung der Gruppe auch Anschriften deutscher und internationaler pädophiler Selbsthilfe- und Emanzipationsgruppen, rechtliche Informationen und Ratschläge hinsichtlich der Straftatbestände und des Verhaltens gegenüber Justiz und Polizei, Literaturhinweise sowie historische, schon längst veröffentlichte Interviews mit 13-jährigen Jungen zum Thema einvernehmliche Sexualität zwischen Erwachsenen und Kindern angeboten. Eine Überprüfung der Internet-Seiten einschließlich der Links ergab keine Hinweise auf strafrechtlich relevante Inhalte. Unter anderem wird in einem Link auf die Web-seite www.paedo.portal.de verwiesen. Dabei handelt es sich um die Einstiegsseite für verschiedene Seiten, die sich mit der Thematik Kinderpornographie befassen. Eine Überprüfung erbrachte kein strafrechtlich relevantes Material. ... "

2. Teil

[Der sich langsam öffnende Vorhang gibt den Blick auf den Raum der Pädo-Selbsthilfe- und Emanzipationsgruppe München frei, der sich nun nicht mehr links außen befindet (wie beim Vorspiel), sondern im Zentrum der Bühne. Die Teilnehmer der Gruppe sitzen in lockerem Kreise um den Salontisch herum.]

[Während der Vorhang aufgeht, gibt der Sprecher folgende Informationen:]

Kittelmann hat – als Vertrauensperson des Kommissariats 133 – bereits zwei, drei Mal an dem Treffen teilgenommen. Das K 133 ist für die Führung von Vertrauenspersonen und Verdeckten Ermittlern zuständig. Kittelmann nennt sich hier Bernhard und gibt sich als Boylover aus. Niemand zweifelt an seiner Ehrlichkeit.

Heute hat er einen Begleiter mitgebracht. Deshalb beginnt der Abend mit einer Vorstellungsrunde.

Der Neu-Mitgebrachte heißt Meinrad und hat ein Problem mit einer Berufungsverhandlung. Zur Lösung dieses Problems will er sich Rat zur Wahl eines Anwalts holen, wozu er nun in der Gruppe eine Liste mit entsprechend erfahrenen Rechtsanwälten erhält.

Über den Beginn dieses Gruppentreffens und Meinrads Problem wird es später Aufzeichnungen in einem Polizeiprotokoll geben. Aufzeichnungen aus einer Vernehmung des Zeugen Kittelmann. Darin wird man lesen können:

„Im Laufe der Vernehmung ... sagte Herr Kittelmann, ... dass einmal während eines Freitags-Treffens der Pädo-Gruppe (...) ein Teilnehmer von einem zurückliegenden sexuellen Missbrauch eines 13-jährigen Jungen erzählte. Doch die übrigen Teilnehmer gingen nicht auf diese Erzählung ein, da während der Gruppentreffen nichts strafrechtlich Relevantes gesprochen werden sollte, so die Aussage des Herrn Kittelmann.

Weiter sagte Herr Kittelmann, dass die genauen Umstände des Missbrauchs und die Identität des 13-jährigen Jungen bei diesem Gespräch unerwähnt blieben.

Auf meine erste Nachfrage an den Zeugen, welcher Teilnehmer den Missbrauch an dem 13-Jährigen zur Sprache brachte, antwortete mir Herr Kittelmann, dass dieser Mann nur einmal in der Gruppe war und dass er ihn nicht kennt.

Auf meine zweite Frage nach der Identität des Mannes antwortete mir Herr Kittelmann, dass es sich bei diesem Mann um den ... Meinrad ... handelte."
(Gedächtnis-Protokoll KOK Labyrins vom 4.2.2004)

[Im Anschluss an Meinrads Problembekenntnis entwickelt sich unter den Teilnehmern der Gruppe folgendes (Emanzipations-) Gespräch. Wer dabei was spricht, muss hier zum Schutz der Teilnehmer offen – und damit der Regie überlassen – bleiben:]

- Was die meisten Leute draußen im Publikum nicht können oder nicht wollen, ist unterscheiden, ist differenzieren.

- Sie schmeißen alles in einen Topf. Sex mit Kindern z. B. verurteilen sie auf jeden Fall und in jedem Fall. Deshalb nennen sie ihn auch nicht einfach „Sex", sondern „sexuellen Missbrauch". Ganz gleich, ob er den Kindern schadet oder nicht.
- Sie sagen: Der schadet immer! Basta!
- Obwohl sie es gar nicht wissen.
- Sie behaupten es nur.
- Die Wahrheit wird ihnen vorenthalten.
- Sie wollen sie auch gar nicht hören.
- Da lässt das Bundeskriminalamt forschen.
- Jahrelang.
- Mit Steuergeldern.
- Veröffentlicht die Forschungsergebnisse auf über 700 Seiten.
- Und niemand nimmt sie zur Kenntnis.
- Warum?
- Weil sie nicht ins Klischee der öffentlichen Meinung passen.
- Weil sie dem widersprechen, was die Medien ihrem Publikum täglich vorgaukeln.
- Weil die Gesellschaft befangen ist.
- Befangen in einem Wahn.
- Früher war es der Hexenwahn.
- Heute ist es der Pädo-Wahn.
- Jene wurden verbrannt.
- Diese werden verwahrt.
- So wollte es das Publikum damals.
- Gegen alle Vernunft.
- So will es das Publikum heute.
- Gegen alle Forschungsergebnisse.
- Wahn ist wie ein Nebel.
- Er verdeckt die Wirklichkeit.
- Die Einsichten des Bundeskriminalamts stammen aus der Zeit vor dem Nebel.
- Und die Ergebnisse lagen vor, just als der Nebel aufzog.
- Wer die Klarsicht nicht scheut, muss aus dem Nebel heraus.

- Sich aus dem Dunst des Tales mit seinen Alltags-Meinungen erheben.
- Auf die Kuppe eines Berges steigen.
- Er wird über die Gewalt des Nebelmeeres staunen, aus dem er sich eben erhoben hat. Und die Wirklichkeit wird sich vor ihm auftun – sonnenklar!

[Während einer der Teilnehmer den letzten Satz – durchaus mit Pathos – ausspricht, nimmt er den Band 15 der BKA-Forschungsreihe, schlägt ihn auf der Seite 467 auf und beginnt, nachdem er Buchtitel und Seitenzahl bekannt gegeben hat, zu lesen:]

„Die empirisch nachweisbaren, verschiedenen Falltypen im Bereich der sogenannten Sexualdelikte unterscheiden sich so erheblich voneinander, dass man sie nicht mehr länger als zu einer homogenen Straftaten-Gruppe gehörig betrachten sollte. Die drei wesentlichsten, zu unterscheidenden Gruppen lassen sich folgendermaßen beschreiben:
a. Missbrauch von Personen als sexuelle (Ersatz-)Objekte und zur Machtdemonstration, vorwiegend gegenüber weiblichen Opfern (sexuelle Nötigung und Vergewaltigung, sowie entsprechende Missbrauchs-Handlungen mit Kindern);
b. Nichteinhalten von Sexualnormen, die das Alter und/oder das Geschlecht der Sexualpartner betreffen (gewaltlose sexuelle Kontakte mit Kindern, gewaltlose homosexuelle Kontakte zwischen Männern und Jugendlichen);
c. Verstoß gegen Normen, die ein bestimmtes Sexualverhalten (z. B. in der Öffentlichkeit) als anstößig definieren (Zeigen des Gliedes und Masturbation in der Öffentlichkeit).
Die unkritische Vermischung dieser drei Gruppen, verbunden mit ängstlichen Einstellungen gegenüber der Sexualität, verhindert die dringend notwendige rationale Diskussion über abweichendes Sexualverhalten.
Bei der Betrachtung der Auswirkungen von Sexualstraftaten auf das deklarierte Opfer fällt auf, dass viele angezeigte Sexualkontakte

gar keinen Schaden beim jeweiligen deklarierten Opfer anrichten. Daraus folgt, dass die unkritisch gebrauchten Begriffe „Opfer" und „Geschädigte" für einen großen Teil der Menschen, die als Sexualopfer registriert werden, unangemessen ist.

So geschieht es, dass Kinder, die sich nicht geschädigt fühlen, trotzdem als „Geschädigte" behandelt werden. Manchmal werden sie dann im Laufe des weiteren Verfahrens von vorurteilsbehafteten Erwachsenen (die sie eigentlich schützen wollen) tatsächlich geschädigt (z. B. sekundäre Viktimisation durch Dramatisierung, Anzweifeln der Glaubwürdigkeit, Zuweisung einer Mitschuld).

Etwa 48 % der Personen, die als „Geschädigte" registriert worden waren, berichteten von keinen oder nur minimalen Schäden. Sie perzipierten sich selbst auch nicht als „Geschädigte" oder als Opfer einer primären Viktimisation. Unter den angezeigten Sexualkontakten befindet sich – gemessen an den primären schädlichen Auswirkungen auf das deklarierte Opfer – tatsächlich ein sehr großer Teil von Straftaten ohne Opfer, wenn man die subjektive Einschätzung der direkt betroffenen Personen ernst nimmt. Einige der mittlerweile meist erwachsenen deklarierten Opfer berichteten, dass sie sich zwar durch die inkriminierte Handlung selbst nicht geschädigt fühlten, wohl aber von den anschließenden dramatisierenden Reaktionsweisen der Umwelt (sekundäre Viktimisation). Um einen besseren Schutz der potentiellen Opfer vor primärer und sekundärer Viktimisation gewährleisten zu können, ist es notwendig, dass Ergebnisse der empirischen Forschung aus den Bereichen Viktimologie, Kriminologie, Sexualforschung, Psychologie und Pädagogik verstärkt veröffentlicht und ernst genommen werden ...

Das Instrument des abstrakten Gefährdungstatbestandes, angewandt auf gewaltlose, einvernehmliche, gleichwohl strafbare Sexualkontakte trägt nur in einem geringen Teil dieser Fälle zum individuellen Schutz der betroffenen Opfer bei. Viele der Personen, die in dieser Weise als Opfer deklariert werden, werden erst durch die Existenz bestimmter Gesetze zu Geschädigten.

Wenn in einer Straftatengruppe die Wahrscheinlichkeit der individuellen Schädigung des deklarierten Opfers sehr gering ist und gleichzeitig deutlich wird, dass die Existenz des Gesetzes sowohl im Strafverfolgungs- als auch im informellen Bereich sekundäre Schädigungen anzurichten vermag, dann sollte eine Art Aufrechnung der sozialen „Kosten" und „Nutzen" angestellt werden. Wenn tatsächlich ein Gesetz durch seine bloße Existenz sehr viel Schaden anrichtet und nur sehr selten schützt, dann sollten seine Vor- und Nachteile gewissenhaft und verantwortungsbewusst abgewogen werden und die notwendigen Konsequenzen gezogen werden. Bei der Abwägung sollte man sich auch und vor allem wissenschaftlicher Erkenntnismethoden bedienen und sich weniger auf Spekulationen und Ideologien verlassen.

Vielfach wird übersehen, dass das Opfer eine Schädigung oder Nicht-Schädigung in der Regel sehr zutreffend beschreiben kann, wenn nur die Befragung frei von störenden Einflüssen gestaltet wird.

Kreativen Strafrechtlern sollte es möglich sein, Gesetzesvorschläge zu machen, die die potentiellen Opfer besser schützen, und zwar sowohl vor primären als auch vor sekundären Viktimisationen."

[Es folgen Kommentare der Gruppenteilnehmer:]

- 48 % – Straftaten ohne Opfer!
- Gewissenhaft und verantwortungsbewusst die notwendigen Konsequenzen ziehen!
- Kreative Strafrechtler!
- Ja, die haben wir allerdings!
- Aber in welch verdrehtem Sinne!
- Alle paar Monate neue, noch schärfere Verbote!
- Und schärfere Strafen!
- Die Erkenntnisse des Bundeskriminalamts sind jedoch klar: Straftaten ohne Opfer, das heißt ohne Primärschädigung, sollten legalisiert werden, um damit einer Sekundärschädigung vorzubeugen.
- Doch genau das Gegenteil geschieht.

- Seit Jahren.
- Und keiner wagt mehr, dagegen zu mucken – nicht mal Fachgutachter!
- Warum?!
- Aus Angst, selbst als Pädophiler denunziert zu werden.
- Oder als einer, der mit den Pädos sympathisiert.
- Da gesteht's einer ein … (nimmt ein Buch vom Tisch) … ein Diplompsychologe. „Analyse" nennt er sein Werk. „Analyse einer Hysterie".

Da schreibt er auf der Seite 2:

„Vom universitären Forschungsbetrieb, der sich seit Entflammung einer Hysterie vollständig in den Fängen des Zeitgeistes und einer abgründigen Sensationsberichterstattung befindet, und einem forensischen Wissenschaftsbetrieb in der Abhängigkeit von den politischen Vorgaben und öffentlichen Geldgebern, ist angemessene, wertobjektive Forschung über die Pädophilie derzeit nicht zu verlangen.

Nicht, dass man um bestimmte Dinge nicht wüsste; es verhält sich jedoch so, dass man nicht frei ist, offen über sie zu sprechen."

- Tja, bei derart vergiftetem Klima wird noch viel Wasser die Isar hinunterfließen, bis wir mit unserer Emanzipation auch nur ein kleines Schrittchen weiter kommen.
- Von Fortschritt keine Spur.
- Treten am Ort.
- Ja nicht einmal das.
- Rückschritte noch und noch.

[Vorhang]

3. Teil

[Was sich nach dem Gruppenbesuch auf dem Nachhauseweg zwischen Kittelmann und Meinrad abspielt, erzählt der Sprecher von einer Bühnenseite, während Kittelmann und Meinrad auf der Vorbühne die Worte des Sprechers mit Gebärden begleiten, folgendes:]

Auf dem Nachhauseweg steckt Kittelmann dem Meinrad 200 Euro zu. Als Beitrag zu den Kosten, die durch das bevorstehende Berufungsverfahren auf ihn zukommen würden. Und dann nach einer angemessenen Pause: Im Übrigen habe auch er, Kittelmann, ein Problem. Er würde gerne an Kinderpornographie herankommen, wüsste aber nicht wie. Bei den Gruppenteilnehmern habe er es versucht. Ohne Erfolg. Ob er, Meinrad, ihm eventuell behilflich sein könne. Meinrad lehnt ab. Er selber habe keine Kinderpornographie. Nach längerem Hin und Her willigt Meinrad ein, den Kittelmann an einem der nächsten Tage zu einem Bekannten mitzunehmen, der mit der Pädogruppe nichts zu tun habe, und bei dem er eventuell bekommen könne, wonach er bisher vergeblich suche.

1. Akt – 2. Auftritt

[Bei noch geschlossenem Vorhang auf der rechten Seite der Vorbühne]

Sprecher:

Da niemand bei den Treffen, welche Meinrad dem Kittelmann zur Erlangung von Kinderpornographie in Aussicht gestellt hatte, zugegen war, werden sie hier nun anhand von drei polizeilichen Vernehmungen in einer Art Rückschau aus der Zukunft beleuchtet. Dies sind:

- die Vernehmung des Beschuldigten Meinrad Bieler
  vom 2. Februar 2004,
- die Vernehmung des Beschuldigten Adam Tischhauser
  vom 7. November 2003
- die Vernehmung des Zeugen Kittelmann vom 4. Februar
  2004.

[Während der Vorhang sich öffnet:]

Sprecher:

Der Beschuldigte Meinrad Bieler wird soeben aus der Untersuchungshaft dem KOK Regassi zur Vernehmung vorgeführt.

KOK Regassi:

Herr Bieler, wie war Ihre Beziehung zu Bernhard alias Kittelmann?

Meinrad Bieler:

Der Bernhard hat durchscheinen lassen, dass er pädophile Neigungen hat. Ich hatte den Eindruck, dass er ein „Boylover" sei. Im Nachhinein glaube ich aber, dass er das möglicherweise vorgespielt hat.

KOK Regassi:

Herr Bieler, wollte der Bernhard Kinderpornographie von Ihnen haben?

Meinrad Bieler:

Er hat also Interesse gezeigt und hat mich auch gefragt, ob ich Kinderpornographie besitzen würde. Ich habe das verneint, weil ich selber nichts hatte, habe aber dann den Kontakt zu dem Adam Tischhauser eingefädelt. Der Bernhard hat dann von dem Adam Tischhauser Kinderporno-Material erhalten. Das ging damals so vonstatten, dass im Mai 2003, es kann auch im April oder Anfang Juni gewesen sein, ich den Bernhard zur Wohnung des Adam Tischhauser gebracht habe. Es war das erste Mal. Ich habe ihn als vertrauenswürdig gegenüber dem Adam dargestellt, weil er meiner Meinung nach auch vertrauenswürdig war. Der Adam hatte zuerst etwas zurückhaltend reagiert, hat ihm aber dann Kinderporno-Material zur Verfügung gestellt. Das lief so ab, dass sich der Bernhard zuerst eine Wechselfestplatte besorgen musste und zu einem anderen Termin, da war ich dann auch mit dabei, der Adam Tischhauser dem Bernhard kinderpornographisches Material auf diese Festplatte von seinem Rechner aus überspielte.

KOK Regassi:

Herr Bieler., hat Ihnen der Herr Kittelmann schon mal Geld oder kinderpornographisches Material gegeben?

Meinrad Bieler:

Der Kittelmann hat mir einmal 200 Euro als Geschenk gegeben. Er wollte es nicht mehr wieder haben. Der Kittelmann hat angegeben, dass er eine größere Erbschaft gemacht hat und hat sich als sehr wohlhabend dargestellt. Ich war damals etwas knapp bei Kasse und habe das Geld gerne angenommen. Später hat er mir dann noch mal Geld angeboten. Das habe ich dann allerdings abgelehnt.

KOK Regassi:

Herr Bieler, gab es auch noch andere Gegenstände, die der Bernhard Kittelmann von Ihnen oder von Adam Tischhauser erhalten hat?

Meinrad Bieler:

Ich habe dem Bernhard Kittelmann einmal einen Koffer gegeben. Das war ein schwarzer Lederkoffer. In dem Koffer befand sich kinderpornographisches Material von Isidor Metzger.

Ich habe das ca. im März/April 2003 erhalten. Der Isidor Metzger erzählte mir, dass er über das Internet eine Warnung bekommen hätte und dass er deswegen Angst hätte, dass bei ihm durchsucht werden würde. Deswegen hat er mir sein Kinderporno-Material zur Aufbewahrung gegeben. Ich habe diesen schwarzen Koffer im Keller des Adam Tischhauser deponiert. Ich habe zum Keller des Adam Tischhauser einen Schlüssel. Der Adam Tischhauser wusste nichts davon, dass der Koffer bei ihm im Keller war.

[Dem Beschuldigten Bieler werden die Lichtbilder von zwei Koffern gezeigt, einem braunen und einem schwarzen Koffer, die der Polizei übergeben wurden.]

KOK Regassi:
Herr Bieler, was können Sie dazu sagen?

Meinrad Bieler:
Bei dem schwarzen Koffer handelt es sich um diesen Koffer, in den ich das kinderpornographische Material des Isidor Metzger gelegt habe. Den braunen Koffer kenne ich nicht. … Ich habe den schwarzen Koffer nach dem ersten Treffen mit dem Adam Tischhauser dem Bernhard Kittelmann übergeben. … Ich habe dem Kittelmann von dem Koffer erzählt; er hatte Interesse daran … Ich möchte noch anmerken, dass auch der Bernhard Kittelmann den Isidor Metzger kennt. Er war einmal bei ihm in der Wohnung.

KOK Regassi:
Herr Bieler, Sie haben vorher gesagt, dass Sie den braunen Koffer nicht kennen. Wie ist es dann möglich, dass sich das Zahlenschloss sowohl auf dem braunen als auch auf dem schwarzen Koffer aus Ihrem Geburtsdatum … zusammensetzt?

Meinrad Bieler:

Vor allem bei dem braunen Koffer kann ich mir das überhaupt nicht erklären. Ich habe diesen braunen Koffer bewusst noch nie in der Hand gehabt. Ich kann mich zumindest daran nicht erinnern.

[Die Bühne wird für einige Augenblicke dunkel. Beim Hellerwerden:]

Sprecher:

Der Beschuldigte Adam Tischhauser wird dem KOK Regassi aus der U-Haft zur Vernehmung vorgeführt. Adam Tischhauser ist sehr alt. Er geht gebeugt und hält sich an einem Stock.

KOK Regassi:

Herr Tischhauser, wie ist Ihre Beziehung zu Herrn Meinrad Bieler?

Adam Tischhauser:

Ich kenne den Herrn Meinrad Bieler schon sehr lange. Unsere Bekanntschaft hat sich mit meinen Altersbeschwerden wieder intensiviert. Er hilft mir in alltäglichen Angelegenheiten, die ich alleine nicht mehr gut bewältigen kann. … Ich kann mich daran erinnern, dass Herr Meinrad Bieler im Frühjahr dieses Jahres zu mir in meine Wohnung eine mir unbekannte Person mitgebracht hat. Ich möchte dazu anmerken, dass ich normal keine fremde Person in meine Wohnung lasse. Da mich Herr Meinrad Bieler intensiv darum bat, habe ich die Person in meine Wohnung mit hereingelassen. Wir führten zunächst ein belangloses Gespräch. Im weiteren Verlauf dieses Gespräches kam die Rede auf die Bilder.

KOK Regassi:

Was für Bilder?

Adam Tischhauser:

Es handelte sich bei diesen Bildern um kinderpornographische Abbildungen. Da mich Herr Bieler zunehmend bedrängte und ich mich ihm verpflichtet gefühlt habe, habe ich schließlich mit diesem mir unbekannten Mann kinderpornographische Bilder bei mir in meiner Wohnung angesehen. Diese Bilder habe ich auf der Festplatte meines Computers gespeichert.

KOK Regassi:

Mit welchem Namen stellte sich die Person, welche Herr Bieler mitgebracht hatte, vor?

Adam Tischhauser:

Dieser mir unbekannte Mann wurde mir von Herrn Bieler als Bernhard vorgestellt. Herr Bieler hat mir gegenüber angegeben, dass dieser ihm selbst in finanziellen Schwierigkeiten geholfen hätte und ihm Geld gegeben hätte. So hat der Herr Bieler diesen Mann bei mir eingeführt. Es passierte dann an diesem Tag nichts weiter. Der Meinrad Bieler hat dann diesen Mann das zweite Mal zu mir gebracht. Ich nehme an, dass der Bernhard den Bieler daraufhin gedrängt hatte, auf mich einzuwirken, damit ich diesem Mann eine Kopie meiner Festplatte und den darauf gespeicherten Bildern mache und aushändige. Aufgrund des Drängens des Meinrad Bieler hin habe ich diesem Bernhard letztendlich meine Festplatte kopiert. Ich möchte anfügen, dass dieser Bernhard eine Festplatte dabei hatte und wir meine Daten auf diese Festplatte überspielten.

KOK Regassi:

Herr Tischhauser, Sie sagten eingangs, Sie vermuten, dass es sich bei diesem Bernhard um diesen Journalisten gehandelt hat, der vor Kurzem in den Medien die Geschichte über die Pädophilen-Szene verbreitete.

Adam Tischhauser:

Richtig, diese Vermutung habe ich. Meine Vermutung kann
ich diesbezüglich nicht konkretisieren ...

**[Nach einigen Augenblicken völliger Dunkelheit erhellt sich die
Bühne.]**

Sprecher:

KOK Labyrin und KOK Regassi von der „AG Ring" des
K 122 sind mitten in der Vernehmung des Zeugen Kittelmann, an dessen Seite sich KK Schwarz aus dem K 133 befindet. KOK Labyrin stellt die Fragen. KOK Regassi bedient das
Tonband. KK Schwarz ist auf ausdrücklichen Wunsch des
Zeugen Kittelmann dabei. KK Schwarz' Anwesenheit wird
nicht protokolliert werden.

KOK Labyrin:

Herr Kittelmann, woher stammt diese Wechselfestplatte, die
Sie der Polizei übergeben haben?

Kittelmann:

Der Adam Tischhauser hat mir von sich aus angeboten,
„Material" auf eine Festplatte zu kopieren. ... Ich habe eine
Wechselfestplatte besorgt und der Adam Tischhauser hat mir
dann diese Wechselfestplatte mit Daten von seinem Rechner befüllt. Ich habe die Wechselfestplatte von ihm entgegen
genommen und sie aber nicht geöffnet, sondern sofort original verpackt der Polizei übergeben.
Ich möchte noch anmerken, dass weder der Meinrad Bieler,
noch ich den Adam Tischhauser bedrängt haben, mir dieses
„Material" zu geben. Im Gegenteil hat mir Adam Tischhauser
dieses „Material" angeboten, weil er es als angenehm empfand, dass ich ihn gerade nicht bedrängt habe, mir was zu
geben.

Ich möchte auch noch anmerken, dass mir der Adam Tischhauser gesagt hat, dass ich diese Wechselfestplatte entsprechend mit einem Passwort und einem Kryptisierungs-Programm sichern soll.

KOK Labyrin:

Herr Kittelmann, Sie haben der Polizei einen schwarzen und braunen Koffer übergeben. Woher stammen diese beiden Koffer?

Kittelmann:

Diese beiden Koffer stammen aus dem Keller des Adam Tischhauser. Diese Koffer sind mir von Meinrad Bieler übergeben worden. Er hat aber ausdrücklich darauf hingewiesen, dass das nicht seine Koffer sind, bzw. dass der Inhalt der Koffer nicht seiner ist.

KOK Labyrin:

Wusste Adam Tischhauser, daß die Koffer bei ihm im Keller lagern?

Kittelmann:

Der Adam Tischhauser wird's schon gewusst haben …

KOK Labyrin:

Herr Kittelmann, von wem stammt der Inhalt des schwarzen Koffers?

Kittelmann:

Soweit ich gehört habe, stammt der Großteil von Isidor Metzger. Es könnte auch alles von Isidor Metzger stammen.

KOK Labyrin:

Herr Kittelmann, woher kommt dieser braune Koffer, der ebenfalls aus dem Keller des Adam Tischhauser stammen soll?

Kittelmann:

Wo dieser Koffer herkommt, weiß ich nicht. Dieser Koffer wurde mir ein paar Wochen, nachdem mir der schwarze Koffer übergeben wurde, von Meinrad Bieler übergeben. Soweit ich aber weiß, war in dem braunen Koffer nichts großartiges Kinderpornographisches drin. ... Es fällt mir gerade ein, dass der Meinrad Bieler mir gegenüber geäußert hat, dass der braune Koffer von Egon Becker aus Berlin stammt. Den Egon Becker habe ich dann auch in Berlin aufgesucht und getroffen, nachdem ich von München aus angekündigt wurde.

KOK Labyrin:

Von wem wurde dieses Treffen von München aus angekündigt bzw. arrangiert?

Kittelmann:

Es wurde aus der Gruppe des Adam Tischhauser arrangiert. ... Ich möchte noch anmerken, dass der Meinrad Bieler mir diese beiden Koffer letzten Endes zur Vernichtung mitgegeben hat. Er hatte Angst, dass die Polizei möglicherweise auf den Koffern seine Spuren finden könnte und einen Rückschluss auf ihn führen könnte, obwohl ihm die Koffer bzw. der Inhalt der Koffer nicht gehörten.

[Vorhang]

1. Akt – 3. Auftritt

Der 3. Auftritt spielt, wie der 1. Auftritt, im Raum der Pädo-Selbsthilfe- und Emanzipationsgruppe München. Die Teilnehmer, mit Kittelmann, ohne Meinrad, sitzen in lockerem Kreis um den Salontisch herum. Die Ergebnisse und Empfehlungen aus der Forschung im Auftrage des Bundeskriminalamts (BKA) beschäftigen sie weiterhin. Während die Teilnehmer wach und engagiert zum Gespräch beitragen und ein Gedanke sich aus dem andern ergibt, beteiligt sich Kittelmann nur am Rande.

- Gäbe es die kreativen Gesetzgeber im Sinne der Forschungsergebnisse des BKA und der sich daraus ergebenden Empfehlungen, dann gäbe das unserer politischen Emanzipation auch im derzeit völlig sinnlosen Kampf um eine vernünftige Revision des Kinderpornographie-Paragraphen (§ 184 des Strafgesetzbuchs – StGB) neuen Auftrieb.
- Denn wenn 48 % der Straftaten gegen die sexuelle Selbstbestimmung ohne Opfer sind – dann müsste doch Ähnliches von den Abbildungen solcher Straftaten ohne Opfer gelten, die zur Zeit der Forschungen des BKA auch noch nicht strafbedroht waren und deshalb in die Forschung nicht mit einbezogen wurden. Warum sollte die Abbildung einer Handlung Schaden anrichten, wenn die Handlung selbst keinen Schaden anrichtet?! Insbesondere wenn sie einvernehmlich hergestellt wurden, im Privatbereich bleiben und nicht gewaltsam ans (scheinhelle) Licht der Öffentlichkeit gezerrt werden?
- Eben allenfalls durch Verletzung der Privatsphäre, wenn diese Abbildungen Personen zu Gesicht kommen, für die sie nicht bestimmt sind.
- In erster Näherung hast du vielleicht recht. Ich möchte aber daran erinnern, dass wir uns schon in früheren Gesprächen – in Abschnitt 2.3 dieses Buches – mit dem Thema „Kinderpornographie" beschäftigt hatten. Wir hatten die Ethik der Einvernehmlichkeit – wie für alle anderen Bereiche menschlichen Zusammenlebens – als Leitlinie festgehalten. Diese Ethik ist der absolute, allgemeingültige Maßstab, auch wenn es natürlich darauf ankommt, in den konkreten Situationen genau zu schauen, was dort „Einvernehmlichkeit" oder „Nichteinvernehmlichkeit" bedeutet. Im Übrigen ist die Ethik der Einvernehmlichkeit nicht nur der allgemeine Hintergrund der

negativen Sanktionen des Strafrechts, sondern genauso auch der positiven Sanktionen des Bürgerlichen Rechts. Wir bewegen uns also mit unserer Ethik der Einvernehmlichkeit mitten in der anerkannten Ethik der Gesellschaft.

Im Einzelnen hatten wir uns schon beschäftigt
- mit den Problemen des Einzelnen im Umgang mit dem Thema „Kinderpornographie",
- mit den irrealen Vorstellungen in den Medien und auch beim Gesetzgeber über einen „Kinderporno-Markt",
- mit dem Missverhältnis zwischen den Sanktionen gegen „Kinderpornographie" und den Sanktionen gegen Darstellungen etwa von Verbrechen gegen das Leben oder die körperliche Unversehrtheit,
- mit der Absurdität, dass Besitz, nicht nur nachfrageerzeugender Erwerb, kriminalisiert wird,
- mit der noch größeren Absurdität, dass neuerdings auch Zeichnungen und Computeranimationen kriminalisiert werden – ohne jedes Opfer! – dass also nicht mal die Gedanken mehr frei sind.

- Vielleicht ist mit den Sanktionen gegen „Kinderpornographie" nicht nur die Gedanken- und Meinungsfreiheit, nicht nur das Zensurverbot tangiert, sondern auch die im Grundgesetz ebenfalls direkt garantierte Freiheit von Kunst und Wissenschaft? Jeder kann Beiträge zu Kunst und Wissenschaft leisten; das Internet erlaubt die Verknüpfung der Einzelleistungen. Also müsste doch jeder Bürger das Recht haben, auch die Rechtsnormen um die Kinderpornographie zu erforschen. Wie soll das aber gehen, wenn er sich nicht mal ein Bild von seinem Forschungsgegenstand machen darf?
- Es ist doch unser gutes Recht, zu erkunden, was mit den Gesetzen überhaupt gemeint ist, die unser Leben bestimmen!

- Bist du da so sicher? – Ich denke, jetzt sind wir schon ganz nah an unser Thema mit dem Machtmissbrauch herangekommen, das wir uns eigentlich vorgenommen hatten. Vielleicht beabsichtigt die Obrigkeit ja, dass der Bürger sich eben kein genaues Bild von dem machen darf, was strafbar ist, was nicht – also hier, was strafbare „Kinderpornographie" ist, was nicht? Wann – nur ein Beispiel – eine liebevoll selbergebastelte Sexpuppe aus Schaumgummi und Damenstrümpfen für nächtliche Spiele unter der Bettdecke eine „pornographische Darstellung" im Sinne des Strafgesetzes ist, wann nicht; wann sie obendrein „wirklichkeitsnah" ist, wann nicht.

- Da gab es doch mal den Fall in Berlin, dass einer erotische Bubenfotos machte und sich das Placet der Staatsanwaltschaft einholte, bevor er sie veröffentlichte. Trotzdem wurde er deswegen verurteilt. Der Richter argumentierte: Über die Strafbarkeit im konkreten Fall entscheidet der Richter, nicht der Staatsanwalt.

- War es nicht vor 500 Jahren in der Inquisition ganz ähnlich? – Über „Ketzerisches" **genau** Bescheid wissen durfte keines der „Schäfchen". Die Bücher, die darüber hätten aufklären können, standen auf dem Index und waren dem Kirchenvolk entzogen. Aber wehe, wenn die Oberhirten eines der Schäfchen zum „Ketzer" erklärten! So wurde das Kirchenvolk in diffuser Angst gehalten.

- Heute können wir ungestraft sagen, dass das Machtmissbrauch der Kirche war; damals wären wir samt dieser Meinung und unseren sonstigen, allgemeinen Anschauungen verbrannt worden.

- Und das Volk wäre um den Scheiterhaufen zusammengelaufen und hätte gegafft.

- Etliche Menschen befriedigen sich am Leid anderer – auch heute.

- Das ist wahr. Aber es muss in Abrede gestellt werden, dass dies eine typische Eigenschaft pädophil veranlagter Menschen sei.

- Richtig! Unter Pädophilen ist Sadismus nicht häufiger oder seltener als im Durchschnitt der Gesamtbevölkerung.
- Und Gewaltakte müssen bestraft werden, und werden auch bestraft. Das fällt im Strafgesetzbuch unter die Abschnitte „Straftaten gegen das Leben", die „körperliche Unversehrtheit" oder auch die „persönliche Freiheit".
- Ja, und wie solche Gewaltakte muss auch – ähnlich wie bei Hehlerei – der nachfrageerzeugende Erwerb solcher Bilder oder Filme von realen Gewaltakten durch Kauf oder Mietung bestraft werden.
- Was aber nicht bestraft werden darf, das ist der nicht nachfrageerzeugende Erwerb, etwa durch Schenkung oder Erbschaft.
- Und erst recht nicht der Besitz als solcher.
- Und überhaupt hat das, was jemand beim Betrachten fühlt, keiner Strafe zu unterliegen.
- So etwas erinnert doch an das berüchtigte Urteil aus der Nazizeit, als ein „Spanner" wegen § 175 StGB verurteilt wurde, weil er vor Gericht gestand, dass er sein Augenmerk mehr auf den Mann als auf die Frau gerichtet habe. Und zeitnäher: In den USA wurden Fotos von Buben in kurzen Hosen als „Kinderpornographie" eingestuft, weil sie für ihren Besitzer, einen Päderasten, sexuelle Bedeutung gehabt hätten. Die Definition von Pornographie – insbesondere Kinderpornographie – also abhängig von den Gefühlen des Betrachters bzw. Besitzers. Wollen wir so etwas?
- Das hätte mit Rechtssicherheit nicht mehr das Geringste zu tun. Das wäre eine Katastrophe für den Rechtsstaat!
- Das Entscheidende ist eben immer die Frage: „Gewalt oder keine Gewalt" – „Einvernehmlichkeit oder keine Einvernehmlichkeit" – und nicht die Frage „Erektion oder keine Erektion beim Betrachter", auch nicht „Erektion oder keine Erektion auf dem Foto". Wenn wir schon der Strafjustiz und den Medien ankreiden, alles in einen Topf zu werfen, dann sollten wir es auch nicht selber tun.

- Es könnte auf Grund solcher grundsätzlicher und gesetzeskritischer Gespräche bei neuen Teilnehmern in der Gruppe vielleicht der Eindruck entstehen, dass wir uns über bestehende Gesetze, z. B. das Kinderpornographie-Verbot, hinwegsetzen wollten.
- Das Gegenteil ist der Fall.
- Was wir dezidiert nicht wollen und wogegen wir uns mit Nachdruck wenden, das ist, dass bestehende Gesetze übertreten werden.
  Wir verlieren sehr viel von unserer Glaubwürdigkeit als demokratisch engagierte, offen gesetzkritische Bürger, wenn wir gleichzeitig als Gesetzbrecher auftreten!
- Allerdings gilt das für die Obrigkeit, insbesondere die Strafjustiz, entsprechend. Auch sie verliert ihre Glaubwürdigkeit, wenn sie die Gesetze bricht, die sie schützen soll.
- Wozu wir aber das Recht haben: Dass wir durch legale politische Emanzipation dahin wirken, dass Gesetze, „die sehr viel Schaden anrichten und nur sehr selten schützen", wie sich die schon erwähnte BKA-Studie ausdrückt – mit wachsender Einsicht schließlich geändert werden.
- Heute jedenfalls werden wir nicht mehr als ‚Ketzer' behandelt, wenn wir uns in unserer Gruppe treffen und hier darüber diskutieren, ob zum Beispiel die Begriffsbildungen „sexueller Missbrauch" oder „Kinderpornographie" überhaupt ethisch vertretbar sind. Also so viel freie Meinungsäußerung haben wir immerhin.
- Und die Versammlungsfreiheit für unsere Treffen haben wir auch! Seit vielen Jahren treffen wir uns unbehelligt und offen für jedermann in der weißblauen Landeshauptstadt.
- „Liberalitas Bavariae"!
- Hm Nein. Dazu brauchen wir keine „Liberalitas Bavariae". Das Recht auf freie Meinungsäußerung und die Versammlungsfreiheit sind Grundrechte!

[Vorhang]

1. Akt – 4. Auftritt

[Der Vorhang öffnet sich zeitgleich mit einem mächtigen Knall, dem die Geräusche zerberstenden Holzes und zerspringenden Glases folgen. Fünf bewaffnete Gestalten fallen mit Hilfe eines Rammbocks buchstäblich mit der Tür in die Wohnung eines Mannes, der entsetzt aus seinem Bette hochfährt.

Links und rechts der Bühne öffnen sich Wohnungstüren. Durch den Lärm aufgeschreckte Nachbarn versuchen besorgt zu ergründen, was hier vor sich geht.

In der aufgebrochenen Wohnung wird der schockierte Mann von den fünf Gestalten aus dem Bett gerissen und zu Boden geworfen. Mit festem Griff im Nacken, das Gesicht in den Teppich gedrückt, werden ihm die Hände auf dem Rücken mit Handschellen gebunden.]

Sprecher:

Es geschieht dies nach den Anweisungen, welche in einem von der AG Ring für die Einsatztruppen erstellten Aktionsplan aufgelistet sind, damit der Überfallene in seiner Wohnung nichts mehr verändern kann.

Nun wird ihm der Durchsuchungsbeschluss eröffnet:

Ein Kriminalbeamter:

„Amtsgericht München – Ermittlungsrichterin –
Ermittlungsverfahren gegen Otto Hoppe, geb. 13.05.1957, u. a.
wegen Bildung krimineller Vereinigungen

Beschluss
Nach § 102, 103, 105 Abs. 1, 162 Abs. 1 Strafprozessordnung
wird gemäß § 133 Abs. 4 Strafprozessordnung ohne vorherige
Anhörung die Durchsuchung der Person und der Wohnung mit
Nebenräumen
des Beschuldigten Thomas Mandel, geboren am 16.12.1948
wohnhaft: Adelstraße 3, 81493 München

nach folgenden Gegenständen: kinderpornographische Schriften,
auch in elektronischen Dateien gespeichert, Unterlagen betref-
fend die Bildung der kriminellen Vereinigung „Pädo Selbsthilfe-
und Emanzipationsgruppe München" und deren Beziehungen
zu anderen Organisationen
sowie deren Beschlagnahme nach §§ 194, 98 StPO angeordnet,
sofern sie nicht freiwillig herausgegeben werden. "

Sprecher:

Gemäß Strafprozessordnung (StPO) stünden dem Beschuldigten Zeugen der Durchsuchung zu. Der schockierte Mann
kann sich später an diese Frage nicht erinnern.

[Die Durchsuchung erfolgt, abgesehen von den Nachbarn, die sich
mählich in ihre Wohnungen zurückziehen, ohne Zeugen. Mit Gummihandschuhen wird das Bettzeug mitsamt dem Pyjama – dessen
sich der Beschuldigte entledigen muss – zur späteren forensischen
Untersuchung in Plastiksäcke gestopft, worauf der Betroffene sich
Kleider anziehen darf.

Das Folgende verläuft nun – mit einer Uhr an der Wand angedeu-
tet – im Zeitraffer. Bei Beginn der Aktion zeigt sie 20.40 Uhr. Am
Ende wird es nach Mitternacht sein.

Inzwischen bleibt kein Gegenstand im Raume, ohne dass er auf-
gehoben, angeschaut und umgedreht worden wäre. Bücher, Hefte,
Ordner, Blätter, Briefe, Terminkalender, Notizzettel, Kassetten,
CDs, Computer, Monitore mit sämtlichem Zubehör, Handy, Fotoap-
parat wandern nach sorgloser Beschriftung mit wasserfestem Filz-
stift und sorgfältiger Registrierung als eventuelle Beweismittel in
Schachteln und Säcke, die dann Stück für Stück aus der Wohnung
hinaus und offensichtlich in ein dafür bereitstehendes Auto getragen werden, was durch das typische Geräusch einer Autoschiebe-
türe erkennbar wird.

Zwischenhinein erscheint ein Kamerateam der Kripo, welches die
Wohnungssituation im Detail festhält.

Nach Mitternacht kommt die Durchsuchung zu Ende. Die Tür wird notdürftig soweit instand gesetzt, dass sie wieder verschlossen werden kann. Die spätere Reparatur wird, bei bleibenden Spuren des Einbruchs, den Überfallenen 500 Euro kosten.

Während der Betroffene in Handschellen zum nach-mitternächtlichen Verhör und in anschließende Untersuchungshaft abgeführt wird, verbleibt in der Wohnung ein Haufen chaotisch zerstreuter Gegenstände, verziert mit leeren Limoflaschen, Gummihandschuhen und Zigarettenstummeln.

Der 4. Auftritt schließt, indem – nach angemessener Pause mit Verdunkelung – ein Teilnehmer der Pädo-Gruppe, der der Aktion durch Glück und Zufall entkommen und offensichtlich ein Freund des verhafteten Wohnungsbesitzers ist, die ramponierte Türe mit seinem Schlüssel aufschließt, das Chaos mit gebührendem Kopfschütteln betrachtet und dann beim hilflosen Versuch, eine anfängliche Ordnung zu schaffen, den offensichtlich vergessenen Aktionsplan der AG Ring findet, dessen Inhalt er – teilweise deutlich und laut lesend – zur Kenntnis nimmt.

Dieser Aktionsplan lässt ebenso – wie der Durchsuchungsbeschluss – keinen Zweifel darüber offen, gegen wen die Aktion gerichtet ist:]

Freund:

„Vernehmungs-, Festnahme- und Durchsuchungsaktion am 30.10.2003 wegen Bildung einer kriminellen Vereinigung der Pädo Selbsthilfe- und Emanzipationsgruppe München."
*„**Operative Maßnahmen***
- *Öffnen der Wohnung mittels Rammbock*
- *Schlagartiges Eindringen in die Wohnung*
- *Einfrieren der Situation in der Wohnung, insbesondere Unterbindung eines Zugriffs auf EDV*
- *Übergabe der Wohnung an die Durchsuchungskräfte*

Durchsuchung / Festnahme / Vernehmung

- *Aushändigung und Eröffnung der Durchsuchungs-Beschlüsse und sofortige Belehrung*
- *Protokollierung von Spontanäußerungen*
- *Bei Nichtantreffen des Beschuldigten, verdeckte Aufklärung vor dem Anwesen*
- *Durchsuchung des im Durchsuchungsbeschluss vorgegebenen Objektes, einschließlich Keller- und Speicherräume*
- *Durchsuchung der vom Beschuldigten benutzten Fahrzeuge ...*
- *Beschlagnahme von Beweismitteln, Einziehungs- und Verfallsgegenständen*
- *Kennzeichnung der sichergestellten / beschlagnahmten Gegenstände mit Etiketten*
- *Identitätsfeststellung, Überprüfung und Durchsuchung aller im Objekt angetroffenen Personen*
- *Vorläufige Festnahme der Beschuldigten wenn möglich nach 00.00 Uhr mit dem Ziel der Vorführung*
- *Vernehmung der Beschuldigten zur Person und Sache ...*
- *Veranlassung der E(rkennungs)D(ienstlichen) Behandlung (ggf. Nackt-ED-Behandlung) ...*
- *Foto- und Videographie der Wohnungen*
- *Einholung der Einverständniserklärungen*
- *Erstellen eines Durchsuchungsberichtes*
- *Fertigung und Aushändigung eines Durchsuchungsprotokolls und eines Sicherstellungs- / Beschlagnahme-Verzeichnisses ..."*

Sprecher:

56 von den 200 Einsatzkräften sind namentlich aufgezählt, dazu 26 Telefon-, sowie 39 Handynummern samt Rufnamen und Funkkanal.

[Vorhang]

1. Akt – 5. Auftritt

Sprecher (auf der Vorbühne):

In der Nacht vom 30. auf den 31. Oktober 2003 wurde durch die „AG Ring" der Münchner Strafverfolgungs-Behörden die Pädo-Selbsthilfe- und Emanzipationsgruppe München, die bis dahin als legal galt und deshalb als Treffpunkt für Angehörige einer missliebigen Randgruppe der Gesellschaft wohl oder übel geduldet war, völlig überraschend zerschlagen.

Der Termin für die Zerschlagung kam nicht nur für die Gruppe, sondern auch für die Strafverfolgungsbehörden völlig überraschend.

Anlass dazu war das unerwartete Erscheinen von Kittelmanns Zeitschriftenartikel: „Es geschieht, was keiner gedacht", jenem Artikel, für den er als Journalist recherchiert und in dessen Zusammenhang er gleichzeitig als Vertrauensperson nicht nur der Strafverfolgungsbehörden Bayerns, sondern auch Nordrhein-Westfalens und Berlins gespitzelt hatte – vielleicht auch die Vorankündigungen zu Kittelmanns entsprechender Fernsehsendung.

Münchens Strafverfolgungsbehörden meinten es sich nicht leisten zu können, gegenüber den Recherchen eines Journalisten vor der Öffentlichkeit ins Hintertreffen zu geraten.

Nordrhein-Westfalens Strafverfolgungsbehörden kommentieren das Vorgehen ihrer Münchner Kollegen folgendermaßen:

„Durch die Ankündigung einer zeitnahen Medienpräsentation seiner Recherche-Ergebnisse versetzte der oben genannte Journalist die Strafverfolgungsbehörden in München vorzeitig in Zugzwang:
Am 30.10.2003 mussten repressive Maßnahmen gegen die …
„Pädo-Selbsthilfe- und Emanzipationsgruppe München" im Hinblick auf die bevorstehende Veröffentlichung … durchgeführt werden, obwohl die Ermittlungen gerade erst begonnen hatten. "

Innerhalb von Stunden wurden Durchsuchungsbeschlüsse und Haftbefehle erwirkt, um dadurch mit einem Aufgebot von 200 Kriminalbeamten die Zerschlagung der Gruppe in Szene zu setzen. Die Zerschlagung erfolgte durch zeitgleiches Eindringen in die Wohnungen aller wirklichen und vermeintlichen Teilnehmer der Gruppe, soweit man sie bis zu diesem Zeitpunkt auskundschaften hatte können.

Das Eindringen geschah gewaltsam mittels Rammböcken und hatte die Durchsuchung der Räume und die Inhaftierung deren Bewohner wegen des Verdachts der Bildung einer kriminellen Vereinigung gemäß § 129 Abs. 1 StGB zum Ziel. Die U-Haft, die das Amtsgericht München über 12 Betroffene verhängte, auf Grund von Haftbefehlen, die sich später allesamt als rechtswidrig – und zwar bereits bei Erlass als rechtswidrig – erwiesen, dauerte bis zu 6 Monate.

Nach neuesten Informationen haben einige Unentwegte wiederum Treffen vereinbart, nun jedoch mit dem Ziel, anhand der Akten zu ergründen, wie es zum Vorwurf einer kriminellen Vereinigung gegenüber der Pädo-Selbsthilfe- und Emanzipationsgruppe München hatte kommen können.

2. Akt – 1. Treffen der AG 129

[Ort: Kellerraum

Requisiten: Ermittlungsakten

Zeit: Nach der U-Haft

Einige ehemalige Teilnehmer der zerschlagenen Pädogruppe sitzen im Kreis und haben die Durchsuchungsbeschlüsse vom 30.10.2003 in den Händen.]

- Und? Wie wollen wir uns nennen?
- Arbeitsgemeinschaft. Oder kurz AG. AG 129 gemäß dem § 129 des Strafgesetzbuchs, betitelt „Bildung krimineller

Vereinigungen", den die Strafverfolgungsbehörden herangezogen haben, um die Pädo-Selbsthilfe- und Emanzipationsgruppe München zu zerschlagen und manche von uns in U-Haft zu stecken.

- Hier steht bei mir am Beginn des Durchsuchungsbeschlusses: *„Ermittlungsverfahren … wegen Bildung krimineller Vereinigungen … Durchsuchung der Person und der Wohnung nach kinderpornographischen Schriften Unterlagen betreffend die Bildung der kriminellen Vereinigung Pädo Selbsthilfe- und Emanzipationsgruppe München …"*
- Und am Schluss des Durchsuchungsbeschlusses steht: *„… strafbar als Bildung krimineller Vereinigungen."*

[Alle nicken und bestätigen, dass bei ihnen wörtlich dasselbe steht.]

- Warum überhaupt die unbestimmte Mehrzahl „kriminelle Vereinigungen"?
- So lautet die Überschrift des Strafrechtsparagraphen – und den zitieren die Juristen, ob die Mehrzahl im Einzelfall passt oder nicht.
- Das schaumt so schön auf …
- Machen wir uns zuerst darüber kundig, was eine „kriminelle Vereinigung" gemäß § 129 überhaupt ist.
- Das Bayerische Oberste Landesgericht schreibt in seinem Beschluss vom 18. Oktober 2004:
„Eine Vereinigung im Sinne des § 129 Abs. 1 StGB ist ein im räumlichen Geltungsbereich des Grundgesetzes bestehender, auf Dauer angelegter organisatorischer Zusammenschluss von mindestens 3 Personen, die bei Unterordnung des Willens des einzelnen unter den Willen der Gesamtheit gemeinsame (kriminelle) Zwecke verfolgen oder gemeinsame (kriminelle) Tätigkeiten entfalten und unter sich derart in Verbindung stehen, dass sie sich untereinander als einheitlicher Verband fühlen.

Neben der einheitlichen Willensbildung der Gruppe ist auch deren Zweckbestimmung, selbst – das heißt als Gruppe – Straftaten zu begehen … unverzichtbare Voraussetzung einer Strafbarkeit nach § 129 StGB. Die Duldung oder auch Billigung von Straftaten anderer, zum Beispiel einzelner Mitglieder, reicht nicht aus."

- Soweit das Bayerische Oberste Landesgericht. Halten wir also zunächst fest:

  Für eine kriminelle Vereinigung gibt es zwei unverzichtbare Voraussetzungen:

  Die eine liegt in der Struktur, und die zweite im Zweck.

  Die Struktur muss hierarchisch sein, und der Zweck kriminell. Diese beiden unverzichtbaren Voraussetzungen sind dann erfüllt, wenn eine Gruppe gemeinsam und zwar bei Unterordnung des Willens des einzelnen unter den Willen der Gesamtheit, Straftaten bezweckt. Die Duldung oder auch Billigung von Straftaten einzelner Mitglieder reicht nicht aus.

- Und nun schauen wir, wie in den Durchsuchungsbeschlüssen und Haftbefehlen der Verdacht, dass die Pädo-Selbsthilfe- und Emanzipationsgruppe München eine kriminelle Vereinigung sei, begründet wird. **Zur besseren Übersicht habe ich die Verdachtsgründe der Reihe nach nummeriert:**

[Alle nehmen zum Durchsuchungsbeschluss den Haftbefehl hinzu.]

- Sowohl im Durchsuchungsbeschluss als auch im Haftbefehl steht bei mir unter „Gründe":

[Während einer liest, nicken und bestätigen die Übrigen stets, dass bei ihnen dasselbe steht.]

1. *„Aufgrund der bisherigen Ermittlungen besteht der Verdacht, sich als Mitglieder der „Pädo Selbsthilfe- und Emanzipationsgruppe München" regelmäßig (…) zu treffen, um dort ihren pädophilen Neigungen nachzugehen."*

[Es entsteht ein kurzes Gespräch über diesen Verdacht:]

- Dass die Treffen regelmäßig stattfanden, ist wohl wahr, wenn auch die wenigsten regelmäßig teilnahmen. Deshalb hätten sie wohl besser „Teilnehmer" statt „Mitglieder" schreiben können.

- Was die aber wohl meinen, wenn sie uns verdächtigen, dass wir dort – also in der Gruppe – unseren „pädophilen Neigungen" nachgehen würden?

- Ein recht allgemeiner Verdacht.

- Wir haben ja in der Gruppe nichts anderes getan, als Gespräche geführt.

- Tatsächlich haben wir über unsere pädophilen Neigungen gesprochen, sie zu ergründen, sie bewusst zu machen versucht, um mit diesen pädophilen Neigungen leben zu können, ohne straffällig zu werden.

- Das war ja auch nötig.

- Und neben dem emanzipatorischen Aspekt auch Sinn und Zweck der Gruppe. Denn manch einer fand den Weg zur Gruppe erst, nachdem er wegen sexueller Kontakte zu Kindern straffällig geworden war.

- Kein einziger Gruppenbesucher aber von all denen, die durchsucht und verhaftet worden sind, ist seit seinem ersten Gruppenbesuch bis zu deren Zerschlagung je wieder wegen „sexuellen Missbrauchs" straffällig geworden. Die Akten machen es deutlich. Auch wenn die Strafverfolgungsbehörden dies nicht zur Kenntnis zu nehmen scheinen.

- Lesen wir weiter:
  2. *„Dabei gilt die Bezeichnung als Selbsthilfe- und Emanzipationsgruppe lediglich als Vorwand, um nach außen das Ausleben pädophiler Neigungen zu verschleiern."*

[Gespräch zu diesem 2. Verdacht:]

- Da dieser Verdacht in den Durchsuchungsbeschlüssen und Haftbefehlen steht, muss mit „Ausleben pädophiler Neigungen" ja doch nicht irgendetwas, sondern ein Straftatbestand gemeint sein. Da jedoch zu den Gruppentreffen weder Kinder Zugang hatten noch strafrechtlich relevantes Material – sprich Kinderpornographie – mitgebracht werden durfte, war jegliches Ausleben pädophiler Neigungen von vornherein ausgeschlossen und musste deshalb auch nicht verschleiert werden.

- Tatsächlich legten wir jedem neuen Teilnehmer nahe, wenn er sich vorstellte und wenn er über seine pädophilen Neigungen sprach, nichts strafrechtlich Relevantes zu erzählen, da wir weder ein Beichtstuhl noch eine Arztpraxis, sondern eine öffentliche Selbsthilfe- und Emanzipationsgruppe seien, die Vertretern der Strafverfolgungsbehörden und der Medien offen stehe. Es könne nicht unsere Aufgabe sein, Neuankömmlinge, die zunächst Hilfe und Vertrauen suchten, der Sensationslust von Medienvertretern auszuliefern oder anderweitig sozusagen ins offene Messer der Strafverfolgung laufen zu lassen.
- Aber darin eine „Verschleierung" sehen zu wollen, ist doch absurd.
- Wir sahen unsere Aufgabe darin, Hilfestellung zu einem künftig straffreien Leben zu geben, und nicht in der Aufdeckung von Straftaten und Überführung von Straftätern.
- Aber auch nicht im Ausleben oder im Verschleiern pädophiler Neigungen, sondern in der politischen Emanzipation, das heißt im legalen Kampf um die Korrektur fragwürdiger Gesetze, ganz im Sinne der bis heute ungehörten und beiseite geschobenen Empfehlungen des Bundeskriminalamtes, wie sie aus dessen Forschungsergebnissen hervorgehen.
- Lesen wir weiter:
  3. „Die regelmäßig am 1. bzw. 3. Freitag im Monat stattfindenden Treffen dienen dazu, gleich gesinnte Personen kennen zu lernen und Kontakte zu schaffen."
- Kommentare dazu?
- Dagegen ist nichts einzuwenden.

4. *„Darüber hinaus wird besprochen, wie man sich vor Strafver-folgungsbehörden schützen und"*

5. *„wie man Bilder, Filme und Dateien mit kinderpornographi-schem Inhalt wirkungsvoll verstecken bzw. verschleiern kann."*

- Zunächst zu 4.: Hätten wir nur besprochen, und zwar gründ-lich, wie man sich vor Strafverfolgungsbehörden schützen kann!
- Dann wäre die Pädogruppe nicht zerschlagen worden.
- Und wir säßen nun nicht mit den vollzogenen Durchsu-chungsbeschlüssen und Haftbefehlen da.
- Wie naiv war es doch von uns zu glauben, die Bemühung der Pädogruppe um ein straffreies Leben ihrer Teilnehmer sei der beste Schutz vor den Strafverfolgungsbehörden! Sowohl für den Einzelnen, als auch für die Gruppe!
- Genau das Gegenteil war der Fall. Allein die Tatsache, dass einer die Pädogruppe besuchte und seine Adresse eruiert wer-den konnte, genügte, dass er eine Durchsuchung bekam und inhaftiert wurde.
- Und damit war die Gruppe zerschlagen.
- Ein für allemal. Denn wer kann denn noch in eine für jeder-mann offene Gruppe einladen, wenn jeder Besucher gewär-tigen muss, dass nächtlich mit Rammbock seine Wohnung aufgebrochen wird, dass er auf Monate in U-Haft gesteckt wird, womöglich Wohnung und Job verliert, wie es ja hier mehrfach geschehen ist?
- Kommentar zu 5.?
- War jemand von euch je an einem Gruppentreffen, bei dem besprochen wurde, wie man Bilder, Filme und Dateien mit kinderpornographischem Inhalt wirkungsvoll verstecken bzw. verschleiern kann?

[Alle verneinen.]

- Auch meines Wissens ist in der Pädogruppe nicht nur nichts strafrechtlich Relevantes getan, sondern auch nichts besprochen worden, was strafrechtliche Konsequenzen hätte haben können.

- Und wieder dieses Wort „verschleiern" … Woher dieser falsche Verdacht wohl kommen mag?
- Lesen wir weiter:

  6. *„Dabei achten die Beschuldigten darauf, dass man sich nur unter dem Vornamen kennt und*

  7. *bei den „öffentlichen" Treffen im „Enhuber-Treff" kein strafrechtlich relevantes Material mitgebracht wird."*

- Kommentare dazu?
- Dass man sich nur unter dem Vornamen kennt, ist für eine Selbsthilfegruppe doch nicht ganz ungewöhnlich und überdies strafrechtlich nicht sehr relevant.
- Und nun schreiben sie ja selbst, dass zu den öffentlichen Treffen kein strafrechtlich relevantes Material mitgebracht werde.
- Auch das ist für eine Selbsthilfe-Gruppe nicht ganz ungewöhnlich.
- Und auch strafrechtlich nicht zu beanstanden.
- Sehr viele Verdachtsmomente für eine kriminelle Vereinigung können diese ersten Gründe nicht hergeben, wenn ich an die unverzichtbaren Bedingungen für eine kriminelle Vereinigung denke, so wie sie das Bayerische Oberste Landesgericht beschreibt. Ich zitiere nochmals:

„Eine Vereinigung im Sinne des §1 29 Abs. 1 StGB ist ein im räumlichen Geltungsbereich des Grundgesetzes bestehender, auf Dauer angelegter organisatorischer Zusammenschluss von mindestens 3 Personen, die bei Unterordnung des Willens des einzelnen unter den Willen der Gesamtheit gemeinsame (kriminelle) Zwecke verfolgen oder gemeinsame (kriminelle) Tätigkeiten entfalten und unter sich derart in Verbindung stehen, dass sie sich untereinander als einheitlicher Verband fühlen.

Neben der einheitlichen Willensbildung der Gruppe ist auch deren Zweckbestimmung, selbst – das heißt als Gruppe – Straftaten zu begehen … unverzichtbare Voraussetzung einer

Strafbarkeit nach §129 StGB. Die Duldung oder auch Billigung von Straftaten anderer, zum Beispiel einzelner Mitglieder, reicht nicht aus."

- Gehen wir nun zum zweiten und damit bereits letzten Paket von Gründen über. Hören wir uns an, was dieses für Verdächtigungen enthält.
  Ich lese:

  8. *„Denn die regelmäßigen Treffen dienen außerdem dazu, weitere private Treffen, welche zumeist in den Wohnungen der Beschuldigten stattfinden, zu vereinbaren, bei denen kinderpornographische Bilder und Filme angeschaut und ausgetauscht werden.*
  9. *Dabei werden auch Wechselfestplatten mit kinderpornographischem Inhalt zur Verfügung gestellt und untereinander ausgetauscht."*

- Es kann schon sein, dass es Teilnehmer gab, die die Treffen der Pädogruppe dazu benutzten, private Treffen zu vereinbaren. Wenn dies auch während der Treffen nicht geschah, so vielleicht „am Rande" der Treffen, zum Beispiel in der Pause – und dagegen ist im Grunde nichts einzuwenden.

- In welcher Selbsthilfe- oder Emanzipationsgruppe geschähe dies nicht?

- Aber eine Selbsthilfe- und Emanzipationsgruppe dafür verantwortlich machen zu wollen, was ihre Teilnehmer dann privat und außerhalb der Gruppe tun, ist doch absurd.

- Und noch absurder ist die Idee, dass die Teilnahme an solchen Treffen mit angeblich kriminellen Zielen bei Unterwerfung des Willens der einzelnen Teilnehmer unter den Gesamtwillen der Pädogruppe stattgefunden hätten.

- Davon ist ja auch mit keinem Wort die Rede.

- Obwohl dies unabdingbare Voraussetzung für eine kriminelle Vereinigung wäre.

- Trotzdem heißt es am Schluss der Durchsuchungsbeschlüsse und Haftbefehle:
  „… strafbar als Bildung krimineller Vereinigungen."

- Sollte Kinderpornographie bei solchen privaten Treffen im Spiel gewesen sein, dann wäre ein Ermittlungsverfahren wegen des Verdachts auf Kinderpornographie gerechtfertigt gewesen – und zwar gegenüber den Personen, gegen welche dieser Verdacht konkret vorlag, und nicht ein Ermittlungsverfahren wegen Bildung einer kriminellen Vereinigung „Pädo-Selbsthilfe- und Emanzipationsgruppe München".

10. *„Der Beschuldigte Oehler erstellte ein Kryptisierungs-Programm für Computer zum Verschlüsseln von kinderpornographischen Bildern, Filmen und Dateien."*

11. *„Dieses Kryptisierungs-Programm stellte der Beschuldigte Oehler den anderweitig Beschuldigten zur Verfügung."*

- Kommentare?
- Es kann sein, dass Kurt Oehler dem einen oder anderen auf dessen Wunsch das „Bestkrypt", ein völlig legales, öffentlich käufliches und von Datenschutzbeauftragten empfohlenes Verschlüsselungsprogramm installiert hat.
- Aber eben gerade nicht zum Verschlüsseln von Kinderpornographie, sondern zum Öffnen unserer CDs mit legalen FKK-Bildern aus den „Sonnenfreunde"-Heften, die man früher an Kiosken kaufen konnte.
- Und als diese Hefte – auf Betreiben der damaligen Familien-Ministerin Nolte – zwar legal blieben, aber als jugendgefährdend eingestuft wurden, da mussten wir diese CDs verschlüsseln, um sicherzustellen, dass sie von Jugendlichen nicht geöffnet werden konnten.
- Da haben wir damals einen halben Abend nach einem passenden Passwort gesucht.
- Und, hattet ihr eins gefunden?
- Ja! – „Keine Zensur für die Schöpfung".
- Diese CDs haben wir – eben gerade anstelle von Kinderpornographie – auf Wunsch solchen Gruppen-Teilnehmern gegeben, die glaubten, ohne Bilder nicht auskommen zu können.
- Lesen wir weiter:

12. „*Der Beschuldigte Tischhauser stellt darüber hinaus ein Appartement in der Isarstraße in München zur Verfügung, in dem kinderpornographisches Material der Gruppe gelagert wird.*"
- Kommentare?
- Kennt jemand von euch diesen Beschuldigten Tischhauser?

[Alle verneinen.]

- Hatte jemand von euch oder jemand, den ihr kennt, dort kinderpornographisches Material gelagert?

[Alle verneinen.]

- Dann wird da wohl jemand mit uns verknüpft, der mit uns nichts zu tun hat.
- Und wir auch nichts mit ihm.
- Moment mal, da wird zwar tatsächlich jemand mit uns verknüpft, der mit uns nichts zu tun hat, und wir auch nichts mit ihm; aber kennen tun wir ihn doch!
- Woher?!
- Aus dem 1. Akt.
- Welchem 1. Akt?
- Von diesem Theater. Da wurden doch im 2. Auftritt als eine Art Rückschau aus der Zukunft drei Personen vernommen. Eine davon war Adam Tischhauser!
- Tatsächlich!
- Merkwürdig. Dem werden wir später – anhand der Akten – nachgehen müssen.
- Lesen wir nun noch den 13. und damit letzten Grund für den angeblichen Verdacht einer kriminellen Vereinigung:
  13. „*Neben dem Austausch kinderpornographischen Materials dienen die regelmäßigen Gruppentreffen auch dazu, sich gegenseitig Kinder zu vermitteln, die den jeweiligen Beschuldigten zu Missbrauchszwecken zugeführt werden sollen.*"

- Also das ist ja ein starkes Stück!
- Da soll also nicht nur an den privaten Treffen, sondern nun plötzlich auch noch an den regelmäßigen Gruppentreffen kinderpornographisches Material ausgetauscht werden, obwohl – wie es in Punkt 7 des gleichen Durchsuchungsbeschlusses hieß – die Beschuldigten darauf achten, dass zu diesen Treffen eben solches Material nicht mitgebracht wird.
- Ein krasser Widerspruch.
- Und dann sollen diese regelmäßigen Treffen auch noch dazu dienen, sich gegenseitig Kinder zu „Missbrauchszwecken" zu vermitteln.
- Das wäre ja noch schöner!
- Man darf gespannt sein, wie die Ermittler diesen Verdacht begründen.
- Über den 13 Punkten, die wir eben durchgegangen sind, steht, dass „**aufgrund der bisherigen Ermittlungen**" diese Verdächtigungen bestünden.
- Wir werden also nicht darum herumkommen, die polizeilichen Ermittlungsergebnisse aus den Akten herauszusuchen und sie gründlich zu studieren.

[Vorhang]

2. Akt – 2. Treffen der AG 129

[Ort und Requisiten wie beim ersten Treffen, auch dieselben Teilnehmer]

- Und? Was ist euch beim Studium der polizeilichen Ermittlungsergebnisse aufgefallen?
- Bevor wir ins Detail gehen, ist es vielleicht sinnvoll, einen kurzen Überblick zu geben.

- Das Bayerische Oberste Landesgericht macht eine Aufzählung der Akten, in denen sich Ermittlungsergebnisse finden (29.3.2006):
  1. *Ermittlungsbericht vom 11.9.2003*
  2. *Bericht eines Verdeckten Ermittlers vom 3.10.2003*
  3. *Vernehmung der Vertrauensperson vom 17.10.2003*
  4. *Ermittlungsbericht vom 20.10.2003*
  5. *Vernehmung des Zeugen Kittelmann vom 4.2.2004*
- Mit „Ermittlungsbericht" meint das Bayerische Oberste Landesgericht offensichtlich den „Vorläufigen Ermittlungsbericht" vom 11.9.2003, mit „Vernehmung der Vertrauensperson vom 17.10.2003" offensichtlich das Protokoll vom 17.10.2003 der Vernehmung der Vertrauensperson vom Vortag, und der „Ermittlungsbericht vom 20.10.2003" ist offensichtlich der „2. Nachtragsbericht vom 20.10.2003 zum Vorläufigen Ermittlungsbericht vom 11.9.2003".
- Dazu schreibt das Bayerische Oberste Landesgericht:
  „Mehr als die nicht besonders konkreten Angaben der zunächst nicht bekannten Vertrauensperson, bei der es sich ersichtlich um den am 4.2.2004 vernommenen Journalisten Kittelmann handelte, zu den Voraussetzungen einer kriminellen Vereinigung (Struktur und Zweck) … ergaben sich aus diesen Ermittlungen nicht."
- Das klingt nicht gerade wie ein Lob für die Ermittlungsbehörden.
- Lassen wir uns überraschen!
- Fangen wir mit dem ersten Ermittlungsbericht an. Sein Verfasser, KOK Labyrin vom Kommissariat 122, nennt ihn „Vorläufigen Ermittlungsbericht". Er schildert zuerst den Anlass für die Aufnahme der Ermittlungen. Ich zitiere:
  „Am 1.12.2002 erhielt die Redaktion der Zeitung „Südost-Kurier" … eine E-Mail von der „Pädo Selbsthilfe- und Emanzi-

pationsgruppe München" ... mit der Bitte um Veröffentlichung von Veranstaltungsterminen. ..."

- Haben wir das nicht schon einmal gehört?
- Doch, als Einleitung zum ersten Akt dieses Theaters.
- Richtig! Erinnert ihr euch? Die daraufhin einsetzenden Ermittlungen erbrachten nichts strafrechtlich Relevantes.
- Ja, und deshalb wären dann wohl auch diese Ermittlungen gegen die Pädogruppe eingestellt worden, wenn nicht ungefähr zur selben Zeit der Journalist Kittelmann mit dem Nicknamen Bernhard seine deutschlandweiten Recherchen über Pädophile nach München verlegt und sich dabei gleichzeitig als heimliche Vertrauensperson der Kriminalpolizei in den Dienst und Schutz der Strafverfolgungsbehörden gestellt hätte. Denn der große Rest des „Vorläufigen Ermittlungsberichtes" besteht aus Mitteilungen einer – eben dieser – „vertraulichen Quelle". Ich zitiere:
  „Vertraulich wurden dem Kommissariat 133 bisher nachfolgend aufgeführte Erkenntnisse und nachfolgend genannte Personen bekannt: ..."
- Diese vertraulichen Mitteilungen werden in zwei Teile gegliedert: Ein Teil umfasst die Veranstaltungen der Pädogruppe und deren Teilnehmer. Der andere Teil umfasst private Treffen außerhalb der Veranstaltungen der Pädogruppe und die Teilnehmer dieser privaten Treffen.
- Wenden wir uns zuerst den Veranstaltungen der Pädogruppe zu. Da heißt es:
  „Die Treffen finden regelmäßig am 1. und 3. Freitag im Monat im Enhuber-Treff statt."
- In der Einleitung steht noch, dass der Enhuber-Treff ein *„Zentrum für Humanismus, soziale Dienste, Kunst und Wissenschaft"* sei.
- KOK Labyrin bezeichnet die Treffen vom ersten Freitag als „äußeren Kreis" und die Treffen vom dritten Freitag als „inneren Kreis".

- Könnte man so sagen. Bis kurz vor der Zerschlagung der Gruppe hatten wir ja nur einmal im Monat Treffen. Als in letzter Zeit immer mehr Neue kamen, so dass wir schließlich bis zu zwanzig Leute waren, machten wir noch ein zweites Treffen für die, die schon länger teilnahmen, weil das erste Treffen fast nur noch aus der Vorstellungsrunde bestand und die emanzipatorische Arbeit zu kurz kam.

Lesen wir weiter:

„Der innere Kreis wird erst seit drei bis vier Monaten abgehalten."
„Die Männer stellen sich nur mit Vornamen vor."

- Manchmal waren auch Frauen dabei.

„Im äußeren und im inneren Kreis wird darauf geachtet, dass strafrechtlich Relevantes nicht zur Sprache kommt."

„Von den beiden Veranstaltungsleitern wird darauf geachtet, dass (1.) weder strafrechtlich Relevantes erzählt, noch (2.) Bilder, Filme oder CD-ROMs mit strafbarem Inhalt mitgebracht werden dürfen. Die beiden Veranstaltungsleiter haben ausdrücklich betont, dass man für solche Fälle etwas Anderes arrangieren kann."

- Das stimmt bedingt. Es kamen immer mal wieder Neue, die etwas ausgefressen hatten und, Hilfe suchend, unsere Gruppe für eine Art Beichtstuhl hielten. Denen mussten wir dann raten, strafrechtlich Relevantes nicht zu erzählen, da unsere Gruppentreffen öffentlich waren und deswegen auch eventuellen Spitzeln der Polizei und Denunzianten prinzipiell offen standen.

- Deshalb haben wir dann eben für solche Fälle Gespräche unter vier Augen arrangiert und Beratungsstellen mit Schweigepflicht, notfalls auch entsprechend erfahrene Rechtsanwälte empfohlen.

- Solche Fälle waren – neben der Emanzipation – auch mit ein Motiv, ein zweites Treffen einzuführen, bei dem Spitzel und Denunzianten eher auszuschließen waren. Die Bezeichnung „innerer Kreis" ist gar nicht so schlecht dafür.

- Dann kamen immer wieder auch Bilder-Bedürftige. Für solche arrangierten wir – anstelle von Kinderpornographie – CDs mit legalen FKK-Bildern aus den „Sonnenfreunde"-Heften – aber darüber haben wir uns ja schon bei unserem ersten Treffen ausgelassen.
- Nun zurück zu KOK Labyrin und seinem Vorläufigen Ermittlungs-Bericht:

  „Bei der Pädo-Selbsthilfegruppe handelt es sich nicht um eine Therapiegruppe. Die Treffen haben vielmehr den Charakter einer Kontaktbörse von Gleichgesinnten.

  Ausgewählte Teilnehmer treffen sich im inneren Kreis oder zu anderen Zeiten privat, um ihren pädophilen Neigungen nachzugehen …"
- Richtig wäre wohl: ‚um im Gespräch pädophilen Neigungen nachzugehen"!

  „… Filme anzuschauen und Bilder zu tauschen."
- Wohlgemerkt: KOK Labyrin schreibt **nicht**: „**Kinderpornofilme** anzuschauen" und er schreibt auch **nicht** „**Kinderpornobilder** zu tauschen". Er schreibt einfach: „Filme" und „Bilder".
- Man darf annehmen, dass „kinderpornographisch" dastünde, wenn es Tatsachen gegeben hätte, die den Verdacht auf Kinderpornographie begründet hätten.
- An den Gruppentreffen sind die FKK-CDs übrigens nie angeschaut, jedoch solchen Teilnehmern geliehen worden, die glaubten, auf Bilder angewiesen zu sein.

  „Die Gruppe und ihr öffentliches Auftreten bieten die Möglichkeit, mit Gleichgesinnten in Kontakt zu kommen, sich regelmäßig ohne Risiko treffen zu können, sich geeignete Mitglieder für den inneren Kreis und für private Kontakte auszusuchen, sich gegenseitig beim Ausleben der pädophilen Neigungen zu helfen und sich vor der Infiltration von Polizei und privaten Ermittlern und letztlich vor dem Zugriff von Polizei und Justiz zu schützen."

- Richtig wäre wohl: ›sich gegenseitig beim **legalen** Ausleben der pädophilen Neigungen zu helfen, und sich dadurch letztlich vor dem Zugriff von Polizei und Justiz zu schützen‹.
- Von „Ausleben" kann im Grunde keine Rede sein, handelte es sich doch einfach um ein legales Thematisieren der pädophilen Neigungen.

  „Auch im inneren Kreis wird darauf geachtet, dass strafrechtlich Relevantes nicht zur Sprache kommt. Besprochen werden hauptsächlich der Schutz vor den Strafverfolgungsbehörden sowie die Möglichkeiten, Bilder, Filme und Dateien wirkungsvoll zu verstecken und verschleiern."
- Und wieder schreibt KOK Labyrin **nicht**: „**Kinderporno**bilder, -filme und -dateien". Er schreibt einfach: „Bilder, Filme und Dateien".

  „Der äußere Kreis dient dem harten Kern sowohl als Plattform und Basis, um neue und gleich gesinnte Personen zu erreichen, anzulocken, kennen zu lernen und einzuschätzen, als auch als Deckmantel nach außen zum Verschleiern der tatsächlichen Absichten und des Auslebens der pädophilen Neigungen."
- Das ist zwar stramm formuliert, so eine Art zusammenfassender Schlusssatz, aber ohne eine einzige strafrechtlich relevante Aussage. Auch die Wendung „pädophile Neigungen ausleben" ist strafrechtlich nicht relevant, solange damit nicht klar ausgesprochen wird, welche konkreten strafbaren Handlungen oder Absichten damit gemeint sind.
- Das wäre also der erste Teil vertraulicher Mitteilungen. Derjenige Teil, der die Veranstaltungen der Pädogruppe betrifft.
- Wie kommt KOK Labyrin wohl dazu, nun am Schluss dieses ersten Teils plötzlich von „hartem Kern" statt „innerem Kreis" zu sprechen?
- Nun, Kerne sind hart. Nimm einen Kirschkern. Kreise sind vielleicht auch hart. Aber aus einem Kern kann etwas wachsen. Ein Kreis kann bestenfalls größer oder kleiner werden. Aber er bleibt ein Kreis. Nicht so der harte Kern. Leg ihn

in die fruchtbare Erde einer feuchten Phantasie – und schon fängt es an, aus dem harten Kern heraus zu wachsen und zu wuchern. Wer weiß, vielleicht ist aus dem Bild des harten Kerns die Idee der kriminellen Vereinigung gewachsen.

- Ich könnte mir denken, dass dieser Satz nachträglich eingefügt wurde, um eine „kriminelle Vereinigung" zu suggerieren und damit schärfere Ermittlungswerkzeuge in die Hand zu bekommen.
- Wie dem auch sei. – Eines ist klar: In diesem ersten Teil vertraulicher Mitteilungen gibt es keine einzige strafrechtlich relevante Aussage: Kein Wort von „Kinderpornographie" – kein Wort von „sexuellem Missbrauch" – kein Wort von „hierarchischer Struktur".
- Nun gehört zu diesem ersten Teil des Vorläufigen Ermittlungsberichtes vom 11.9.2003, der die Veranstaltungen der Pädogruppe betrifft, noch die Teilnehmerliste. Auch die besteht aus zwei Teilen. Der eine Teil umfasst die Teilnehmer, welche zum inneren Kreis gerechnet werden, und der andere Teil diejenigen, die zum äußeren Kreis gerechnet werden.
- Erstere werden als „Beschuldigte" bezeichnet: BS 01 bis BS 06. Bei jedem BS steht Name, Vorname, Geburtsdatum, Stand, Beruf, Adresse, Telefonnummer, E-Mail-Adressen, bisherige Straftaten und -punkte sowie alle weiteren persönlichen Daten aus allen weiteren irgendwelchen Registern.
- Zusätzlich steht geschrieben, dass
  - der BS 01 als Leiter und Wortführer der Gruppe fungiere,
  - der BS 02 als Initiator und Führungsperson der Gruppe auftrete.

  Hier wird sozusagen nebenbei eingefügt, dass es noch einen weiteren Veranstaltungsleiter gebe, von dem allerdings bloß Vorname und Beruf bekannt seien.

  Dann heißt es weiter, dass
  - der BS 03 ein weiteres Mitglied des inneren Kreises und Internet-Experte sei,

- der BS 04 ebenfalls Mitglied im inneren Kreis sei,
- der BS 05 auch zum inneren Kreis gehöre, und
- der BS 06 das letzte bekannte Mitglied im inneren Kreis sei.
Fünf der sechs Beschuldigten seien bereits strafrechtlich einschlägig in Erscheinung getreten.

• Das ist richtig. Aber alle **vor** ihrem ersten Besuch in der Pädogruppe. Viele Teilnehmer sind dadurch erst auf die Gruppe aufmerksam geworden, dass sie mit dem Gesetz in Konflikt kamen. In der Gruppe fanden sie Perspektiven: Die Möglichkeit, durch politische Emanzipation aktiv zu werden, was ihnen eine nicht zu unterschätzende Stütze in der Bemühung um ein straffreies Leben gab.

• Nun gibt es noch einen die Pädogruppe betreffenden Eintrag. Und zwar beim BS 02, der, wie bereits erwähnt, als „Initiator und Führungsperson" auftrete.
Ich zitiere:
„BS 02 ist Computerexperte und stellt den anderen Mitgliedern der Gruppe ein Kryptisierungsprogramm zur Verschlüsselung und Verschleierung von kinderpornographischem Material zur Verfügung!"

• Wer ist mit BS 02 gemeint?

• Kurt Oehler. Eben der, der das Bestkrypt-Programm dem einen oder anderen installiert hat, um damit unsere FKK-CDs zu entschlüsseln, die wir den Bilder-bedürftigen Teilnehmern der Gruppe anstelle von Kinderpornographie zur Verfügung gestellt haben.

• Der beste Beweis dafür, dass es sich um FKK-Bilder und nicht um Kinderpornographie handelte, ist eigentlich der – wie heißt der schon wieder – der aus Verzweiflung so gesoffen hat, und wegen dem wir ein Alkoholverbot während der Gruppentreffen einführen mussten?

• Udo?

• Richtig. Udo. Der hat ja nur selten die Gruppe besucht, weil er in Tschechien wohl oder in der Slowakei arbeitet. Der hatte aber das Pech, dass er am 30.10., als die Gruppe zerschlagen wurde, bei einem anderen Gruppenteilnehmer zu Gast war. Da ist er auch als Beschuldigter vernommen worden; man hat ihn dann aber nach der Vernehmung wieder freigelassen.

- Ich habe hier das Protokoll dieser Beschuldigtenvernehmung. Da heißt es auf Seite drei:

„Auf Frage: Mir wurde im Rahmen der Pädo-Selbsthilfegruppe noch nie Kinderpornographie angeboten, ich besitze auch keine, will keine haben.

Auf Frage: Ja, es ist richtig, ich besitze ein Verschlüsselungsprogramm. Ich habe es von Herrn Oehler erhalten. Ich habe keine technische Ahnung über dieses Programm und kann über mein einziges Kennwort „Keine Zensur für die Schöpfung" in meine Programme einsteigen. Dieses Programm wurde mir von Kurt Oehler angeboten."

- Diese CDs haben sie übrigens alle gefunden, als sie den Gruppenschrank im Enhuber-Treff aufbrachen. Zweiundzwanzig Stück im Ganzen. Und kein einziges Kinderpornobild dabei.
- Es kann ja sein, dass der Polizeispitzel, ich meine die Vertrauensperson, die Kripo auf diese CDs aufmerksam gemacht hat, weil er sie für Kinderpornographie hielt.
- Man müsste ein gewisses Verständnis dafür haben, da die Entscheidung, ob etwas Kinderpornographie sei oder nicht, recht schwierig geworden ist, seit diesbezüglich alle paar Monate die Gesetze geändert werden.
- So schwierig, dass selbst der Sachverständige Zuckerthaler, der im Auftrag der Staatsanwaltschaft die CDs unter die Lupe nahm und dem Gericht – übrigens mit einem hinterhältigen Trick – empfohlen hatte, insgesamt zwölf Bilder als kinderpornographisch einzustufen, vor dem zuständigen Amtsgericht abblitzte. Dieses hat nämlich sein Ansinnen abgelehnt und ohne Ausnahme alle Bilder, die sich im Besitz unserer Gruppe befanden, als legale FKK-Bilder eingestuft.
- Und was war der hinterhältige Trick des Zuckerthaler?

- Die CDs enthalten ja ausschließlich gescannte Bilder aus den Sonnenfreunde-Heften. In der Mitte dieser Hefte, dort, wo sie eben mit Klammern zusammengeheftet sind, gab es jeweils ein Bild, das über beide Seiten ging: Ein „Poster" in A3-Größe, das wegen dieser Größe mit einem gewöhnlichen A4-Scanner in zwei Teilen gescannt werden musste. Diese Poster über zwei Seiten, bei denen also die eine Seite extra, und die andere Seite auch extra gescannt werden musste, stellten jeweils eine vollständige FKK-Person dar. Die zwölf unteren Bildhälften wollte nun der Zuckerthaler dem Gericht als Ausschnitts-Vergrößerungen und damit als „kinderpornographisch" „verkaufen".

Dass es sich jeweils um die eine von zwei zusammengehörigen Seiten aus der Heftmitte handelte, versuchte dieser Sachverständige dadurch zu vertuschen, dass er dem Gericht nur Abzüge von der unteren Hälfte vorlegte und ihm die jeweilige obere Hälfte vorenthielt. Da jedoch am oberen Rande noch die Heftklammern sichtbar waren, fiel das Gericht auf diesen Schwindel nicht herein.

- Selbstverständlich kann man mit dem Bestcrypt wie mit jedem Verschlüsselungsprogramm nicht nur FKK-Bilder ver- oder entschlüsseln, sondern grundsätzlich alles, was in digitale Gefäße abfüllbar ist. Wenn es nun Gruppenteilnehmer gab, die solch ein Programm zum Verschlüsseln von strafrechtlich relevanten Bildern missbrauchten, dann kann dafür jedoch schwerlich die Pädogruppe verantwortlich gemacht werden. Ich will dies an einem Vergleich deutlich machen:

Wenn ein Erwachsener, der durstig ist, zu mir kommt, und ich ihm eine Dose Bier gebe, dann ist das doch wohl in Ordnung. Und wenn ich ihm dazu noch die Empfehlung gebe, sie außer Reichweite von Kindern zu halten, dann ist dies auch in Ordnung. Wenn dann dieser Erwachsene hingeht, das Bier ausleert und die Dose mit einem verbotenen, heimlich gebrannten Schnaps füllt, dann kann rechtens kaum der dafür verantwortlich gemacht werden, der dem Durstigen die Dose Bier mitsamt der Empfehlung gegeben hat, sie von Kindern fernzuhalten.

- Wenn ihr einverstanden seid, gehen wir jetzt zur Personenliste des äußeren Kreises über.
- Zuvor noch eine Frage zum BS 06. Kennt ihr den?
- Wie heißt er?
- Meinrad Bieler.
- Ist das nicht der, den der Bernhard einmal mitgebracht hat, weil der ein Problem hatte und die Adresse eines Rechtsanwaltes wollte?
- Stimmt. Aber der war nur dieses eine Mal in der Gruppe.
- Merkwürdig. Wie kommt dem wohl die Ehre zu, zu den Beschuldigten des ‚inneren Kreises‘ gezählt zu werden?

[Keinem fällt dazu etwas ein.]

- Dann also zur Personenliste des ‚äußeren Kreises‘. Da heißt es: *„Folgende weitere Personen können dem äußeren Kreis der Pädogruppe zugerechnet werden:“*
- Übrigens sind diese insgesamt vier weiteren Personen **nicht** mit dem Kürzel „BS“ und einer Nummer versehen, galten also anscheinend nicht als Beschuldigte. Trotzdem hatten drei von ihnen eine Wohnungsdurchsuchung. Und zwei von ihnen saßen in U-Haft. Einer davon sechs Monate lang.
- Heinrich, unser Kassier, ist auch unter den Vieren. Bei ihm heißt es: *„Ermittlungen zur Identifizierung des Heinrich werden noch geführt.“*
- Und warum ist er verdächtig?
- Offensichtlich, weil er Kassier ist.
- Was steht geschrieben?
- Ich zitiere:

„Heinrich soll nach jedem Treffen der Gruppe eine Spendendose
für die Pädogruppe herumgehen lassen."
- Das tönt nicht sehr kriminell. Und weiter?
- Nichts weiter. Kein weiterer Verdacht.
- Unter dem Titel „weitere bekannte Personen" werden nun noch drei aufgezählt, auch ohne „BS" und Nummer. Der erste heißt Metzger Isidor.
- Metzger Isidor – den Namen habe ich doch kürzlich irgendwo gehört? Aber – war ein Isidor je in der Gruppe?

[Keiner kann sich daran erinnern, dass irgendwann ein Isidor in der Gruppe gewesen wäre.]

- Es heißt bei ihm: *„Hat Kontakt zum BS 06."*
- Dann zählen die eben den Isidor Metzger wegen seines Kontaktes zu dem BS 06, dem Meinrad Bieler also, der nur einmal in der Gruppe war, zu den „weiteren bekannten Personen". Das hat dann jedoch mit der Pädogruppe selbst nichts zu tun.
- Der zweite, der hier erwähnt wird, heißt Eden Oskar.
- Ja, der war sporadisch in der Gruppe.
- Soll als „Wohnungsgeber" in Frage kommen, heißt es da.
- So ein Unsinn! Wir sind doch keine Immobiliengesellschaft.
- Und der dritte und letzte ist Udo, der Säufer, der mit den FKK-Bildern und „Keine Zensur für die Schöpfung".
- Steht bei ihm auch noch etwas dabei?
- Ja.
- Was?
- **Das ist eine so verrückte Geschichte – die sparen wir uns bis zum Schluss dieses Theaters auf.**
- Nun? Dann können wir jetzt ja zum **zweiten Teil** der „vertraulichen Mitteilungen" übergehen. Er umfasst private Treffen außerhalb der Veranstaltungen der Pädogruppe und die Teilnehmer dieser privaten Treffen.
- Der zweite Teil beginnt mit den Worten:

„Strafrechtlich relevante Handlungen spielen sich im privaten Rahmen bei privaten Treffen, außerhalb der Veranstaltungen der Pädogruppe ab."

- Damit wird ja noch einmal deutlich, dass sich bei den Veranstaltungen der Pädogruppe eben **keine** strafrechtlich relevanten Handlungen abspielten.
- Richtig. Aber hier heißt es nun weiter:

„An diesen privaten Treffen, zumeist in den Wohnungen der Beschuldigten nehmen nicht nur die Mitglieder des harten Kerns, sondern auch über die offenen Veranstaltungen gewonnene gleich gesinnte Personen teil. Es werden einschlägige Bilder und Filme angeschaut. Es werden ganze Wechselfestplatten mit entsprechenden Inhalten zur Verfügung gestellt und getauscht."

- ... „ganze Wechselfestplatten"?
- Ja. Und jetzt wird ein weiterer Beschuldigter aufgeführt: der BS 07.
- Und wer ist das?
- Adam Tischhauser.
- Adam Tischhauser ... – Jetzt dämmert mir etwas!
- Erzähl!
- KOK Labyrin gibt hier aus vertraulicher Quelle wieder, was wir im 1. Akt gesehen haben. Dort sind im 2. Auftritt der Reihe nach drei Personen vernommen worden.
- Genau! Der eine hieß Adam Tischhauser, der zweite Meinrad Bieler und der dritte war der Polizeispitzel Bernhard Kittelmann.
- Der Bernhard hatte in der Pädogruppe erfolglos versucht, Kinderpornographie zu bekommen. Was er weder in der Gruppe noch von den Gruppenteilnehmern bekommen konnte, fand er dann schließlich mit Hilfe von Meinrad Bieler bei Adam Tischhauser. In dessen Wohnung bekam er bei seinem ersten Besuch Kinderpornographie zum Anschauen

und beim zweiten Besuch auf eine Wechselfestplatte über-
spielt. Diese Wechselfestplatte hatte Kittelmann eigens dafür
mitgebracht.

- So ergibt es sich aus den Antworten der drei Vernommenen.
  Freilich haben diese Vernehmungen erst nach dem ‚Vorläufigen Ermittlungsbericht‛ stattgefunden. Aber da ja Kittelmann als Polizeispitzel der Initiator und Hauptakteur dieser
  Aktion war, und die Wechselfestplatte dann auch gleich „original verpackt“, wie es in der Vernehmung hieß, der Polizei
  übergab, darf man davon ausgehen, dass er bei dieser Übergabe der Polizei auch detailliert mitgeteilt hat, wann, wie, wo
  und von wem er diese Wechselfestplatte mit Kinderpornographie bespielt bekommen hat.
- Wann war denn die Übergabe dieser Wechselfestplatte?
- Das ergibt sich zumindest ungefähr – Moment – aus dem
  „Forensischen Auswertungsbefundbericht“ vom 5.9.2003 des
  Kommissariats 343 (im Landeskriminalamt), das für die Auswertung elektronischer Datenträger zuständig ist. Dort steht,
  dass das K 122 um die gutachterliche Untersuchung einer
  Festplatte nach kinderpornographischen Inhalten bat. Als
  Eingangsdatum dieses Schreibens des K 122 ist der 25.8.2003
  erwähnt. Das K 122 wird diese Festplatte nicht allzulang vorher erhalten haben, etwa um den 20. August 2003.
- Wie aber werden nun diese klaren Tatsachen im Vorläufigen
  Ermittlungs-Bericht wiedergegeben? Ist es nicht erstaunlich,
  wie es dem Herrn KOK Labyrin gelungen ist, ein simples
  und konkretes Trio in ein grandioses Symphonieorchester zu
  transformieren und mit diesen privaten Treffen fälschlicherweise die Pädogruppe zu belasten?
- Wir schrumpfen jetzt diese beeindruckende Leistung auf ihre
  zugegebenermaßen weniger beeindruckende Originalgröße
  zurück, das heißt: Auf das eine, einzige konkrete Ermittlungsergebnis, das zum Zeitpunkt des „Vorläufigen Ermittlungsberichtes“ aus den Akten dafür ersichtlich ist:

An diesen privaten Treffen	müsste heißen:	An diesen zwei privaten Treffen
in den Wohnungen der Beschuldigten nehmen nicht nur Mitglieder des harten Kerns, sondern auch über die offenen Veranstaltungen neu gewonnene gleichgesinnte Personen teil. Es werden ganze Wechselfestplatten mit entsprechenden Inhalten zur Verfügung gestellt und getauscht.		in der Wohnung des Beschuldigten Tischhauser nahm nicht nur Meinrad Bieler, sondern auch die Vertrauensperson der Kripo, Bernhard Kittelmann, teil. Es wurde eine Wechselfestplatte mit entsprechenden Inhalten zur Verfügung gestellt und weitergegeben.

- Es ist wohl davon auszugehen, dass, wenn es bezüglich dieser privaten Treffen konkrete, die Teilnehmer der Pädogruppe betreffende Ermittlungsergebnisse gegeben hätte, diese Teilnehmer hier auch namentlich genannt worden wären.
- Wie konnte KOK Labyrin auf die absurde Idee kommen, diese Aktion mit der Pädogruppe, bei der Kittelmann eben gerade keine Kinderpornographie bekommen hatte, zu verquicken?
- Dieser Adam Tischhauser hat nun wirklich nichts mit der Pädogruppe zu tun.
- Das sieht KOK Labyrin aber anders. Hört zu, was er schreibt – ich zitiere:
  „Tischhauser ist Gönner und Finanzier der Pädogruppe, nimmt aber auf Grund seiner Altersbeschwerden nicht an den regelmäßigen, offenen Treffen der Gruppe teil. Er hat aber dennoch sehr

gute Kontakte zur Gruppe und ihren Mitgliedern. Er fördert und unterstützt die Gruppe finanziell."

- So ein Quatsch!
- Für dieses – nennen wir es – peinliche Missverständnis KOK Labyrins habe ich eine Erklärung.
- Und die wäre?
- Aus den drei polizeilichen Vernehmungen im 1. Akt wissen wir, dass zwar nicht Adam Tischhauser „Gönner und Finanzier" der Pädogruppe, aber Kittelmann „Gönner und Finanzier" von Meinrad Bieler war. Er hat ihm zuerst 200 Euro gegeben. Bieler war damals „etwas knapp bei Kasse" und hatte das Geld gerne angenommen. Als Kittelmann ihm später nochmals Geld anbot, lehnte er es jedoch ab. Und noch etwas wissen wir aus diesen Vernehmungen: Zwar nicht dass Adam Tischhauser „sehr reich", aber Kittelmann „durch eine Erbschaft sehr wohlhabend" sei. Wenn wir dies so nebeneinander sehen:

Tischhauser ist Gönner und Finanzier der Pädogruppe. Tischhauser fördert und unterstützt die Gruppe finanziell. Tischhauser soll sehr reich sein.	anstatt:	Kittelmann hat Bieler einmal 200 Euro geschenkt. Kittelmann hat Bieler später noch einmal Geld angeboten. Kittelmann hat sich als sehr wohlhabend dargestellt.

Dann kann man sich schon vorstellen, dass ein unaufmerksamer und zerstreuter, oder aber auch von Belastungseifer getriebener Polizeibeamter bei Kittelmanns vertraulichen Mitteilungen zu einem solchen Missverständnis kommen konnte.

- Möglich ist natürlich auch, dass Kittelmann damals, bei der Übergabe der Wechselfestplatte an die Polizei, seine vertraulichen Mitteilungen in einer Weise machte, die zu Missverständnissen führen musste.

- Wie meinst du das?
- Einfach gesagt: Dass er die Polizei – aus irgendeinem Grunde – an der Nase herum führte. Wer letztlich verantwortlich für die falsche Aussage ist, dass Tischhauser Gönner und Finanzier der Pädogruppe sei, etc., lässt sich leider nicht mehr ergründen, da das Protokoll der Wechselfestplattenübergabe bei den Akten sinnigerweise fehlt. Der Versuch, die Herausgabe dieses Protokolls zu erzwingen, scheiterte, weil nicht nur Kripo und Staatsanwaltschaft, sondern auch die Gerichte blockten.
- Lesen wir weiter:

  „Der BS 07 (Adam Tischhauser) soll ein Appartement in München besitzen. In diesem Appartement soll er große Mengen von kinderpornographischem Material lagern und den anderen Gruppenmitgliedern zur Verfügung stellen. Tischhauser ist ein guter Freund von Becker Egon in Berlin, in München nicht gemeldet. Der Polizei wurde bekannt, dass Tischhauser kinderpornographisches Material von Becker im Keller seines Appartements in der Isarstraße lagern soll, da Becker derzeit Angst hat, dass gegen ihn in Berlin ermittelt werden könnte."
- Kennt ihr diesen Egon Becker?
- Nein. Er wird ja auch separat aufgelistet und es wird speziell gesagt, dass **Tischhauser** ein Freund von ihm sei.
- War nicht bei diesen drei polizeilichen Vernehmungen im ersten Akt von diesem Egon Becker die Rede?
- Stimmt. Und jetzt kommt mir auch wieder in den Sinn, wo ich den Namen Isidor Metzger gehört habe. Becker, das tönt wie Bäcker. Und der andere hieß eben sinnigerweise Metzger. Becker und Metzger, von diesen stammte der Inhalt der beiden Koffer, welche im Keller des Adam Tischhauser lagerten und von Meinrad Bieler anlässlich der Wechselfestplatten-Geschichte dem Kittelmann übergeben wurden.

- … „letzten Endes zur Vernichtung übergeben wurden." So sagte Kittelmann bei der polizeilichen Vernehmung, wenn ich mich richtig erinnere.
- Dann ist mit den „großen Mengen kinderpornographischen Materials" offensichtlich der Inhalt des braunen Koffers von Egon Becker und des schwarzen Koffers von Isidor Metzger gemeint.
- Und zur Verfügung gestellt wurden sie, diese „großen Mengen", nicht „den anderen Gruppen-Mitgliedern", sondern Bernhard Kittelmann.
- Jetzt wird auch klar, dass KOK Labyrin weiter oben auf den Inhalt des schwarzen Koffers anspielte, als er schrieb, dass Isidor Metzger Kontakt zum BS 06 Meinrad Bieler habe. Isidor Metzger soll diesen „Inhalt" aus Furcht vor einer polizeilichen Durchsuchung dem Meinrad Bieler gegeben haben, und der habe ihn dann eben in dem schwarzen Koffer in Adam Tischhausers Keller sozusagen zwischengelagert, bevor er Bernhard Kittelmann zur Vernichtung übergeben wurde. So kennen wir's von Bielers und Kittelmanns Vernehmung im ersten Akt.
- Womöglich wusste Tischhauser gar nichts von den Koffern, die ihm da der Bieler in seinen Keller gestellt hatte: Bieler hatte sein Vertrauen als Helfer im Haushalt; er hatte wohl auch die Schlüssel. Wenn Tischhauser so gebrechlich ist, wird er kaum ständig nachkontrolliert haben, ob da vielleicht Bieler was in seinem Keller untergestellt haben könnte.
- Und wie fährt nun KOK Labyrin im ‚Vorläufigen Ermittlungsbericht" fort?
- KOK Labyrin fasst die Koffer-Geschichten, die beide nichts mit der Pädogruppe zu tun haben, folgendermaßen zusammen: *„Es konnte … in Erfahrung gebracht werden, dass sich die Mitglieder bei Ermittlungsverfahren oder einem befürchteten polizeilichen Einsatz durch das wechselseitige Verstecken von relevantem Material bzw. dessen Weitergabe gegenseitig helfen. Es ist üblich,*

strafbares Material im Falle einer polizeilichen Ermittlung bei anderen Gruppenmitgliedern zu verstecken."

- Was also konkret Egon Becker, Isidor Metzger, Meinrad Bieler, Bernhard Kittelmann und den Keller von Adam Tischhauser betrifft, wird fälschlicherweise den „Mitgliedern" bzw. „Gruppenmitgliedern", worunter der Leser nur die Pädogruppe verstehen kann, in die Schuhe geschoben.

- Und wiederum bleibt unklar, wer diese falsche Darstellung der Tatsachen zu verantworten hat: Ob Kittelmann damals im Frühjahr 2003, als ihm die beiden Koffer zur Vernichtung übergeben wurden, seine vertraulichen Mitteilungen gegenüber der Polizei derart unklar machte, oder ob sie von KOK Labyrin vorsätzlich derart missverständlich in den Vorläufigen Ermittlungsbericht geschrieben wurden.

- Klar geht jedoch aus den drei polizeilichen Vernehmungen, die wir im ersten Akt gesehen haben, hervor, was wirklich geschah und wer die Akteure des Geschehens waren.

- Und ebenso klar geht daraus hervor, dass sich die vernehmenden Beamten – KOK Labyrin war auch dabei – nicht im geringsten über die Diskrepanz der dortigen Darstellungen zum ‚Vorläufigen Ermittlungsbericht' wunderten. Zumindest steht in den Protokollen dieser Vernehmungen keinerlei diesbezügliche Bemerkung.

- Lesen wir weiter:
„Tischhauser soll ein intimes Verhältnis zu einem dreizehnjährigen Jungen mit dem Vornamen „Fred" haben."

- Hatte nicht auch Meinrad Bieler ein ähnliches Problem, als er dieses eine Mal zu uns in die Gruppe kam und wir ihm dann eine Liste mit Rechtsanwälten gaben?

- Doch. Aber es muss nicht den „Fred" betroffen haben. Es ging damals um ein Berufungsverfahren.

- Und da man in der Pädogruppe zum Schutze der Betroffenen auf solche Probleme im Konkreten grundsätzlich nicht einging, wurde es unmittelbar vor unserem Gruppentreffen vom

Sprecher auf der Vorbühne anhand eines späteren Polizeiprotokolls wenigstens kurz erläutert.

- Haben wir dieses Protokoll bei den Akten?

[Ein Teilnehmer sucht es heraus.]

- Ja. Es ist ein Gedächtnisprotokoll vom 4.2.2004, das KOK Labyrin nach einer Vernehmung Kittelmanns gemacht hat. Ich zitiere daraus:
  „Im Laufe der Vernehmung sagte Herr Kittelmann, dass einmal während eines Freitagstreffens der Pädogruppe im „Enhubertreff" ein Teilnehmer von einem zurückliegenden sexuellen Missbrauch eines 13-jährigen Jungen erzählte. Auf meine erste Nachfrage an den Zeugen, welcher Teilnehmer den Missbrauch an dem 13-jährigen zur Sprache brachte, antwortete mir Herr Kittelmann, dass dieser Mann nur ein Mal in der Gruppe war und dass er ihn nicht kennt. Auf meine zweite Frage nach der Identität des Mannes antwortete mir Herr Kittelmann, dass es sich bei diesem Mann um den Beschuldigten Meinrad Bieler handelte."
- Das ist doch ein offener Widerspruch im Protokoll!
- Moment! Ich lese weiter daraus vor:
  „Weiter erzählte mir Herr Kittelmann, dass Herr Bieler den damals 13-jährigen Freund des Beschuldigten Adam Tischhauser, nämlich den Fred, vernascht hat. Auf Nachfrage bestätigte mir Herr Kittelmann, dass Bieler den Fred in der Wohnung des Tischhauser in dessen Abwesenheit missbraucht hat.
  Ich gehe folglich davon aus, dass Bieler dem Kittelmann diesen Missbrauch an Fred detailliert unter vier Augen geschildert hat. Denn in der Gruppe wurde ja nicht weiter auf den Missbrauch an dem 13-jährigen Jungen eingegangen."
- So also schreibt KOK Labyrin im Anschluss an die Zeugenvernehmung Kittelmanns vom 4.2.2004 und gute drei Monate nach der Zerschlagung unserer Pädogruppe.

- Wenn Bieler dem Kittelmann diese Geschichte mit Fred „detailliert unter vier Augen geschildert hat", wie hier KOK Labyrin schreibt, dann muss das unmittelbar vor oder nach seinem Besuch der Pädogruppe gewesen sein.
- Das heißt im Frühjahr 2003.
- Also ein halbes Jahr, bevor KOK Labyrin den ‚Vorläufigen Ermittlungsbericht" geschrieben hat.
- Dann hatte Kittelmann reichlich Zeit, diese detaillierten Schilderungen vertraulich an die Polizei weiterzugeben.
- Und KOK Labyrin hatte genügend Zeit, sie in den ‚Vorläufigen Ermittlungsbericht" aufzunehmen.
- Was also zum Zeitpunkt des ‚Vorläufigen Ermittlungsberichtes" konkret vorlag, betrifft ausschließlich Adam Tischhauser und Meinrad Bieler in ihrer Beziehung zu ein und demselben 13-jährigen Jungen und hat, wenn man von Meinrad Bielers einmaligem Gruppenbesuch absieht, nicht das Geringste mit der Pädogruppe zu tun.
- KOK Labyrin fasst nun jedoch diese beiden klaren konkreten Ergebnisse in seinem „Vorläufigen Ermittlungsbericht" folgendermaßen zusammen:

  „Aus vertraulicher Quelle wurde bekannt, dass der BS 07 (Adam Tischhauser) regelmäßig Jungen missbrauchen und diese auch den anderen Gruppenmitgliedern zukommen lassen und zur Verfügung stellen soll.

  Außerdem kann es gelegentlich passieren, dass sich die Mitglieder der Gruppe auch gegenseitig Kinder für den sexuellen Missbrauch zukommen lassen. Im Regelfall behält aber jeder ein Kind für sich."

- Damit wären wir am Ende von KOK Labyrins „Vorläufigem Ermittlungsbericht". Ersichtlich geworden ist, dass in dessen erstem Teil, welcher die Pädogruppe und deren „Mitglieder" betrifft, keinerlei strafrechtlich relevante Handlungen vorkommen. Und ebenso ersichtlich geworden ist, dass dessen zweiter Teil mit den privaten Treffen, bei denen sich die strafrechtlich relevanten Handlungen abspielten, nichts mit der Pädogruppe und deren „Mitgliedern" zu tun hat: Weder die „Wechselfestplatten"-, noch die „Gönner"-, noch die „Koffer"-, noch die „Missbrauchs"-Geschichte.

- Nicht ersichtlich geworden ist, ob die verdrehten, fälschlicherweise die Pädogruppe und ihre „Mitglieder" belastenden Darstellungen im zweiten Teil ihre Ursache darin haben, dass sie derart trübe aus der vertraulichen Quelle Kittelmann geflossen sind, oder ob sie KOK Labyrin zu verantworten hat.

[Vorhang]

2. Akt – 3. Treffen der AG 129

- Bevor wir mit dem Studium der Ermittlungs-Ergebnisse weiterfahren, möchte ich euch etwas erzählen:
Als Kinder machten wir ein Spiel. Einer dachte sich etwas aus und flüsterte es dem Zweiten ins Ohr. Der Zweite dem Dritten, usw. Und dann fanden wir es damals furchtbar lustig, wenn dabei beim Letzten etwas ganz Anderes herauskam, als der Erste geflüstert hatte. Wenn wir dann anschließend versuchten, Schritt für Schritt nachzuvollziehen, wie es zu den ulkigen Verdrehungen hatte kommen können, dann erwies sich das in der Regel als kaum mehr durchführbar, weil keiner so recht herausrücken wollte oder konnte, ob das, was er dem Nächsten ins Ohr geflüstert hatte, wirklich mit dem übereinstimmte, was er zuvor gehört hatte, oder ob er an der Verdrehung vorsätzlich – sozusagen im Dienst der Sache – mit beteiligt war.
- Und warum erzählst du uns das?
- Es kam mir beim Nachdenken darüber, wie der ‚Vorläufige Ermittlungsbericht' zustande gekommen ist, unwillkürlich in den Sinn.

- Und wie ist er, meinst du, zustande gekommen?
- Beim ‚Vorläufigen Ermittlungsbericht" ist eigentlich nur die Einleitung das Ergebnis polizeilicher Ermittlungen.
- Und dann noch die persönlichen Daten zu den aufgelisteten Personen, jene Daten, die sonst dem Datenschutz unterliegen.
- Stimmt, aber der große entscheidende Rest besteht aus „vertraulichen Mitteilungen".
- Könnt ihr euch erinnern, wie diese „vertraulichen Mitteilungen" eingeleitet wurden? Ich zitiere:
  „Vertraulich wurden dem Kommissariat 133 bisher nachfolgend aufgeführte Erkenntnisse und nachfolgend genannte Personen bekannt."
- Und wer hat den Bericht verfasst?
- KOK Labyrin vom Kommissariat **122**.
- Also hätte KOK Labyrin korrekterweise schreiben müssen: „Vertraulich wurden dem K 122 **über das K 133** bisher nachfolgend aufgeführte Erkenntnisse etc., etc. bekannt."
- Das heißt, die vertraulichen Mitteilungen kamen auf einem Umweg zum Verfasser des „Vorläufigen Ermittlungsberichtes".
- Im K 133 arbeitet KK Schwarz, der Führer der Vertrauensperson. Er ist theoretisch der einzige, der die Vertrauensperson persönlich kennt und Umgang mit ihr hat.
- Wie ist das nun? Wenn man die Glaubwürdigkeit einer Mitteilung bewerten will, dann sagt man doch z. B.: Das weiß ich aus erster oder aus zweiter oder aus dritter Hand usw.
- Wenn wir das nun auf die vertraulichen Mitteilungen im „Vorläufigen Ermittlungsbericht" beziehen, dann heißt das: Die Vertrauensperson ist die erste Hand. Sie teilt dem KK Schwarz mit, was sie unmittelbar erlebt. – Oder aber, was sie selbst nur von irgendwem gehört hat. Dann wäre sie aber nicht mehr erste, sondern selbst bereits zweite oder dritte Hand. KK Schwarz ist also bestenfalls zweite Hand. Er gibt dem KOK Labyrin weiter, was er als „Zeuge vom Hörensagen" aufgenommen hat – oder glaubt aufgenommen zu haben.

KOK Labyrin ist bestenfalls dritte Hand. Er schreibt den „Vorläufigen Ermittlungsbericht" aufgrund dessen, was er von KK Schwarz, dem Zeugen vom Hörensagen, gehört hat oder glaubt, gehört zu haben.

- Moment mal! Deine Theorie über die erste bis dritte Hand und damit über das mitleiderregende Schicksal von Nachrichten auf dem Weg von Hand zu Hand ist plausibel. Kittelmann könnte aber gewisse Hinweise oder Vorstellungen der Polizei – nicht nur KK Schwarz – schon viel früher mitgeteilt haben – etwa bei der Übergabe der Wechselfestplatte an das K 122 um den 20.8.2003, oder auch noch früher. Diese Hinweise oder Vorstellungen könnten dann später in das Protokoll über die telefonische Vernehmung vom 16.10.2003 hineinkomponiert worden sein.

- Hm. Das wäre tatsächlich eine weitere Möglichkeit mit weiteren mitmischenden Händen. Aber dürfte man der Polizei solche Manipulationen unterstellen?

- Nehmen wir das Beispiel Tischhauser: Wie kam die falsche „Erkenntnis", dass er „Gönner und Finanzier der Pädo-, Selbsthilfe- und Emanzipationsgruppe" sei, zustande?

- Kam das Wasser bereits trüb aus der vertraulichen Quelle oder hat es sich erst auf dem Wege in den „Vorläufigen Ermittlungsbericht" eingetrübt?

- Oder kam es ein bisschen trübe aus der Quelle und hat sich dann auf dem Wege weiter eingetrübt?

- Wer hat die eine Wechselfestplatte des Trios Kittelmann – Bieler – Tischhauser zu „ganzen Wechselfestplatten" – Mehrzahl – gemacht, die „unter Mitgliedern der Pädogruppe getauscht" worden sein sollen?

- Wer hat aus der Kinderpornographie Metzgers und Beckers, welche in Tischhausers Keller lagerte und dann von Bieler dem Kittelmann in einem schwarzen und einem braunen Koffer zur Vernichtung übergeben wurde, Kinderpornographie gemacht, „die von Mitgliedern der Pädogruppe gelagert und Mitgliedern der Pädogruppe zur Verfügung gestellt wurde"?

- Wer hat aus dem 13-jährigen Fred, zu dem Tischhauser „ein intimes Verhältnis" gehabt haben soll und der in Tischhausers Wohnung bei dessen Abwesenheit von dessen Haushaltshilfe Bieler „vernascht" worden sein soll, Kinder – Mehrzahl – gemacht, „welche sich die Mitglieder der Pädogruppe gegenseitig vermitteln und zu Missbrauchszwecken zuführen" würden?

- Wer hat aus dem Kryptisierungs-Programm zum Entschlüsseln der legalen FKK-Bilder, welche die Pädogruppe anstelle von, also statt Kinderpornographie für diejenigen Teilnehmer zur Verfügung stellte, die glaubten, ohne Bilder nicht auskommen zu können, „ein Kryptisierungs-Programm zum Verschlüsseln von Kinderpornographie" gemacht?

- Und dann wird sich schließlich die Frage noch stellen, ob diese Verdrehungen durch Missverständnisse, Flüchtigkeit und Unbeholfenheit oder aber vorsätzlich zustande gekommen sind.

- Wie dem auch sei. Die Fragen sind gestellt. Lassen wir sie zunächst stehen.

- Klar ist folgendes: Der „Vorläufige Ermittlungsbericht" wird am 11. September 2003 fertig gestellt und daraufhin anlässlich einer gemeinsamen Sitzung im Kommissariat 122 der Staatsanwaltschaft vorgestellt.

- Und was wird am Ende dieser Sitzung beschlossen?

- Das erfahren wir aus einer dienstlichen Stellungnahme von KHK Tüchtinger und KHK Labyrin im Verfahren gegen einen Gruppenteilnehmer. Ich zitiere:
  „Aufgrund der Erkenntnisse des Vorläufigen Ermittlungsberichtes leitete die Staatsanwaltschaft München I ein Ermittlungsverfahren wegen der Bildung einer kriminellen Vereinigung ein."
  (Dienstliche Stellungnahmen vom 7. und 12. Juni 2006)

- Warum denn das?

- Ziemlich genau diese Frage haben wir uns zu Beginn unserer Treffen gestellt und, sie zu lösen, zur Aufgabe dieser Treffen gemacht.
- Und, haltet ihr sie „aufgrund der Erkenntnisse des „Vorläufigen Ermittlungsberichtes" nun für gelöst? Rechtfertigen diese „Erkenntnisse" wirklich die Einleitung eines Ermittlungsverfahrens wegen Bildung einer kriminellen Vereinigung gegenüber der Pädo-, Selbsthilfe- und Emanzipationsgruppe München?
- Nun, anscheinend erbrachten diese Erkenntnisse genau das nicht, was man von ihnen erwartet hatte: Konkrete Tatsachen, die den Verdacht begründen hätten können, dass die Pädogruppe eine kriminelle Vereinigung sei.
- Mit dem „Vorläufigen Ermittlungsbericht" lag zwar eine ganze Blase voller Verdächtigungen gegenüber der Pädogruppe vor, aber konkrete Tatsachen fanden sich nur gegenüber einzelnen „Mitgliedern". Ganz zu schweigen davon, dass sie das in Wirklichkeit ja gar nicht waren, sondern eben nur Teilnehmer, Besucher.
- Wenn die Staatsanwaltschaft Letzteres vielleicht, zumindest zu diesem Zeitpunkt, noch nicht wissen konnte, so konnte sie – darf man annehmen – mit Bestimmtheit die Seifenblasen-Qualität der Vorwürfe gegenüber der Pädogruppe als solcher durchschauen.

Im Übrigen wird man davon ausgehen können, dass sich die Staatsanwaltschaft nicht erst beim Bayerischen Obersten Landesgericht erkundigen musste, welches die unverzichtbaren Voraussetzungen für eine kriminelle Vereinigung sind, sondern von Berufs wegen gleich wusste, dass Straftaten einzelner „Mitglieder" dafür nicht ausreichten.

- Also, was tun, wenn die bisherigen Ermittlungen die vielleicht versprochenen, vielleicht erwarteten Tatsachen nicht erbrachten?
- Entweder die Ermittlungen gegenüber der Pädogruppe einstellen und die konkreten Tatsachen bezüglich Einzelner weiterverfolgen.

- Oder aber schwerere Ermittlungs-Geschütze auffahren. Von Gewehren auf Kanonen übergehen – sozusagen. Und dazu musste eben ein neues Ermittlungsverfahren eröffnet werden – nun mit der klaren Zielrichtung: „Wegen der Bildung einer kriminellen Vereinigung."

- Oder wie es in den Durchsuchungsbeschlüssen dann heißt: *„Betreffend die Bildung der kriminellen Vereinigung Pädo Selbsthilfe- und Emanzipationsgruppe München."*

- Der Verdacht auf Bildung einer kriminellen Vereinigung ermöglichte nun *„TKÜ"* – das heißt wohl: Tele-Kommunikations-Überwachungs-Maßnahmen und – über die Vertrauensperson hinaus – noch den Einsatz eines *„Verdeckten Ermittlers"*.

- Es ist anzunehmen, dass sich die Staatsanwaltschaft erhoffte, auf diesem Wege Erkenntnisse aus erster Hand zu gewinnen, um so den bis dato unbegründeten Verdacht untermauern zu können.

- Die Posten, welche der Verdeckte Ermittler und die TKÜ-Maßnahmen einbrachten, sind jedoch schnell abgehakt.

- Dem Verdeckten Ermittler reichte die verbleibende Zeit gerade noch, um die Pädogruppe einmal, am 3.10.2003, zu besuchen. Und dabei hatte er einen konkreten Auftrag: Die Adresse von Heinrich, dem Kassier, herauszufinden, was ihm – durch den Einsatz von „operativen Maßnahmen", wie es im 2. Ermittlungs-Bericht des KOK Labyrin heißt, auch gelungen ist.

- „Operative Maßnahmen"! Schlicht gesagt heißt das: Nach dem Gruppenbesuch heimlich hinter Heinrichs Auto herzufahren.

- Sein Bericht beschränkt sich im Übrigen erstens auf die Beschreibung der Vorstellungsrunde, die ihm „wie eine Prüfung" vorkam.

- Wen wundert's!

- Und zweitens auf die Beschreibung seines erfolglosen Versuchs, per E-Mail ein privates Treffen zu arrangieren.

- Die Ergebnisse der TKÜ werden im 2. Nachtrag vom 20.10.2003 zum vorläufigen Ermittlungs-Bericht vom 11.9.2003 im Wortlaut aufgelistet. Wir können uns auf die Auswertung dieser Ergebnisse durch das Bayerische Oberste Landesgericht beschränken.

Ich zitiere:

„Neben den bereits … angeführten Vernehmungen von Beschuldigten …, erbrachte insbesondere auch die Telefonüberwachung keine Bestätigung für den zur Annahme einer kriminellen Vereinigung erforderlichen Gruppenwillen bei Unterwerfung des Einzelnen. Die Ermittlungen belegen lediglich Straftaten einzelner Mitglieder selbst. "

- Hier muss angemerkt werden, dass auch das Bayerische Oberste Landesgericht aufgrund der irreführenden Darstellung polizeilicher Ermittlungsergebnisse Tischhauser, Bieler, Metzger und Becker irrtümlich zur Pädogruppe zählen musste.

Lesen wir weiter:

„Eine besondere Struktur oder engere Verbindung, sei es auch nur des „inneren Kreises", zeigt sich nach den Ermittlungen nicht. Die überwachten Telefonate, so weit diese Eingang in die Akten fanden, belegen diese Straftaten der Gruppe nicht. " (29.3.2006)

- Außer der TKÜ und dem Einsatz eines Verdeckten Ermittlers wurde noch eine weitere Maßnahme ergriffen, die mehr als deutlich zeigt, wie hoch, bzw. wie gering die Qualität des „Vorläufigen Ermittlungsberichtes" von der Staatsanwaltschaft eingestuft wurde.

- Nach deren gemeinsamem Treffen mit der Kripo erging vom K 122 folgende Anweisung an das K 133: Es solle die vertrauliche Quelle, aus der die Erkenntnisse des Vorläufigen Ermittlungsberichtes gespeist wurden, geprüft, das heißt: vernommen werden. Von der Vernehmung sei ein schriftliches Protokoll zu erstellen. Laut Dienstlicher Stellungnahme von KOK Schwarz im Verfahren gegen einen Gruppenteilnehmer am 13.6.2006.

- Als es dann jedoch plötzlich eilte, weil Kittelmanns Story über seine Recherchen unter Pädophilen früher publiziert wurde als erwartet, da hatte dieselbe Staatsanwaltschaft anscheinend keine Zeit mehr, neuere Erkenntnisse in die Durchsuchungsbeschlüsse und Haftbefehle mit einzubeziehen.
- Woher weißt du das?
- Aus einem Vergleich der Durchsuchungsbeschlüsse und Haftbefehle vom 30./31.10.2003 mit dem „Vorläufigen Ermittlungsbericht" vom 11.9.2003. Die Durchsuchungsbeschlüsse und Haftbefehle lassen sich von A bis Z beinahe wörtlich auf diesen Vorläufigen Ermittlungsbericht beziehen. Ich werde es gleich vorführen. Dabei habe ich die sich inhaltlich entsprechenden Sätze in beiden Dokumenten mit jeweils der gleichen Nummer versehen. So können wir diese Sätze hier im Gespräch leichter anführen. In den Originalen stehen gar keine Nummern.
- Wenn es euch recht ist, lese ich den Text der Durchsuchungsbeschlüsse und Haftbefehle.
- Und ich die jeweiligen Stellen im „Vorläufigen Ermittlungsbericht", auf die sie sich beziehen.

[Alle sind einverstanden. A und B lesen Punkt für Punkt im Wechsel.]

Vorläufiger Ermittlungs-Bericht vom 11.09.2003:	Durchsuchungs-Beschlüsse vom 30. Okt. 2003 (auch spätere Haftbefehle):
1. Als Veranstaltungsort konnte … München ermittelt werden. (S. 1) Teilnehmer treffen sich, um ihren pädophilen Neigungen nachzugehen. (S. 2)	Aufgrund der bisherigen Ermittlungen besteht der Verdacht, 1. sich als Mitglieder der „Pädo-, Selbsthilfe- und Emanzipationsgruppe München" regelmäßig im … in München zu treffen, um dort ihren pädophilen Neigungen nachzugehen.

2. Bei der Pädo Selbsthilfegruppe handelt es sich nicht um eine Therapiegruppe.
(S. 2)
... als Deckmantel nach außen zum Verschleiern ... des Auslebens der pädophilen Neigungen.
(S. 4)

2. Dabei gilt die Bezeichnung als Selbsthilfe- und Emanzipationsgruppe lediglich als Vorwand, um nach außen das Ausleben pädophiler Neigungen zu verschleiern.

3. Die Pädo-Selbsthilfegruppe ... trifft sich jeden ersten Freitag im Monat ... jeden dritten Freitag im Monat ... Die Treffen haben ... den Charakter einer Kontaktbörse von Gleichgesinnten.
(S. 2)

3. Die regelmäßig am 1. bzw. 3. Freitag im Monat stattfindenden Treffen dienen dazu, gleichgesinnte Personen kennenzulernen und Kontakte zu schaffen.

4. Besprochen werden hauptsächlich der Schutz vor den Strafverfolgungsbehörden sowie

4. Darüber hinaus wird besprochen, wie man sich vor Strafverfolgungsbehörden schützen und

5. die Möglichkeiten, Bilder, Filme und Dateien wirkungsvoll zu verstecken und zu verschleiern.
(S. 4)

5. wie man Bilder, Filme und Dateien mit kinderpornographischem Inhalt wirkungsvoll verstecken bzw. verschleiern kann.
(*Kommentar: Die Staatsanwaltschaft weist den Bildern, Filmen und Dateien das Attribut „kinderpornographischer Inhalt" zu.*)

6. Während der Veranstaltungen stellen sich die Männer nur mit Vornamen vor. (S. 2)

6. Dabei achten die Beschuldigten darauf, dass man sich nur unter dem Vornamen kennt und

7. Von den Veranstaltungsleitern wird immer wieder betont, dass im Rahmen dieser Veranstaltungen peinlichst genau darauf geachtet werden soll, dass weder strafrechtlich Relevantes erzählt, noch Bilder, Filme oder CD-ROMs mit strafbarem Inhalt mitgebracht werden dürfen. (S. 2)

7. bei den „öffentlichen" Treffen im YY kein strafrechtliches Material mitgebracht wird.

8. Die beiden Veranstaltungsleiter haben ausdrücklich betont, dass man für solche Fälle etwas anderes arrangieren kann. (S. 2)
Strafrechtlich relevante Handlungen spielen sich bei privaten Treffen … ab, zumeist in den Wohnungen der Beschuldigten. Es werden einschlägige Bilder und Filme angeschaut … und getauscht. (S. 5)

8. Denn die regelmäßigen Treffen dienen außerdem dazu, weitere private Treffen, welche zumeist in den Wohnungen der Beschuldigten stattfinden, zu vereinbaren, bei denen kinderpornographische Bilder und Filme angeschaut und ausgetauscht werden.

9. Es werden ganze Wechselfestplatten mit entsprechenden
Inhalten zur Verfügung gestellt
und getauscht.
(S. 5)

9. Dabei werden auch Wechselfestplatten mit kinderpornographischem Inhalt zur
Verfügung gestellt und untereinander ausgetauscht.

10. Z. ist Computerexperte
(S. 3)

10. Der Beschuldigte Z. erstellte
ein Kryptisierungs-Programm
für Computer zum Verschlüsseln
von kinderpornographischen
Bildern, Filmen und Dateien.
*(Kommentar: Da Z. Compu-
terexperte ist, behauptet die
Staatsanwaltschaft großzügig,
dass er dann eben ein Kryptisierungsprogramm erstellte.)*

11. und stellt den anderen
Mitgliedern der Gruppe ein
Kryptisierungsprogramm zur
Verschlüsselung von kinderpor-
nographischem Material ... zur
Verfügung.
(S. 3)

11. Dieses Kryptisierungsprogramm stellte der Beschuldigte
Z. den anderweitig Beschuldigten zur Verfügung.

12. Der D. soll ein Appartement in XX in München besitzen. In seinem Appartement ...
soll er große Mengen von kinderpornographischem Material
lagern und den anderen Gruppenmitgliedern zur Verfügung
stellen.
(S. 5)

12. Der Beschuldigte D. stellt
darüber hinaus ein Appartement
in XX in München zur Verfügung, in dem kinderpornographisches Material der Gruppenmitglieder gelagert wird.
*(Kommentar: Im vorläufigen
Ermittlungsbericht wird kinderpornographisches Material „zur*

	Verfügung gestellt", in den Durchsuchungsbeschlüssen „ein Appartement". Sowohl das „Lagern" als auch das „Zur-Verfügung-Stellen" wird fälschlicherweise den Gruppenmitgliedern angelastet.)
13. Aus vertraulicher Quelle wurde bekannt, dass der D. regelmäßig Jungen missbrauchen und diese auch den anderen Gruppenmitgliedern zukommen lassen und zur Verfügung stellen soll. (S. 6)	13. Neben dem Austausch kinderpornographischen Materials dienen die regelmäßigen Gruppentreffen auch dazu, sich gegenseitig Kinder zu vermitteln, die den jeweiligen Beschuldigten zu Missbrauchszwecken zugeführt werden sollen … *(Kommentar: Hier werden die strafrechtlich relevanten Handlungen gleich noch in die regelmäßigen Gruppentreffen versetzt. Dies steht nicht nur im Widerspruch zum Vorläufigen Ermittlungsbericht, sondern teilweise – in Punkt 7 – auch zu den Behauptungen im selben Text.)* … strafbar als Bildung krimineller Vereinigungen gemäß §129 Abs.1 StGB.

- Ich denke, aus dem Vergleich wird deutlich, wo abgeschrieben wurde.
- Und es wird auch deutlich, wo die Staatsanwaltschaft selbst noch etwas hinzugefügt oder verdreht hat.

- Könnte es auch die Ermittlungsrichterin gewesen sein?
- Unwahrscheinlich. Am 30.10.2003 hat es doch den Akteuren sehr pressiert. Und ob die Ermittlungsrichterin schon vorher Motiv, Anlass und Zeit gehabt hätte, über die Grenzen der Gewaltenteilung hinweg bei der „AG Ring" aktiv mitzumischen, ist sehr fraglich.
- Die Hinzufügungen oder Verdrehungen der Staatsanwaltschaft wären dann Erkenntnisse aus vierter Hand.
- Es sei denn, sie hätten sich aus der Vernehmung der Vertrauensperson ergeben, jener Vernehmung vom 16.10.2003 eben, welche KK Schwarz auf Geheiß des K 122 nach der gemeinsamen Sitzung mit der Staatsanwaltschaft durchzuführen und zu protokollieren hatte.
- Dann studieren wir also bei unserem nächsten Treffen das Protokoll dieser Vernehmung.

[Vorhang]

2. Akt – 4. Treffen der AG 129

- Die Vernehmung der Vertrauensperson wird am 16. Oktober 2003, also vierzehn Tage vor der Zerschlagung der Pädogruppe – merkwürdigerweise telefonisch – durchgeführt. Sie dauert von 17.00 Uhr bis 20.00 Uhr.
- Das Protokoll trägt das Datum vom Tag danach, vom 17. Oktober 2003, und ist von KK Schwarz, dem Führer der Vertrauensperson, der die Fragen gestellt hat, unterschrieben, jedoch nicht von der Vertrauensperson selbst.
- Wäre ja auch schwierig gewesen bei einer telefonischen Vernehmung.
- Vor allem hätte sie sich mit einer Unterschrift enttarnt. Damals wusste ja – zumindest theoretisch – außer dem VP-Führer noch niemand, dass es sich um den Journalisten Bernhard Kittelmann handelte.

- In der Einleitung des Protokolls heißt es, dass der vernommenen Person Geheimhaltung zugesichert wurde und dass ihre Angaben vom unterzeichneten Beamten als „Zeuge vom Hörensagen" so vertreten werden, dass daraus keine Rückschlüsse auf die Eigenschaften als Vertrauensperson gezogen werden können.
- Dann dürfte ja Kittelmann am 16.10.2003 entweder noch keine Ahnung davon gehabt haben, dass er sich nach zwei Wochen, am 30. Oktober 2003, durch seine Zeitschriftenveröffentlichung selbst enttarnen würde. Er wäre dann also womöglich von der Zeitschriftenredaktion mit dem Veröffentlichungstermin überrumpelt worden. Oder aber er hat von der kurz bevorstehenden Veröffentlichung seines Artikels gewußt. Dann aber wäre eine solche Heimlichtuerei Kittelmanns und der ihn vernehmenden Polizei am 16.10.2003 sinnlos gewesen. Bis zum Zeitpunkt der Veröffentlichung hätte niemand von seiner Identität aus den Polizeiakten erfahren können. – In diesem Fall könnten manche Mitteilungen Kittelmanns an die Polizei schon viel früher geschehen sein, also zu einem Zeitpunkt, vielleicht im Sommer 2003, als das Verheimlichen noch einen Sinn haben konnte, weil er noch weitere Recherchen vorhatte. Und diese Mitteilungen könnten eben nur formell als Ergebnisse der telefonischen Vernehmung am 16. Oktober 2003 dargestellt worden sein.
- Noch zwei wichtige Dinge stehen in dieser Einleitung:
  1. dass die Vertrauensperson das Recht habe, die Auskunft auf solche Fragen zu verweigern, deren Beantwortung für sie selbst die Gefahr nach sich ziehen würde, wegen einer Straftat verfolgt zu werden, und
  2. dass die Vertrauensperson ausdrücklich auf die Bedeutung der Sache hingewiesen und zur wahrheitsgetreuen Berichterstattung angehalten worden sei.
- Sind das nicht stehende Formeln für ein rechtsstaatliches Verfahren?

- Immerhin seltsam: Bei einer Zeugenvernehmung hat der Zeuge kurz und bündig die Pflicht, die Wahrheit zu sagen; die Vertrauensperson hingegen wird zur wahrheitsgetreuen Berichterstattung angehalten.
- Wie sagt der Franzose: C'est le ton qui fait la musique.
- Halten wir nun noch einmal fest, was sowohl im Vorläufigen Ermittlungsbericht als auch in den Durchsuchungsbeschlüssen und Haftbefehlen der Pädogruppe im Wesentlichen vorgeworfen wird:
  1. pädophilen Neigungen nachzugehen.
  2. pädophile Neigungen auszuleben.
  3. Kinderpornographie: Bilder, Filme, Dateien (auf ganzen Wechselfestplatten) anzuschauen, zu tauschen, zur Verfügung zu stellen, zu verschlüsseln, zu lagern.
  4. sich gegenseitig Kinder zu vermitteln und dies zu Missbrauchszwecken.
- Nicht vorgeworfen wird, dass dies „bei Unterordnung des Willens des Einzelnen unter den Willen der Gesamtheit" geschehe, was laut Bayerischem Obersten Landesgericht unverzichtbare Voraussetzung für eine „kriminelle Vereinigung" ist. Trotzdem heißt es in den Durchsuchungsbeschlüssen und Haftbefehlen: … „strafbar als Bildung krimineller Vereinigungen".
- Halten wir auch fest, dass die Kinderpornographie- und „Missbrauchs"vorwürfe gegenüber der Pädogruppe unbegründete Verallgemeinerungen von konkreten Fällen sind, die mit der Pädogruppe nichts zu tun haben.
- Und nun vergleichen wir. **Auch hier habe ich die Fragen bzw. Antworten des Protokolls der Reihe nach durchnummeriert:**

Zu „pädophilen Neigungen nachgehen":
Die Wendung „pädophilen Neigungen nachgehen" kommt im Protokoll vom 17.10.2003 der Vernehmung einer Ver-

trauensperson am 16.10.2003 nirgends vor. Stattdessen kommt die Wendung „von pädophilen Neigungen erzählen" zweimal vor:

„erzählen die Teilnehmer der Gruppe von ihren eigenen pädophilen Neigungen…",

heißt es in **Antwort 6** dieses Protokolls, und:

„Man muss sich allerdings als Neuer vorstellen, das heißt, man muss über sich und seine pädophilen Neigungen erzählen",

heißt es in **Antwort 23**.

- „Von pädophilen Neigungen erzählen" ist deutlich etwas Anderes, als „pädophilen Neigungen nachgehen", und für eine Pädo-, Selbsthilfe- und Emanzipationsgruppe nicht ganz ungewöhnlich.

Zu „pädophile Neigungen ausleben":

- Die Wendung „pädophile Neigungen ausleben" kommt in der Vernehmung einer Vertrauensperson nur einmal vor, und zwar in der Antwort Nr. 25 des Protokolls. Dort heißt es:

„Es ist aber auch so, dass sehr viele Angst vor den intensiven Ermittlungen, gerade der Münchner Polizei, und den hohen Strafen in Bayern haben. Sie trauen sich schon deswegen nicht, ihre pädophilen Neigungen auszuleben und versuchen, sich zurückzuhalten."

- … „trauen sich **nicht**, ihre pädophilen Neigungen auszuleben": Das ist gerade das Gegenteil von dem, was die Strafverfolgungsbehörden mit Bezug zu den Aussagen dieser Vertrauensperson im „Vorläufigen Ermittlungsbericht" und dann auch in den Durchsuchungsbeschlüssen und Haftbefehlen geschrieben haben!

- Halten wir also fest, was in Bezug auf „pädophile Neigungen" im Protokoll des KK Schwarz, dem „Zeugen vom Hörensagen", steht:

Die Vertrauensperson sage, dass die Gruppenteilnehmer

1. von ihren pädophilen Neigungen erzählen, und

2. sich nicht trauen, ihre pädophilen Neigungen auszuleben. So schreibt KK Schwarz vom K 133 am 17.10.2003.

- Und was hatte KOK Labyrin im ‚Vorläufigen Ermittlungsbericht‘ vom 11.9.2003, einen Monat früher, geschrieben, der sich auf dem Umweg über das Kommissariat 133, eben KK Schwarz, auf dieselbe vertrauliche Quelle beruft? Aus dritter Hand also heißt das da:
  1. Die Teilnehmer treffen sich, um ihren pädophilen Neigungen nachzugehen.
  Und:
  2. Die Treffen dienen als Deckmantel, um das Ausleben der pädophilen Neigungen zu verschleiern.
- Es besteht also der begründete Verdacht, dass diese offensichtlichen Verdrehungen durch KOK Labyrin entstanden sind.
- Schauen wir nun, was KK Schwarz in seinem Protokoll vom 17.10.2003 als „Zeuge vom Hörensagen", eben als Zeuge dessen, was er am Telefon von der Vertrauensperson gehört hat, über **Kinderpornographie** schreibt. – Davon ist in den **Antworten 3, 6, 12, 24 und 27** die Rede:
- In der Antwort auf die Frage drei heißt es:
  „Kinderpornographisches Material wird bei diesen Veranstaltungen nicht getauscht. Es wird von den Veranstaltern auch ausdrücklich darauf hingewiesen, dass niemand strafrechtlich relevantes Material mitbringen darf."
- So steht es auch im ‚Vorläufigen Ermittlungsbericht‘ vom 11.9.2003 sowie in den Durchsuchungsbeschlüssen und Haftbefehlen vom 30./31.10.2003. Klingt nicht sehr kriminell.
- Nein, aber auch hier heißt es weiter:
  „Zum Tauschen und Anschauen von Kinderpornographie könne man etwas Anderes arrangieren, wurde von den Veranstaltungsleitern erwähnt."
- Hätte man zum Tauschen und Anschauen von Kinderpornographie tatsächlich etwas Anderes arrangieren können, dann

wäre die Vertrauensperson mit Bestimmtheit die erste gewesen, die davon Gebrauch gemacht hätte.

- Hat sie aber nicht.
- Und konnte sie auch nicht. Denn nicht „zum Tauschen und Anschauen von Kinderpornographie", sondern „anstelle von Kinderpornographie" könne man etwas Anderes arrangieren, wurde von den Veranstaltungsleitern erwähnt. Nämlich die CDs mit den legalen FKK-Bildern, die sie dann ja auch fanden, als sie den Schrank im Gruppenraum an der Enhuberstraße aufbrachen und – nota bene – später als nicht relevant wieder zurückgaben. Aber darüber haben wir uns ja schon genügend ausgelassen.
- In **Antwort 6** heißt es:
  *„Bei den privaten Treffen der Mitglieder der Gruppe wird **meiner Meinung nach** regelmäßig Kinderpornographie angesehen und auch ausgetauscht. **Selber habe ich dies allerdings noch nicht mitbekommen. Nach Beendigung der Gruppe** ist es durchaus schon vorgekommen, dass entsprechende Internetadressen, auf denen sich Kinderpornographie befindet, bekannt gegeben wurden."*
- Hier wird also **die Meinung** der Vertrauensperson ausgesprochen, die ohne jeglichen konkreten Bezug steht, da sie „es selber noch nicht mitbekommen" hat.
- Das heißt dann aber gleichzeitig auch, dass diese Vertrauensperson bei keinem Gruppenbesucher Kinderpornographie gesehen hat und dass sie mit keinem Gruppenbesucher Kinderpornographie getauscht hat, **sonst hätte sie es eben mitbekommen.**
- Was **nach Beendigung der Gruppentreffen** geschieht, dafür kann nicht die Gruppe verantwortlich gemacht werden. Aber selbst da fehlen konkrete Angaben darüber, welche Internetseiten und welche Personen das gewesen seien.
- KK Schwarz scheint dies auch nicht interessiert zu haben, sonst hätte er wohl nachgefragt.

- **Antwort 24:**
  „Ich denke, dass jedes Gruppenmitglied im Besitz von Kinderpornographie sein dürfte."
- Dieser Satz stimmt mit der vorherigen Aussage überein. Nur die Wendung ist eine andere. Dort heißt es: „Meiner Meinung nach" und hier: „Ich denke, dass … sein dürfte."
- Im nächsten Satz gibt es jedoch einen gravierenden Unterschied. Während dort steht:
  „Selber habe ich dies allerdings noch nicht mitbekommen", heißt es hier nun plötzlich:
  „Zumindest bei Einem aus der Gruppe habe ich selber Kinderpornographie gesehen."
- Der Widerspruch ist offensichtlich.
- Wir wissen jetzt natürlich sofort, dass es sich bei diesem „zumindest Einen" um Adam Tischhauser handeln muss, der eben gerade nicht „aus der Gruppe" ist. Und „**Zumindest** bei Einem" steht geschrieben, weil ja noch Meinrad Bieler und die Vertrauensperson selbst dabei waren, das Trio eben.
- Vielleicht aber gibt es noch andere, bei denen Kittelmann in der Wohnung war?
- Im Protokoll der späteren Befragung Kittelmanns am 4.2.2004 als Zeuge (wir kennen diese Befragung schon von der „Rückschau aus der Zukunft" im 2. Auftritt des ersten Aktes) steht, daß er auch bei dem schon früher erwähnten Isidor Metzger in der Wohnung war, gleichzeitig aber, dass dieser mit der Pädogruppe nichts zu tun hat.
- Damit wäre der Widerspruch gelöst: Bei dem „zumindest Einen", der nicht aus der Gruppe ist, hat er Kinderpornographie gesehen, bei den „Mitgliedern" der Gruppe allerdings nicht.
- Eigentlich müsste die Vertrauensperson dem KK Schwarz mitgeteilt haben, wer dieser „zumindest Eine" ist; und eigentlich müsste sie ihm auch mitgeteilt haben, dass dieser „zumindest Eine" nichts mit der Gruppe zu tun hat. Sonst machte diese Vernehmung ja gar keinen Sinn.

- Warum aber schreibt dann KK Schwarz nicht klar und deutlich hin, was ihm die Vertrauensperson eigentlich klar und deutlich gesagt haben müsste?
- Weil der Vertrauensperson Geheimhaltung zugesichert wurde, die sich auf „alle Umstände, aus denen Rückschlüsse auf die Eigenschaft als Vertrauensperson gezogen werden können", erstreckt.
- Aber es ist doch nicht einzusehen, warum hier nun plötzlich verschwiegen werden sollte, dass es sich um Tischhauser handelt, da er doch bereits im ‚Vorläufigen Ermittlungsbericht", und genau in diesem Zusammenhang, als BS 07 mit vollem Namen und allen weiteren Details zur Person, erscheint.
- Und ebenso wenig ist einzusehen, warum die Erwähnung, dass Tischhauser nicht aus der Gruppe ist, zu einer Enttarnung der Vertrauensperson führen sollte.
- Aber dann gibt es doch keinen Grund, dies zu verschweigen?!
- Vielleicht keinen rechtmäßigen. Es drängt sich jedoch der Verdacht auf, dass KK Schwarz zwei unrechtmäßige Gründe dafür hatte:
  1. Weil er früher schon und offensichtlich voreilig die sich nun als falsch erweisende Information, Tischhauser sei ein weiteres Mitglied der Pädogruppe, an KOK Labyrin mitgeteilt hatte, woraufhin sich dann diese Fehlinformation im ‚Vorläufigen Ermittlungsbericht" zum „Gönner und Finanzier" der Pädogruppe weiter entwickelte.
  2. Um diese voreiligen Ermittlungsergebnisse, mit denen man die Pädogruppe und deren Mitglieder fälschlicherweise belastete, trotzdem – und nunmehr (wenn nicht gar schon damals) wider besseres Wissen – dem Scheine nach weiterhin aufrechterhalten zu können.
- An diesem Beispiel – und es folgen gleich zwei weitere – kann deutlich werden, wie dieses System von Vertraulichkeit und Geheimhaltung sowie Weiterreichung verschleierter Vertraulichkeiten und Geheimhaltungen von Hand zu Hand sowohl

der zufälligen als auch der vorsätzlichen sukzessiven Verdrehung einfacher und klarer Tatsachen Tür und Tor öffnet.

- Kehren wir zur **Antwort 24** zurück. Da gibt es noch einen weiteren Satz, der lautet:

„Mir ist auch bekannt, dass Kinderpornographie bei anderen Gruppenmitgliedern oder Bekannten der Gruppenmitglieder gelagert wird, falls jemand Probleme mit der Justiz hat."

- Ein entsprechender Satz findet sich noch in **Antwort 12**. Ich zitiere:

„Es kommt auch durchaus vor, dass während eines Ermittlungsverfahrens das strafrechtlich relevante Material bei anderen Personen aus dem Bekanntenkreis gelagert wird."

- Bei diesen zwei Sätzen kann es sich nur um die Geschichte mit dem schwarzen und dem braunen Koffer handeln. Wiederum sind Widerspruch und Irreführung offensichtlich. Die Vertrauensperson kann nicht: „Gruppenmitglieder" gesagt haben – und wiederum ganz einfach deswegen nicht, weil sie es nach eigener Aussage bei diesen „noch nicht mitbekommen" hat.

- Und nun noch das dritte Beispiel, bei dem Widerspruch und Irreführung in derselben Weise offensichtlich sind. Auf die **Frage 27**:

„Waren Sie selbst schon in Wohnungen von Gruppenmitgliedern?"
steht als Antwort:

„Ja. Ich habe dort auch Kinderpornographie gesehen."

- Auch hier handelt es sich nicht um Wohnungen von „Gruppenmitgliedern", sondern, wiederum wie beim ersten Beispiel, um das Trio in der Wohnung Adam Tischhausers im Zusammenhang mit der Wechselfestplatte.

- Und nun kommt noch ein aufschlussreicher Zu-Satz:

„Näheres hierzu kann ich nicht angeben, da dies sonst zu einer Enttarnung führen könnte."

- So kann dies die Vertrauensperson nie und nimmer gesagt haben, es sei denn, sie hätte damit die Enttarnung einer eigenen Straftat gemeint. Diesbezügliche Angaben zu verweigern, hätte sie das Recht gehabt. Im Übrigen war sie zu Beginn der Vernehmung ausdrücklich auf die Bedeutung der Sache hingewiesen und zur wahrheitsgetreuen Berichterstattung angehalten worden. Richtig formuliert hieße der Satz, und zwar mit KK Schwarz vom K 133 als Verfasser:

Nähere Angaben, welche die Vertrauensperson hierzu gemacht hat, können hier nicht protokolliert werden, da dies sonst zu deren Enttarnung führen könnte.

• Damit wäre dann klar und deutlich ausgesprochen, was KK Schwarz mit seiner irreführenden Formulierung offensichtlich umgehen wollte: Dass die Vertrauensperson tatsächlich nähere Angaben machte. Und aus dem Zusammenhang geht ebenso klar und deutlich hervor, dass mit diesen „näheren Angaben" im Wesentlichen nur zweierlei gemeint sein kann:
1. die Namen der Betroffenen und,
2. dass diese nichts mit der Pädogruppe zu tun haben.

• Wenden wir uns nun der **Kryptisierungs- oder Verschlüsselungsfrage** zu. Darauf wird in den **Antworten 6, 8 und 11** eingegangen, und zwar in ähnlich widersprüchlicher Weise wie eben gehabt. In **Antwort 6** heißt es:

„Tatsächlich werden in den Gruppen Themen behandelt, wie z. B. ... wie kann ich meine strafrechtlich relevanten Dateien so verschlüsseln, dass sie im Falle einer Durchsuchung nicht entdeckt werden."

• Interessant ist, dass hier das einzige Mal im ganzen Protokoll anstelle von „in der Gruppe" „in den Gruppen" steht. Dass mit diesen Gruppen nicht die Pädogruppe gemeint ist, sondern – und wenn überhaupt, dann wohl – private Grüppchen, geht deutlich aus der nächsten diesbezüglichen Antwort hervor. Da heißt es in **Antwort 8**:

„Ich habe auch gehört, dass einigen Mitgliedern Kryptisierungs-Programme zum Verschlüsseln ihrer Kinderpornographie angeboten werden. Sind die Dateien so verschlüsselt, werden sie bei einer eventuellen Durchsuchung nicht entdeckt. Ich selber habe mich

für solche Programme jedoch nie besonders interessiert und kann deswegen nichts Genaueres darüber sagen. **Die Gespräche über die Kryptisierungs-Programme finden eigentlich nur nach Beendigung der Gruppe im kleineren Kreis statt.**"

- Diesen kleineren Kreis kennen wir unterdessen zur Genüge. Blenden wir dazu in den 1. Akt zurück, in dem Meinrad Bieler, Adam Tischhauser und die Vertrauensperson Bernhard Kittelmann der Reihe nach vernommen werden.
- Auf eine Frage im Zusammenhang mit der Wechselfestplatte antwortet Kittelmann:

  „Ich möchte auch noch anmerken, dass mir der Adam Tischhauser gesagt hat, dass ich diese Wechselfestplatte entsprechend mit einem Passwort und einem Kryptisierungs-Programm sichern soll."

  Soviel zum Verschlüsseln von Kinderpornographie.
- Was die Pädogruppe betrifft, wurde sehr wohl über Verschlüsselung gesprochen. Und bei etwas mehr Interesse für die Anliegen der Pädogruppe hätte die Vertrauensperson dann auch durchaus Genaueres sagen können, nämlich dass es sich nicht um Verschlüsselung von Kinderpornographie, sondern um das Passwort „Keine Zensur für die Schöpfung" und die damit verschlüsselten FKK-CDs der Gruppe handelte – ein für die journalistischen Recherchen der Vertrauensperson anscheinend völlig uninteressantes Thema.
- Dass es in der Pädogruppe so und nicht anders gehandhabt wurde, geht auch daraus hervor, dass an den Gruppentreffen anerkanntermaßen über nichts strafrechtlich Relevantes gesprochen wurde.
- Wenn in der **Antwort 11** dann plötzlich wieder steht:

  „Man spricht z. B. darüber, wie man Kinderpornographie verstecken und verschlüsseln kann, damit sie nicht entdeckt wird",

  dann hat entweder die Vertrauensperson vergessen, was sie drei Antworten vorher gesagt hat, oder der Protokollant, was er drei Antworten vorher geschrieben hat.

- Schließen wir dieses Thema mit einem Zitat aus der Antwort 8: *„Bei den Treffen wird sehr darauf geachtet, keinen Angriffspunkt für die Strafverfolgungsbehörden zu bieten."*
- Man wird davon ausgehen dürfen, dass Gespräche über Verschlüsselung von Kinderpornographie ein Angriffspunkt gewesen wären. …
- Schließlich befassen sich insgesamt noch zwei Antworten mit den **Fragen, welche den „sexuellen Missbrauch" betreffen:** Die Antworten 25 und 29. Die **Antwort 25** lautet: *„Ich habe gehört, dass einige der Gruppenmitglieder sexuelle Kontakte zu Kindern unterhalten oder versuchen, solche Kontakte herzustellen. Ich konnte aber den Namen der eventuell missbrauchten Kinder nicht herausfinden. Auch konnte ich nicht herausfinden, wann und wo die Missbräuche stattfinden bzw. stattgefunden haben. Auch wurde schon über zurückliegende sexuelle Missbräuche gesprochen. Hierbei wurden jedoch nie Details erwähnt, sondern es wurde alles nur allgemein gehalten."*
- Angesichts dieses völlig unverbindlichen – beinahe möchte man sagen: Geschwätzes ohne jeglichen konkreten Bezug, stellt sich unweigerlich die Frage nach den beiden Geschichten mit dem 13-jährigen Fred, die wir während unseres zweiten Treffens beim Studium des ‚Vorläufigen Ermittlungsberichtes' kennen lernten. Was dort angeblich aus vertraulicher Quelle „Mitgliedern" der Pädogruppe angelastet wurde, wird hier nun mit keinem Wort mehr erwähnt. Dafür kann es nur eine vernünftige Erklärung geben.
- Und die wäre?
- Die Vertrauensperson hat spätestens bei dieser Vernehmung mit aller Deutlichkeit zu verstehen gegeben, dass diese beiden Geschichten und deren Protagonisten, Tischhauser und Bieler, nichts mit der Pädogruppe zu tun haben.
- Wen wundert's da noch, dass auch vom angeblichen „Gönner und Finanzier" der Gruppe mit keinem Wort mehr die Rede ist.

- **Antwort 25** schließt mit der bereits früher zitierten Bemerkung:
  „Es ist aber auch so, dass sehr viele Angst vor den intensiven Ermitt-
  lungen gerade der Münchner Polizei, und den hohen Strafen in
  Bayern haben. Sie trauen sich schon deswegen nicht, ihre pädophi-
  len Neigungen auszuleben und versuchen sich zurückzuhalten."
- Diese Bemerkung dürfte den angeblichen Verdacht, dass es
  sich bei der Pädogruppe um eine kriminelle Vereinigung
  handle, kaum bestärkt haben.
- Bleibt uns noch die **Antwort 29**, in der von früheren Zeiten
  der Pädogruppe die Rede ist. Und einmal mehr macht die
  Vertrauensperson zu Beginn deutlich, dass sie lediglich wiedergibt, was sie gehört habe:
  „Soweit ich gehört habe, war es früher sehr beliebt, über …
  Flüchtlingsorganisationen Kinder einzuladen, diese hat man
  dann regelmäßig sexuell missbraucht und sich gegenseitig zuge-
  führt. … Dies soll zu einer Zeit gewesen sein, als der Theodor,
  der Peter und der Walter noch die Gruppe geleitet haben."
- Auch diese Verdächtigung auf Grund dessen, was die Vertrauensperson gehört haben will, steht ohne weitere Begründung
  da und betrifft zudem nicht die aktuelle Pädogruppe, sondern eine frühere Zeit derselben. Die Strafverfolgungsbehörden selbst haben ihr so wenig Bedeutung zugemessen, dass
  die drei genannten Personen weder darüber befragt noch gar
  inhaftiert wurden.
- Damit sind wir am Ende dieses Protokolls angelangt. Und
  ich denke, dass deutlich geworden ist, warum man sich bei
  der Begründung der Durchsuchungsbeschlüsse und Haftbefehle auf die Vorläufigen „Erkenntnisse" des „Vorläufigen
  Ermittlungsberichtes" beschränkte und das aktuelle Protokoll
  tunlichst bei Seite ließ: Mit einem Protokoll, das keinen einzigen Verdacht zu konkretisieren, keinen einzigen Verdächtigen beim Namen zu nennen vermag, und darüber hinaus den
  einen Teil der „Erkenntnisse" des „Vorläufigen Ermittlungsberichtes" widerlegt und den anderen durch Widersprüche

in Frage stellt, lassen sich rechtens und glaubwürdig weder Beschlüsse noch Befehle begründen.

- Man darf annehmen, dass sich die Staatsanwaltschaft damals etwas anderes versprach, als sie nach der gemeinsamen Sitzung im K 122 zuerst beschloss, ein Ermittlungsverfahren wegen Bildung einer kriminellen Vereinigung gegen die Pädo-, Selbsthilfe- und Emanzipationsgruppe München einzuleiten, und dann den Auftrag an KK Schwarz erteilte, die Vertrauensperson zu vernehmen und von dieser Vernehmung ein Protokoll zu erstellen.
- Sie wird auch etwas anderes erhalten haben.
- Was?
- Die Vernehmung im Original. Das heißt, deren Tonbandaufzeichnung – abgesehen von früheren Äußerungen Kittelmanns, etwa anlässlich der Übergabe der Wechselfestplatte um den 20.8.2003.
- Bist du sicher?
- Ziemlich.
- Wenn wir diese Belege hätten, dann könnten wir mit Bestimmtheit dokumentieren, was wir hier mit vernünftigen Gedanken erschließen mussten.
- Haben wir aber nicht. Was uns als letztes Ermittlungsergebnis zum Studium noch verbleibt, ist das Protokoll der Zeugenvernehmung Bernhard Kittelmanns.
- Haben wir vielleicht doch! Lassen wir uns überraschen.

[Vorhang]

2. Akt – 5. Treffen der AG 129

- Heute befassen wir uns also mit dem Protokoll der Vernehmung Bernhard Kittelmanns vom 4. Februar 2004, das sind drei Monate nach der Zerschlagung der Pädogruppe.

- Bernhard Kittelmann wird nun nicht mehr als Vertrauensperson vernommen, sondern als Zeuge.
- Deshalb ist das Protokoll nicht nur von den beiden Kripobeamten, die ihn vernommen haben, unterschrieben, sondern auch von ihm selbst, und zwar am 13. Februar 2004, das sind neun Tage nach der Vernehmung.
- Kittelmann bekam nämlich das Protokoll zum genauen Studium nach Hause, bevor er es unterschrieben hat.
- Wieso das?
- Dafür gibt es eine interessante Erklärung.
- Und die wäre?
- Er war mit dem Protokoll seiner Vernehmung als Vertrauensperson, das wir bei unserem letzten Treffen angeschaut haben, nicht zufrieden.
- Wie kommst du darauf?
- Ich habe da einen Aktenvermerk von KOK Regassi, dem Beamten, der das Tonband bei der Zeugenvernehmung bedient hat, gelesen. Dieser Aktenvermerk stammt vom 5. Februar 2004, dem Tag nach der Zeugenvernehmung. Darin heißt es:
  „Der Zeuge zweifelte daran, dass das Tonband der Zeugenvernehmung wortgetreu abgeschrieben wird. Die Unterschrift für die Einverständniserklärung auf einen Tonträger gab er nur unter dem Vorbehalt, dass er die Abschrift der Zeugenvernehmung durchgelesen hat.“
- Woher käme sein Zweifel, wenn nicht aus schlechten Erfahrungen mit dem Protokoll seiner letzten und offiziell einzigen Vernehmung, nämlich der als Vertrauensperson am 16. Oktober 2003?
- Wir haben ja inzwischen einen Hinweis darauf, dass dieses Protokoll angereichert sein könnte mit Ergebnissen früherer Vernehmungen, etwa bei der Übergabe der Wechselfestplatte an das K 122 um den 20. August 2003. Der Hinweis ist die Unstimmigkeit mit der Heimlichtuerei um die Identität als Vertrauensperson kurz vor der Selbstenttarnung Ende Oktober 2003.

- Es gibt noch einen weiteren Grund anzunehmen, dass Bernhard Kittelmann mit dem Protokoll seiner damaligen Vernehmung als Vertrauensperson nicht einverstanden war.
- Welchen?
- Es werden ihm nochmals genau die gleichen Fragen gestellt, wie damals, am 16. Oktober 2003, als er noch Vertrauensperson war. Das heißt, Kittelmann bekommt Gelegenheit, auf alle diese Fragen noch einmal zu antworten, die protokollierten Antworten genau durchzulesen und dann dieses Protokoll durch seine Unterschrift zu autorisieren.
- Das ist ja wunderbar, dann können wir die Antworten vergleichen: Seine angeblichen Antworten von damals, die nur sein VP-Führer und Protokollant, KK Schwarz vom K 133, unterschrieben hat, mit den authentischen Antworten, die er nun selbst unterschrieben hat.
- Diese authentischen Antworten müssten dann im Wesentlichen mit der damaligen Tonbandaufzeichnung, die bisher nur den Strafverfolgungsbehörden zur Verfügung stand, identisch sein.
- Damit hätten wir schließlich doch noch Erkenntnisse aus erster Hand.
- Bevor wir zum Vergleich übergehen, noch eine Frage: Warum ist Kittelmann nun plötzlich nicht mehr Vertrauensperson?
- Warum erscheint er plötzlich als Zeuge mit vollem Namen, so dass jeder nun weiß, wer gespitzelt hatte?
- Jetzt, nachdem die Pädogruppe zerschlagen ist, macht doch die Spitzelei keinen Sinn mehr. Jetzt kann man ruhig wissen, wer's war.
- Überdies hat er sich durch die Veröffentlichung seiner Artikel-Serie und durch seine Fernsehsendungen ohnehin geoutet.
- Das alles ist aber nicht der eigentliche Grund. Der eigentliche Grund ist brisanter. Die Vertraulichkeit wurde nicht einfach fallen gelassen. Die Vertraulichkeit wurde ihm entzogen.
- Weshalb das?

- Wegen eines Ermittlungsverfahrens. Man hat ihn mit einem Ermittlungsverfahren überzogen. Und aufgrund dieses Ermittlungsverfahrens wurde ihm die Vertraulichkeit entzogen.
- Hier steht es in einer dienstlichen Stellungnahme des KHK Regassi von 2006, welche auf die Zeugenvernehmung Bezug nimmt.

Ich zitiere:

„Diese Vernehmung wurde u. a. von mir mit durchgeführt. Zu diesem Zeitpunkt war Kittelmann bereits bekannt, dass gegen ihn ein Ermittlungsverfahren von Seiten der Staatsanwaltschaft München I eingeleitet und die Vertraulichkeitszusage zurückgenommen wurde."

- Und was ist der Grund für dieses Ermittlungsverfahren, das ihn die Vertraulichkeit gekostet hat?
- Das wiederum kann man aus einem anderen Aktenvermerk herauslesen. Genauer gesagt: Aus einem Brief, den Kittelmanns VP-Führer, KK Schwarz, an Staatsanwältin Frau von Pfefferwald am 23. Dezember 2003 geschrieben hat.
- Um diesen Brief in seiner merkwürdigen Umschweifigkeit zu verstehen, müssen wir uns allerdings in Erinnerung rufen, dass damals außer Kittelmanns VP-Führer, KK Schwarz, theoretisch niemand wusste noch wissen durfte, auch die Staatsanwaltschaft anscheinend nicht, dass Bernhard Kittelmann die Vertrauensperson war. Das erklärt die umständliche Einleitung dieses Briefes, obwohl sie am 23. Dezember 2003, zwei Monate nach der Zerschlagung der Pädogruppe und Kittelmanns Artikel-Serie, praktisch gesehen völlig absurd ist. Als ob Staatsanwältin Frau von Pfefferwald zu diesem Zeitpunkt über die Vertrauensperson nicht schon längst aufgeklärt gewesen wäre!

Nun zitiere ich:

„Polizeiliche Ermittlungen ergaben, dass der Journalist Bernhard Kittelmann seit längerer Zeit in der pädophilen Szene in ganz

Deutschland recherchiert. Im Verlauf dieser Recherchen bekam Herr Kittelmann von verschiedenen Personen, die als pädophil einzustufen sind, Material ausgehändigt, welches u. a. auch den sexuellen Missbrauch von Kindern zum Inhalt hat. Mit Herrn Kittelmann wurde Kontakt aufgenommen und er erklärte sich bereit, das Material, welches er im Laufe seiner Recherchen erhalten hat, der Polizei zu übergeben. Er übergab dem Unterzeichner einen braunen Aktenkoffer, einen schwarzen Aktenkoffer und eine Jutetasche. Zur Herkunft dieser Gegenstände wird Herr Kittelmann im Rahmen einer Zeugenvernehmung genauere Angaben machen."

- Dieser Brief wurde am 23. Dezember 2003 geschrieben.
- Das heißt dann also, dass Kittelmann diese drei Gegenstände, von denen wir zwei schon kennen, wohl erst im Dezember der Polizei übergeben hat.
- Die Wechselfestplatte, ihr erinnert euch, hatte er nach seiner Angabe im Frühjahr sofort – original verpackt – der Polizei übergeben. Wir wissen, dass sie erst am 25.8.2003 beim K 343 zur Begutachtung einging – übersandt vom K 122.
- Die beiden Koffer, den schwarzen und den braunen, hatte er also weder sofort vernichtet, wozu sie ihm von Meinrad Bieler übergeben worden waren, noch hatte er sie sofort der Polizei übergeben. Und auch bei der Wechselfestplatte schaut es ganz danach aus, als ob er sie längere Zeit bei sich aufbewahrt hat.
- Und dadurch, dass er diese Koffer über ein halbes Jahr bei sich behielt, hatte er sich nolens volens in den Besitz von Kinderpornographie begeben.
- Wir dürfen also mit etlicher Wahrscheinlichkeit davon ausgehen, dass dieser Besitz von Kinderpornographie Ursache für das Ermittlungsverfahren gegen ihn und zumindest ein, wenn nicht der entscheidende Grund für den Entzug der Vertraulichkeit war.
- Nun wissen wir auch, warum im Vorläufigen Ermittlungsbericht nur „große Mengen von kinderpornographischem

Material" erwähnt werden, die in Adam Tischhausers Keller lagern sollten, und nirgends von den beiden Koffern die Rede ist.

- Hier hatte Kittelmann also die Polizei im Glauben gelassen, dass die Kinderpornographie noch in großen Mengen in Adam Tischhausers Keller lagere, während er sie längst in einem schwarzen und in einem braunen Koffer zu sich nach Hause getragen hatte.

- Vielleicht hatte Kittelmann gemeint, das Material bei seinen journalistischen Recherchen unter Pädophilen noch brauchen zu können – etwa als Köder.

- Und noch etwas kennen wir nun.

- Was denn?

- Den zweiten Anlass für die Zeugenvernehmung. Am Schluss des Briefes steht ja, dass Kittelmann **„in einer Zeugenvernehmung"** Auskunft über die Herkunft der Koffer und der Jutetasche geben werde.

- Woher diese Jutetasche stammt, wissen auch wir noch nicht.

- Und was war nun schon wieder der erste Anlass für die Zeugenvernehmung?

- Kittelmann zweifelte daran, dass bei seiner Vernehmung als Vertrauensperson wortgetreu protokolliert wurde. Er bekommt nun Gelegenheit, auf alle Fragen, die ihm bei seiner Vernehmung als Vertrauensperson gestellt worden waren, nochmals zu antworten, das Protokoll zu Hause in Ruhe durchzulesen und es dann zu unterschreiben.

- Wegen dieser zwei verschiedenen Veranlassungen für die Zeugenvernehmung besteht diese, und natürlich auch das Protokoll davon, aus zwei Teilen. Ein Teil umfasst dieselben Fragen wie damals bei der Vernehmung als Vertrauensperson. In diesem Teil geht es um die Pädogruppe. Der andere Teil umfasst die Fragen, welche im Zusammenhang mit dem schwarzen und dem braunen Koffer sowie mit der Jutetasche stehen. In diesem Teil geht es um Adam Tischhauser und eine

Gruppierung von Personen um diesen Adam Tischhauser herum.

- Fangen wir nun mit dem ersten Teil an, indem wir die Fragen und Antworten im Protokoll der Zeugenvernehmung mit den Fragen und Antworten der Vernehmung Kittelmanns als Vertrauensperson vergleichen.
- Nennen wir das Protokoll der Vernehmung Kittelmanns als Vertrauensperson „VP-Protokoll" und das von Kittelmanns Vernehmung als Zeuge „ZK-Protokoll".
Und nummerieren wir die Fragen und Antworten im „ZK-Protokoll" dem „VP-Protokoll" entsprechend, auch wenn es kleine Abweichungen in der Reihenfolge zwischen beiden Protokollen gibt und dort auch keine Nummern verwendet werden.
- Die Wendungen „pädophilen Neigungen nachgehen" und „pädophile Neigungen ausleben" kommen im ZK-Protokoll nirgends vor.
- Anstelle dieser Wendungen ist auch hier – wie im VP-Protokoll – nur „von pädophilen Neigungen **erzählen**" die Rede (in **Antwort 6**), was strafrechtlich mit Sicherheit nicht relevant ist und für eine Pädo-Selbsthilfe- und Emanzipationsgruppe wohl selbstverständlich sein dürfte.
- Dieses Thema wäre damit bereits abgehakt. Neue Erkenntnisse sind diesbezüglich nicht zu finden.
- Gehen wir also zu den Fragen über, welche das Anschauen, Austauschen und Lagern von Kinderpornographie betreffen.
- Das sind – weil es ja nochmals dieselben Fragen sind wie im VP-Protokoll – auch hier die **Fragen 3, 6, 12, 24 und 27.**
- Hier wird es nun gut sein, wenn wir nach der jeweiligen Frage die beiden dazu gehörenden Antworten Satz für Satz bzw. Abschnitt für Abschnitt gegenüberstellen.
- Fangen wir mit der **Frage 3** an. Sie heißt in beiden Protokollen: *„Tauschen die anwesenden Personen bei diesen Treffen ihre Adressen, bzw. kinderpornographisches Material aus?"*
- Und Kittelmanns **Antwort 3** lautet dazu:

Zu 3 im VP-Protokoll (16.10.2003):	Zu 3 im ZK-Protokoll (4.2.2004):
„KiPo-Material wird bei diesen Veranstaltungen nicht getauscht. Es wird von den Veranstaltern auch ausdrücklich darauf hingewiesen, dass niemand strafrechtlich relevantes Material mitbringen darf."	„KiPo-Material wird bei diesen Veranstaltungen nicht getauscht. Es wird von den Veranstaltern auch ausdrücklich darauf hingewiesen, dass niemand strafrechtlich relevantes Material mitbringen darf."
„Zum Tauschen und Anschauen von KiPo könne man etwas anderes arrangieren, wurde von den Veranstaltungsleitern erwähnt."	*(Dieser Satz fehlt.)*
„Da im Veranstaltungsraum nicht geraucht werden darf, gibt es öfter mal Rauchpausen, in solchen Pausen stehen dann die Personen zusammen und hierbei werden persönliche Kontakte geknüpft und u. U. auch Adressen ausgetauscht."	„Da im Veranstaltungsraum nicht geraucht werden darf, gibt es öfter mal Rauchpausen, in solchen Pausen stehen dann die Personen zusammen und hierbei werden persönliche Kontakte geknüpft und u. U. auch Adressen ausgetauscht."

- Ersichtlich ist, dass die Antwort im ZK-Protokoll im Wesentlichen aus dem VP-Protokoll abgeschrieben wurde, sonst wäre diese wortwörtliche Wiedergabe nach mehr als drei Monaten kaum möglich.
- Nur **ein** Satz wurde weggelassen.
- Ausgerechnet der, welcher die Pädogruppe belastet.
- Haben die vernehmenden Polizei-Beamten nicht nachgefragt, warum Kittelmann den Satz, welcher die Pädogruppe belastet, ausgelassen hat?

- Im Protokoll steht nichts dergleichen.
- Erstaunlich. – Nun gut. Dann gehen wir zur **Frage 6** über, die einzige, die in den beiden Protokollen unterschiedlich lautet – und zwar massiv unterschiedlich, nämlich

Im VP-Protokoll:

„Wurde die Gruppe gegründet, um unter dem Anstrich einer Therapiegruppe die sexuellen Neigungen ausleben zu können bzw. Kinderpornographie austauschen zu können?"

Im ZK-Protokoll:

„Welche Themen wurden an den jeweiligen Gruppenabenden besprochen?"

Die Antworten auf diese beiden unterschiedlichen Fragen lauten:

Zu 6 im VP-Protokoll (16.10.2003):	Zu 6 im ZK-Protokoll (4.2.2004):
„Tatsächlich werden in den Gruppen Themen behandelt wie z. B. wie verhalte ich mich im Fall einer polizeilichen Ermittlung gegen mich."	„Tatsächlich werden in den Gruppen Themen behandelt wie z. B. wie verhalte ich mich im Fall einer polizeilichen Ermittlung gegen mich."

- Die Antworten lauten in beiden Protokollen wörtlich gleich.
- Wie ist es möglich, dass auf zwei völlig verschiedene Fragen die Antworten exakt gleich lauten?
- Lesen wir doch zur Prüfung bei beiden Protokollen Frage und Antwort unmittelbar hintereinander.
- Also zuerst **Frage und Antwort im VP-Protokoll:**
  „Wurde die Gruppe gegründet, um unter dem Anstrich einer Therapiegruppe die sexuellen Neigungen ausleben zu können bzw. Kinderpornographie austauschen zu können?" –

„*Tatsächlich werden in den Gruppen Themen behandelt wie z. B. wie verhalte ich mich im Fall einer polizeilichen Ermittlung gegen mich.*"

- Und nun **Frage und Antwort im ZK-Protokoll:**
  „*Welche Themen wurden an den jeweiligen Gruppenabenden besprochen?*" –
  „*Tatsächlich werden in den Gruppen Themen behandelt wie z. B. wie verhalte ich mich im Fall einer polizeilichen Ermittlung gegen mich.*"

- Während die Antwort zur Frage im VP-Protokoll, einer ganz schön suggestiven Frage übrigens, überhaupt nicht passen will, scheinen Frage und Antwort im ZK-Protokoll ganz gut zusammenzupassen.

- Lesen wir die Fortsetzung der Antworten in den beiden Protokollen weiter:

Zu 6 im VP-Protokoll (16.10.2003):	**Zu 6 im ZK-Protokoll (4.2.2004):**
„Wie kann ich meine strafrechtlich relevanten Dateien so verschlüsseln, dass sie im Falle einer Durchsuchung nicht entdeckt werden. Wie gehe ich mit den Kindern, für die ich mich interessiere, um. Welche Möglichkeiten gibt es, an Kinder heranzukommen, wie und wo nimmt man an besten Kontakt auf."	*(Dieser die Pädogruppe ins Zwielicht rückende Abschnitt fehlt.)*
„Es werden aber auch rechtliche Probleme angesprochen, Anwälte empfohlen und Tipps gegeben, wie man den Alltag	„Es werden aber auch rechtliche Probleme angesprochen, Anwälte empfohlen und Tipps gegeben, wie man den Alltag

als Pädo ohne Strafverfolgung und Depressionen gestalten kann. Weiter erzählen die Teilnehmer der Gruppe von ihren eigenen pädophilen Neigungen. Es wird stets darauf geachtet, dass man seine Geschichte nur so erzählt, dass nichts gegen den Erzähler verwendet werden kann. Z. B. wird über das, was man selber getan oder erlebt hat, so gesprochen, als wäre das einem Dritten passiert. Die Leute haben Angst vor einer Infiltration in der Gruppe durch Polizeibeamte oder Journalisten und sind deswegen sehr vorsichtig mit dem, was sie sagen."

„Bei den privaten Treffen der Mitglieder der Gruppe wird meiner Meinung nach regelmäßig Kinderpornographie angesehen und auch ausgetauscht. Selber habe ich dies allerdings noch nicht mitbekommen. Nach Beendigung der Gruppe ist es durchaus schon vorgekommen, dass entsprechende Internet-Adressen, auf denen sich Kinderpornographie befindet, bekannt gegeben wurden."

als Pädo ohne Strafverfolgung und Depressionen gestalten kann. Weiter erzählen die Teilnehmer der Gruppe von ihren eigenen pädophilen Neigungen. Es wird stets darauf geachtet, dass man seine Geschichte nur so erzählt, dass nichts gegen den Erzähler verwendet werden kann. Z. B. wird über das, was man selber getan oder erlebt hat, so gesprochen, als wäre das einem Dritten passiert. Die Leute haben Angst vor einer Infiltration in der Gruppe durch Polizeibeamte oder Journalisten und sind deswegen sehr vorsichtig mit dem, was sie sagen."

(Dieser die Pädogruppe ins Zwielicht rückende Abschnitt fehlt.)

- Auch hier scheinen es die vernehmenden Beamten ohne jegliche Nachfrage hingenommen zu haben, dass Kittelmann den die Pädogruppe nicht belastenden Text aus dem VP-Protokoll zwar wörtlich übernommen, die beiden belastenden Abschnitte jedoch einfach weggelassen hat.
- Es sieht beinahe so aus, als ob beim VP-Protokoll die beiden belastenden Abschnitte nachträglich eingefügt und dann die jeweiligen Fragen diesen nachträglich eingefügten Abschnitten entsprechend angepasst worden wäre.
- Wobei der Protokollant, KK Schwarz, übersehen zu haben scheint, dass zu dieser nachträglich abgeänderten Frage nun eben der Anfang der Antwort überhaupt nicht mehr passen will.
- Auf eine nachträgliche Manipulation deutet noch ein weiterer Umstand hin: Es wäre schwer, sich vorzustellen, dass die Vertrauensperson sich eine derart suggestive Frage (*„Wurde die Gruppe gegründet, um unter Anstrich einer Therapiegruppe"* usw.) hätte gefallen lassen …
- Nun zur **Frage 12**. Sie lautet nun in beiden Protokollen wieder gleich:
  „Gibt es eine Art Rechtsberatung, wie man seine Taten begeht und am besten vor den Ermittlungen der Strafverfolgungsbehörden verschleiern kann?"
- Und die Antworten lauten:

Zu 12 im VP-Protokoll (16.10.2003):	Zu 12 im ZK-Protokoll (4.2.2004):
„Es wird selbstverständlich darüber gesprochen, wie man sich im Falle eines Ermittlungsverfahrens zu verhalten hat." **„Es kommt auch durchaus vor, dass während eines Ermittlungsverfahrens das straf-**	„Es wird selbstverständlich darüber gesprochen, wie man sich im Falle eines Ermittlungsverfahrens zu verhalten hat." *(Dieser die Pädogruppe ins Zwielicht rückende Satz fehlt.)*

rechtlich relevante Material bei anderen Personen aus dem Bekanntenkreis gelagert wird."	
„Zudem werden in der Gruppe auch Adressen von Rechtsanwälten bekannt gegeben, die auf Verteidigung der Pädophilen spezialisiert sind."	„Es wird auf Nachfrage auch eine Liste von Anwälten angeboten, die speziell für den Bereich der Pädophilie geeignet erscheinen."

- Hier sind der erste Satz wörtlich und der letzte sinngemäß völlig gleich, während der mittlere, die Pädogruppe belastende Satz wiederum weggelassen wird, ohne dass die vernehmenden Beamten nachfragen, weshalb.
- Gehen wir zur **Frage 24**. Sie lautet:
  „Haben Sie Kenntnis von Lagerung oder Besitz von Kinderpornographie?"
- Und die **Antwort 24**:

Zu 24 im VP-Protokoll (16.10.2003):	Zu 24 im ZK-Protokoll (4.2.2004):
„Ich denke, dass jedes Gruppenmitglied im Besitz von Kinderpornographie sein dürfte."	*(Dieser die Pädogruppe ins Zwielicht rückende Satz fehlt.)*
„Zumindest bei einem aus der Gruppe habe ich selber KiPo gesehen." **„Mir ist auch bekannt, dass KiPo bei anderen Gruppenmitgliedern oder Bekannten der Gruppenmitglieder gelagert wird, falls jemand Probleme mit der Justiz hat."**	„Zum Besitz von KiPo kann ich sagen, dass ich wusste, dass im Keller des Herrn D. KiPo gelagert wird." „Soweit ich es weiß, wird dort hauptsächlich KiPo von einem Herrn G. gelagert."

- Da haben wir's ja! Auch hier wird im ZK-Protokoll nicht mehr die Pädogruppe belastet. Stattdessen steht nun klar und deutlich da, wo Kittelmann Kinderpornographie gesehen hat, und wo und von wem Kinderpornographie gelagert wurde.
- Nun fehlt nur noch, dass Kittelmann auch ebenso klar und deutlich darauf hinweist, dass die, die's betrifft, mit der Pädogruppe nichts zu tun haben.
- Im Zusammenhang mit dem Anschauen, Tauschen und Lagern von Kinderpornographie verbleibt uns da noch die **Frage 27**. Sie lautet in beiden Protokollen:
  „Waren Sie selbst schon in Wohnungen von Gruppenmitgliedern?"
- Und die **Antwort 27**:

Zu 27 im VP-Protokoll (16.10.2003):	Zu 27 im ZK-Protokoll (4.2.2004):
„Ja, ich habe dort auch Kinderpornographie gesehen. Näheres hierzu kann ich nicht angeben, da dies sonst zu einer Enttarnung führen könnte."**	„Ich war nur in der Wohnung des Herrn G., der nur einmal in der Gruppe war. Ansonsten war ich nur in der Wohnung des Herrn D., der mit der Gruppe nichts zu tun hat. Außerdem war ich 2-3 Mal in der Wohnung des Herrn X. Dieser hat mit der Pädophilen Selbsthilfegruppe auch nichts zu tun."

- Und damit haben wir es nun schwarz auf weiß: Was bei Kittelmanns Vernehmung als VP nicht ins offizielle Protokoll geschrieben wurde, weil es sonst – angeblich – zu seiner Enttarnung führen hätte können, steht nun im ZK-Protokoll offen da: Tischhauser und Metzger haben nichts mit der Pädogruppe zu tun.

- Dass Egon Becker aus Berlin etwas mit der Pädogruppe zu tun habe, haben auch die Strafverfolgungsbehörden nie behauptet.
- Und Meinrad Bieler, der Kittelmann bei Tischhauser eingeführt hat und von diesem Kinderpornographie an Kittelmann vermittelte, hat die Pädogruppe nur einmal – zusammen mit Kittelmann – besucht.
- Nun fehlt uns noch der Vergleich jener Antworten, welche die Kryptisierungs- und die „Missbrauchs"-Fragen betreffen. Die protokollierten Aussagen dazu lassen sich in entsprechenden Punkten zusammenstellen und vergleichen.

Fangen wir mit dem **Thema Kryptisierung von Computerdateien** an. Hier sind die Aussagen in den **Punkten 6, 8 und 11** einander gegenübergestellt:

Zu 6 im VP-Protokoll (16.10.2003):	Zu 6 im ZK-Protokoll (4.2.2004):
„Tatsächlich werden in den Gruppen Themen behandelt wie z. B., wie kann ich meine strafrechtlich relevanten Dateien so verschlüsseln, dass sie im Falle einer Durchsuchung nicht entdeckt werden."	*(Hier fehlt dieser die Pädogruppe ins Zwielicht rückende Satz.)*

Zu 8 im VP-Protokoll (16.10.2003):	Zu 8 im ZK-Protokoll (4.2.2004):
„Ich habe auch gehört, dass einigen Mitgliedern Kryptisierungsprogramme zum Verschlüsseln ihrer Kinderpornographie angeboten werden.	*(Hier ist von Kryptisierungsprogrammen zum Verschlüsseln von Kinderpornographie mit keinem Wort die Rede. Stattdessen heißt es:)*

Sind die Dateien so verschlüsselt, werden sie bei einer evtl. Durchsuchung nicht entdeckt. Ich selber habe mich für solche Programme jedoch nie besonders interessiert und kann deswegen nichts Genaueres darüber sagen. Die Gespräche über die Kryptisierungsprogramme finden eigentlich nur nach Beendigung der Gruppe im kleineren Kreise statt."	„Es wurde allgemein über Kryptisierung gesprochen. Es wurde auch generell über Computer und die Möglichkeiten des Computers gesprochen. Das haben hauptsächlich die Leute gemacht, die sich mit Computern auskennen."

Zu 11 im VP-Protokoll (16.10.2003):	**Zu 11 im ZK-Protokoll (4.2.2004):**
„Man spricht z. B. darüber, wie man Kinderpornographie verstecken und verschlüsseln kann, damit sie nicht entdeckt wird."	*(Hier fehlt dieser die Pädogruppe ins Zwielicht rückende Satz wiederum ersatzlos.)*

- Mehr findet sich in den beiden Protokollen über Kryptisierung nicht.
- Dann kommen wir schließlich noch zu den **Fragen und Antworten 25 und 29**, welche den **„sexuellen Missbrauch"** betreffen.
  Die **Frage 25** lautet in beiden Protokollen gleich:
  „Haben sie Kenntnis von sexuellen Missbräuchen von Kindern?"
- Die Antworten lauten:

Zu 25 im VP-Protokoll (16.10.2003):	Zu 25 im ZK-Protokoll (4.2.2004):
„Ich habe gehört, dass einige der Gruppenmitglieder sexuelle Kontakte zu Kindern unterhalten oder versuchen, solche Kontakte herzustellen. Ich konnte aber den Namen der evtl. missbrauchten Kinder nicht herausfinden. Auch konnte ich nicht herausfinden, wann und wo die Missbräuche stattfinden, bzw. stattgefunden haben. Auch wurde schon über zurückliegende sexuelle Missbräuche gesprochen. Hier wurden jedoch nie Details erwähnt, sondern es wurde alles nur allgemein gehalten."	„Zu sexuellen Missbräuchen kann ich keine konkreten Handlungen nennen. Es wird natürlich über Jungs gesprochen, ohne Namen und Alter zu nennen."

- Nun noch die **Frage 29**. Sie lautet in beiden Protokollen: *„Ist Ihnen bekannt, dass einige Gruppenmitglieder in Kontakt zu Flüchtlingsorganisationen stehen und diese Kontakte dazu benutzen, an Flüchtlingskinder zum Zwecke eines Missbrauchs heranzukommen?"*
- Die Antworten lauten:

Zu 29 im VP-Protokoll (16.10.2003):	Zu 29 im ZK-Protokoll (4.2.2004):
„Soweit ich gehört habe, war es früher sehr beliebt, über solche Flüchtlingsorganisationen Kinder einzuladen. Diese hat man dann regelmäßig sexuell missbraucht und sich gegenseitig zugeführt."	„Es wurde von Herrn L. die Organisation Plan International erwähnt. Er hat allerdings nur gesagt, dass er da ein Patenkind hat. Von einem Missbrauch war nicht die Rede."

- Damit wären wir am Ende unseres Vergleichs angekommen.
- Er spricht eine deutliche Sprache.
- Eine Sprache, die deutlicher nicht sein könnte.
- Was aus erster Hand an strafrechtlich relevanten Verdachtsmomenten gegenüber der Pädogruppe bleibt, ist buchstäblich nichts. Kittelmann lässt sie alle weg.
- Und KOK Labyrin vom K 122, der die ZK-Vernehmung leitete, und KK Schwarz vom K 133, der dabei saß, fragen kein einziges Mal nach, warum.
- Darin ist wohl der deutlichste Beweis dafür zu sehen, dass sie Kittelmanns wortgetreue Antworten bereits aus der VP-Vernehmung kannten: KK Schwarz, weil er die VP-Vernehmung damals am 16. Oktober 2003 durchgeführt hatte, und KOK Labyrin aus der Tonbandaufzeichnung, die für den internen Gebrauch zweifellos davon gemacht worden war – und die nun eben bei der ZK-Vernehmung vom 4.2.2004 zur Korrektur des von KK Schwarz irreführend verfassten, offiziell in die Akten gelangten Protokolls mit zur Verfügung stand.
- Wie anders sollte sonst das Schweigen der Beamten gedeutet werden?!
- Ein Grund für das mangelnde Interesse der Polizeibeamten könnte auch sein, daß am 4.2.2004 nur mehr 5 Personen mit dem Verdacht „im Hinblick auf eine kriminelle Vereinigung"

belegt waren, darunter Heinrich, unser Kassier. In dessen Akte findet sich der „Auswertungsauftrag, Beschuldigte und Gutachten" vom 9.7.2004 an eine beteiligte Privatfirma, und dort steht die Notiz, daß Staatsanwältin v. Pfefferwald „im Februar 2004" die Auswertung der Asservate im Hinblick auf nur mehr fünf Beschuldigte des Vorwurfs „Bildung krimineller Vereinigungen" eingeschränkt habe.

- Anscheinend hat man das „Garn" mit der „kriminellen Vereinigung" vom Februar bis zum August 2004 nur noch „von der Spule abgewickelt".

- KK Schwarz, das heißt, der inzwischen zum KOK hochbeförderte Schwarz versucht sich später in einer dienstlichen Stellungnahme anlässlich einer Zeugenvernehmung im Verfahren gegen einen Gruppenteilnehmer zu rechtfertigen. Da schreibt er am 13.6.2006:
„Es wurde durch mich weder etwas hinzugefügt noch weggelassen. Grundsätzlich darf angemerkt werden, dass der Inhalt einer Vernehmung einer Vertrauensperson (VP), der Geheimhaltung zugesichert wurde, nicht auf die Identität der Person hinweisen darf. Aus diesem Grund kann es zu unterschiedlichen Angaben zwischen einer offiziellen Zeugenvernehmung und einer VP-Vernehmung kommen."

- Was KOK Schwarz da zu seiner Rechtfertigung schreibt, klingt vor dem Hintergrund unseres eben gemachten Vergleichs hilflos und unglaubwürdig.

- Wir werden bei unserem nächsten Treffen darauf zurückkommen. Für heute verbleibt uns noch der zweite Teil des ZK-Protokolls. Es ist der Teil, der für die Polizeibeamten noch neu ist, während wir ihn (bis auf die Jutetasche) „als eine Art Rückschau aus der Zukunft" – so nannte es der Autor dieses Theaters – aus dem 1. Akt bereits kennen.

- Es handelt sich im Wesentlichen um die zwei Koffer, den schwarzen und den braunen, die Kittelmann der Polizei bis kurz vor Weihnachten 2003 vorenthalten hatte und sich dann „bereit erklärte" – wie es in dem Brief des KK Schwarz an die Staatsanwältin Frau von Pfefferwald vom 23. Dezember 2003 hieß – im zweiten Teil dieser Zeugenvernehmung vom 4.2.2004 auszusagen. Ich zitiere:

KOK Labyrin:

„Herr Kittelmann, Sie haben der Polizei einen schwarzen und einen braunen Koffer übergeben. Woher stammen diese beiden Koffer?"

Kittelmann:

„Diese beiden Koffer stammen aus dem Keller des Adam Tischhauser. Diese Koffer sind mir von Meinrad Bieler übergeben worden."

KOK Labyrin:

„Herr Kittelmann, von wem stammt der Inhalt des schwarzen Koffers?"

Kittelmann:

„Soweit ich gehört habe, stammt der Großteil von Isidor Metzger. Es könnte auch alles von Isidor Metzger stammen."

KOK Labyrin:

„Herr Kittelmann, woher stammt dieser braune Koffer, der ebenfalls aus dem Keller des Adam Tischhauser stammen soll?"

Kittelmann:

„Wo dieser Koffer herkommt, weiß ich nicht. Dieser Koffer wurde mir ein paar Wochen, nachdem mir der schwarze Koffer übergeben wurde, von Meinrad Bieler übergeben. … Es fällt mir gerade ein, dass der Meinrad Bieler mir gegenüber geäußert hat, dass der braune Koffer von Egon Becker aus Berlin stammt."

KOK Labyrin:

„Herr Kittelmann, woher stammt die Jutetasche, die Sie der Polizei übergeben haben?"

Kittelmann:

„Die Jutetasche stammt ausschließlich aus Berlin und war nie in München bei einem der Beschuldigten deponiert."

- Womit klar sein dürfte, dass zu guter Letzt auch diese geheimnisvolle Jutetasche nichts mit unserer Pädogruppe zu tun hat.
- Ich denke, wir können unser heutiges Treffen mit der wohl begründeten Feststellung schließen, dass dem von den Strafverfolgungsbehörden gehegten Verdacht, die Pädo-, Selbsthilfe- und Emanzipationsgruppe München sei eine kriminelle Vereinigung, jegliche Begründung, und dass damit ihrer am 30. Oktober 2003 erfolgten Zerschlagung zwangsläufig jede rechtliche Voraussetzung fehlte.
- Nun verbleibt uns noch, diese unsere – nennen wir sie ruhig – Ermittlungsergebnisse gerichtlich – möglichst von einem unabhängigen Gericht – überprüfen zu lassen, in der Hoffnung, damit zu bewirken, dass auch Randgruppen der Gesellschaft, ja selbst eine missliebige Randgruppe der Gesellschaft, nun und weiterhin legitimen Anspruch auf legale Versammlung und legitimen Anspruch auf rechtlich saubere Behandlung und faire Verfahren haben.
- Damit werden wir uns also in unserer nächsten Sitzung zu befassen haben.

[Vorhang]

2. Akt – 6. Treffen der AG 129

[Die Teilnehmer der AG 129 treffen sich wieder, nachdem sich das Amtsgericht München im Jahr 2006 tatsächlich mit ihren „Ermittlungs-Ergebnissen" befasst hat.]

- Zunächst gibt es erfreuliche Nachrichten.
- Das ist doch schön!
- Leider gibt's auch schlechte … Aber beginnen wir mit den erfreulichen: Nach einigem Hin und Her hat sich das Amtsgericht 2006 bereit gezeigt, die Sache mit den fairen Verfahren zu prüfen.

- Die Amtsrichterin Michaela Plärr zog die Augenbrauen hoch, als sie beim Vergleich der beiden Protokolle, des VP-Protokolls und des ZK-Protokolls, die wir ihr vorlegten, feststellen musste, wie stark Kittelmanns Zeugenaussagen von Kittelmanns angeblichen Aussagen als Vertrauensperson abweichen.
- Und als wir sie darauf aufmerksam machten, dass im ZK-Protokoll just alle Passagen fehlen, welche im VP-Protokoll die Pädogruppe belasten, da verschlug es ihr den Atem.
- Scheinbar entschlossen, die Sache aufzuklären und die Verantwortlichen zur Rechenschaft zu ziehen, gab sie sich selbst und dem anwesenden Staatsanwalt Pius Eichele klare Anweisungen.
- Eichele möge die zuständigen Kriminalbeamten noch gleichen Tags mit den nötigen Unterlagen versorgen und zu einer schriftlichen Stellungnahme auffordern, die bis zum nächsten Gerichtstermin, d. h. innerhalb von vierzehn Tagen, vorzuliegen habe.
- Sie, Plärr selbst, werde dasselbe bei der zuständigen Staatsanwaltschaft und bei der zuständigen Ermittlungsrichterin Inge Kirch veranlassen.
- Kittelmann solle dann in einem nächsten Schritt als Zeuge mit den schriftlichen Stellungnahmen konfrontiert werden.
- Und – was ist dabei herausgekommen?
- Nichts.
- Wie – nichts?
- Nichts. Keine einzige Antwort.
- Warum?
- Die schriftlichen Aufforderungen dazu sind auf dem Wege an ihren Bestimmungsort allesamt verloren gegangen … einfach nicht angekommen, weder bei der Kripo, noch bei der Staatsanwaltschaft, noch beim Gericht.
- Obwohl Letztere im selben Gebäude sind, und Erstere sich einige hundert Meter um die Ecke befinden?!
- Aber da stimmt doch etwas nicht!
- Tja, die Frage ist nur: Was?

- Vielleicht brauchten sie Zeit.
- Möglich, ja. Die Frage ist nur: Wozu?
- Frau Amtsrichterin Michaela Plärr entschuldigte sich. Die Aufforderungen seien bereits ein zweites Mal auf den Weg gebracht.
- Und – war dieser zweiten Aufforderung mehr Erfolg beschieden?
- Ja. Alle kamen an.
- Und auf jede folgte eine Antwort.
- Leider lauter dürftige, unverbindliche Antworten.
- Bis auf eine.
- Eine unerwartete, wirklich völlig unerwartete, eigentlich im buchstäblichen Sinne unglaubliche Antwort war auch dabei.
- Was für eine?
- Sie findet sich – wenn auch verdeckt – bei allen Kriminalbeamten des K 122 und K 133.
- Aber einer schreibt sie offen und unmissverständlich hin: KOK Schwarz. Ich zitiere:
  *„Neben Herrn Kittelmann, der sich schon seit geraumer Zeit in der pädophilen Szene bewegte, war noch **eine weitere VP** (Vertrauensperson) in die Gruppe am „Enhubertreff" eingeschleust worden. Die erlangten Informationen wurden regelmäßig an das K 122 weitergegeben und waren somit auch Teil der Besprechungen mit Polizei und Staatsanwaltschaft."*
- Und das also schreibt er, KOK Schwarz, zweieinhalb Jahre nach der Zerschlagung der Pädogruppe einfach so hin, als ob es das Selbstverständlichste der Welt wäre?! Und zaubert ohne Erklärung eine weitere Vertrauensperson quasi aus dem Hut heraus, über deren Existenz oder Erkenntnisse bis heute im gesamten Verfahren nie ein Wort gefallen ist?!
- Der meint sicher den Verdeckten Ermittler, der am 3. Oktober 2003, noch kurz vor der Zerschlagung der Pädogruppe eingesetzt wurde.
- Nein, den meint er sicher nicht. KOK Schwarz kennt als Führer von Vertrauenspersonen den Unterschied zwischen

einer VP – „Vertrauensperson" – und einem VE – „Verdeckter Ermittler".

- Schreibt er denn wenigstens, was für Informationen er von dieser angeblich weiteren VP erlangt und regelmäßig an das K 122 weitergegeben haben will?
- Nein, er schreibt nur „die erlangten Informationen". Was für Informationen das sind, schreibt er nicht.
- Merkwürdig … alle Mitteilungen aus vertraulicher Quelle – soweit sie in den Akten stehen – lassen sich eindeutig auf die VP Kittelmann zurückführen.
- Selbst bei den nicht der Wahrheit entsprechenden Mitteilungen in den Ermittlungsberichten KOK Labyrins, im VP-Protokoll des KK Schwarz sowie in den von der Staatsanwaltschaft verfassten und von der Ermittlungsrichterin Inge Kirch erlassenen Durchsuchungsbeschlüssen und Haftbefehlen konnten wir nachvollziehen, wie sie durch Verdrehungen von ursprünglichen Mitteilungen der VP Kittelmann entstanden sind.
- Wozu also jetzt plötzlich, wo durch gerichtlichen Beschluss Stellungnahmen der dieser Verdrehungen verdächtigten Personen aus Polizei, Staatsanwaltschaft und Gericht angesagt sind, die Einführung einer bisher nicht aktenkundigen Vertrauensperson?
- Ein aus dem Hut gezauberter Sündenbock, dem jetzt die Verdrehungen untergeschoben werden sollen?
- Welches Datum trägt denn diese Stellungnahme des KOK Schwarz?
- 13. Juni 2006.
- Und welches Datum trägt die Vertraulichkeitszusage für diese angebliche weitere VP? Wann soll sie mit ihrer Tätigkeit begonnen haben?
- Am 13. Juni 2003.
- Interessant! Exakt drei Jahre früher. Auf den Tag genau.
- Ist das ein Zufall?

- Und woher stammt denn dieses Datum der Vertraulichkeitszusage? Auch von KOK Schwarz?
- Nein, aus einer Erklärung, welche das Bayerische Staatsministerium des Innern am 27. Juni 2006 abgegeben hat und vom leitenden Polizeidirektor Bock unterschrieben ist.
- Ist das nicht etwas zu viel der Ehre für eine Vertrauensperson?
- Wir werden noch detailliert darauf einzugehen haben.
- Im Moment genügt es aber, den einen Satz mit dem gefragten Datum zu zitieren. Er lautet:
  „Die Staatsanwaltschaft München I hat mit Schreiben vom 13. Juni 2003 der eingesetzten Vertrauensperson Vertraulichkeit bzw. Geheimhaltung der Identität (…) zugesichert."
- Dann geht das Datum also gar nicht auf das Bayerische Staatsministerium des Innern zurück, sondern auf die Staatsanwaltschaft München I.
- Offensichtlich.
- Wenn es die Staatsanwaltschaft München I war, welche angeblich einer weiteren Vertrauensperson am 13. Juni 2003 Vertraulichkeit und Geheimhaltung zusicherte, dann darf man wohl davon ausgehen, dass sie das drei Monate später, gegen Ende September 2003, also noch nicht völlig vergessen hatte?
- Sicher! Aber was willst du damit sagen?
- Folgendes: Am 11. September 2003 wurde von KOK Labyrin der ,Vorläufige Ermittlungsbericht" verfasst.
- Danach gab es im K 122 eine gemeinsame Sitzung mit der Staatsanwaltschaft München I.
- In dieser Sitzung wurde der ,Vorläufige Ermittlungsbericht" besprochen.
- Aufgrund dieser gemeinsamen Besprechung leitete die Staatsanwaltschaft München I „ein Ermittlungsverfahren wegen Bildung krimineller Vereinigungen gegen die Pädo-, Selbsthilfe- und Emanzipationsgruppe München" ein.
- Und aufgrund dieser gemeinsamen Besprechung mit der Staatsanwaltschaft München I erteilte das K 122 an das K 133

den Auftrag, die Vertrauensperson – von zwei Vertrauenspersonen ist da nicht die Rede – zu vernehmen und von der Vernehmung ein Protokoll zu erstellen.

- Der gesunde Menschenverstand sagt einem da doch, dass, wenn es zwei Vertrauenspersonen gegeben hätte, auch die Vernehmung **zweier** Vertrauenspersonen angeordnet worden wäre.
- Und wenn nur von einer, dann doch von der, von welcher noch keine Informationen aktenkundig vorlagen – jedenfalls in den von der Staatsanwaltschaft zugänglich gemachten Akten.
- Es wurden aber keine zwei Vernehmungen zweier verschiedener Personen angeordnet.
- Dass es sich bei der dann durchgeführten VP-Vernehmung um die VP Kittelmann – und nur um diese – handelte, geht aus der Stellungnahme des KOK Schwarz klar und deutlich hervor, denn er schreibt:

„Herr Kittelmann wurde am 17.10.2003 auf Anweisung des K 122 durch mich vertraulich vernommen. Die Vernehmung fand per Telefon statt. Die Antworten des Herrn Kittelmann wurden von mir niedergeschrieben. Das erstellte Protokoll wurde Herrn Kittelmann nochmals vorgelesen. Nachdem Herr Kittelmann die Angaben bestätigte, wurde die Vernehmung an das K 122 übersandt.“

- Übrigens möchte ich da nur mal kurz darauf hinweisen, dass KK Schwarz die **Vernehmung**, und nicht das **Protokoll**, an das K 122 übersandte. KOK Labyrin bestätigt dann im 2. Nachtrag vom 20.10.2003 zum Vorläufigen Ermittlungsbericht vom 11.9.2003 auch, dass er „die Vernehmung im Original" erhalten hat. Ein weiterer Hinweis eben dafür, dass der Tonträger, auf dem die telefonische **Vernehmung** aufgenommen wurde, an das K 122 übersandt worden ist, und das zurechtgestutzte **Protokoll** mit den Verdrehungen zu den Akten kam.

- Sonderbar. Aber wieder zurück zur Sache: Eine weitere VP – neben Herrn Kittelmann – wurde nie vernommen.
- Folglich konnten auch keine Antworten einer weiteren VP niedergeschrieben werden. Jedenfalls findet sich in den zugänglichen Akten von einer solchen Vernehmung keine Spur.
- Folglich gibt es auch kein Protokoll davon, das dem K 122 zu einer nächsten gemeinsamen Sitzung mit der Staatsanwaltschaft München I übersandt werden hätte können.
- Und so kam es dann wohl, dass diese neben Herrn Kittelmann völlig vernachlässigte weitere VP schließlich auch völlig vergessen wurde … bis exakt am 13. Juni 2006, ihrem dritten Geburtstag, KOK Schwarz vom K 133 sie – zur Errettung aus dorniger Lage – mit einem wohl aufgrund hektischer Beratungen beschlossenen und angeordneten Lippenbekenntnis aus ihrem Dornröschenschlaf zum Akten-Leben erweckte.
- Sie ist wirklich sehr märchenhaft, diese weitere VP.
- Selbst das Bayerische Oberste Landesgericht schreibt noch am 29. März 2006 zu den polizeilichen Ermittlungsergebnissen: *„Mehr als die nicht besonders konkreten Angaben der zunächst nicht bekannten Vertrauensperson, **bei der es sich ersichtlich um den** am 04.02.2004 vernommenen **Journalisten Kittelmann handelte**, … ergaben sich aus diesen Ermittlungen nicht. "*
- Man darf annehmen, dass die Polizei spätestens zu jenem Zeitpunkt neben Kittelmann eine weitere VP aus dem Busch geklopft hätte, wenn es sie denn gegeben und die Polizei mit deren Aussagen „die nicht besonders konkreten Ermittlungsergebnisse" vor dem Angesicht des Bayerischen Obersten Landesgerichts hätte aufpolieren können.
- Es sei denn, diese weitere Vertrauensperson hat zwar existiert, aber so blamabel wenig bis nichts beigetragen, dass sie schon aus diesem Grund einfach unterschlagen wurde.
- Jedenfalls bekam das Bayerische Staatsministerium der Justiz Gelegenheit zu einer Stellungnahme, bevor das Bayerische Oberste Landesgericht besagten Beschluss fasste.

- Von dieser Gelegenheit machte das Bayerische Staatsministerium der Justiz auch Gebrauch, wie aus dem Urteil des Bundesverfassungsgerichts vom 31.10.2005 auf Seite 4 hervorgeht, jedoch offensichtlich ohne die Gelegenheit zu nutzen, auf diese weitere, jedenfalls angeblich weitere VP neben Kittelmann auch nur hinzuweisen.
- Man wird davon ausgehen dürfen, dass das Bayerische Staatsministerium der Justiz vor seiner Stellungnahme den Bayerischen Polizeidirektor und das Münchner Polizeipräsidium kontaktierte, und diese nicht geschwiegen hätten, wenn damals schon jemand auf die Idee gekommen wäre, diese schlafende VP wach zu küssen.
- Zumal „Bayerns Polizei", – womit ich hier die so genannte Zeitschrift des Bayerischen Staatsministeriums des Innern meine (Nr. 2 und 3/4 des Jahrgangs 2005) – im vorliegenden Fall beim Rühmen der fragwürdigen Leistungen der Bayerns Polizei angehörenden Beamten vor Bescheidenheit nicht gerade strotzte.
- Wie aber kommt eigentlich das Bayerische Oberste Landesgericht dazu, in dieser unserer Sache Stellung zu beziehen?
- Und was hat das Bundesverfassungsgericht damit zu tun?
- Das ist eine Geschichte für sich, die lange gedauert hat, aber rasch erzählt werden kann. Fügen wir sie als kleine Erfolgsgeschichte ein – uns zur Genugtuung und den Zuschauern, um ihnen damit das unvermittelte Ende, vor dem wir gleich stehen werden, in seiner ganzen Unsinnigkeit vielleicht noch etwas verständlicher machen zu können, als uns dies durch unsere bisherigen Bemühungen gelungen ist und uns in der Kürze der Zeit, die uns noch verbleibt, gelingen mag.
- Nun gut, dann beginne ich zu erzählen, indem ich die Blöße, welche sich bei dieser Geschichte buchstäblich alle involvierten Bayerischen Instanzen gaben, durch eine leichte Verfremdung der Namen sorglich verdecke und das Ganze in eine märchenhafte Form kleide:

Es war einmal ein Rechtsanwalt, Schnapp mit Namen, bei dem der Titel seines Berufes und die Gesinnung seines Herzens übereinstimmten. Der zweifelte aufgrund seines Studiums der Aktenberge und auch aufgrund seiner Kenntnis der juristischen Szene des Freistaates Rybena an der Rechtmäßigkeit jener zwölf Haftbefehle aus dem Neunmecher Amtsgericht, die, wie wir ja wissen, alle gleich lauteten.

Kurz gesagt: Er ging davon aus, dass der damals zuständige Ermittlungsrichter Eugen Kicher sie bereits rechtswidrig erlassen hatte. Davon ging er – wohlbegründet – aus und machte sich damit auf den Rechtsweg, um die Rechtswidrigkeit dieser Haftbefehle genau so und nicht anders feststellen zu lassen.

Dieser Rechtsweg dauerte zweieinhalb Jahre und führte durch alle Instanzen Rybenas hindurch bis vor das Dachtelsunder Bundesverfassungsgericht. Denn eine Rybenische Instanz nach der anderen, von zuunterst bis zuoberst, verweigerte die Feststellung der Rechtswidrigkeit dieser Haftbefehle gerade so rechtswidrig, wie sie erlassen worden waren.

Erst auf Geheiß des Dachtelsunder Bundesverfassungsgerichtes, welches die Angelegenheit zur Neuüberprüfung an das Rybenische Oberste Landesgericht zurückverwies, stellte dieses dann schließlich am 29. März 2006 rechtsgültig fest, dass die Haftbefehle bereits bei Erlass rechtswidrig waren.

Nicht offizielle Ohrenzeugen berichten, dass man das Zähneknirschen der Neunmecher Strafverfolgungsbehörden noch weit über die Ufer der Risa hinaus gehört habe.

- Und was ist aus dem Ermittlungsrichter Eugen Kicher geworden?
- Er wurde befördert. Nach oben. Zum Richter beim Landgericht.
- Soweit also die Geschichte.
- Und nun zurück zur weiteren VP.

- Was machen wir?
- Das ist eigentlich klar. Wir beantragen, dass sie als Zeuge vor Gericht geladen und im Zuge eines fairen Verfahrens vernommen wird. Denn: entweder gibt es sie, diese weitere VP oder es gibt sie nicht.
- Einen Hinweis gibt es, dass es diese weitere VP tatsächlich gegeben hat, auch wenn sie bis zum 13. Juni 2006 nirgendwo eine Spur in den zugänglichen Akten hinterlassen hat: Dass in einer Erklärung der Staatsanwaltschaft München I vom 10.12.2007, unterzeichnet vom Leitenden Oberstaatsanwalt, als Datum der Bestätigung der Geheimhaltung als Vertrauensperson der 13.6.2003 erscheint, in der gleichen Erklärung die entsprechende Zusicherung für Kittelmann als VP aber auf den 20.8.2003 datiert wird. Das könnte also dafür sprechen, dass es tatsächlich eine weitere VP gab, auch wenn sie reichlich substanzlos blieb, sozusagen nur eine Luftnummer.
- Nun gut! – Wenn es sie nicht gibt, wird sie der Ladung vor Gericht nicht Folge leisten können. Dann wird es für die Strafverfolgungsbehörden eng werden.
- Wenn es sie aber gibt, dann wird sie der Ladung Folge leisten müssen, und wir werden durch sie erfahren, was uns die Akten bzw. die Strafverfolgungsbehörden bisher verschwiegen haben.
- So zumindest stelle ich mir als Bürger eines Rechtsstaats jetzt ein faires Verfahren dazu vor.
- So wäre es gut und eines Rechtsstaates würdig. So aber wird es nicht sein.
- Und warum – bitte – wird es so nicht sein?
- Dafür hat zuerst die Staatsanwaltschaft München I gesorgt, dann das Polizeipräsidium München, dem u. a. KHK Labyrin samt der von ihm geleiteten „AG Ring" und KOK Schwarz, der Leiter des K 133, unterstellt sind, und schließlich als Krönung – im Namen des Bayerischen Staatsministeriums des Innern – der leitende Polizeidirektor Bock.

- Und dazu brauchte es eben offensichtlich die nötige Zeit.
- Am 6. Juni 2006, also eine Woche bevor die Existenz einer weiteren Vertrauensperson durch die dienstliche Stellungnahme des KOK Schwarz bekannt gemacht wird, ist es dann soweit.
- Eine mündliche Anfrage der Staatsanwaltschaft München I an das Polizeipräsidium München gibt die zündende Idee.
- Daraufhin arbeitet das Polizeipräsidium einen Antrag zum Erreichen einer Aussagesperrung samt Begründung aus und schickt ihn am 26. Juni 2006 an das Bayerische Staatsministerium des Innern.
- Die Antwort erfolgt postwendend am 27. Juni 2006 an die Staatsanwaltschaft München I, gerade noch pünktlich zum nächsten Termin des Amtsgerichts. Ich zitiere:

„Sperrerklärung gemäß § 196 StPO
Sehr geehrte Damen und Herren,
zu Ihrer mündlichen Anfrage vom 6. Juni 2006 an das Polizeipräsidium München, ob die im Verfahren in Anspruch genommene und eingesetzte Vertrauensperson benannt und für die Hauptverhandlung als Zeuge zur Verfügung gestellt werden könne, kann nach Prüfung des dazu vom Polizeipräsidium München berichteten Sachverhalts mitgeteilt werden, dass die Vertrauensperson nicht als unmittelbarer Zeuge vor Gericht präsentiert werden kann.

*Auch bei Anwendung **aller** weniger einschneidenden strafprozessrechtlich zulässigen Maßnahmen – wie etwa Ausschluss der Öffentlichkeit, … einer audiovisuellen oder kommissarischen Vernehmung – muss eine Enttarnung der in Frage stehenden Person befürchtet werden, so dass eine Identitätsoffenbarung bzw. eine Präsentation der Person als unmittelbarer Zeuge nicht möglich ist.*

Als Zeuge vom Hörensagen steht Herr KOK Schwarz, Polizeipräsidium München, K 133 zur Verfügung.“

- Ausgerechnet KOK Schwarz! – der dringend der Verdrehungen vertraulicher Mitteilungen und nun auch – zum Zwecke der Vertuschung – des Hervorzauberns just dieser nun gesperrten weiteren Vertrauensperson mitverdächtigt wird.
- Und wie wird diese Sperrerklärung begründet?
- Ich zitiere:

  „Zur Begründung wird auf das Schreiben des Polizeipräsidiums München vom 26. Juni 2006 Bezug genommen; die Hintergründe werden auch für die vorstehende Sperrerklärung geltend gemacht:

  Nach vorliegenden polizeilichen Erkenntnissen gehen Täter im Bereich von Kriminalitätsformen wie im gegenständlichen Fall (– damit sind offensichtlich wir gemeint –) *regelmäßig arbeitsteilig und strukturiert vor, können in der Regel auf ein hohes Potential an kriminellen Ressourcen zurückgreifen und zeichnen sich durch eine besondere Gewaltbereitschaft aus. Im Umfeld von derartigen Tätern sind nahezu immer Hinterleute und Mittäter, die bislang polizeilich nicht bekannt geworden sind, vorhanden.*

  *Nach Erkenntnissen des Polizeipräsidiums München wird in diesem Milieu das „Verrätertum" mit besonderer **Vehemenz** verfolgt. Racheakte und **Repressalien** durch das Umfeld der Täter sind sehr leicht durchzuführen und nach Ansicht der beteiligten Fachdienststellen als wahrscheinlich anzusehen.*

  *Die VP wäre erfahrungsgemäß empfindlichen Gefährdungen an Leib oder Leben ausgesetzt. So wurde innerhalb der betreffenden sog. Selbsthilfegruppe z. B. die Aufstellung einer sog. **Schutztruppe** diskutiert, mit der auf **Verräter, Reporter** sowie auf **Richter** und **Staatsanwälte** Druck ausgeübt werden sollte, um dadurch Einfluss auf Strafverfahren nehmen zu können."*
- Das ist doch völlig verrückt!
- Ja, das ist **die** verrückte Geschichte, von der wir bei unserem 2. Treffen sagten, dass wir sie für den Schluss aufbewahren. Erinnert ihr euch?
- Nur noch vage.

- Wir arbeiteten uns bei diesem 2. Treffen durch KOK Labyrins „Vorläufigen Ermittlungsbericht" vom 11.9.2003. Dort wurden nach der Aufzählung der Personen des „äußeren Kreises" unter dem Titel „weitere bekannte Personen" insgesamt drei aufgezählt.
- Stimmt! Der dritte und letzte war Udo, der Säufer.
- Beim Durchgehen der Liste dieser „weiteren bekannten Personen" gab es dann, als wir bei Udo ankamen, kurz folgenden Wortwechsel – Moment, wo ist das Textbuch? – Da. Also ich zitiere:

   „- Steht bei ihm auch etwas dabei?
   - Ja.
   - Was?
   - Das ist eine so verrückte Geschichte – die sparen wir uns bis zum Schluss dieses Theaters auf."
- Gut, da wir nun tatsächlich ganz am Schluss dieses Theaters angekommen sind, lese ich also, was KOK Labyrin in seinem ‚Vorläufigen Ermittlungsbericht bei Udo aus vertraulicher Quelle hinzugefügt hat:

   „Udo, deutsch, wohnt seit etwa einem Jahr in einer Stadt in Tschechien mit ca. 65.000 Einwohnern. Personenbeschreibung liegt vor, besucht immer dann, wenn er sich in München aufhält, die Gruppe (alle drei bis fünf Monate), hat äußerst radikale Ansichten, will erreichen, dass die Gruppe nicht mehr offen auftritt und ein **Trupp** *zusammengestellt wird, der* **Verräter** *liquidieren soll."*
- Das tönt ja schrecklich.
- Ist jemand von euch in der Kneipe dabei gewesen, als er so etwas sagte?

[Alle verneinen.]

- Ist er verurteilt worden?
- Nein.

- Wie lange war er in U-Haft?
- Er bekam keine U-Haft.
- Und Hausdurchsuchung?
- Auch nicht.
- Er hatte nur das Pech, am 30. Oktober 2003, als die Pädogruppe zerschlagen wurde, bei einem anderen Gruppenteilnehmer zu Gast zu sein. Da ist er auch als Beschuldigter vernommen worden. Ihr erinnert euch, wir haben darüber gesprochen. Das war die Geschichte mit den FKK-CDs aus dem Gruppenschrank und dem Passwort „Keine Zensur für die Schöpfung". Man hat ihn dann aber nach der Vernehmung wieder freigelassen.
- Nun, dann haben sie KOK Labyrins Aussage aus vertraulicher Quelle über Udos – wie steht es geschrieben? … „äußerst radikale Ansichten" damals nicht allzu ernst genommen.
- Und? Stammt diese vertrauliche Mitteilung jetzt aus der angeblich weiteren Quelle?
- Nein, sie stammt – ursprünglich – eindeutig von Kittelmann.
- Nur eben im ‚Vorläufigen Ermittlungsbericht" wieder erst aus dritter Hand.
- Darf man wissen, wie diese Mitteilung aus zweiter Hand, also im VP-Protokoll des KK Schwarz, lautet?
- Bitte sehr: Die **Frage (30) im VP-Protokoll** lautet:
  „Was können Sie über einzelne Personen aus der Gruppe sagen?"
- Und die **Antwort (30 f.) hierzu** bezüglich Udo lautet:
  „Weiter kommt noch ab und zu ein Udo aus der Slowakei, der ziemlich militante Ansichten vertritt. Er will z. B. eine sogenannte **Schutztruppe** *gründen, die sich um Spitzel,* **Staatsanwälte,** **Richter** *und Polizeibeamte kümmern soll, falls ein Ermittlungsverfahren gegen Mitglieder der Gruppe eröffnet werden sollte. Er vertritt die Ansicht, dass man durch diese Schutztruppe Druck auf einen solchen Personenkreis ausüben kann, indem man sich z. B. an die Kinder dieser Personen heranmacht."*
- Das tönt auch nicht besser.

- Selbst dann nicht, wenn zwischen „äußerst radikal" und „ziemlich militant" ein Unterschied wäre.
- Die Begründung der Sperrerklärung bezieht sich offensichtlich auf beide Texte.
- Wie kommst du darauf?
- Der **„(Schutz)trupp"**, der in der Sperrerklärung zitiert wird, kommt zwar sowohl im „Vorläufigen Ermittlungsbericht" als auch im VP-Protokoll vor. Die zitierten **„Verräter"** finden sich aber nur im „Vorläufigen Ermittlungsbericht", und die zitierten **„Staatsanwälte"** und **„Richter"** nur im VP-Protokoll.
- Das heißt: Demjenigen, der die Begründung für die Sperrerklärung verfasste, müssen sowohl der „Vorläufige Ermittlungsbericht" als auch das VP-Protokoll bekannt gewesen sein, denn er zitiert aus beiden.
- Nun fehlen uns noch die **„Vehemenz"**, die **„Repressalien"** und die **„Reporter"**, welche in der Sperrerklärung erwähnt werden.
- Von denen steht weder etwas im „Vorläufigen Ermittlungsbericht" noch im VP-Protokoll.
- Ob die wohl nun noch aus erster Hand, d. h. aus dem Protokoll der Zeugenvernehmung Kittelmanns zitiert werden?
- Lesen wir nach!
- Die **Frage (30 f.) im ZK-Protokoll** lautet: *„Was können Sie zu dem Udo Pijakowski, dem Udo aus der Slowakei sagen?"*
- Und die **Antwort (30 f.) im ZK-Protokoll** lautet dazu: *„Er hat einmal nach der Gruppe, allerdings beim gemütlichen Zusammensein, von Zweien oder Dreien nebenan beim Griechen in angetrunkenem Zustand darauf plädiert, dass man sich wehren müsste. Er sagte, richtig wären zum Beispiel mal eine Exempel zu statuieren. Er hat sich dabei auf **Journalisten** zu einen bezogen."*
- Kommentar: Ich habe richtig gelesen. Die Grammatik scheint da im Protokoll etwas durcheinander geraten zu sein. Mög-

lich, dass Kittelmann Udos angetrunkenen Zustand damit realistisch wiedergeben wollte und KOK Schwarz dies tonbandgetreu aufgeschrieben hat. Das ist jedoch – zumindest im Moment – nebensächlich. Wichtig ist, dass hier die „Journalisten" vorkommen, die dann in der Sperrerklärung zwar nicht ganz wortgetreu, aber sinngemäß richtig zu „Reportern" geworden sind. Ich zitiere weiter:

„Zudem hat er darüber spekuliert, ob das Urteil gegenüber einem Pädophilen anders ausfallen würde, wenn man sich vorher den Sohn des Richters „vornehmen" würde.

*Er hat damals in den Raum gestellt, dass eine spezielle Organisation sinnvoll wäre, die sich **vehement** dagegen und gegen **Repressalien** wehrt."*

- Hier hätten wir also noch die „**Vehemenz**" und die „**Repressalien**", welche in der Sperrerklärung vorkommen, jedoch im „Vorläufigen Ermittlungsbericht" und im VP-Protokoll fehlen.

- Damit wird deutlich, dass zur Begründung der Sperrerklärung Aspekte aus allen drei Berichten, die Udo betreffen, herangezogen wurden:
Aus dem ,Vorläufigen Ermittlungsbericht' die „Verräter".
Aus dem VP-Protokoll die „Staatsanwälte" und „Richter".
Und aus dem ZK-Protokoll die „Reporter" bzw. „Journalisten" sowie die „Vehemenz" und die „Repressalien".

- Eine vorbildliche Zusammenfassung also der vorliegenden Erkenntnisse (aus erster, zweiter und dritter Hand), könnte man sagen, – **wenn nicht verschwiegen worden wäre**, dass es sich um ein Kneipengeschwätz *„nach der Gruppe, beim gemütlichen Zusammensein von Zweien oder Dreien nebenan beim Griechen in angetrunkenem Zustand"* handelte,

- und nicht, wie es in der Begründung für die Sperrerklärung heißt, *„innerhalb der betreffenden sogenannten Selbsthilfegruppe diskutiert"* wurde, – in der nota bene Alkoholverbot herrschte.

- Dieses Verschweigen geschah nicht irrtümlich oder versehentlich.
- Dieses Verschweigen geschah **ohne Zweifel vorsätzlich**.
- Während „Leib oder Leben" einer nahezu gespenstischen weiteren Vertrauensperson mit einem leeren Blatt voller ungeschriebener Informationen vor der phantasierten Schutztruppe eines feuchtfröhlichen Säufers mit Hilfe einer Sperrerklärung, der Ultima Ratio eines Rechtsstaats, geschützt werden soll, spaziert Kittelmann, die einsame Quelle aller aktenkundigen vertraulichen Informationen, obwohl bereits vor Jahren sowohl der Vertraulichkeit als auch der Geheimhaltung verlustig, offensichtlich immer noch unversehrt innerhalb und außerhalb Bayerns herum, sich nicht scheuend, mit ehemaligen Teilnehmern der zerschlagenen Pädo-Selbsthilfe- und Emanzipationsgruppe München erneut Kontakt aufzunehmen.
- Es klingt schon wie beißender Hohn, wenn das Polizeipräsidium München seine dem Bayerischen Staatsministerium des Innern vorgelegte Begründung zum Antrag der Sperrerklärung mit den Worten beschließt – ich zitiere: *„Bei der gebotenen Abwägung zwischen dem Interesse an der Geheimhaltung der Identität der eingesetzten Vertrauensperson und den Grundsätzen rechtsstaatlicher Verfahrensgestaltung, insbesondere der Bedeutung der gerichtlichen Wahrheitsfindung für die Sicherung der Gerechtigkeit ... ist im konkreten Fall der Geheimhaltung Vorrang einzuräumen. Andernfalls wäre die persönliche Sicherheit des Zeugen in diesem speziellen und äußerst abgeschotteten Tätermilieu gefährdet, sowie die Bekämpfung dieser Täterstrukturen künftig erheblich erschwert."*
- „äußerst abgeschottetes Tätermilieu" – eine Selbsthilfegruppe, die sich von Anfang an fast ein Vierteljahrhundert lang offen für jedermann getroffen hat!
- Dem bleibt nun nur noch hinzuzufügen, dass das Bayerische Staatsministerium des Innern – ich zitiere:

„nach Prüfung des ... vom Polizeipräsidium München berichteten Sachverhalts"

die Sperrerklärung gemäß § 96 StPO am 27.6.2006 in Kraft setzte, dem gleichen Tag, an dem es laut Eingangsstempel den Antrag hierzu aus dem Polizeipräsidium erhielt.

- Damit ist das Bild dieses Ermittlungs-Theaters wohl gerundet.
- Ausgangspunkt und Ziel unserer Treffen in der „AG 129" war, anhand der Akten zu ergründen, wie es zum Vorwurf einer kriminellen Vereinigung gegenüber der Pädo-Selbsthilfe- und Emanzipationsgruppe München – kurz: PSEGM – hatte kommen können.
- Wir haben uns die Aufgabe nicht leicht gemacht.
- Wir haben z. B. mehr Zeit und Aufmerksamkeit eingesetzt, als die Ermittlungsrichterin Inge Kirch vom Amtsgericht München zur Überprüfung der Durchsuchungsbeschlüsse und Haftbefehle,
- oder der Leitende Polizeidirektor Bock vom Bayerischen Staatsministerium des Innern zur Überprüfung der Begründung für die Sperrerklärung.
- Wir mussten mehr Zeit und Aufmerksamkeit einsetzen, weil wir weder eine arbeitsteilige hierarchische Struktur hatten noch haben und deshalb schon gar nicht auf die Idee kamen, dass wir uns auf eine solche verlassen könnten.
- Wir hatten auch nichts voreilig zu zerschlagen und dann vorsätzlich zu vertuschen.
- Wir sind der Frage auf den Grund gegangen, und wir haben ihn mit einer Deutlichkeit gefunden, die überrascht und erschreckt:
- Der Vorwurf einer kriminellen Vereinigung gegenüber der PSEGM ist einerseits eindeutig absurd, andererseits wäre er eindeutig doch berechtigt. Insofern waren schon die Durchsuchungsbeschlüsse und dann insbesondere die Haftbefehle einerseits bereits bei Erlass eindeutig rechtswidrig, andererseits wären sie eindeutig rechtswürdig, ... wenn sie denn erlassen würden.

- Bist du nun vollkommen verrückt geworden?
- Nein.
- Dann erkläre uns aber mal, was diese – wie soll man sagen – pythischen Worte bedeuten sollen.
- Bitteschön: Es kommt nur darauf an, wie man die Initialen interpretiert.
- Welche Initialen?
- **PSEGM**
- Das ist doch wohl klar.
- Und – was sollen sie bedeuten?
- **P**ädo-**S**elbsthilfe- und **E**manzipations-**G**ruppe **M**ünchen.
- Richtig. Aber die wurde zerschlagen.
- Ja.
- Und wer trägt die Verantwortung für diese Zerschlagung?

- **P** wie	**P**olizei
- **S** wie	**S**taatsanwaltschaft
- **E** wie	**E**rmittlungsrichter
- **G** wie	**G**ericht
- **M** wie	**M**inisterium.

[Vorhang]

MARIO-NETTEN-POSSE als Nachspiel

[Drehorgel-Musik, wie zu Beginn des Vorspiels]

Rabenschwarze Finsternis. Der Vorhang öffnet sich leise hörbar. Durch eine schwache Glühbirne mählich erhellt, wird nach und nach die Kontur der Marionette Kittelmann mit dem Buch vor der Brust im Zentrum der Bühne sichtbar. Die glimmende Glühbirne, die an einem Kabel direkt über deren Kopf hängt, schwebt höher und höher, so dass die Aufmerksamkeit von der Marionette weg in die Höhe gerichtet wird, wo mehr und mehr der Ring aus Stroh, ein mit Handschellen und Marionettenfäden merkwürdig geschmückter Erntekranz, sichtbar wird, der am Ende der Stange hängt, die horizontal aus dem noch finsteren Hintergrund der Bühne herausragt. Sobald die Glühbirne den Ring erreicht und durch dessen Mitte gezogen wird, verglimmt ihr Licht und der Ring beginnt zu leuchten, kalt bläulich und arhythmisch pulsierend, wozu man mehr ahnals hörbar, das An- und Abschwellen einer Sirene zu hören vermeint.

Durch das arhythmisch pulsierende Licht des Rings wird im Hintergrund der Bühne die Fassade des Innenministeriums sichtbar, aus dessen Dachfenster die Stange herausragt, von der der Ring gehalten wird. Vor dem Portal des Innenministeriums ragt eine Bockleiter kahl und quasi entmannt empor. Die zwölf Repräsentanten der AG-Ring sind als Marionetten teils stehend, teils liegend, in ihre Fäden verstrickt kreuz und quer über die Bühne verstreut.

Während hinter dem erleuchteten zentralen Fenster des Innenministeriums eine Gestalt auf und ab schreitet, als ob sie etwas suche, steigt oben aus dem Dachfenster der Narr mit einer überdimensionalen Schere, balanciert leichtfüßig über die Stange bis an deren Ende und schneidet ohne Zögern die Bänder des Erntekranzes entzwei, wodurch dieser, nur noch von den Fäden gehalten, an welchen über die Stange hinweg die zwölf AG-Ring-Marionetten und der

Kittelmann hängen, sachte hernieder gleitet, während die in sich verwickelten Repräsentanten der AG-Ring mitsamt dem Kittelmann mehr und mehr in die Höhe schweben. Wie der Erntekranz sanft auf der Bühne landet und die dreizehn Marionetten oben an der Stange hängen, ist der Narr längst durch das Dachfenster wieder im Innenministerium verschwunden.

Nach angemessener Zeit öffnet sich das Portal des Innenministeriums und eine Gestalt, die – in Schlafrock, Kopftuch und Pantoffeln gehüllt – unwillkürlich an Witwe Bolte aus Wilhelm Buschs „*Max und Moritz*" erinnert, schlurft die Treppe hinunter und die Bockleiter hinauf, um mit einem langen Küchenmesser die Repräsentanten der AG-Ring und den Journalisten Kittelmann von ihren Fäden zu schneiden. Nach vollbrachter Tat schlurft die Gestalt, das Messer in der Rechten und die Marionetten am Rest ihrer Fäden in der Linken, die Bockleiter hinunter und die Treppe hinauf durch das Portal hinter die Fassade des Innenministeriums.

Kurze Zeit darauf tritt mit deutlich hörbarem Türengeklapper und einem Müllwägelchen die Putzfrau des Innenministeriums zielstrebig durch den Dienstbotenausgang und entsorgt den strohenen Ring samt dem Rest der verbliebenen Fäden. Während sie ebenso zielstrebig verschwindet, wie sie gekommen ist, begibt sich der Theaterdirektor auf die Bühne, um mit symbolischer Geste den Vorhang zuzuschieben.

Da springt unvermittelt der Narr von links auf die Bühne, bittet den Theaterdirektor wortlos, noch für eine Weile innezuhalten, zieht dann aus seinem Narrenkleid einen Ring in der Größe des eben entsorgten, jedoch nicht aus Stroh, sondern vielmehr aus einem rosa gefärbten, ausgesprochen elastischen Material. Damit steigt er auf die Bockleiter und stülpt das Ding, es an seinem Nippel haltend und auf der Bockleiter wie mit Stelzen schreitend, von vorne über die ganze Stange hinweg bis an die Fassade des Innenministeriums heran.

Dann – mitsamt der Bockleiter sich wendend und auf das Publikum zu stelzend – beginnt er mit der rechten Hand in die Luft zu schreiben und mit der linken Hand auf den entrollten Ring zeigend, mit starker Mimik zu sprechen, wobei seine Worte in leuchtender Schrift an der Wand des Publikumsraumes erscheinen, die ersten vier Zeilen an der einen Wand und die letzten vier an der anderen:

… um die Grundrechte der Bürger
aller Bürger
auch der aus Randgruppen
auch der aus missliebigen Randgruppen

… zu schützen
insbesondere auch deren Vereinigungsfreiheit
vor staatlich inszenierten
kriminellen Vereinigungen.

[Drehorgelmusik]

[Vorhang]

Weiterführende Literaturhinweise

Internetlinks: Stand Januar 2014

Albrecht, Peter-Alexis: Der Weg in die Sicherheitsgesellschaft. Auf der Suche nach staatskritischen Absolutheitsregeln. Studienausgabe mit Begleit-CD-Rom. ISBN 978-3-8305-1763-4

Berry, Kenneth K.; Berry, Jason: The Congressional censure of a research paper: Return of the inquisition? Skeptical Inquirer, page 20, 1 January 2000

Blom, Philipp: Böse Philosophen. Ein Salon in Paris und das vergessene Erbe der Aufklärung. München: Hanser 2011

Clancy, Susan A.: The Trauma Myth: The Truth about the Sexual Abuse of Children – and its Aftermath. New York: Basic Books 2009

Eberle, Paul; Eberle, Shirley: The Politics of Child Abuse. New Jersey: Lyle Stuart 1986.

Espe, Hans Friedrich: Pädophilie. Wissenschaft – Ethik – Politik. Erscheint voraussichtlich 2015

Fergusson, David M.; Mullen, Paul E.: Childhood Sexual Abuse: An Evidence-Based Perspective.
Developmental Clinical Psychology and Psychiatry, Vol. 40. Thousand Oaks, Ca.: Sage 1999. ISBN 0-7619-1136-7

Goodyear-Smith, Felicity: First Do No Harm: The sexual abuse industry. Auckland, NZ: Benton-Guy 1993. ISBN 0-86470.047-4

Griesemer, Michael: Präventionsstrafrecht, oder: Vom Bürger und vom Hexenbrennen. Unter: http://www.itp-arcados.net/wissenschaft-griesemer-praeventionsstrafrecht.php ,

Griesemer, Michael: Analyse einer Hysterie – Medienkriminologische Dimensionen der Missbrauchsberichterstattung. Stand 2011 Unter: http://www.itp-arcados.net/wissenschaft-analyse-einer-hysterie.pdf

Kachelmann, Jörg und Miriam: Recht und Gerechtigkeit – Ein Märchen aus der Provinz. München: Heyne 2012

Lautmann, Rüdiger: Die Lust am Kind. Portrait des Pädophilen. Hamburg: Klein 1994

Leopardi, Angelo (Hrsg.): Der pädosexuelle Komplex. Handbuch für Betroffene und ihre Gegner. Berlin und Frankfurt: Foerster 1988

Levine, Judith: Harmful to Minors: The Perils of Protecting Children from Sex. Minneapolis: University of Minnesota Press 2002

Loftus, Elizabeth F.; Ketcham, Katherine: Die therapierte Erinnerung. Über den zweifelhaften Versuch, sexuellen Mißbrauch erst Jahre später nachzuweisen. Hamburg: Klein 1995; Bergisch Gladbach: Lübbe 1997

Oellerich, Thomas D.: Rind, Tromovitch, and Bauserman: Politically Incorrect - Scientifically Correct. Sexuality & Culture, 4(2) - 81, 2000.

Ofshe, Richard; Watters, Ethan: Making Monsters – False Memories, Psychotherapy, and sexual hysteria. Berkeley: University of California press 1996

Prantl, Heribert: Der Terrorist als Gesetzgeber: Wie man mit Angst Politik macht. München: Droemer 2008

Rind, Bruce, Tromovitch, Philip; Bauserman, Robert: The Clash of Media, Politics and Sexual Science: An examination of the controversy surrounding the Psychological Bulletin meta-analysis on the assumed properties of child sexual abuse. In: Joint Annual Meeting. Society for the Scientific Study of Sexuality, November 1999. http://www.ipce.info/ipceweb/Library/99118_rbt_defense_nov99.htm

Roth, Max: Uncle Sam's Sexualhölle erobert die Welt. Die neue Hexenjagd auf „Kinderschänder" und die weltweite Enthumanisierung des Sexualstrafrechts unter US-Diktat. Freiburg: Ahriman 2013

Rutschky, Katharina: Erregte Aufklärung. Kindesmißbrauch: Fakten und Fiktionen. Hamburg: Klein 1992

Rutschky, Katharina; Wolff, Reinhart (Hrsg.): Handbuch Sexueller Mißbrauch. Hamburg: Klein 1994

Sandfort, Theo: Pädophile Erlebnisse. Aus einer Untersuchung der Reichsuniversität Utrecht über Sexualität in pädophilen Beziehungen. Braunschweig: Holtzmeyer 1986

Sebald, Hans: Hexenkinder. Das Märchen von der kindlichen Aufrichtigkeit. Frankfurt/M.: S. Fischer 1996

Steinbach, Kerstin: Es gab einmal eine bessere Zeit ... (1965–1975). Die verhaßten Bilder und ihre verdrängte Botschaft. Freiburg: Ahriman 2004

Stephan, Cora: Der Betroffenheitskult: Eine politische Sittengeschichte. Berlin: Rowohlt 1993

Vogt, Horst: Pädophilie. Leipziger Studie zur gesellschaftlichen und psychischen Situation pädophiler Männer. Lengerich: Pabst Science Publishers 2006 Unter: http://www.ipce.info/host/vogt/vogt_content.htm

Weber, Hartwig: Hexenprozesse gegen Kinder. Frankfurt/M., Leipzig: Insel 2000

Zeh, Juli; Trojanow, Ilija: Angriff auf die Freiheit. Sicherheitswahn, Überwachungsstaat und der Abbau bürgerlicher Rechte. München: Hanser 2009

Klaus Emmerich

Der missbrauchte Bürger
Wie unser Bewusstsein
manipuliert wird

Wer sich dem Phänomen Bewusstsein nähern möchte,
erhält mit diesem konzentrierten Buch einige Wegwei-
sungen: Mit welcher Penetranz mit uns Bürgern medial
umgegangen wird. Es ist ein Einstieg, um Zusammenhänge
zu erkennen, zu durchschauen und zu verarbeiten – den
Wertekanon „Leben", der vielfältige Ich-Bezug, Umwelt
und Klima – naturgegeben oder von Menschen gemacht?
Krisen im Wettkampf der Systeme, die Welt der Finanzen
am Abgrund, Inflation als Rettungsanker? Wie Milliarden
den Charakter verderben, die Rolle des ehrenwerten Kauf-
manns, Klientelwirtschaft des Staates, auf dem Gipfel der
Realitätsverweigerer.

ISBN 978-3-86634-838-7   **Hardcover**
12,90 Euro   195 Seiten, 14,5 x 20,2 cm

ISBN 978-3-86237-145-7   **eBook**
6,90 Euro   155 Seiten, ePub, 189 Kb

Reinhardt O. Hahn

Aus Liebe zum Volk
Ausgedient – Nach Notizen eines
Stasi-Offiziers erzählt

Nach seiner Entlassung und der Auflösung des Staatssicherheitsdienstes hat ein leitender Major - vormals verantwortlich für die „Bekämpfung von politisch-ideologischer Diversion und politischer Untergrundtätigkeit", nunmehr arbeitslos – seine Erinnerungen und aktuellen Verunsicherungen zu Protokoll gegeben. Reinhardt O. Hahn notierte sie. So entstand ein Dokument der Langlebigkeit eines äußerlich abgelösten Systems.

ISBN 3-931950-36-0   **Paperback**
9,80 Euro   135 Seiten, 13,8 x 19,6 cm

ISBN 978-3-86237-069-6   **eBook**
5,80 Euro   74 Seiten, ePub, 164 Kb